专利代理人执业培训系列教材

专利行政纠纷代理

ZHUANLI XINGZHENG JIUFEN DAILI

第二版

穆魁良　韩晓春◎著

知识产权出版社
全国百佳图书出版单位

内容提要

本书分为上、下两编，上编为"专利复审、无效及其行政诉讼代理"，下编为"专利行政复议及以专利行政部门为被告的诉讼"。上编内容包括专利审查流程范围内的行政和司法救济程序，下编内容包括专利审查流程范围以外的行政和司法救济程序，以及以国家、地方专利行政部门为被告的诉讼等。上下两编完整地概括了所有涉及专利的行政和司法的救济程序。本书不仅可以帮助专利代理人、企业专利工作者从实务和理论的角度全面了解和掌握涉及专利的行政、司法救济程序，提高专利代理水平、专利事务管理的能力，而且可作为科技工作者和广大发明人了解、学习上述内容的参考用书。

责任编辑：孙　昕　熊　莉　　　　　责任校对：董志英
封面设计：张　冀　　　　　　　　　　责任出版：卢运霞

图书在版编目（CIP）数据

专利行政纠纷代理／穆魁良，韩晓春著 .—2 版 .—北京：知识产权出版社，2012.7

　ISBN 978 – 7 – 5130 – 1396 – 3

　Ⅰ.①专…　Ⅱ.①穆…②韩…　Ⅲ.①专利侵权 – 行政诉讼 – 代理（法律） – 中国　Ⅳ.①D923.42

中国版本图书馆 CIP 数据核字（2012）第 143203 号

专利代理人执业培训系列教材

专利行政纠纷代理（第二版）

穆魁良　韩晓春　著

出版发行：知识产权出版社

社　　址：	北京市海淀区马甸南村 1 号	邮　编：	100088
网　　址：	http：//www.ipph.cn	邮　箱：	bjb@cnipr.com
发行电话：	010 – 82000860 转 8101/8102	传　真：	010 – 82005070/82000893
责编电话：	010 – 82000889	责编邮箱：	sunxin@cnipr.com
印　　刷：	保定市中画美凯印刷有限公司	经　销：	新华书店及相关销售网点
开　　本：	787mm×1092mm　1/16	印　张：	23.75
版　　次：	2012 年 7 月第 2 版	印　次：	2012 年 7 月第 2 次印刷
字　　数：	480 千字	定　价：	58.00 元

ISBN 978 – 7 – 5130 – 1396 – 3/D · 1515（4269）

出版权专有　侵权必究
如有印装质量问题，本社负责调换。

专利代理人执业培训系列教材
编辑委员会

主　任：马连元

副主任：白光清　李建蓉

编　委：吴观乐　王智勇　李德山　赵嘉祥

　　　　　穆魁良　韩晓春　余　刚　陈　钧

序

随着经济全球化进程的加快和知识经济的深入发展,知识产权在国际经济、科技和综合实力竞争中的地位和作用日益突出,已经成为影响经济社会发展的战略性资源和国际竞争力的核心要素。30年来,在党中央、国务院的领导下,我国知识产权事业取得了快速发展,知识产权法律法规逐步完善,知识产权执法工作扎实开展,知识产权中介服务进一步规范,知识产权保护工作不断推进,对我国建设创新型国家和经济社会发展起到了积极的推动作用。2007年10月15日,胡锦涛总书记在党的十七大报告中明确提出"实施知识产权战略"。2008年6月5日,国务院颁布实施《国家知识产权战略纲要》,知识产权战略已经上升为国家重要发展战略。我国知识产权事业面临着新的历史机遇和挑战。

专利代理制度是专利制度有效运转的重要支撑,是专利工作的重要内容,是知识产权中介服务体系的核心组成部分。专利代理服务的水平和质量对增强我国自主创新能力、提高我国核心竞争力具有重要影响。经过30年的努力,我国已经建立起较为完备的专利代理管理体系,制定颁布了《专利代理条例》《专利代理管理办法》《专利代理人资格考试实施办法》等行政法规、部门规章和规范性文件,基本形成了国家、地方两级行政管理和行业自律相结合的管理机制,提高了专利申请服务的运行效率,逐步完善了专利代理人资格考试制度,孕育出一批具有较强实力的专利代理机构。

专利代理人作为从事专利申请、企业专利战略和政策咨询、专利法律服务等相关业务的专业人员,是专利代理服务的具体承担者。专利代理人执业水平和职业道德素质的高低直接影响着专利代理业务的质量与服务效果。30年来,通过实施专利代理人资格全国统一考试制度、完善专利代理人执业培训制度以及制定实施专利代理管理制度,我们已逐步培养起一支年轻化、专业化的专利代理人队伍。截至2009年底,全国共有1万余人取得专利代理人资格,执业人员6 000余人,全行业从业人员约17 000人。但是,由于我国知识产权事业起步较晚,专利代理人队伍建设相对滞后,专利代理人队伍的业务水平和规模还难以适应我国经济社会和知识产权事业快速发展的要求,高层次、复合型、国际化的专利代理人才匮乏,专利代理人队伍的执业能力有待于进一步提高,规模仍需进一步扩大。

2009年6月,国家知识产权局发布了《专利代理行业发展规划(2009~

2015)》(以下称《规划》),对专利代理行业提出了新的发展目标和任务。要求到2015年,"专利代理服务的能力和水平有较大幅度提高","专利代理人队伍规模大幅度增加,素质进一步提高","确保专利代理能力适应专利申请量增长的需求,确保专利代理服务水平适应我国自主创新能力不断提高的需求",形成一支"适应发展需要、数量充足、结构合理、专业齐全的专利代理人队伍"。《规划》目标的实现,有赖于专利代理行业培训工作的积极开展,尤其是要加强专利代理人执业培训工作。专利代理人执业培训是针对所有在专利代理机构从事专职或兼职代理工作的专利代理人的定期或不定期培训,具体包括上岗前培训、业务提升培训、专题研讨等类型。通过对相关专利法律法规、专利代理实务、专利代理人职业道德和执业纪律等内容的系统讲解,确保专利代理行业从业人员的知识储备和业务能力适应不断变化的我国经济社会发展的需要,切实贯彻专利代理的行业准则及相关法律法规,促进我国专利代理事业的健康发展。

为全面落实《规划》的要求,推动专利代理人培训工作的有效开展,中华全国专利代理人协会相继发布了《专利代理行业服务指导标准》《专利代理行业从业人员培训指南》,以正式文件的形式对培训内容及培训要求进行了专门规范,进一步完善了专利代理培训工作制度。知识产权出版社以服务我国创新型国家建设和知识产权事业为己任,配合专利代理人执业培训工作的有效开展,决定编写出版"专利代理人执业培训系列教材",为专利代理人执业培训工作提供高水平、专业化、系列化的培训教材,这是一项很有意义的工作。

这套教材由我国专利代理行业中一批理论功底深厚、实践经验丰富的专家根据新修改的《中华人民共和国专利法》《中华人民共和国专利法实施细则》《专利审查指南》等法律法规、部门规章和规范性文件编写而成。教材在系统阐述专利代理理论知识的同时,重点结合案例进行分析点评,有利于专利代理人对专利代理业务的理解学习。相信这套教材的出版,对培养专利代理人才、提高专利代理服务水平、规范我国专利代理人执业培训工作、推进我国专利代理制度建设将发挥积极的作用,对我国建设创新型国家、全面实施知识产权战略也具有重要的现实意义。

贺化

2010.5.12

出版说明

专利代理是专利制度有效运转的重要支撑，是专利工作的重要内容，是知识产权中介服务体系的核心组成部分。专利代理服务的水平和质量对增强我国自主创新能力具有重要影响。实现《国家知识产权战略纲要》确定的目标和任务，有效支撑市场主体专利创造、运用、保护和管理，必须不断提高专利代理服务的水平，不断拓展专利代理服务的领域，不断增强专利代理服务的能力，全面促进专利代理行业又好又快发展。

截至目前，我国专利代理人已达 17 000 余人。如何对专利代理人进行切实有效的培训，不断提升专利代理服务的能力，使之更好地为我国专利制度服务，已成为影响我国专利事业能否深入发展的一个重要课题。

专利代理人执业培训是指对已经通过专利代理人资格考试、尚未取得专利代理人执业证的人员进行的上岗培训和对已经取得专利代理人执业证的专利代理人进行的业务提升培训。多年来，我国在专利代理管理中围绕如何提高专利代理人的技能与水平，使之更好更快地适应专利代理工作的需要，进行了许多有益的探索，提供了可资借鉴的多种手段、多种角度、多种方式的培训渠道和内容，提高了培训工作的针对性和有效性。然而，培训工作中也存在重理论、轻实践，重审查、轻流程，重实体、轻形式，重知识灌输、轻执业道德教育等诸多问题。一部分专利代理人不愿从小事做起，不愿从基础做起。

专利代理人作为介于专利审查员与申请人之间、使技术和法律结合为一体的专业工作者，既要了解审查工作的要求，又要理解申请人、发明人的技术方案和想法，并能将申请人的利益最大化。因此，如何与发明人沟通，如何更快、更好地理解其技术方案，如何从技术方案中提炼要点形成权利要求，如何引导发明人提供恰当的交底材料，如何兼顾审查要求和申请人要求，如何写出高质量的申请文件等，是目前及今后相当长的时间内对专利代理人进行培训的核心内容。

为不断提高专利代理人的执业道德修养和业务素质，更好地满足专利代理人执业培训工作的需要，知识产权出版社邀请国内部分专利代理机构的资深专利代理人编写了这套《专利代理人执业培训系列教材》（以下简称系列教材）。

第一批出版的本系列教材暂包括以下五种：

1. 专利代理业务基础知识；
2. 发明与实用新型专利申请代理；

3. 外观设计专利申请代理；

4. 专利行政纠纷代理；

5. 专利民事纠纷代理。

  本系列教材依据最新修改的《中华人民共和国专利法》《中华人民共和国专利法实施细则》《专利审查指南》进行编写，其特点是：注重"实践"，教材内容的选取紧扣专利代理业务涉及的知识和技能；注重"实效"，对于教材中涉及的实务问题，作者尽可能从法律或技术操作层面提出具体方案、思路或提出具有引导性、启发性的问题；突出"实务"，尽可能穿插采用"例说"方法，通过案例引入和提出问题，进行分析、论证、阐释，所选案例均出自代理实务，具有新颖性、代表性；理论联系实际，通俗易懂。教材编写人员均为在专利代理第一线工作多年、具有实际从业经验的专家或业务骨干。

  本系列教材编写过程中，正值我国第三次《专利法》修改前后，编著者力图对修改前后的法律法规、部门规章的不同点及实务操作中的相关变化、难点给以深入浅出的阐释，使一线专利代理人能够从中得到切实的指导与帮助。由于时间仓促，不足之处在所难免，欢迎广大读者及业界专家提出宝贵意见，以利于我们编写后续教材和修订原版教材时不断改进。

  本系列教材的编写工作得到了国家知识产权局领导及有关部门、专家学者的热情关心和大力支持，在此一并致以衷心的感谢。

知识产权出版社
2010 年 6 月

自 序

专利申请程序和专利救济程序是两大不同的程序，根据我国专利法的规定，对国家知识产权局驳回决定不服的救济程序是复审程序，对授权行为进行再次审查的程序是无效程序。对专利复审委员会所作复审、无效决定不服的诉讼是专利行政诉讼。根据我国专利法的规定，上述行政和司法救济程序，属于专利审查流程的一部分。而专利行政复议是对国家知识产权局所作除驳回决定以外的具体行政行为的再次审查，虽然也属于行政救济程序，但未纳入专利审查流程。同样，以国家知识产权局为被告的行政诉讼，和以地方知识产权局为被告的行政诉讼，亦不属于专利审查流程的组成部分，但仍然属于为行政相对人提供的涉及专利审查和专利管理的司法救济程序。

本书分为上编、下编，上编名称为专利复审无效及其行政诉讼代理，由穆魁良编写。其内容包括：（1）发明和实用新型复审程序代理实务及案例分析；（2）发明和实用新型无效程序代理实务及案例分析；（3）外观设计复审和无效程序代理实务及案例分析；（4）以专利复审委员会为被告的专利行政诉讼。上编更多的是从实务的角度，结合作者多年的代理经验，通过大量实际案例分析，帮助专利代理人提高复审、无效及其诉讼的代理水平。本书下编名称为专利行政复议及以专利行政部门为被告的诉讼，由韩晓春编写。其内容主要包括：（1）专利行政复议制度的主要内容；（2）国家知识产权局行政行为及法律效力的分析；（3）以国家知识产权局为被告时诉讼的内容和特点；（4）以地方知识产权局为被告的诉讼的内容和特点。下编内容更多的是从理论的角度，系统地向专利代理人介绍专利行政复议制度和以国家知识产权局、地方知识产权局为被告的行政诉讼制度，以弥补此方面内容目前理论介绍上的不足。

在此需向读者说明，本书编写正逢《专利法》第三次修改之际，为了体现相关修改内容，在涉及新修订的《专利法》《专利法实施细则》的相关条款以及《专利审查指南》的相关规定时，在相应部分或者案例处加注了解释说明。

在本书上编的编写中，引证了吴观乐老师在《专利代理实务》一书中的一些观点，在外观设计复审和无效案例的选用上，得到了赵嘉祥老师以及林笑跃、钱亦俊、刘椎等同志的鼎立协助。另外，在本书上编编写风格和案例选用上，得到了韩飘扬、丁香兰、陈建民、陈坚、黄健、任默闻等同志的支持和帮助，在此一并表示感谢。

因本书撰写时间仓促，难免有不当之处，希望大家批评指正。

穆魁良　韩晓春
2010 年 3 月

目 录

上编 专利复审、无效及其行政诉讼代理

- 3 第一章 发明和实用新型复审程序代理实务及案例分析
  - 4 第一节 驳回决定的转送及对驳回决定的分析
    - 4 一、驳回的原因
    - 7 二、驳回决定的转送
    - 10 三、对驳回决定进行分析和归类
  - 26 第二节 复审请求的启动和专利申请文件修改
    - 26 一、启动复审程序的形式要求
    - 27 二、专利代理人在复审程序的作业原则
    - 30 三、专利申请文件的修改
  - 41 第三节 复审请求书撰写及案例分析
    - 42 一、因新颖性被驳回的复审请求书撰写及案例分析
    - 46 二、因创造性被驳回的复审请求书撰写及案例分析
    - 52 三、因实用性被驳回的复审请求书撰写及案例分析
    - 59 四、涉及智力活动规则和方法类被驳回的复审请求书撰写及案例分析
    - 62 五、涉及说明书公开不充分被驳回的复审请求书撰写及案例分析
  - 68 第四节 前置审查及合议审查阶段的代理工作
    - 68 一、前置审查
    - 70 二、合议审查
    - 76 三、复审请求审查决定的类型及后续事务的处理
- 79 第二章 发明和实用新型无效宣告程序代理实务及案例分析
  - 80 第一节 无效宣告程序及其启动条件
    - 80 一、无效宣告程序设置的必要性
    - 81 二、无效宣告程序的启动
    - 84 三、无效宣告程序的审理流程
    - 91 四、无效宣告程序的中止、恢复、终止和放弃专利权

93	第二节　无效宣告请求前的准备工作
93	一、无效宣告请求理由的选择及证据收集
102	二、无效宣告请求的范围及其确定
103	三、证据选用及搭配组合
107	第三节　无效宣告请求书撰写及撰写案例分析
107	一、无效宣告请求书的内容和格式
111	二、论述无效请求理由时应当以事实为依据，以法律为准绳
111	三、无效宣告请求书撰写及案例分析
120	第四节　无效宣告程序中专利权方的事务处理
120	一、判断无效宣告请求理由是否成立
123	二、无效宣告请求人资格是否符合规定
124	三、对请求人提交的中文译文进行审核
124	四、答辩策略的制定
125	五、权利要求书的修改原则和修改方式
128	六、撰写意见陈述书
133	第五节　无效宣告程序审理原则及口头审理
133	一、无效宣告程序审理原则
136	二、口头审理及应注意的问题
140	三、对无效宣告请求审查通知书的答复
141	第六节　无效宣告请求案例及其分析
141	一、以在先使用公开为证据的案例
146	二、以公开出版物作为证据的案例
147	三、因不能享受优先权而被无效的案件
151	四、利用采购指南上的图片否定专利创造性的案例
154	五、是否存在技术启示的案例
165	第七节　申请文件撰写缺陷对权利稳定性的影响
166	一、关于权利要求得不到说明书支持的案例
170	二、关于说明书公开不充分的案例
172	三、关于权利要求缺少必要技术特征的案例
175	四、关于权利要求书不清楚的案例
179	第三章　外观设计专利申请的复审和外观设计专利的无效宣告案例分析
180	第一节　外观设计专利申请的复审及案例分析
180	一、对新增的可驳回条款的说明
182	二、进行相同或实质相同判断时应注意的问题
182	三、复审案例

189	第二节	外观设计专利的无效及案例分析
190		一、涉及相同和相近似的无效案例
193		二、涉及色彩保护的无效案例
198		三、涉及《专利法》第9条的无效案例
202		四、涉及《专利法》第23条的无效案例
204	第三节	新法中的驳回理由和无效宣告理由的尝试性举例分析
204		一、相似外观设计驳回及无效宣告理由的尝试性举例分析
207		二、主要起标识性作用的平面印刷品的驳回及无效宣告理由的尝试性举例分析
209		三、以《专利法》第23条第2款为无效理由时的尝试性举例分析
213	**第四章**	**以专利复审委员会为被告的专利行政诉讼**
214	第一节	专利行政诉讼概述
214		一、专利行政诉讼的特点
215		二、专利行政诉讼的起诉条件及专利行政诉讼案件的审理
218		三、专利行政诉讼案的委托手续及立案
220		四、新法实施后对专利行政诉讼的影响
220	第二节	专利行政诉讼状的撰写
220		一、一审起诉状的撰写
224		二、二审上诉状的撰写
227		三、再审请求
227	第三节	专利行政诉讼的庭审及案例介绍
227		一、法院的庭审与专利复审委员会口头审理的不同之处
228		二、专利行政诉讼的审理要点
229		三、专利行政诉讼案例介绍

下编　专利行政复议及以专利行政部门为被告的诉讼

239	**第五章**	**专利行政复议制度**
240	第一节	专利行政复议制度概述
240		一、专利行政复议制度的目的
241		二、专利行政复议制度适用的原则
241	第二节	专利行政复议的含义和外国立法体例
241		一、专利行政复议的概念

243		二、专利复议制度的外国立法体例
244	第三节	我国专利行政复议制度的建立
245		一、国家专利局复议机构的设置
245		二、国家专利局复议规程的制定
246	第四节	国家知识产权局的外部行政行为
247		一、行政指导行为及其特征
247		二、抽象行政行为及其特征
249		三、具体行政行为及其特征
251	第五节	国家知识产权局具体行政行为的分类
251		一、专利管理方面的具体行政行为
252		二、专利裁决方面的具体行政行为
253		三、专利审查方面作出的具体行政行为
254	第六节	专利行政复议受案范围的概括
254		一、原则上限于具体行政行为
255		二、复审委员会管辖以外的具体行政行为
255		三、以国家知识产权局名义作出的具体行政行为
256		四、包括不作为
256	第七节	专利行政复议案件范围的列举
257	第八节	不能提起复议的情况
257		一、专利权人或实施强制许可的被许可人对实施强制许可使用费裁决不服的
257		二、布图设计权利人、非自愿许可取得人对非自愿许可报酬的裁决不服的
257		三、对国家知识产权局对布图设计侵权纠纷所作处理决定不服的
258		四、国家知识产权局作为受理局、检索单位和初审单位，在国际阶段作出的决定
258		五、专利复审委员会管辖的案件及其具体行政行为
258	第九节	提出复议申请的主体
260	第十节	提出复议申请的期限
261	第十一节	提出复议申请的形式
263	第十二节	复议申请的立案、审理和决定
263		一、复议申请的接收
263		二、复议申请的立案审查
263		三、复议申请的立案
264		四、复议案件的审理方式

265	第十三节　复议决定的类型
265	一、维持或者撤销决定
265	二、变更决定
266	三、确认决定
266	四、履行决定
267	第十四节　复议决定作出的责任形式
267	一、国家知识产权局作出决定的责任形式类型
268	二、复议采取行政首长负责制
269	第十五节　行政复议决定的审批程序
269	第十六节　复议案件的合法性和合理性审查
269	一、区分合法性审查与合理性审查的必要性
270	二、合法性审查的标准
271	三、合理性审查的标准
273	第十七节　复议审查中适用"法律解释"的主要方法
274	一、法条文义范围内的解释
275	二、法条文义范围外的解释
276	第十八节　行政复议程序的代理
276	一、复议程序代理人的范围
276	二、复议程序的授权委托书
276	三、涉及港、澳、台和外国申请人时的委托代理
277	第十九节　不服复议决定的后续救济程序
277	一、向人民法院提起诉讼
277	二、向国务院提出终局的裁决
278	第二十节　行政复议案件的审理期限
278	第二十一节　行政复议与行政赔偿程序
279	第二十二节　规章以下抽象行政行为属于复议审查范围
279	一、我国规范性文件的层级关系
281	二、复议中对部门规章以下抽象行政行为的审查
283	第二十三节　国家知识产权局具体行政行为的法律效力
283	一、具体行政行为的公定力
284	二、具体行政行为生效的时间点
285	三、具体行政行为的不可变更力
286	四、具体行政行为的不可争力

286	第二十四节　复议和复审、无效宣告程序的异同
287	一、相同点
289	二、不同点
291	第二十五节　专利代理人在复议程序中应当注意的问题
291	一、通常情况下，专利代理机构不能作为复议主体
291	二、代理客户提出复议申请时，应当有授权委托书
292	三、应当了解复议申请的受案范围
292	四、保持和法律事务处业务上的沟通
292	第二十六节　复议案例评析
292	一、"纠错型"案例
295	二、"澄清型"案例
298	三、"补漏型"案例
303	**第六章　以国家知识产权局为被告的行政诉讼**
304	第一节　以国家知识产权局为被告的诉讼类型
304	一、广义和狭义的行政诉讼
304	二、未经复议和经过复议的行政诉讼
305	三、行政赔偿案件也属于行政诉讼
305	第二节　以国家知识产权局为被告的司法管辖
305	一、我国司法体制简述
306	二、对国家知识产权局的级别管辖
306	三、对国家知识产权局的地域管辖
307	第三节　以国家知识产权局为被告的案件类型
307	一、不服专利管理方面的具体行政行为
309	二、不服居间裁决方面的具体行政行为
310	三、不服专利和布图设计审查中的具体行政行为
314	第四节　国家知识产权局诉讼客体的构成
314	一、具体行政行为
315	二、不作为
315	三、某些外部事实行为
316	四、行政赔偿法意义上的事实行为
317	第五节　法院对被诉客体的合法性审查
318	第六节　针对国家知识产权局的判决类型
318	一、撤销类型的判决
319	二、变更类型的判决

319		三、履行类型的判决
320		四、确认类型的判决
321	第七节	国家知识产权局在行政诉讼中的举证责任
321		一、对事实的举证责任
322		二、证据的形式
323		三、对规范性文件的举证责任
324	第八节	国家知识产权局对法院判决的执行
324		一、法院判决的"既判力"
326		二、以事实行为执行法院判决
326		三、以具体行政行为执行法院判决
327		四、申诉不停止执行
327	第九节	国家知识产权局的诉讼代理制度
327		一、诉讼代理人的确定和诉讼文书的制作
328		二、开庭前的准备和出庭应诉
328		三、出庭应诉和后续程序
331	**第七章**	**以地方知识产权局为被告的行政诉讼**
332	第一节	以地方知识产权局为被告的诉讼的历史沿革
332		一、"专利管理机关"主体范围的变化
333		二、地方知识产权局对案件的管辖范围
334		三、不服地方知识产权局决定的诉讼类型
337	第二节	以地方知识产权局为被告的行政诉讼特点
337		一、对居间裁决和行政处罚均可提起行政诉讼
338		二、对地方知识产权局裁决民事纠纷不服的原则上不能提起行政复议
339		三、对地方知识产权局行政处罚不服的,既可行政复议,也可行政诉讼
339		四、复议决定维持行政处罚决定时,地方知识产权局为被告
339		五、复议决定改变行政处罚决定时,地方政府为被告
340		六、诉讼不停止执行和停止执行共存
341	第三节	管辖的法院和判决的类型
341		一、管辖的法院
341		二、判决的类型
343	第四节	法院判决的执行

343	一、维持原决定判决的执行
343	二、撤销原决定判决的执行
344	第五节 和民事诉讼的衔接
344	一、专利侵权处理决定和民事诉讼的衔接
347	二、假冒他人专利行政处罚和民事诉讼的衔接
349	第六节 地方知识产权局调解协议的法律效力
352	附录一 行政复议相关表格
356	附录二 国家知识产权局行政复议规程

上编

专利复审、无效及其行政诉讼代理

第一章

发明和实用新型复审程序代理实务及案例分析

 本章学习要点

复审程序是按照《专利法》第41条第1款的规定而设置的一种行政救济程序。其行政救济的客体仅限于专利申请审查阶段被驳回的案件，因此，复审程序既是前期审查程序的延续，又是一个与前期审查程序有诸多不同的更严谨、更合理、更公正的再审程序，也是为复审请求人争取权益的关键机会。本章只对发明和实用新型专利申请驳回复审进行介绍，外观设计专利申请的驳回复审将在第三章中进行介绍。专利代理人在本章中应注重从以下几个方面学习、理解并进行复审请求的实务操作。

（1）由于驳回决定所涉及的理由、事实是提出复审请求的依据和争辩的要点，因此，在复审请求的整个代理过程中都不能偏离这个方向而另辟新途。

（2）虽然复审程序是前期审查的延续，但其采用的又是不同于原审查程序的更公正、科学的审查原则，所以专利代理人应充分地利用这个补救程序，尽最大可能改变原驳回决定的结论。

（3）由于专利申请被驳回的原因有多种，专利代理人应与复审请求人研讨，制定切实可行、实事求是的复审请求方案，视个案情况作出适宜的放弃某些权利要求或缩小权利要求保护范围的修改或者进行不修改的尝试，把握好复审程序这个争取授权的最后机会。

（4）学会针对不同的驳回理由，撰写出比前期审查意见陈述更具说服力和针对性的复审请求书。

第一节 驳回决定的转送及对驳回决定的分析

一、驳回的原因

在专利申请后的审查过程中,由于专利审查人员的水平、经验不同,对法律条款理解上的偏差以及专利申请人对补正、审查意见答辩的失误等原因,一些本应该被授予专利权的专利申请被驳回。为了更好地维护申请人的权益,纠正各种失误,专利法设置了复审程序。

专利申请被国家知识产权局专利局(以下简称专利局)驳回的情况有以下两类。

(一)初审阶段的驳回[※]

初审阶段的驳回,是指发明、实用新型或外观设计专利申请经专利局初步审查部门(以下简称初审部门)进行初步审查,认为其明显不符合《专利法》及《专利法实施细则》的有关规定,在通知专利申请人并经专利申请人陈述意见、对专利申请文件进行补正或对专利申请文件进行修改后,初审部门仍认为其明显不符合上述规定而依据《专利法实施细则》第44条的规定予以驳回。

(二)发明专利在实质审查阶段的驳回

实质审查阶段的驳回,是指发明专利申请经专利局实质审查部门(以下简称实审部门)进行实质审查认为其专利申请不符合《专利法》及《专利法实施细则》的有关规定,在通知专利申请人并经申请人意见陈述或对专利申请文件修改后,实审部门仍认为其专利申请不符合上述有关规定而依据《专利法》第38条和《专利法实施细则》第53条的规定予以驳回。

从目前驳回案的数量和驳回理由来看,发明专利申请实审阶段的驳回数量最多,驳回的主要理由依次为不符合创造性、新颖性,权利要求不清楚,权利要求得不到说明书支持,修改超范围,不符合单一性,不属于授权客体或其他驳回理由。实用新型及外观设计专利申请在初审阶段驳回的数量很少,驳回的理由多为进行多次补正后仍不符合相关审查要求或涉及《专利法》第2条第3~4款规定的驳回。

(三)新法实施后对复审程序的影响

1. 驳回条款的归纳

新法实施后,由于部分审查条款的修改和变化,三种专利申请初步审查或发明专利实质审查中涉及的驳回条款也发生了相应的变化,而且,还出现了一些新的驳回条款。现简单归纳如下:

(1)外观设计专利初步审查中所增加的《专利法》第25条第1款第(6)

[※] 吴观乐主编:《专利代理实务》,知识产权出版社2007年版,第406页。

项、《专利法实施细则》第 28 条第 2 款、《专利法》第 31 条第 2 款中相似外观设计合案申请等条款的驳回复审（将在本章第三节中单独进行介绍）。

（2）对于那些只作了序号调整变换的可驳回条款，由于实质性内容没有变化，因此不作重复说明。例如，《专利法实施细则》第 21～23 条等。

（3）对于那些在条款之间作了内容调整、合并的，由于其仅是条款序号的改变，实质内容未变，在此也不作介绍。例如，《专利法实施细则（2001）》第 2 条的内容并入《专利法》第 2 条、《专利法实施细则（2001）》第 13 条第 1 款并入《专利法》第 9 条、《专利法实施细则（2001）》第 20 条第 1 款并入《专利法》第 26 条第 4 款等。

（4）发明或者实用新型审查中新增加的或作出重要内容修改的条款，主要有《专利法》第 20 条第 1 款、《专利法》第 9 条第 1 款、《专利法》第 26 条第 5 款、《专利法》第 5 条第 2 款及《专利法实施细则》第 26 条第 2 款等。下面将对此类审查条款可能导致的驳回作一尝试性分析（这些审查条款在短时间内没有相应案例可供参考）。

2. 新增加或作过重要内容修改的审查条款驳回原因的尝试性分析

（1）《专利法》第 20 条第 1 款。

该条款一般不会在中国专利申请的初步审查中适用，原因是审查员在审查中国专利申请时不会主动地去查找证据，有时也无法正确查找到是否违反该条款的信息或证据，除非有人进行了举证或提供了相关证据或信息，或者是审查员在对中国专利申请的实质审查中检索到了同一申请人就相同或相近技术内容已在国外进行了专利申请并已公开的证据或者要求了该外国优先权，如果此时该专利申请人未按该条款规定提出过保密审查的请求，则在中国的专利申请就不能被授权。

如果所述情况属实，那么不管该专利申请的内容是否属于应保密的内容，均属于不符合该条款规定的情况。

专利申请人虽提出了保密审查的请求，但在保密审查通过正式批准之前就已在国外进行了专利申请的，也属于不符合该条款规定的情形。

上述情况都属于可以驳回的理由，如果专利审查部门已有相应证据或准确信息，那么其驳回后的复审结果也是不乐观的。

因此，如果碰到因该条款被驳回并提出复审请求的情形，则有两种复审思路：第一种思路是从证据的真实性或信息的可靠性上去进行争辩，不能从技术内容是否属于保密内容方面去争辩。第二种思路是从该申请不是在中国境内完成实质性发明创造工作的理由去争辩，但这种争辩成功与否的关键是要搞清楚其发明人是谁，该发明人是在何地完成发明创造的，复审能否成功要依靠相关的证据链支持。而且这种判断及证据的认定是较为困难的，如果申请人认为该在国外进行的专利申请的实质性发明创造工作不是在中国境内完成的，则举证责任应该属于该中国专利申请的申请人。究竟如何认定，还有待于日后用实际案例说明问题。

（2）《专利法》第26条第5款及《专利法实施细则》第26条第2款。

该两条款是此次新增加的审查条款，它们仅涉及利用了遗传资源的发明专利的初步审查和实质审查阶段的审查（具体内容请参见《专利审查指南》第一部分第一章5.3和《专利审查指南》第二部分第十章9.5），对于不符合该两条款规定的，经初步审查阶段补正后仍不符合规定，或实质审查阶段经陈述意见或者修改仍不符合规定的，应予以驳回。

该类驳回的原因可能是以下三种情况：第一，经审查阅读某发明的说明书，审查员认为该发明属于依赖于遗传资源完成的发明创造，但专利申请人未填写遗传资源披露登记表和未在请求书中对遗传资源进行说明；第二，经审查阅读某发明的说明书，审查员发现该发明所依赖的遗传资源与申请人填写和披露的遗传资源信息不一致；第三，经审查发现，某发明遗传资源来源披露登记表的填写不符合相关要求或存在错误。

对于上述第三种情况，一般可以通过补正或修改在初步审查阶段得到解决；对于其他两种情况，专利申请人可通过意见陈述的方式或对登记表进行修改的方式解决。当然，专利申请人也可以提出复审并针对驳回缺陷对请求书或遗传资源披露登记表进行修改，克服存在的缺陷。

另外，如果驳回属于第一种情况，专利申请人不认同审查员关于发明专利申请属于利用了遗传资源的审查意见，则可通过意见陈述书进行争辩或举证。

（3）《专利法》第5条第2款。

如果所申请的发明创造中所利用的遗传资源的获取或利用是违法的，或是通过不正当途径获取的，则不对该发明创造授予专利权。该条款的驳回原因有两种：第一，确有证据（他人提交的或审查员通过他人提供的相关信息寻找或查证到的）证明该发明创造所利用的遗传资源是违反《专利法》第5条第2款的规定；第二，申请人无法说明遗传资源的来源，经陈述理由或/和补正后仍不符合相关规定。

因此，针对此类驳回理由的复审方向是，用足够的证据证明其所申请的发明创造中所利用的遗传资源的获取或利用是合法的。

（4）《专利法》第9条。

该条最重要的变化是其第1款中的特例情况，如果审查员是以该条款原因驳回的，则说明审查员有相关依据和事实，专利申请人没有太多的理由可以争辩，只有从以下三方面考虑是否提出复审请求。

如果其驳回原因仅是专利申请人不肯放弃授权在前的实用新型专利权，则专利申请人只能采取放弃授权在前的实用新型专利权的方式加以解决。

如果其驳回原因是该发明专利申请与在前的实用新型专利之间不能同时满足该条款中"是同一申请人、同日、对同样的发明创造既申请实用新型专利又申请发明专利，且申请人在申请时分别作出过声明，而发明专利申请准备授权时先获得的实用新型专利权尚未终止"的规定的，那么即使提出复审请求，也不可能成功。

如果属于该条款中的其他驳回原因，则参照《专利审查指南》第二部分第三章6的规定办理。

在上述新增加或作过重要修改的审查条款中，其中某些审查条款对相应审查程序和驳回复审程序的影响有限，例如依据《专利法》第22条的规定进行新颖性、创造性实质审查时，审查员一般无法得知国内外使用公开或以其他方式为公众所知的技术，因此，在实质审查程序中所引用的对比文件主要是公开出版物。另外，《专利法》第5条第2款所述违法情况的发现及证据的采信在审查阶段也较难以实现，其原因在于，在发明专利实审中，实审部门仍主要采用公开出版物类证据的审查方式来确定专利申请的新颖性和创造性。因此，它们对复审程序影响不大，但对无效宣告程序影响较大。

无论是哪种驳回决定，专利代理人在接到驳回决定后首先要向申请人进行驳回决定文件的转送（而未委托专利代理机构代理其专利申请的申请人在接到驳回决定后，一般都会考虑委托专利代理机构进行复审请求，以力争其专利申请被授权）。

如何转送驳回决定，转送时应注意哪些事项以及如何针对驳回决定进行分析研究、提出切实可行的复审请求建议等代理事务是本节讨论的主要内容。

二、驳回决定的转送

（一）不需要提供分析建议的文件转送

在目前的实际作业中，有一部分专利申请人由于各方面原因并不要求专利代理人在转驳回决定文件时提供分析建议，此时专利代理人一般直接附一简单的转文信函连同驳回决定原件转送专利申请人，等待其进一步指令。下面提供一份不需要提供详细分析建议的驳回转文函样页，以供参考。

1. 驳回决定转文函举例

××××所
×××先生：
　　关于"驳回决定"转送事宜
　　申请号：×××××××××××.×
　　申请人：×××
　　发明名称：×××××××××××
　　我公司编号：×××××
　　贵方编号：×××××
　　我公司收到了专利局审查员于××××年××月××日发出的有关该案的驳回决定，现将驳回决定文本转给贵方，请贵方尽快转达给申请人，并将申请人是否提出复审请求的决定告知我公司。

　　题述案件经过第一次对审查意见的答辩，审查员未接受我方观点，仍坚持认为此案不符合《专利法》第22条第3款所规定的创造性要求，因此予以驳回。具体驳回理由详见驳回决定正文。

　　如贵方申请人准备提出复审请求，请将其提出复审请求的意见在××××年××月××日前提供给我公司，以便我方代理人结合申请人所提供的意见综合考虑后撰写出复审请求书，待申请人确认后正式递交专利复审委员会。

　　如贵方申请人不准备提出复审请求，也请在期限前告知我方，以便我公司结案。

　　复审请求答辩绝限为：××××年××月××日。

　　复审请求官方费用为：×××美元，我公司代理费为：×××美元，合计总费用为：×××美元。

　　以上说明如还有疑问请来电来函。感谢贵所的信任与合作！

　　附：驳回决定，××页。

　　顺颂

业祺

××××代理有限公司

代理人：×××　电话：×××××××

××××年××月××日

2. 驳回决定转文函应包含的基本信息

从上述转文函可以看出，一个转文函至少应包括以下内容。

（1）有关驳回案的相关信息。如专利申请号、专利申请人、案件编号、转文涉及的主题以及审查部门驳回决定的寄发时间等信息。

（2）有关驳回决定所涉及的主要驳回理由。驳回决定的理由虽然在驳回决定正文中有详细评述，但其驳回的主要原因应该在转文函中作简要提示，以便申请人快捷、方便地了解被驳回的主要原因。

（3）有关作业时限的提示。在驳回决定转文函中，一般要考虑两个时限：一是复审请求的绝限（自驳回决定发文日加15天邮程后再加3个月），二是扣除作业时间后的内部时限（作业时间是指，从申请人决定提出复审请求开始，代理人与复审请求人往复商讨、修改、确认复审请求书和修改文本的时间之和，内部时限一般控制在绝限前1个月较为适当）。

（4）有关复审请求相关费用的说明。

3. 直接转送驳回决定需要注意的问题

对于不需要专利代理人提供分析建议的申请人，专利代理人可以不提供有关复审请求的详细建议而进行直接转文。但是，一名负责任的专利代理人，不能因为专利申请人不需要提供分析建议就对驳回决定见而不阅、直接转送，至少应对驳回决定进行初步的阅读，了解驳回决定的基本情况。这是因为，专利申请被驳回的原因是多种多样的，其中并不能排除因专利代理人作业不慎或失误而导致的驳回，也不能排除因审查员对技术方案理解有误、对审查标准掌握不准确和判断上的不正确而导致的驳回。对于基于前一原因的驳回，即使专利申请人不要求提供分析建议，专利代理人也必须在转文函中进行必要的解释说明。

（二）需要提供分析建议的文件转送

在实际代理工作中，大部分专利申请人都要求专利代理机构的专利代理人在转送文件的同时提供针对驳回决定的分析建议，在直接转送驳回转文函基本信息的基础上加上对驳回决定分析建议的内容，便可构成需要提供驳回分析建议的转文函。

1. 驳回分析建议应包括的主要内容

驳回分析建议实际上就是专利代理人通过对驳回决定初步分析研究、归纳总结出来的可供专利申请人选择和参考的意见，其主要包括：审查员驳回理由是否正确，事实是否充分，有没有必要提出复审请求，提出复审请求后成功率如何，（如果准备提出复审请求）专利申请人还需要进行哪些方面的准备工作，还应提供哪些资料和证明材料等内容。

2. 驳回分析建议的作业步骤

（1）对驳回前的工作进行复核。

对驳回决定进行分析研究时，专利代理人不仅要针对驳回理由的事实进行分析，还要对被驳回前最后一次意见陈述或修改文本进行阅读查证，以便及时找到被驳回的根本原因，尤其要在阅读查证过程中发现一些问题，找到一些可解决问题的办法。

例如，如果驳回决定所依据的理由是修改超范围，而修改超范围又是因在就创造性对第二次审查意见进行答复时对权利要求书进行修改而导致的，那么为了说明修改没有超范围，专利代理人不仅要阅读查证第二次答复审查意见时的修改文本，而且要查看第一次答复审查意见时的文本，甚至要仔细查阅原始申请文本，看能否从中找出支持修改不超范围的依据。如果是因不符合新颖性、创造性规定而被驳回，那么还要对原专利申请的技术方案及对比文件的技术方案进行再理解和再比对。因此，在对驳回决定进行分析研究时，涉及前续审查程序中所做过的工作，也是对前期所做工作的一个复查过程。

（2）对技术方案再理解过程中发现问题并形成初步建议。

在对驳回决定复核的基础上，通过对驳回前所做工作和所涉及专利申请文件技术方案的再理解，可以从中发现一些问题，这些问题也许正是专利申请被驳回的原因，从这些导致被驳回的原因中区分属于谁的责任、属于什么性质的问题。同时，通过所发现的问题，可以初步找到一些解决这些问题的途径和办法，可形成一些初步的建议和结论，将这些初步的建议加入转文函中一并转给专利申请人，等待专利申请人的进一步指令。

在此阶段，专利代理人一般仅作一些初步分析，能够给专利申请人提供一种大致的、基本的建议即可。因为此时并不能确定专利申请人是否提出复审请求，更不清楚专利申请人对驳回决定的意见如何，所以对于如何修改被驳回的申请文件、怎样进行复审请求书的撰写等更细致而具体的工作，专利代理人可以先不进行准备，等待专利申请人正式决定提出复审请求时再予准备和提供。

三、对驳回决定进行分析和归类

接收到专利代理人转送的驳回决定或初步分析建议后，有些专利申请人会正式要求提出复审请求，并要求专利代理人提供复审请求书和修改文本。而有些专利申请人在收到驳回决定后会进一步征询专利代理人对复审请求的前景意见，然后才能作出是否提出复审请求的决定。此时，专利代理人就要在前述转送驳回决定工作的基础上做更进一步的具体细致的分析研究工作，以便能向专利申请人提供复审请求书的初稿和修改后的专利申请文本。

下面将结合具体案例对驳回决定中常涉及的几种驳回原因进行分析和归类，以便提高专利代理人对驳回原因的理解能力、制定正确复审对策的能力。

（一）专利申请被驳回与专利代理人修改专利申请文件不彻底有关

【案例1-1】

此案是因专利代理人修改专利申请文件不彻底而导致专利申请被驳回。列举此案例的目的是告诫专利代理人，修改申请文件时一定要细心周全，不能粗心大意。

案情简介

在一个名称为"半导体晶片结构及制造方法"的发明专利申请案中，审查员在第一次审查意见中指出，权利要求1中的导电层这一技术特征是用金属制成进行描述的，而说明书中仅有的实施例中的导电层是用铜来限定的，权利要求1限定的金属是铜的上位概念，得不到说明书的支持，因而不符合《专利法》第26条第4款的规定，并明确要求申请人进行替换修改。同时，审查员还指出，引用权利要求1的从属权利要求2～4中也存在相同的缺陷。经第一次审查意见转函后，专利申请人指示专利代理人按审查意见全面修改权利要求书，专利代理人随后进行了意见陈述并对权利要求作了修改。但是，由于专利代理人未仔细核实修改文本，其未把权利要求4中导电层是用金属制成的修改成用铜制成的，导致了该申请被驳回。

案例思考

（1）关于专利代理人。

此申请被驳回仅仅是因为权利要求4中的"金属"两个字漏改造成，应该不属什么重大失误，但是却反映了少数专利代理人粗心、马虎的问题。同时，也反映出管理上缺少有效细致的核查。专利代理人遇到此类驳回，必须在驳回转文函中向专利申请人作出合理的解释,并由代理机构承担相应责任和费用,不能将驳回决定简单转送专利申请人。

(2)教训。

按照《专利法》及《专利法实施细则》的规定,不管什么原因,也不管导致驳回的缺陷是如何产生的,只要驳回决定一经发出,只能通过启动复审程序来尝试改变专利申请被驳回的结论。因此,这就要求专利代理人不断提高业务水平,不能因自身的理解错误、判断失误而导致专利申请被驳回,更重要的是要加强责任心,尽可能避免因粗心大意而漏改、错改导致的驳回。

另外,专利代理人如果能在审查意见答辩后的核查中,或在驳回决定发出前发现问题,尽快与审查员联系并说明情况,审查员一般会同意专利代理人重新补交可以纠正此类错误的修改替换页,这样也可避免专利申请被驳回。

(二)驳回与专利代理人和审查员对技术问题或者法律条款判断、理解不正确有关

此类原因在驳回案中占有一定的比例。为方便专利代理人、专利申请人对此类驳回决定的分析理解,加深对相关法律条款的掌握和应用,下面列举几个相关案例进行说明。

1. 专利申请被驳回与专利代理人和审查员对法律条款理解不准确有关

【案例1-2】

本案是一个专利审查员和专利代理人对驳回所涉及的法律条款理解都有偏差的第8479号复审案例,列举本案例的目的是说明驳回理由一定要与驳回事实相符。

案情简介

发明名称为"应用于半导体晶片的双封闭护环结构"的发明专利申请,其权利要求书有1个主权项和9个从属权项,前两次审查意见是针对权利要求不具备创造性而发出的,经过两次意见陈述,审查员认可了其创造性答辩,但又发出了第三次审查意见通知书。

第三次审查意见认为"该案的主权项中采用了功能特征限定发明,导致了权利要求1不清楚"。针对第三次审查意见,专利代理人曾建议申请人将说明书中的一些结构特征加入权利要求1中,申请人也同意按专利代理人的建议修改申请文件(具体请参见针对第三次审查意见而修改的权利要求书)。在第三次审查意见答辩后该申请被驳回,驳回理由与第三次审查意见基本相同。

提出复审请求时,复审请求人再次对权利要求书进行了修改,将从属权利要求3、5、7、9中进一步限定双封闭护环的结构特征内容全部补入权利要求1,该修改在复审前置审查中被通过,专利复审委员会根据前置审查部门意见撤销了原驳回决定,发回原审查部门继续进行审查(请参见复审请求时提交的权利要求书修改样页)。

案例相关资料

(1) 第三次审查意见通知书正文（摘录）。

审查员在对本案继续审查中，再次提出如下审查意见：

1. 权利要求1请求保护一种双封闭护环结构，其技术特征"可防止水气、氧气侵入的内侧封闭护环"、"于晶片切割时阻挡外部应力以避免内部晶片结构被破坏的外侧封闭护环"，均使用了功能特征来限定发明，但是该权利要求请求保护的产品能够使用结构特征清楚地限定，此时使用功能特征限定是不清楚的、并且扩大了保护范围。因此，该权利要求不符合《专利法实施细则》第20条第1款的规定。

2. 权利要求2中出现"低介电常数"，而"低"在此处的含义不能准确确定，导致该权利要求的保护范围不清楚，不符合《专利法实施细则》第20条第1款的规定。

3. 权利要求4、6、8、10中均出现了"等"，使上述权利要求的保护范围不能准确确定，不符合《专利法实施细则》第20条第1款的规定。

(2) 针对第三次审查意见所提交的权利要求书修改样页（摘录）。

1. 一种应用于半导体晶片的双封闭护环结构，其特征包含：

半导体晶片，其内部包含元件及内部电路；

复数层介电层，位于上述半导体晶片之上；

护层结构，位于复数层介电层之上；

在该半导体晶片的外缘区域设置有，从半导体晶片上表面延伸至护层结构上表面的防止水气、氧气侵入的内侧封闭护环和阻挡外部应力的外侧封闭护环，其中，所述外侧封闭护环位于该内侧封闭护环的外侧。

2. 如权利要求1所述的应用于半导体晶片的双封闭护环结构，其特征是：上述的复数层介电层包含低介电常数小于4.2的介电材质材料。

3. 如权利要求1所述的应用于半导体晶片的双封闭护环结构，其特征是：上述的外侧封闭护环包含水平延伸导电层。

5. 如权利要求1所述的应用于半导体晶片的双封闭护环结构，其特征是：上述的外侧封闭护环包含垂直配置的导电层。

7. 如权利要求1所述的应用于半导体晶片的双封闭护环结构，其特征是：上述的内侧封闭护环包含水平延伸导电层。

9. 如权利要求1所述的应用于半导体晶片的双封闭护环结构，其特征是：上述的内侧封闭护环包含垂直配置的导电层。

(3) 复审请求时提交的权利要求书修改样页（摘录）。

1. 一种应用于半导体晶片的双封闭护环结构，其特征是：

至少包含：

半导体晶片，其内部包含元件及内部电路；

复数多层介电层，位于上述半导体晶片之上；

护层结构，位于多层介电层之上；

在该半导体晶片的外缘区域设置有，从半导体晶片上表面延伸至护层结构上表面的防止水气、氧气侵入的内侧封闭护环和阻挡外部应力的外侧封闭护环；

其中，所述外侧封闭护环位于该内侧封闭护环的外侧；

所述的外侧封闭护环包含水平延伸导电层和垂直配置的导电层；

所述的内侧封闭护环包含水平延伸导电层和垂直配置的导电层。

2. 如权利要求1所述的应用于半导体晶片的双封闭护环结构，其特征是：上述的复数层介电层包含介电常数小于4.2的介电材料。

3. 如权利要求1所述的应用于半导体晶片的双封闭护环结构，其特征是：上述的外侧封闭护环包含水平延伸导电层。

案例思考

按照前述对驳回决定转文的作业步骤，专利代理人针对本案驳回决定所依据理由、事实进行了分析。在分析过程中，对驳回前期审查意见答辩及修改的工作进行复核。经过复核和认真分析，笔者认为本案有如下问题需要进一步明确。

（1）审查员在驳回决定中所采用的驳回理由与事实不相符。

审查员在第三次审查意见及驳回决定中的主要观点是，在权利要求1中使用了功能特征限定发明技术方案的语句，即"可防止水气、氧气侵入的内侧封闭护环，于晶片切割时阻挡外部应力以避免内部晶片结构被破坏的外侧封闭护环"的功能性语句。而此案的权利要求1是一个产品结构的权利要求，在能够使用结构特征清楚限定的情况下却使用了功能特征限定发明，因而是不清楚的，不符合《专利法实施细则（2001）》第20条第1款的规定。

实际上，审查员在法律条款适用上出现了偏差，即审查员认为凡在能够使用结构特征清楚限定发明的情况下就应该使用结构特征限定发明，用结构特征限定的权利要求一定是清楚的，反之，凡没有采用结构特征限定发明而采用功能特征限定发明时则必然不清楚。

通过对本案的分析，权利要求1中所采用的上述功能特征表述的本身并不存在含糊不清、模棱两可的问题。而实际上存在的问题是权利要求1中的功能性限定的技术特征是否包含或覆盖了所有能够实现所述功能的实施方式，因此，本案适用的法律条款应当是《专利法》第26条第4款（所述的权利要求1得不到说明书支持），而不是《专利法实施细则（2001）》第20条第1款。

这是因为，按《专利法》第26条第4款及《专利审查指南》第二部分第二章3.2.1的规定和解释，对于产品权利要求来说，"应当尽量避免使用功能或者效果特征来限定发明"，而本案属此种情况，但是，并不是说产品权利要求中不允许采用功能特征限定发明，也不能说凡采用功能特征限定产品发明的权利要求就一定不清楚。当不得不使用功能特征限定发明或采用功能特征限定发明更为恰当时，可以允许使用功能特征限定发明，但是，在此情况下，一定要审查该功能性限定是否得到了说明书的支持。

通过对《专利法》第26条第4款、《专利法实施细则（2001）》第20条第1款及《专利审查指南》相应规定的比较和分析，可见此案前期审查及驳回决定中对权利要求1所采用的驳回条款与事实不符。而对权利要求2及权利要求4、6、8、10的审查结论在条款适用上是正确的，因为"等""低"是含义不确定的用语。

（2）专利代理人对审查意见理解有误。

专利代理人在收到审查员第三次审查意见通知后，虽将原说明书中的部分技术特征"护层结构，位于复数层介电层之上，在该半导体晶片的外缘区域设置有从半导体晶片上表面延伸至护层结构上表面"的内容补入了权利要求1中，但是，实际上并未真正解决所述外侧封闭护环和内侧封闭护环自身结构特征未在权利要求1中被体现和权利要求1是否得到说明书支持的问题。

由于专利代理人未能对第三次审查意见所述理由与事实是否相符进行认真核实，自然就没有抓住本案存在问题的实质，所以专利代理人是在未对第三次审查意见进行充分理解的基础上，就向专利申请人提出了不正确的修改建议，否则该专利申请也不会被驳回。另外，如果专利代理人提前发现此问题，通过与审查员沟通也能够解决问题，则该专利申请不会被驳回。

此类问题的出现，既与专利代理人的水平相关，也与其责任心有关，因此在驳回决定的转文中应对此类问题向专利申请人作出合理的解释。

2.《专利法实施细则（2001）》第20条第1款与《专利法》第26条第4款之间的关系

《专利法实施细则（2001）》第20条第1款所述的"清楚"主要是指权利要求对技术方案的描述要有条理、有层次，技术特征主体及相互关联性要让人看得明白；所用词语应该准确、明确，前后表述应该一致且规范统一，并有其公认的确切意思，不能有过多的推理和猜想。当一个权利要求使用了不清楚的词语时，一般可以通过解释或论证或进一步限定个别用语来解决，并不能通过增加新的技术特征的方式去解决。而权利要求得不到说明书支持是指权利要求所要求保护的范围与说明书公开的相应内容不在同一个层次上或不一致；或者权利要求需要的是一个宽泛的、大的、上位的概念，而说明书仅公开了一个狭窄的、小的、下位的概念。

3. 新法对该两条款的影响

从上述分析看到，《专利法实施细则（2001）》第20条第1款侧重权利要求自身所用词语是否清楚简要，《专利法》第26条第4款侧重权利要求所要求保护的技术方案的内容在说明书中是否具有合理的记载和得到足够的支持。由于该两条款都是对权利要求书本身撰写内容的具体审查要求，因此，新法将《专利法实施细则（2001）》第20条第1款内容并入《专利法》第26条第4款中，即"权利要求书应当以说明书为依据，清楚、简要地限定要求专利保护的范围"。

下面再通过【案例1-3】对权利要求书不清楚和权利要求书是否得到说明书支持之间的关系作进一步讨论。

【案例1-3】

案例相关资料

（1）权利要求书（摘录）。

1. 一种半导体集成电路，具有多层图案结构，其特征是：其中的一图案结构层具有：

——正式图案布局，具有复数线条，且在各线条之间具有一非正式图案空间；以及

——虚设图案布局，包含有复数区块，虚设图案位于该非正式图案空间中并与各相邻线条间隔一特定距离，其中各该等区块呈拟态性规则排列于该非正式图案空间中，而在有部分拟态性规则区域落入该等线条及该特定间隔所涵盖的范围时，被正式图案布局及该特定间隔所取代。

2. 如权利要求1所述的半导体集成电路，其特征是：该正式图案布局与该虚设图案布局是由相同的材质所构成。

3. 如权利要求1所述的半导体集成电路，其特征是：该虚设图案布局的区块是利用逻辑操作增设至该非正式图案空间中。

4. 如权利要求1所述的半导体集成电路，其特征是：该虚设图案布局的图案是由边长比例为1:1的矩形区块交错排列而成。

（2）审查意见。

审查员在第一次审查意见中认为权利要求1中的"拟态性规则排列"用词不清楚，不知道呈拟态性规则排列是指什么样的排列，而说明书及从属权利要求中均无进一步对"拟态性规则排列"的解释说明，因而审查员认为由于权利要求1的不清楚导致了引用权利要求1的其他从属权利要求也不清楚。

案例思考

要想把本案不清楚的问题解决，惟一的办法就是在修改不超范围的情况下将其解释清楚，或通过公知常识证据将其论证为是公知常识而不需要在现有权利要求和说明书中进行说明。但不能通过对权利要求1增加、补充新的技术特征的办法解决，即如果把权利要求2~4中的技术特征都补入权利要求1中，权利要求1中不清楚的问题依然得不到解决。因为，在权利要求2~4乃至说明书中都没有对"拟态性规则排列"进行进一步解释或限定，故无法对"拟态性规则排列"进行替换或进一步限定，而将"拟态性"删除在此时又是不允许的，这也进一步说明，权利要求书不清楚的问题一般情况下不能通过对权利要求增加新的技术特征的办法来解决。

假设审查员认为权利要求1中的"一虚设图案布局"采用的是上位概念，其保护范围限定得太宽而得不到说明书的支持，那么此时则可以通过将从属权利要求3和4的技术内容加入权利要求1中对其作进一步的限定，即通过补充完善的方式增加更具体的下位技术特征的办法解决问题，这时所反映的问题则属于权利要求书得不到说明书的支持，是属于《专利法》第26条第4款规定

的范畴，而与《专利法实施细则（2001）》第20条第1款无直接关系。

4. 专利申请驳回与审查员对创造性评判标准要求过高相关

如果通过对驳回决定的分析研究，以及对专利申请技术方案及对比文件技术方案的再次深入理解，发现专利申请本身具有可专利性，专利代理人也未出现作业失误，则有可能是审查员对专利申请文件和对比文件技术方案的理解出现了偏差，或是对创造性评判标准的把握有问题。此时，就要明确建议专利申请人提出复审请求。下面结合【案例1-4】对此问题作进一步说明。

【案例1-4】

案情介绍

本案是名称为"电子元件测试插置座的移动限位件"的发明专利申请，审查员在第一次审查意见中认为本案权利要求1及从属权利要求2~7相对对比文件及本领域技术人员的技术常识不具备创造性。申请人在第一次对审查意见的答辩陈述中认为审查员的认定缺乏足够依据，并对创造性进行了争辩，审查员在随后的审查中驳回了该专利申请，其驳回理由基本与第一次审查意见相同。

专利代理人通过对驳回决定分析研究后认为，审查员发出的不具创造性的驳回决定缺乏事实的支持，其对创造性的评判标准认定有偏差，经过复审请求撤销原驳回决定的可能性很大。因此，专利代理人在向专利申请人转送驳回决定时建议申请人进行复审请求。

案例相关资料

（1）本发明的目的、效果及技术方案。

本发明的背景技术中所介绍的背景技术结构如图1-1和图1-2所示，背景技术缺点是压控框架201易受外力影响而被触动，导致其上电子测试件5摆动而不能准确定位，影响被测电子件质量。本发明的目的是提供一种电子元件测试插置座的移动限位件，其效果是能够起到维持装置行程、稳固测试插座上的电子元件5的作用。

本发明的权利要求1内容如下："一种电子元件测试插置座的移动限位件，其特征在于该限位件插置于压控框架201下方与基座202之间下压裕度隧槽204内，是一个一体成形的构件，该构件包括抵靠并限位于下压裕度隧槽204外侧的压控框架201上的限位部、由限位部61延伸出的近塞部62、与近塞部相对远塞部64及连接近塞部与远塞部的连接部63构成、近塞部62及远塞部64分别被夹制于压控框架邻近及远离限位部的隧槽侧边下方的下压裕度隧槽204内。本专利具体结构如图1-3和图1-4所示。"

（2）对比文件的发明目的及相关技术内容。

对比文件1公开了一种电连接器，其发明目的在于提供一种易于组装的电连接器，以便将第一绝缘壳体与金属罩体通过锁定装置稳固地结合在一起。

对比文件1具体公开了以下内容：该电连接器主要包括第一绝缘本体2、第二绝缘本体3、金属罩体4、扣持装置5、锁定装置6以及数个端子7，第一绝缘本体 2 具有插槽 203，金属罩体 4 上具有对应该插槽 203 的插槽 41，锁定装置 6 表面具有至少一个止退勾部 61、62，该锁定装置 6 插置在金属罩体 4 的插槽 41 与第一绝缘本体 2 的插槽 203 中，通过锁定装置 6 将金属罩体 4 与第一绝缘本体 2 锁固连接在一起。由于第一绝缘本体 2 中插槽 203 的壁面 2031 具有弹性，因此锁定装置 6 可顺畅地插入并确保该壁面 203 不会被刮伤。审查员引用的对比文件具体结构参见图 1-5 及图 1-6。

（3）有关附图。

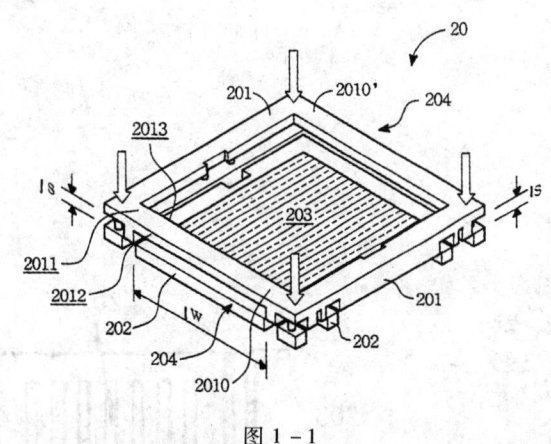

图 1-1

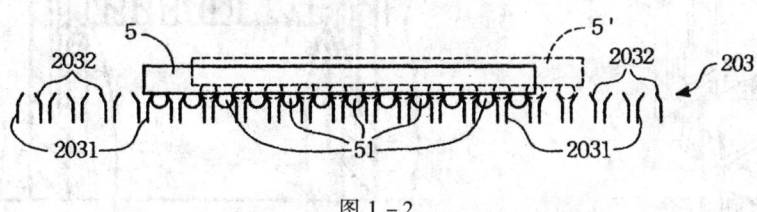

图 1-2

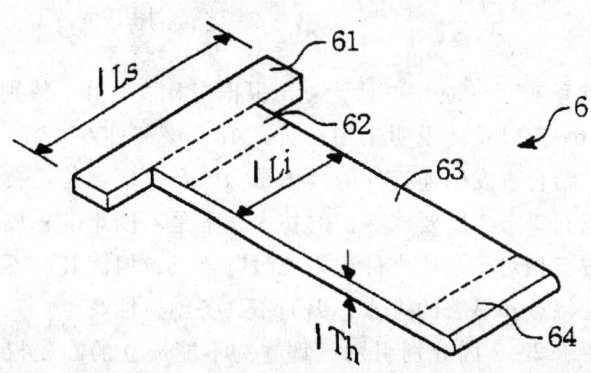

图 1-3

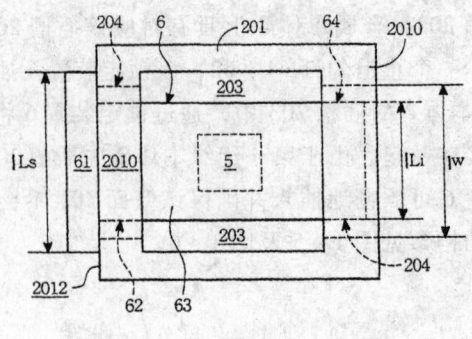

图1-4

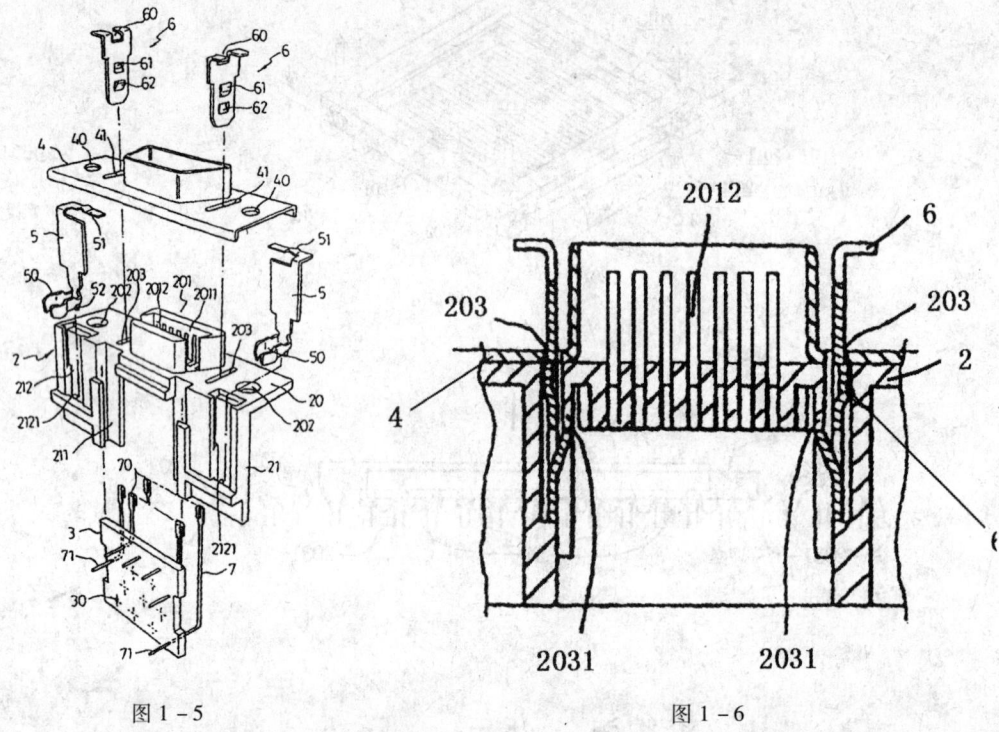

图1-5　　　　　　　　　图1-6

(4) 第一次审查意见通知书认为:"根据对比文件1,特别是其图1-5、图1-6中部件6、7以及其说明书中公开的有关该部件6、7的相关说明所公开的技术启示,结合本发明连接件的具体结构以及本领域普通技术人员的技术常识,得出如权利要求1所要求保护的技术方案是不困难的,权利要求1所要求保护的技术方案相对于对比文件1来说虽有特点,但因其尚不能被认为是具备突出的实质性特点和显著的进步,因而不具备创造性。"

从属权利要求2～7因分别引用已评述为不能成立的在先权利要求,且所附加的技术特征或为本发明连接件的具体结构必然的要求,或已为上述部件的相关结构构成所公开,因而从属权利要求2～7也不具备创造性。

案例思考

（1）审查员对技术方案的理解有偏差。

通过前述发明目的、技术方案的介绍及附图的揭示，可以得到的结论是：该专利申请的技术方案与所述的对比文件1的发明目的、解决的技术问题及技术方案都不同。为什么审查员却将对比文件1作为最接近的对比文件，为什么审查员又认为对比文件1中的部件6和7对本发明有技术启示呢？笔者认为，审查员可能是从以下角度考虑问题并得出本发明不具创造性的结论的。

本发明中与移动限位件6相关的是有一个压控框架201和一个基座202，而压控框架201要相对于基座202下压移动，为了防止不需要下压时的误动作，要通过移动限位件6水平插入压控框架201与基座202之间进行上下限位（即在现有技术图1-1上插设一个本发明图1-3所示的构件6便构成本发明，参见图1-4）。而对比文件1的绝缘罩体4与第一绝缘本体2也是相对扣合并通过锁定装置6插入连接并对罩体和绝缘本体起固定作用（参见图1-5和图1-6）。在此，审查员把绝缘罩体4看做是压控框架201，把绝缘本体2看做是基座202，把锁定装置6看做是本发明的移动限位件6，因为两者都是一个板状体，都具有远端和近端，并认为移动限位件6所起的固定连接作用中也包含限位的作用，因此认为对比文件1的上述三个部件及其相互之间的结构关系基本公开了本发明的技术方案，并对本发明的技术方案有技术启示。

笔者认为，上述对比并非没有道理，但是其中关键的问题是两者的发明目的和解决的技术问题并不相同，对比文件1中的锁定装置6所解决的技术问题是将绝缘罩体4和第一绝缘本体2进行锁固而不允许两者产生相对位移，同时为防止插入锁固时对插槽203内壁面造成损伤，插槽内壁面2031开有槽缝以增加其弹性（参见图1-6）。而本发明的限位件6只对基座202和压控框架201两者进行临时限位，其解决的技术问题是防止压控框架201误动作而影响电子测试件的准确定位。另外，本发明限位件6本身与对比文件1中锁定装置6在具体结构上又有许多不同，因此从整体技术方案对比，两者相差较大，对比文件1并不能破坏涉案专利的创造性。

（2）审查员对创造性的评判缺乏足够证据和说服力。

按照《专利审查指南》第二部分第四章3.2.1.1关于创造性三步法判断的规定，第一步是要确定最接近的现有技术。而最接近的现有技术应该是与保护的发明技术领域相同，所要解决的技术问题、技术效果或用途最接近和/或公开了发明技术特征最多的现有技术。而通过前述的分析和对比，对比文件1的技术领域与本发明主题的关系不大；其技术效果、所要解决的技术问题又明显与本发明不同。因而其技术特征的对比在本案中失去了可对比的前提条件。

第二步是在第一步对比的基础上确定发明的区别技术特征和发明实际解决的技术问题。对于本案来讲，由于第一步不成立，审查意见通知书和驳回决定中也未明确指出这些区别技术特征，更缺乏对区别特征与对比文件技术特征的对比，也就无法确定区别技术特征所要解决的实际技术问题，故第二步也无法判断。

第三步是在第二步的基础上判断要求保护的发明对本领域的技术人员来说是否显而易见，即现有技术中是否给出了将上述区别技术特征应用到该最接近的现有技术以解决其存在的技术问题的启示，而本案中由于第二步无法判断，故而也无法确定是否存在技术启示。况且审查意见和驳回决定中也未具体给出其他任何的可进一步证明存在技术启示的评述和证据。

综上所述，专利代理人认为驳回决定对本案不具创造性的评判缺乏足够证据和事实支持，缺少具体的意见评述，因而其意见不能成立。这也正是专利代理人建议专利申请人应该提出复审请求的主要原因。

(3) 对本案的进一步讨论。

退一步讲，如果将本发明中所述限位件6与对比文件1中的锁定装置6看做具有相类似的结构，即对比文件1的锁定装置6也具有一个弯折的限位部、一个靠近限位部的近塞部、一个与近塞部相对的远塞部和一个连接近塞部与远塞部的板装连接部（参见图1-5上部的锁定装置6），如其作用是将两个另外的绝缘罩体4和第一绝缘本体2连接起来，是否能破坏本发明的创造性呢？其结论仍然是否定的，因为它们之间解决的技术问题不同、发明目的不同、应用的场合不同，不符合创造性的判断标准。

另外，在本案的权利要求1中还记载有许多限位件6与基座和压控框架之间的位置关系、对应关系的结构特征，它们也是构成本发明权利要求1的技术方案必不可少的技术特征，而不能将这些关联技术特征置于分析判断之外，仅看限位件本身或仅将限位件与锁定装置进行单独的、脱离整体技术方案之外的对比。这也正是《专利审查指南》第二部分第四章6.4在关于创造性判断中所强调的，"应当针对权利要求所限定技术方案整体上进行评价，而不是评价某一技术特征是否具备创造性"。

因此，本案的驳回决定既缺少证据的支持，又缺乏令人信服的驳回理由。

(三) 专利申请被驳回由对比文件引用不当导致

如果对驳回决定分析研究后认为，驳回决定有明显的实体性错误，则可在转文时明确告知专利申请人应当提出复审请求。上述实体性错误可能是下述情况中的任一种。

1. 以申请在先、公开在后的外国申请作为否定该专利申请的新颖性和创造性

根据《专利法（2001）》第22条第2款的规定，在发明或实用新型的新颖性判断中，由他人在该专利申请的申请日以前向专利局提出并且在申请日以后（含申请日）公布的同样的发明或实用新型专利申请，是损害该申请日提出的专利申请新颖性的。

需要注意的是，采用抵触申请作为评判某一专利申请不具备新颖性的前提

条件是其必须是由他人在该专利申请日以前向专利局提出并且在申请日以后公布的同样的发明或者实用新型专利申请，以及符合条件的进入了中国国家阶段的国际申请。如果驳回决定是以申请日前申请、申请日后公开的外国专利申请文件或者专利文件为依据否定该在中国专利申请的新颖性，则属于对比文件适用错误。

而《专利法》第22条第2款规定的新颖性，"是指该发明或者实用新型不属于现有技术；也没有任何单位或者个人就同样的发明或者实用新型在申请日以前向国务院专利行政部门提出过申请，并记载在申请日以后公布的专利申请文件或者公告的专利文件中"。这种修改意味着新法实施后判断某一专利申请或者某一专利是否具备新颖性，不仅要与申请日以前在国内外在先公开、使用或其他方式为公众所知的现有技术不一样，还要与申请人自己和他人在国务院专利行政部门提出过的抵触申请不同。因此，新法实施后，在发明专利的实质审查及实用新型专利的初步审查中，新颖性的审查标准提高了，可以用于新颖性判定的证据的范围更广了。

由于在实质审查阶段，审查员一般无法获得在国内外公布、使用或者以其他方式为公众所知的证据和准确信息，因此，在实质审查程序中所引用的对比文件主要是公开出版物，即使在新法实施后，此现象也不会有大的变化。

2. 用抵触申请评判创造性

按照《专利法》第22条第3款及第5款的规定，在创造性判断中采用的现有技术是不包括抵触申请的。因此，在评价发明的创造性时不能考虑抵触申请。如果驳回决定是以抵触申请来否定该申请的创造性，则属于对比文件适用错误。

3. 用优先权日与在后申请的申请日之间所公开的对比文件否定专利申请的创造性（指外国优先权）

此时可能出现以下三种情况。

（1）优先权成立。

如果审查员已经承认了优先权，则不能再使用该申请日与优先权日之间公开的其他专利申请文件或者公告的专利文件来否定该专利申请的创造性。这里所说的"承认"是指在先申请与在后的中国申请是相同主题的发明创造，且在优先权期限之内提出的，是符合《专利法》第29条规定的。因为，该优先权效力的存在使得在此期间所公开的其他对比文件既不属于抵触申请，也不属于现有技术。

（2）优先权不成立。

如果该优先权不被承认，则不被承认优先权的在先申请和在后中国申请之间就没有关系了，而在此期间所公开的其他对比文件则形成了现有技术，该对比文件既可作为评判在后中国申请的新颖性的依据，也可以作为评判在后中国申请的创造性的依据。

（3）优先权部分成立。

如果该优先权仅被部分承认,则被认可部分与在后中国申请的技术方案中的对应部分有关系,属于上述第(1)种情况;而不被认可优先权的部分与在后中国申请的技术方案部分属于上述第(2)种情况。

4. 评判新颖性采用的是否为单独对比原则

按照新颖性审查标准,如果采用的对比方式不是单独对比方式,或采用单独对比方式时所应用的对比文件不是同样的发明或者实用新型,则此时对新颖性的判定就会有问题,就有可争辩的余地。

在进行新颖性对比时,专利代理人一定要认真研究其所采用的对比文件与所述的专利申请的权利要求之间,在技术领域、所解决的技术问题、技术方案和预期的效果是否实质上相同。如果相同,就可以用来评判新颖性;反之则不可以。

5. 专利申请人对驳回决定所采用的对比文件的引用有疑义时也可提出复审请求

虽然审查员在对比文件的引用上一般不会出现问题,但如果出现引用错误或专利申请人对对比文件的引用持有疑义的,可以提出复审请求以便通过复审程序进行核实,下面通过【案例1-5】对对比文件引用中涉及的优先权、新颖性、创造性等相关问题作进一步讨论。

【案例1-5】

案情介绍

本案涉及一件名称为"具有频率合成器的无线装置"发明专利申请,申请日是2000年12月18日。该案在实质审查时,审查员找到了一份该案申请人在德国申请的相同技术方案的实用新型文献,该德国案申请日为2000年7月12日,登记日为2000年12月7日,公告日为2001年1月11日。审查员认为该德国实用新型的公开日为2000年12月7日,在本专利申请日2000年12月18日前,故该德国案在本案申请日前公开了其技术方案,使其在中国的申请不具备新颖性,并希望该申请人撤回中国申请。申请人接到该审查意见后,表示不能同意审查员关于德国在先申请构成中国在后申请日前的现有技术的认定,并指示代理人进行答辩。后该申请被驳回,申请人对驳回决定不服提出了复审请求。

复审合议组发出了复审审查意见通知书,认为原驳回决定正确,复审请求人没有更充分的理由和证据证明驳回决定是错误的,将作出维持原驳回决定的复审决定。

案例相关资料

以下是复审请求书正文摘录。

根据《专利法》第41条第1款的规定,发明专利申请人"××××公司"对2004年8月6日专利局发出的驳回决定不服,现向专利复审委员会提出复审请求,具体复审请求理由如下:

一、关于破坏本案新颖性的德国在先申请是否属于《专利法》所定义的现有技术

1. 有关新颖性的定义

《专利法》第22条第2款所指的新颖性是指以下四种情况：①申请日前没有同样的发明或者实用新型在国内外出版物上公开发明过；②在国内公开使用过；③或以其他方式为公众所知；④也没有同样的发明或者实用新型由他人向专利局提出过申请并且记载在申请日以后（含申请日）公布的专利申请文件中。

针对本案驳回决定中所采用的对比文件是一份本案专利申请人在德国的一份实用新型申请，该专利申请的申请日是2000年7月12日，登记日期为2000年12月7日，公告日为2001年1月11日。专利申请人认为，申请人在德国的专利申请既不属前述新颖性定义中所述第②、④中的情况，也不属于第③种情况。因为，如果属于以其他方式为公众所知，则应限定于中国境内。而在本案的驳回决定中，审查员认为德国实用新型构成了第①种情况，即在本案申请日以前德国实用新型已在国内外出版物上公开发表过并已构成现有技术，认为德国实用新型注册日2000年12月7日就是其公开的出版日，所以德国实用新型破坏了本案新颖性。

2. 复审请求人对德国实用新型公开日的看法

复审请求人认为，中国《专利法》第22条第2款有关新颖性定义的第①种情况，是指出版物公开，而并非指其他方式的公开。对于出版物的公开，则要求出版物上明确记载有技术或设计内容的独立存在的有形传播载体，并且应当表明其发表者或出版者以及公开发表或出版的时间，出版物的印刷日为公开日（参见《审查指南》第二部分第三章的2.1.3.1）。复审请求人认为德国实用新型的专利公报的公告日2001年1月11日才应该是德国实用新型文献的出版日，而注册日2000年12月7日只是该实用新型的注册登记日（注册日期），而并非该实用新型文献的正式公告日或出版日。

申请人对把2000年12月7日确定为德国实用新型的公告日持有疑义。而且，也无其他证据表明该日即为公告日的相关证据。既然审查员认为在实质审查中所涉及的现有技术（即出版物公开的技术）破坏了本案新颖性，则审查员应有条件或有理由向申请人提供进一步的出版物公开的证据。比如，以2000年12月7日及该日之前从网络中能检索出德国实用新型说明书全文的证据。

二、复审请求人对已申请的德国实用新型有关公开日期的进一步意见

1. 复审请求人对德国实用新型中有关公告日期的看法

（1）申请日。

德国实用新型采用的是登记制，即仅进行形式审查，因此在形式审查合格前肯定要先递交申请，故德国实用新型的申请日应是2000年7月12日，即此时用专利文献著录代码"22"表示。

（2）注册核准日。

经过形式审查后应予以核准,也就是德国实用新型第8条第(1)、(3)项所规定的,实用新型申请案符合规定的构成要件时,专利局应将其载入实用新型登记簿内,并应在专利公报中以通常的摘要公告的形式登记,此为注册日,其公开的只是摘要部分,并没有公开其全部技术内容,故此时只是一种告知的形式,即其技术主题内容现已注册核准,但实质性技术内容并未公开,也就是著录代码"47"。而此时核准的文件为专利局内部文件,并未公告,尚处于秘密状态。因此,此后仍必须经由公告程序再行公开,使该实用新型处于公众得知的状态,而此后的专利公报上的公告日代码"43"才是真正的公开日。故,此时专利公报的公告日才是中国专利法所述的有关出版物公开的日期。如果2000年12月7日已经是专利文献的公告日期,为什么在此日之后还需另一个特别规定的公告程序和公告日期呢?

(3)实际的专利公报的公告日。

综前(1)、(2)所述,该德国实用新型真正的公告日,即全部技术内容在专利文献上的出版日应该为2001年1月11日,即著录代码"43"。此事实可以从国家知识产权局的专利文献著录项目代码中得到进一步证明。

2. 复审请求人的意见

综上所述,请求人认为2001年1月11日才是德国实用新型的实际技术内容的公开日。此日才为出版物的公开日,而2000年12月7日只是核准日,不能以该日为出版日期而将德国实用新型认定为现有技术来否定本案的新颖性。

希望专利复审委员会认真考虑我们的上述意见,并能要求审查员提供相应的证据支持。

案例思考

(1)从本案进一步理解复审请求程序设置的必要性。

复审请求程序是因专利申请人对驳回决定不服而启动的救济程序,因此只要专利申请人对驳回决定不服,就可以提出复审请求。当然,这种"不服"既包括专利申请人认识观点错误或固执,也包括专利申请人对驳回决定不甚理解,更包括对对比文件的引用有疑义情况下的不服。提出复审请求并非都能获得救济,但并不能因为有可能得不到救济就不提出复审请求。

(2)涉及现有技术的认定。

假设,本案专利申请人的复审请求理由成立,则德国在先申请就不会构成公开在先的现有技术,就不会破坏中国在后专利申请的新颖性或创造性,中国在后专利申请就会被授权。因为,当复审请求理由成立时,所认定的德国在先申请日为2000年7月12日,公开日(即公告日)为2001年1月11日,不是向中国专利局提出的申请,其仅构成申请在先、公开在后的外国专利申请文件,不影响中国在后专利的新颖性和创造性,因而不能作为否定中国在后专利申请的新颖性和创造性的对比文件,应属于前述对比文件引用不当中的第(1)种情况。

（3）涉及出版物公开及公开内容的多少。

本案审查员认定的德国实用新型公开日 2000 年 12 月 7 日，与中国在后专利申请日 2000 年 12 月 18 日之间仅相差 11 天，就是这 11 天使中国在后专利申请不能被授予专利权。为了讨论问题的方便，我们作一种假设，即如果 2000 年 12 月 7 日德国实用新型公开的仅是说明书摘要，这个说明书摘要是否能全盘否定中国在后专利申请的新颖性呢。答案应该是不能。因为新颖性的对比有严格的对比原则，如果该摘要仅公开了中国申请的主权项的全部内容，则其很可能破坏中国在后专利申请主权项的新颖性，而不能破坏整个权利要求的新颖性或者是创造性。当然，此公开的摘要内容可以再结合其他现有技术用于评判该中国在后专利申请权利要求的创造性。

（4）有关优先权的效力。

本案中的德国在先申请人与中国在后专利申请人为同一申请人，虽然我国台湾地区申请人不能享受我国台湾地区在先申请作为中国在后专利申请的优先权。但该申请人可以要求德国在先申请作为中国在后专利申请的优先权。如果是这样，那么不管德国在先申请是在 12 个月内的何时公开的，中国在后专利申请都能够被授权。

但要注意，如果我国台湾地区申请人在向德国进行专利申请时要求了我国台湾地区的优先权，或在德国实用新型申请中有在台湾地区申请时的相关记载，中国申请又要求了德国申请的优先权，那么此时中国在后专利申请就不能享受优先权，因为被要求优先权的德国申请不是首次申请，不满足享有外国优先权的条件。

（四）专利申请驳回理由和事实基本正确

驳回理由和事实基本正确，包括以下两种情况。

1. 驳回理由和事实正确

分析研究驳回决定后，如果认为驳回的理由和事实正确无误，即使提出复审请求其前景也不乐观或根本没有撤销原驳回决定的可能性，则应明确建议专利申请人不要提出复审请求，以避免造成经济上的浪费。而此类驳回案件中大部分都是因创造性、公开不充分或属于智力活动规则和方法方面的专利申请。

2. 驳回理由和事实基本正确，但还有商榷和争辩余地

分析研究驳回决定，如果认为驳回的理由和事实基本正确，但仍有可争辩的余地，则要采取的方式多为进行缩小性修改或再从说明书中挖掘一些技术特征补入权利要求书。此时在向申请人转送驳回建议时，应明确提出复审请求争辩的方向和具体的修改意见，并同时告知专利申请人复审前景并不乐观。

3. 是否进行复审请求应按复审请求人的指令办

对于上述两种情况，只要专利申请人希望提出复审请求，专利代理人就要按其指令认真地进行争取，而不能有畏难情绪。因为，即使复审请求不能取得成功或达不到预期目标，专利申请人也不会抱怨。但是，专利代理人绝不能因

经济利益的驱动而夸大复审请求成功的前景，诱导专利申请人提出复审请求。

第二节 复审请求的启动和专利申请文件修改

学习上一节所介绍的内容，无论是专利代理人还是专利申请人，都已对其专利申请被驳回所涉及的理由、事实、原因、责任有所了解，对是否具有复审请求成功的前景有了一定的判断。在此基础上，一部分不服驳回决定的专利申请人会正式委托专利代理机构依法向专利复审委员会提出复审请求（从依法要求提出复审请求时起，原专利申请人在复审阶段被称为复审请求人）。

在复审请求人正式要求提出复审请求后，专利代理人的主要工作是着手启动复审程序。

一、启动复审程序的形式要求

（一）核实复审请求人资格

按照《专利法》第41条第1款的规定，复审请求人应当是该驳回专利的专利申请人，如果原驳回专利的申请人涉及多个自然人或多个自然人和法人或多个法人的情况，在提出复审请求时，复审请求人应当与专利申请人完全相同和一致。如果在专利申请审查程序中有过申请人变更，则应与该专利申请被驳回前最后一次变更合格的专利申请人相同和一致。这里所说的相同，是指专利申请人与复审请求人的数量相同；所说的一致，是指其中任一专利申请人与对应的复审请求人姓名或名称要一致。因此，承担复审请求作业的专利代理人应注意案卷中所记载的专利申请人与复审请求人的一致性。

（二）复审请求期限及相关费用

启动复审程序时，必须注意核实《专利法》第41条第1款所规定的期限，因为对于复审请求规定的期限不能够请求延长。如果复审请求期限已过，导致复审请求的权利丧失，则首先需说明是否由不可抗力或非己方责任的适当理由造成。如果是，则复审请求人应自障碍消除之日起2个月内，最迟自期限届满日起2年内，向专利复审委员会说明理由，提供相关证明文件，请求恢复权利。

例如，我国台湾地区某申请人在期限前几天才决定提出复审请求，但因台风导致通过我国台湾地区邮局寄送给专利代理机构的信函未按时寄出而延误了复审请求期限，这种情况属于《专利法实施细则》第6条所述情况，则其要求恢复权利时，除了要提供台湾地区邮政部门的收文和延误寄出证明外，还要提供当时有关台湾地区气象部门关于台风发布消息的气象预报公告或相关报纸报道，同时还要对这些证明文件进行公证和认证，并按相关规定办理有关手续、缴纳恢复权利请求费。

在提交复审请求时，最好同时缴纳相关费用，以避免因费用未交或迟交导致的视为未提出复审请求问题的发生。在复审请求的期限内提交了复审请求，但因未缴纳或未缴足费用而被视为复审请求未提出的，如果得知未提出信息时还在复审请求期限内，则可以重新递交一次复审请求。

（三）复审请求的委托手续

复审请求中，如果专利代理人承接的复审请求不是自己所在代理机构代办的申请案件，或虽是自身代理机构代理但要在复审请求中变更代理人的复审案件，如仅是"代理复审程序有关事务"，而并不改变原代理关系或不负责承接复审后续事务委托的，其委托手续或者解除、辞去委托的手续可直接在专利复审委员会办理并递交相关文件，参见《专利审查指南》第四部分第二章2.6。除此之外的委托手续，应当按《专利审查指南》第一部分第一章6.1的规定在专利局办理。通过专利局办理并递交复审请求，需要一定时间才能转送到专利复审委员会。因此对于急于索取复审受理通知书的复审案，不适宜在专利局办理。

新法实施后，有关复审请求委托手续和不予受理事项会有所变化。例如《专利法》第19条第1款取消了在中国设有经常居所或者营业所的外国人、外国企业或外国其他组织在中国申请专利和办理其他专利事务的，应当委托国务院专利行政部门指定的专利代理机构办理的规定。因此，新法实施后，他们只需委托依法设立的专利代理机构办理上述相关专利事务即可。

专利代理人在承接中途委托的复审请求时，要注意对复审请求人是否为原驳回决定所涉及的专利申请人及复审请求是否针对原驳回决定提出等事项进行核实。同时，还应要求复审请求人提供驳回前审查程序所涉及的全部相关文件和资料，以便掌握复审请求时限和分析了解专利申请被驳回的情况。在未对驳回决定分析研究前，不要轻易作出有关复审请求前景的许诺。

（四）担当专利代理人的确定

由于复审程序是一个纠错或挑错程序，也是专利申请能否被授予专利权或授予多大权利的最后一次争取机会，故复审请求人对此阶段非常重视，对承担复审请求作业的专利代理人要求也很高。对于这一点，专利代理机构及专利代理人应予以充分尊重。

对于专利代理机构而言，应选择一些业务精、责任心强、经验丰富的专利代理人承办此类业务，对于那些在前期审查程序中有作业失误或专利申请人不太满意的专利代理人，一般不要再安排其承担该案的复审阶段的代理工作。

二、专利代理人在复审程序的作业原则

在第一节所介绍和列举的对驳回决定分析及归类的基础上，专利代理人在正式撰写复审请求书时，首先要确定其复审请求的主攻方向是什么，其遵循的基本原则是什么，主攻方向和基本原则的确定既要符合《专利法》《专利法实施细则》及《专利审查指南》的有关规定，使复审请求书的撰写及申请文件

的修改有法律依据，又要在尊重事实和依照原始专利申请文本记载的范围内进行争辩和修改，以便具有较充分的复审请求理由和防止超范围修改；其次要对已转送给复审请求人的分析修改建议是否完全正确进行复核，在必要时对其作出修正及完善；最后要尊重复审请求人的意见，按复审请求人的最后指令进行复审请求作业，切忌越俎代庖。

下面将对复审请求作业原则逐一进行说明。

（一）复审请求一定要针对驳回决定所涉及的理由和事实进行作业

复审程序是对专利申请被驳回前所涉及的专利申请可专利性问题处理是否公正、合理、有误的再核审过程，因此复审请求作业一定要针对驳回决定中所涉及的理由和事实进行，否则提出复审请求毫无意义。下面对复审请求与驳回决定之间的针对性问题加以归纳。

1. 复审请求人想通过复审程序争取更大专利保护的范围

如果复审请求人认为审查员所准予授权专利的保护范围太小，复审请求人想获得更大的保护范围，复审请求人就要在复审请求书中陈述审查员所准予的保护范围的不合理性，并在申请文件中找出其认为更合理的那个更大保护范围的修改依据和论述其具有可专利性的理由。

2. 复审请求人认为驳回决定有误

如果复审请求人认为审查员对专利申请可专利性的评判有误，则复审请求人就要在复审请求书中依据《专利法》《专利法实施细则》及《专利审查指南》的相关条款规定，陈述审查员错在哪里、误在何处，同时还要陈述复审请求人认为其专利可被授权的正确理由及事实。

3. 复审请求人想通过复审程序纠正其前期缺陷

如果专利申请被驳回理由、事实基本正确，且该驳回是由复审请求人在原申请审查阶段的不合理修改或者专利代理人工作失误造成的，则复审请求人就应在复审请求中实事求是地说明其缺陷是如何克服的、文件是如何进行修改的，并同时附上新修改的申请文件替换页以及修改样页。

4. 复审请求人想通过复审程序进行可被授权的最后尝试

在有些复审请求中，复审请求人认为其专利申请被驳回的理由和事实有误，虽然复审请求前景不乐观，但复审请求人想通过不同于原审查程序的复审程序进行尝试和争取。在此种情况下，专利代理人要和复审请求人通力配合，对驳回决定所涉及的理由、事实进行认真分析研究，在审查员评判意见中寻找可争辩的切入点，逐一从法律条款、事实依据等方面进行详细论述。必要时，进行举证来证明其专利申请的可专利性或审查员对驳回事实认定的不准确。

（二）复审请求人与专利代理人之间关系的协调和处理

按照第一节所述的内容，当专利代理人将针对驳回决定的复审建议或申请文件修改稿发送给复审请求人后，复审请求人会发出不同指令要求，一般分为以下几种情况。

1. 复审请求人与专利代理人意见一致

当复审请求人基本同意专利代理人复审建议和申请文件修改稿时，专利代理人应对递交文件进行最后核实，以保证申请文件的修改没有遗漏，并保证权利要求书、说明书、摘要复审及请求书的意见陈述所涉及的相同内容的各修改部分相互对应、前后一致。

2. 复审请求人部分同意专利代理人的复审建议

由于复审请求人对于其所申请的技术方案比专利代理人更为熟悉，所以一般情况下，复审请求人提出不同修改建议是有一定原因和道理的，但并不能排除复审请求人对于驳回决定中所涉及法律条款、可专利性评判和审查标准的不甚了解而作出的某些不正确的判断，此时，就需要专利代理人视个案情况作出自己专业性的建议和判断，并预先告知复审请求人。

（1）对于复审请求人某些正确意见应予采纳。

专利代理人应重视复审请求人的某些合理建议，并应将该建议补充完善到复审请求书的意见陈述中和申请文件的修改中。

（2）对于复审请求人其他不同意见的处理。

对于这些不同意见，专利代理人应再次对驳回决定所涉及的问题及专利代理人转送给复审请求人的复审建议以及修改文稿进行复核，而不能草率地认为复审请求人意见不正确。经过复核后确认，如果按照复审请求人的意见进行复审请求不利于向有利授权的方向发展，则应与复审请求人进行沟通，并据理陈述若按复审请求人意见去进行复审请求而导致的不利后果。在告知不利后果的同时，还应该告知其相关法律依据，尽可能说服复审请求人按正确的复审请求方向进行复审。

（3）必要时与审查员进行预先沟通。

对于复审请求人的一些观点或修改意见把握不准时，专利代理人在经原驳回审查员允许的情况下，可与审查员进行沟通，试探一下其可行性。

3. 复审请求人与专利代理人意见不一致

在某些情况下，复审请求人会否定专利代理人的复审建议或/和申请文件修改稿，而自己重新提供一套申请文件修改稿和复审意见，此时专利代理人应把握的作业原则如下。

（1）对复审请求人的意见及申请文件修改稿进行阅读研究。

专利代理人在没有对复审请求人意见、观点进行了解分析的情况下，不能贸然否定复审请求人的意见，而按自己的建议去进行作业。在分析研究复审请求人意见时，必须结合驳回决定所涉及的理由和事实进行，如果违背或偏离了驳回决定所涉及的理由和事实，即使再有道理也不可能取得好的复审请求效果。当然，这样的修改意见也是不可取的。另外，如果复审请求人的文件修改稿超出了原始申请文件所记载的范围，其修改建议也是不可取的。

（2）在分析研究复审请求人意见的基础上，努力说服复审请求人改变其观点。

通过分析研究复审请求人的观点，专利代理人要从中汲取有用或有益的观点和思路，站在复审请求人的位置去思考一些问题，从而对自己的复审请求作业进行修正或思路上的开拓，以使其更合理、更完善。同时，要从复审请求人的角度去考虑进一步说服复审请求人改变其错误观点的理由。专利代理人此时一定要注意克服急躁情绪，避免与复审请求人因观点不一致导致过激争论。

（3）按复审请求人的指令进行作业。

第一，尽到在先告知责任。专利代理人在经过与复审请求人一次、最多两次沟通后如还不能与复审请求人达成一致意见，则不要再试图说服复审请求人接受可能是正确的观点，更不能在复审请求人未同意的情况下递交复审请求人还未认可的复审请求书及修改的申请文件。这样做是违背专利代理人执业规范的，是违反作业原则的。专利代理人只要已经将正确的复审请求建议和按复审请求人意见去进行复审的不利后果及原因告知复审请求人，其代理义务已经尽到，不利的复审后果应由复审请求人承担。

第二，专利代理人要理解复审请求人。复审请求人坚持其意见必然有其自身的原因，许多复审请求人往往不希望得到一个保护范围很小的被授权客体，而宁愿冒一定风险去争取一个保护范围更大一些的被授权客体。这在驳回涉及有关创造性或权利要求得不到说明书支持而要进行缩小保护范围修改时较为常见。

第三，利用复审程序进行尝试。在提出复审请求时进行大胆的尝试或不正确的文件修改并不会马上造成复审请求失败。因为在合议审查中，如认为复审请求人所进行的文件修改不符合相关规定和要求，合议组会向复审请求人发出复审通知书，待接到复审通知书后再回归到正确的复审请求方向上也为时不晚。

三、专利申请文件的修改

按照《专利法实施细则》第61条第1款的规定，"请求人在提出复审请求或者在对专利复审委员会的复审通知书作出答复时，可以修改专利申请文件，但是修改应当仅限于消除驳回决定或者复审通知书指出的缺陷"。由此可见，复审程序中申请文件的修改与驳回理由紧密相关，不能随意进行修改，同时，修改还要满足《专利法》第33条及《专利法实施细则》第43条第1款的规定。下面就申请文件修改中应关注的问题说明如下。

（一）驳回理由和事实基本正确时专利申请文件的修改

通过前述对驳回决定的分析，如果认为驳回的理由基本正确，专利具有可被授权前景，复审请求人就应按照可能被授权的方向对专利申请文件进行修改。例如，如果驳回决定认为独立权利要求不具备新颖性和创造性，就应该把某些从属权利要求的技术特征补充到独立权利要求中。如果驳回决定认为独立权利要求和某些从属权利要求不具备新颖性和创造性，复审请求时就应该把驳回决定中未加以新颖性和创造性评述的那些从属权利要求补充到相应权利要求中，以使这些权利要求具备新颖性和创造性。

（二）驳回理由和事实正确时专利申请文件的修改

通过前述对驳回决定的分析，如果认为驳回理由正确，专利申请基本不具备被授权可能，但复审请求人又不甘心而想争取，就要通过对说明书的仔细分析而把原说明书中记载的一些技术内容增加到权利要求之中，以使该权利要求与现有技术存在区别特征，然后根据存在的区别特征进行创造性争辩。

（三）可暂时不对专利申请文件修改的几种情况

1. 驳回决定有一定道理，但也有一定的可争辩空间

通过对驳回决定的分析，认为驳回决定有一定的道理应该修改，但同时也有一定的可争辩空间的，可暂不对专利申请文件进行修改，而通过复审请求书论述说理的方式使审查员认可自己的观点。例如，对权利要求得不到说明书支持的驳回决定、涉及创造性的驳回决定，如果复审请求人想争取尽可能宽的保护范围，就可以暂不对专利申请文件进行修改，待接到复审通知书后再视具体意见而定。

2. 驳回决定有错误或者存在不尽合理的实体性问题

通过对驳回决定的分析，认为驳回决定存在实体性错误的，则提出复审请求时应指出驳回决定所存在的错误，同时，对专利申请文件不存在所述的错误缺陷而符合授权规定进行解释说明。此时，可不对专利申请文件进行修改。

3. 驳回决定基本正确，但不想缩小保护范围

通过对驳回决定的分析，认为驳回决定所指缺陷存在，但复审请求人想争取尝试一下的，可暂不对专利申请文件进行修改。

4. 驳回决定所指缺陷的解决不依赖于专利申请文件的修改

当驳回决定所涉及的驳回理由不是不具备新颖性、创造性，而是说明书公开不充分，或者是专利申请不属于被授权客体的整体否定时，复审请求首先要解决的是说明书技术方案是否能够实现，说明书所记载的技术方案是否属于《专利法》保护客体的争辩问题。如果该争辩被认可或被部分认可，接下来才涉及对专利申请文件的修改。

在有些情况下，驳回决定只涉及说明书中的某一技术方案公开不充分或某一权利要求保护的技术方案不属于授权客体。例如，在涉及智力活动规则的产品和方法权利要求中，审查员仅对方法权利要求提出了不属于授权客体的驳回意见，而认为产品权利要求可以被授予专利权，或者认为产品权利要求涉及创造性评价问题，此时，也要对专利申请文件进行修改，删除不被保护的部分，对可以保留的技术方案予以保留或对产品权利要求进行修改。

综上所述，提出复审请求时是否对申请文件进行修改，要视个案具体情况及复审请求人的意见而定。

为了加深对复审阶段如何对申请文件进行修改的认识，下面举两个实际案

例进行说明。

(四) 不允许修改的案例

【案例1-6】

案情介绍

本案涉及一件名称为"多层半导体集成电路及其所使用的光罩与其制造方法"的发明专利申请,其有权利要求1和10两个产品独立权利要求和一个方法独立权利要求19。审查员在第一次审查意见中认为,该案的权利要求1和另一个独立权利要求10中因有"拟态性规则排列"用词而导致权利要求1和10不清楚。同时指出,方法权利要求19的内容与权利要求10的内容实质上相同而不简明,要求专利申请人将其删除。专利申请人在答复第一次审查意见时将权利要求1和10中的"拟态性规则排列"修改为"规则性排列",同时删除了权利要求19及其从属权利要求。审查员在第二次审查意见中认为第一次审查意见答辩时所作修改超范围。

专利申请人在对第二次审查意见答辩时又将"规则性排列"修改为"适应性规则排列"。审查员在第二次审查意见答辩后的继续审查中驳回了此案,其驳回理由是"适应性规则排列"在原说明书中同样没有记载,也属于超范围修改。

专利申请人不服驳回决定提出了复审请求,在复审请求时又对权利要求进行了修改,即将第一次审查意见答辩时已删除的方法类独立权利要求19及其从属权利要求重新加入到权利要求书中,构成新的权利要求10~16,将现有权利要求1修改成了方法权利要求,同时删除了原权利要求10。

合议组在复审通知书中指出,复审请求人在复审请求时对权利要求书的修改不能够被允许,其理由是复审请求人提交复审请求时,对权利要求1所作的修改既改变了权利要求1的类型,又违反了《专利法实施细则(2001)》第60条第1款的"修改应当仅限于消除驳回决定或复审通知书指出的缺陷"的规定,而对补入的方法权利要求10~16给予认可。参见第12892号复审决定书。

案例相关资料

(1) 驳回决定(摘录)。

申请人于2006年9月12日提交的说明书中多次将"呈拟态性规则排列"修改为"适应性规则地排列",由于修改后的内容在原申请文本中并未记载,也无法直接地、毫无疑义地得出,所以申请人对原说明书的修改超出了原申请文本记载的范围,不符合《专利法》第33条的规定,不能被接受;修改后的权利要求1、10中同样出现了将"呈拟态性规则排列"改为"适应性规则地排列",同样不符合《专利法》第33条的规定,不能被接受。

申请人虽在意见陈述书中指出"拟态性"一词的来源及原意,但审查员认为,由于"拟态性"一词不是本领域规范的技术用语,这种表述本身不规范,而且"拟态性"的技术含义也不清楚,又未在原申请文本中记载,不论申请人将其改为"规则性排列"或者"适应性规则排列"都无法从原申请文本中直接地、毫无疑义地得出,所以申请人对权利要求书、说明书的修改超出了原申请文本记载的范围,不符合《专利法》第33条的规定。

(2) 复审请求书(摘录)。

1. 有关申请文件修改超范围问题

由于审查员认为无论将申请文件中"呈拟态性规则排列"修改为"规则性排列"还是修改成"适应性规则排列"都属于超范围修改,复审请求人只能将第二次审查意见通知书答复中修改的"适应性规则排列"删除,再退回原申请文件时的"呈拟态性规则排列"的状态,并基于此对权利要求1和10中所存在的超范围缺陷进行克服。

2. 对权利要求10的修改

鉴于审查员在第一次审查意见中指出原权利要求19与权利要求10两者的保护范围实质上是相同的审查意见(权利要求10虽然保护的是半导体集成电路光罩,但其特征描述部分涉及的内容实质上是该光罩的形成方法),申请人此次删除权利要求10及从属权项,而以原方法权利要求19代替现权利要求10,应该不属于超范围修改。

3. 对权利要求1的修改

从权利要求1与权利要求10的内容相比,权利要求10的特征描述部分只是权利要求1中多层图案结构中的一层图案结构,鉴于此,申请人认为是否可以将权利要求1修改为与其保护范围实质上相同的方法权利要求,因为,在方法权项中,没有"呈拟态性规则排列"的用词。具体修改见替换页。

(3) 复审请求时修改的权利要求书(摘录)。

1. 一种半导体集成电路的制造方法,该半导体集成电路具有多层图案结构,其中作为光罩的一层图案结构的制作包括如下步骤:

提供一种供制作于光罩上的一代表正式图案的布局,具有复数线条,且在该光罩范围内的各线条之间具有一非正式图案空间;

提供一代表虚设图案的布局,其包含复数规则排列的区块;

利用逻辑操作,将虚设图案布局对映至该光罩所涵盖区域的非正式图案空间中,在与各线条间隔一特定距离之下,增设相对应的虚设图案布局,进而完成一融合性图案布局;以及以该融合性图案布局完成光罩的实体制作。

…………

10. 一种半导体集成电路光罩的制造方法,其特征是:

包括下列步骤:

提供一种供制作于光罩上的一代表正式图案的布局,该正式图案布局具有复数线条,且在该光罩范围内的各线条之间具有一非正式图案空间;

提供一代表虚设图案的布局,其包含复数规则排列的区块;

利用逻辑操作,将虚设图案布局对映至该光罩所涵盖区域的非正式图案空间中,在与各线条间隔一特定距离之下,增设相对应的该虚设图案布局,进而完成一融合性图案布局；以及以融合性图案布局完成光罩的实体制作。

(4) 复审通知书（摘录）。

合议组认为，复审请求人提交复审请求时，将类型为产品的原权利要求1~9改为方法类型的权利要求1~9，该修改改变了权利要求的类型，超出了驳回决定指出的不清楚的缺陷，不符合《专利法实施细则》第60条第1款的规定，在新法中，该条款为《专利法实施细则》第61条第1款。

请复审请求人注意，在提交复审请求的时候，既不能改变权利要求的类型，也不能增加新的权利要求。

案例思考

(1) 在遇到修改超范围问题时如何寻找补救方法。

从本案上述相关材料可以看到，要想解决超范围修改问题，就只好退回原始状态，而退回到原始状态，原不清楚的问题又无法解决，如何在进退两难中寻找生机，寻找一条可破死局的出路，显然十分重要。

第一，如何解决修改超范围问题。此案在第一次意见陈述时对权利要求19进行了删除，删除的原因是审查员认为该方法独立权利要求19的内容与产品的独立权利要求10的内容实质上相同。仔细分析被删除的权利要求19，发现其中并没有"呈拟态性规则排列"这个不清楚的用语，而权利要求19是权利要求10中所述产品的方法权利要求，如果能用权利要求19替代权利要求10，则既保持了其技术特征基本上的一致，又避免了不清楚的问题，而且又不会导致修改超范围，这是复审请求人想达到的目的之一（详见复审请求书内容）。

第二，专利申请文件中是否存在替换权利要求1的技术方案。复审请求人的目的之二是想通过删除权利要求10、加入权利要求19来借机修改权利要求1。因为原权利要求10是半导体集成电路光罩的产品权利要求，它仅"具有一图案结构，该图案结构层由一正式图案布局和一虚设图案布局组成"，而权利要求1是半导体集成电路的产品权利要求，其在文字上描述虽"具多层图案结构"，"但其特征部分描述的仍是一个图案结构层，而且这个图案层的结构也是由一正式图案布局和一虚设图案布局组成"，即权利要求1与10的内容实质上很接近。既然用权利要求19的方法权利要求可以替代权利要求10的产品权利要求，为什么不能把权利要求1也用权利要求19替换权利要求10的方式替换（即用没有"呈拟态规则排列"的方法权利要求来描述权利要求1）呢？复审请求人是想以此避开权利要求1不清楚的问题。实际上，这也是一种尝试性修改，以试探合议组的意见。

(2) 从复审通知书中分析复审请求所作修改能否被接受。

复审通知书认为，复审请求人对权利要求1的修改不能被接受，因为权利要求1及其从属权项改变了原权利要求的类型。而对权利要求19及其从属权利要求的加入未予评述，实际上是认同了复审请求人对该权利要求的修改。也就是说，复审请求人所作的尝试性修改仅达到其目的之一，而目的之二没有达到。但至少说明本案有了可能被授权的希望。因此，在针对修改超范围的复审请求中，专利代理人除了研究修改超范围本身导致的原因外，还要考虑原说明书、原权利要求中还有没有可解决不清楚问题的技术方案。

（3）本案应吸取的教训。

本案被驳回的起因实际上是"呈拟态性规则排列"的用词不清楚、不规范。如果此专利申请案涉及一个重要的发明，就会因"呈拟态性"几个字的使用不当或未加注意而造成权利的丧失，可以说是"千里之堤，溃于蚁穴"。因此，专利代理人一定要在专利申请文件撰写中注意使用规范用词、用语，切忌乱用不规范、含义不确定或自命名的用语。而对于那些PCT进入中国国家阶段的案件，或那些已由我国香港、台湾地区代理人撰写成文的专利申请案，也要在专利申请文件递交之前仔细地阅读理解技术方案，对一些用词、用语认真地斟酌，发现一些不甚理解、不甚恰当、不规范之处应当尽快尽早解决，以免造成审查阶段不可补救的损失。

（五）允许修改的案例

【案例1-7】

案情介绍

本复审案涉及发明名称为"亚甲蓝诊断剂及上皮癌检测的诊断方法"的发明专利申请。

（1）第一次审查意见及其答辩。

第一次审查意见通知书指出，本申请权利要求1和2属于《专利法》第25条第1款第（3）项所述的疾病的诊断和治疗方法，不能被授予专利权；权利要求3的技术方案相对于对比文件1不具备创造性，不符合《专利法》第22条第3款的规定。

针对第一次审查意见通知书，专利申请人将原权利要求1和2进行了删除，将原权利要求3修改后作为新的权利要求1，并将说明书记载的内容加入了权利要求书中形成了新的权利要求2（详见后附的针对第一次审查意见通知书而修改的权利要求书）。

对第一次审查意见通知书中指出的权利要求3不具备创造性的问题，专利申请人认为，对比文件1涉及利用体外细胞染色来诊断和评价癌细胞的方法，而本专利申请的技术方案涉及对体内癌细胞进行染色的方法，鉴于现有技术中认为亚甲蓝毒性太大而不能用于体内染色，本领域技术人员绝不可能在不经过创造性劳动前提下就想到采用亚甲蓝来对体内癌细胞进行安全的染色，而本专利申请人正是通过创造性的劳动实现了将亚甲蓝用于体内癌细胞染色，因此本专利申请的技术方案具备创造性。

（2）第二次审查意见及其答辩。

第二次审查意见通知书指出权利要求1的修改超出了原说明书和权利要求书的记载范围，不符合《专利法》第33条的规定，权利要求2仍然属于《专利法》第 25 条第 1 款第（3）项所述的疾病的诊断和治疗方法，不能被授予专利权。

针对第二次审查意见通知书，专利申请人删除了权利要求 2，并增加了新的从属权利要求 2 和 3（详见后附的针对第二次审查意见通知书而修改的权利要求书）。

（3）驳回复审阶段。

经过上述程序，审查员作出了驳回决定，指出权利要求 1 的修改超出了原说明书和权利要求书的记载范围，不符合《专利法》第 33 条的规定。具体理由是：①新提交的权利要求 1 中用"含有"代替了原权利要求中的"包括"，删去了原权利要求中记载的"（b）一种适宜于药用的水溶剂；和（c）一种适宜于药用的无色亚甲蓝的氧化剂"的技术特征，增加了新的技术特征"（d）适宜于亚甲蓝的药用溶剂"，这些修改与原技术方案相比有实质性的区别；②根据说明书的记载，本申请技术方案的组合物不但应当包括适宜于药用的水溶剂，还应当包括适宜于药用的氧化剂。

复审请求人在提出复审请求时又对权利要求进行了修改，并对驳回决定所述的超范围问题进行了陈述。合议组发出复审通知书，对复审请求人有关修改不超范围的复审意见陈述给予了认可，但复审通知书仍认为修改后的权利要求同对比文件 1 相比不具有创造性。复审请求人在对复审通知书答复时再一次对权利要求 1 进行了限定，即将原说明书中亚甲蓝的含量"0.5%（重量）～3.5%（重量）"加入权利要求 1 中。最终合议组认可了本案复审阶段的修改，撤销了原驳回决定。

案例相关资料

（1）公告时的权利要求书。

1. 一种恶化前上皮损伤和癌的体内检测方法，包括下列连续步骤：用被癌性与癌前期组织选择性保留的染色组合物漂洗上皮，其中染色组合物主要包括甲苯胺蓝 O，和用一种漂洗组合物漂洗上皮，以除去未被保留的染料组合物，该方法的改进在于其中该染料组合物包含亚甲蓝。

2. 一种恶化前上皮损伤和癌的体内检测方法，包括以下的步骤：顺序地用被癌性与癌前期组织选择性保留的染色组合物漂洗上皮，其中染色组合物主要包括甲苯胺蓝 O，和用一种漂洗组合物漂洗上皮，以除去未被保留的染料组合物，该方法的改进在于其中该染料组合物包含亚甲蓝。

3. 一种体内检测癌和癌前期组织的生物学染料组合物，包括：（a）亚甲蓝，（b）一种适宜于药用的水溶剂，和（c）一种适宜于药用的无色亚甲蓝的氧化剂。

（2）针对第一次审查意见通知书而修改的权利要求书。

1. 一种体内检测癌和癌前期组织的生物学染料组合物，该组合物含有：(a) 亚甲蓝，(d) 适宜于亚甲蓝的药用溶剂。

2. 亚甲蓝在配制体内检测癌和癌前期组织的生物学染料组合物中的应用，所述染料组合物按照如下顺序使用：用所述染色组合物漂洗上皮，从而使癌性与癌前期组织选择性地保留所述染色组合物；用一种漂洗组合物漂洗上皮，以除去未被保留的染料组合物。

（3）针对第二次审查意见通知书而修改的权利要求书。

1. 一种体内检测癌和癌前期组织的生物学染料组合物，该组合物含有：(a) 亚甲蓝，(d) 适宜于亚甲蓝的药用溶剂。

2. 如权利要求1所述的体内检测癌和癌前期组织的生物学染料组合物，该组合物通过缓冲体系调节pH值为2.5至7.0，所述缓冲体系选自醋酸—醋酸钠、柠檬酸—柠檬酸钠、柠檬酸、磷酸钠或它们混合的酸盐体系。

3. 如权利要求2所述的体内检测癌和癌前期组织的生物学染料组合物，该组合物含有以重量百分比计的如下成分：纯净水83.55、冰乙酸4.61、三水合乙酸钠2.45、乙醇7.48、过氧化氢0.3、IFF Raspberry 0.41、IC563457 0.20及亚甲蓝1.00。

（4）复审请求书（摘录）。

复审请求人请审查员注意本申请原始提交文本的如下记载：

在说明书第2页第2段至第3段记载有"应用于上皮组织染料的合适的亚甲蓝组合物可以通过与适宜于药用的溶剂混合制备……根据本发明优选的方案，溶剂包括那些适宜于药用的，如无毒性、无反应性乙醇，如乙烷基乙醇。这些溶剂丝毫不会干扰染色机制，并且其其本身不至于使染料的有色形态降低至无色形态"；

"本发明也要求了与本发明方法相一致的使用的组合物，其中存在于组合物中的任何无色形态的染料被一种适宜于药用的氧化剂内含物氧化成有色形态"（见说明书第2页第6段）。

由上述记载内容不难看出，染料亚甲蓝可分为有色形态和无色形态，当本发明的组合物含有亚甲蓝主要为有色形态时，本发明的组合物可以不必含氧化剂；当本发明的组合物含有无色形态的亚甲蓝时，本发明的组合物可以进一步含有氧化剂以将无色形态的染料氧化成有色形态。

因此，本发明用于体内检测癌和癌前期组织的生物学染料组合物至少包括主要含有有色形态的染料和含有无色形态的染料两种情况下的两个技术方案。在主要含有有色形态的染料情况下的技术方案是本申请在第一次审查意见答复时修改的权利要求1所限定的技术方案，即，

"一种体内检测癌和癌前期组织的生物学染料组合物，该组合物含有：(a) 亚甲蓝，(d) 一种适宜于药用亚甲蓝的药用溶剂。"

而当本发明的组合物含有无色形态的染料亚甲蓝时，则本发明的组合物还可含有适宜于药用的无色亚甲蓝的氧化剂，以使该氧化剂将组合物中的任何无色形态的染料氧化成有色形态，即是本申请原始提交的权利要求3所限定的技术方案，权利要求3的技术方案也同样可以达到本发明的发明目的。

由此可见，本案申请人在针对第二次审查意见通知书答辩时修改的权利要求1的技术方案完全可以从本申请说明书中直接惟一地导出，不存在修改超范围的问题。

(5) 复审决定（摘录）。

关于《专利法》第33条

原说明书和权利要求书记载的范围既包括原说明书和权利要求书文字记载的内容，还包括根据原说明书和权利要求书的文字记载的内容以及说明书附图能直接地、毫无疑义地确定的内容。

在本案中，权利要求1是由原权利要求3修改得到的，原权利要求3为"一种体内检测癌和癌前期组织的生物学染料组合物，包括：（a）亚甲蓝，(b)一种适宜于药用的水溶剂，和(c)一种适宜于药用的无色亚甲蓝的氧化剂。"，答复复审通知书后修改的权利要求1为"一种体内检测癌和癌前期组织的生物学染料组合物，该组合物含有：（a）0.5%（重量）~3.5%（重量）的亚甲蓝，(d)适宜于亚甲蓝的药用溶剂"。

可以看出，修改后的权利要求与原权利要求相比有以下几处区别：①将"包括"替换为"该组合物含有"；②将成分(a)"亚甲蓝"进一步限定成"0.5%（重量）~3.5%（重量）的亚甲蓝"；③将(b)成分"一种适宜于药用的水溶剂"修改成(d)"适宜于亚甲蓝的药用溶剂"；④将(c)成分"一种适宜于药用的无色亚甲蓝的氧化剂"去掉。

合议组经仔细研究原说明书和权利要求后认为，上述区别点①的"包括"和"含有"都属于开放式的权利要求限定方式，其含义实质上相同，"含有"之前的主语"该组合物"显然也可以从原权利要求中得知；区别点②记载在原始提交的说明书第2页第5段"在本发明中，优选染料组合物包含约0.5%（重量）~约3.5%（重量）的亚甲蓝组分"；区别点③记载于原始提交的说明书第2页第2段"应用于上皮组织染料的合适的亚甲蓝组合物可以通过与适宜于药用的溶剂混合制备"；至于区别点④，根据本领域的常识，染色试剂中的亚甲蓝可以以有色的氧化态和无色的还原态两种形式存在，当其以无色的还原态存在时，使用时应当添加氧化剂将其氧化成有色的氧化态，而当其本身是有色的氧化态时，并不需要试剂组合物中包含氧化剂，而且在原说明书第2页第6段也记载了这样两种可选择的技术方案，因此，试剂组合物中不含"一种适宜于药用的无色亚甲蓝的氧化剂"的技术方案可以从原说明书文字记载的内容中直接毫无疑义地得出。因此，上述修改符合《专利法》第33条的规定，也符合《专利法实施细则》第60条第1款的规定。

案例思考

(1) 对修改是否超范围问题的分析认定。

本案驳回的理由是修改超范围，导致修改超范围的原因是创造性答辩过程中修改权利要求书。按照《专利审查指南》第二部分第八章5.2.3及《专利法》第33条的解释，对权利要求书和说明书的修改总原则是，"如果申请的内容通过增加、改变和/或删除其中的一部分，致使所属技术领域的技术人员看到的信息与原申请记载的信息不同，而且又不能从原申请记载的信息中直接地、毫无疑义地确定，那么，这种修改是不允许的"。

经分析研究上述材料后可知，审查员之所以认为本案在第一次审查意见陈述时对原权利要求3所作的修改超范围，是基于以下两方面原因：

第一，专利申请人删除原权利要求3中的特征"（b）一种适宜于药用的水溶剂及（c）一种适宜于药用的无色亚甲蓝的氧化剂"，等于在减少必要技术特征的同时扩大了该权利要求的保护范围。

第二，新增加的技术特征（d）适宜于亚甲蓝的药用溶剂，在原始说明书和权利要求书中没有直接明确的认定和记载，致使人们看到的信息与原申请记载的信息不同。

因此，审查员认定修改超范围是有一定理由的，但是对所依据的事实的认定并不充分，故专利申请人有进行争辩的空间。

（2）如何对修改超范围的驳回决定进行复审请求。

第一，在原始申请记载的信息中找依据。

既然修改超范围是由上述两方面原因导致的，要想解决该问题，也只能从权利要求3的修改在原始说明书中有直接明确的认定和记载入手，而且，要让人们看到修改前后的信息是相同的，即"删除（b）、（c）技术特征后并没有扩大权利要求3的保护范围"。如果要想说明所增加的内容在说明书中有记载，应该指出其在说明书中的具体出处，然后根据其记载的具体内容来分析并指出这种记载内容所包括的明确信息内容，最后将其所反映的具体信息内容与权利要求中所增加的内容进行比较。如果两者相同，或者可以从原具体记载的信息中直接地、毫无疑义地确定，则权利要求3所作的修改就是允许的，就符合《专利法》第33条的规定。反之，这种修改就属于超范围的修改。

第二，从找出的依据中进行分析认定。

按照这种思路，专利申请人在原说明书第2页第2段找到了"应用于上皮组织染料的合适的亚甲蓝组合物可以通过与适宜于药用的溶剂混合制备"的记载和在说明书第2页第6段找到"其中存在于组合物中的任何无色形态的染料被一种适宜于药用的氧化剂内含物氧化成有色形态"的记载。其中，第一句话说明了在权利要求1中增加的技术特征（d），即"适宜于亚甲蓝的药用溶剂"在说明书中是有明确记载的，而第二句话则说明了染料亚甲蓝可分为有色形态和无色形态两种形态。

因此，从两种形态来认定本发明用于体内检测癌和癌前期组织的生物学染料组合物，至少包括主要含有有色形态的染料和含有无色形态的染料两种情况下的两个技术方案。

而当本发明的组合物含有无色形态的染料亚甲蓝时，则本发明的组合物含有适宜于药用的无色亚甲蓝的氧化剂，以使该氧化剂将组合物中的任何无色形态的染料氧化成有色形态，这也正是本申请原始提交的权利要求 3 的技术方案。将原始权利要求 3 中的技术特征（b）和（c）删除是两个技术方案的选择问题，而并非是技术特征的删除。所以，这样的修改是有依据的，可以由原说明书中毫无疑义地导出，并没有因删除技术特征而扩大权利要求 1 的保护范围。综上所述，修改后的信息与原始文件记载的信息是相同的，修改是符合《专利法》第 33 条的规定的。

（3）针对修改超范围问题的进一步讨论。

修改超范围是对审查意见答复或对驳回决定进行复审作业中，为了克服申请文件某些缺陷、满足某些审查要求、争取授权而自然产生的问题，也是专利申请人或复审请求人为争取获得更大的保护范围而对专利申请文件进行修改时不可避免的问题。但就大部分修改超范围问题而言，实际上反映的是原始说明书中所记载的有用信息，是否与权利要求书要求保护的信息范围或想要保护的信息范围相匹配，或是否得到说明书充分支持的问题。它涉及撰写说明书时到底要写到什么程度、写到多大范围。现对相关问题探讨如下。

第一，关于说明书是否充分支持权利要求书。

《专利法》第 26 条第 4 款规定，权利要求书应该得到说明书的支持，实质上就是要求权利要求书中所记载的技术方案不仅在说明书中要有相对应描述和记载，而且其记载和描述的信息要多于、深于、细于权利要求书所记载的信息。如果只是相同的信息，则权利要求书中的一些上位的、功能性的描述就得不到说明书的实质性支持。此问题在目前我国内地、香港特区、台湾地区专利申请案中比较常见，是实质审查阶段经常碰到的问题，也是专利申请人和专利代理人不太重视的问题，即他们认为只要权利要求书与说明书所记载的信息相同就没有问题了，就等于权利要求书得到了说明书的支持。实际上，这种观点是不全面的，这种信息相同仅是形式上的支持。在【案例 1-6】中"呈拟态性规则排列"实际上也涉及此类问题，因为该案说明书中没有对这一用语作进一步说明。一般来讲，权利要求书所表述的信息应该是说明书所描述包含的信息的核心和精髓，是说明书技术方案的上位和"提纯"后的内容，因此说明书的内容要多于、深于、细于权利要求书的内容，或者说，说明书应是权利要求书的"大后方"，要想让权利要求书中保证有一碗水，其说明书至少要储存几碗水，甚至是一盆水。

第二，权利要求书中所用词语在说明书中要有明确、充分的解释。

专利代理人在撰写、审核申请文件时，为了使权利要求书所要保护的技术方案保护范围大一些，往往有意或无意地采用一些概括性的或模棱两可的用词用语，这是一部分专利代理人或申请人都喜欢采用的方式。如果说明书与权利要求书采用相同的语句来描述，那么当审查或驳回中遇到审查员的质疑时，就无法进行深入、扩充式的或替换性的解释，也无法进行修改，就像本章第二节有关专利申请文件修改中所列举的【案例 1-6】一样导致比较严重的后果。虽然【案例 1-6】涉及的是"呈拟态性规则排列"用词不清楚的问题，但实质上是其说明书中也没能将这一不清楚信息解释清楚，如果专利申请人和代理人在撰写或提供技术内容时注意到此问题，并在说明中对"呈拟态性规则排列"加以引证或说明或修改成其他描述，那么也不会导致其专利申请被驳回。

在【案例1-7】中也存在类似的问题，虽然【案例1-7】的权利要求1中新增加的技术特征（d）在原说明书中有所记载，复审请求人和专利代理人也列举了其出处，但这种记载不是非常直观明确，审查意见答辩时，解释也不十分到位，所以才致使审查员驳回了此案。

因此，说明书中除了要在信息记载量、实施例或实验数据上尽可能支持权利要求书外，还要对权利要求书技术特征之间的关联性、某些用词用语作规范性的或者更深层次的说明，对某些新技术用词用语的出处和含义进行引证和解释，这样才有可能尽量减少因用词用语不规范、不明确等小问题而导致的大麻烦。

第三，说明书信息记载要完整。

当说明书信息记载不完整而有欠缺时，有可能会导致说明书的公开不充分，而说明书技术内容公开不充分，又往往是导致权利要求书所记载的技术方案不清楚、缺少必要技术特征或者得不到说明书支持的源头。进一步讲，这也正是在根据上述审查意见被迫答辩和修改专利申请文件时导致修改超范围的根本原因。如果说明书公开不充分，则其专利申请往往很难被授权。究其原因，说明书的公开不充分往往是由专利申请人在申请专利时或专利代理人在撰写专利申请文件时忽略或有意减少实现发明目的某些必不可少的技术信息造成的。

第三节　复审请求书撰写及案例分析

按照《专利法实施细则》第60条第1款的规定，请求复审的，应当提交复审请求书，说明理由，必要时还应当附具相关证据。而复审请求理由的确定必须针对驳回决定中所涉及的理由进行。例如，如果专利申请因其所申请的技术方案不具备新颖性或创造性条件而被驳回，则复审请求的理由就是被驳回的专利申请具有新颖性或创造性；如果驳回决定是由于其专利申请说明书未充分公开，则复审请求的理由就是被驳回案的说明书已对发明或实用新型专利申请作出了清楚、完整的说明，本技术领域的技术人员能够实现；如果驳回理由是权利要求不清楚，则复审请求的理由就是权利要求是清楚的。[1]

由此可见，复审请求理由应与驳回决定所涉及的条款相同而理由相反，复审请求意见陈述应向与驳回决定所涉及理由相反的方向进行。因此，专利申请

---

[1] 吴观乐主编：《专利代理实务》，知识产权出版社2007年版，第414页。

被驳回前期中涉及的法律条款及相关规定,在复审阶段对专利申请可专利性评判中不仅仍然适用,而且还不能脱离或背离这些法律条款和《专利审查指南》去作无依据的争辩或推测。所以,复审阶段是复审请求人和审查员拿着相同的法律武器站在不同阵地上,对同一目标实施的为达到不同目的的对垒过程。下面将结合具体案例对几种常见驳回形式的复审请求书的撰写及撰写思路进行说明。

一、因新颖性被驳回的复审请求书撰写及案例分析

【案例1-8】

案情介绍

本案涉及一件名称为"防短路电池组电路"的发明专利申请,其权利要求书有1个主权利要求和2个从属权利要求。审查员在第一次审查意见通知书中认为权利要求1、2相对于对比文件1不具备《专利法》第22条第2款规定的新颖性要求,权利要求3相对于对比文件1和公知常识不具备《专利法》第22条第3款规定的创造性。

专利申请人随后进行了第一次审查意见答辩,并将说明书中的技术特征"设置在所述电池组外侧的充电端子,设置在所述电池组内侧的放电端子,且所述充电端子和放电端子从电路上分开"的内容加入原权利要求1中,构成了新的权利要求1,同时,陈述了新修改的权利要求1相对于对比文件1具有创造性的理由。

审查员在后续审查中又发出了第二次审查意见通知书,并引用了对比文件2,认为权利要求1~3相对于对比文件2不具备《专利法》第22条第2款规定的新颖性要求。申请人对第二次审查意见进行了答辩,将权利要求2的内容进行了删除,将权利要求3修改为权利要求2。

审查员在对申请人的第二次审查意见答辩审查后驳回了该专利申请案,其驳回理由是修改后的权利要求1~2相对于对比文件2仍不具备新颖性。该案专利申请人要求专利代理人提供是否进行复审请求的具体建议。

案例相关资料

(1)针对第二次审查意见通知书所修改的权利要求书。

1.一种防短路电池组电路,其特征在于,该装置具有设置在所述电池组外侧的充电端子、设置在所述电池组内侧的放电端子,充电端子和放电端子从电路上分开,另外,有一将位于电池组外侧的充电用端子与内部电池单元及放电端子从电路上相互分离的截断短路开关,当充电端子与电源连接时,上述截断短路开关被打开,而没有与电源连接时,该截断短路开关被关闭(本发明具体结构参见图1-7及图1-8)。

2.根据权利要求1所述的防短路电池组电路,其特征在于,上述截断短路开关由场效电晶体粒子构成。

（2）申请文件附图。

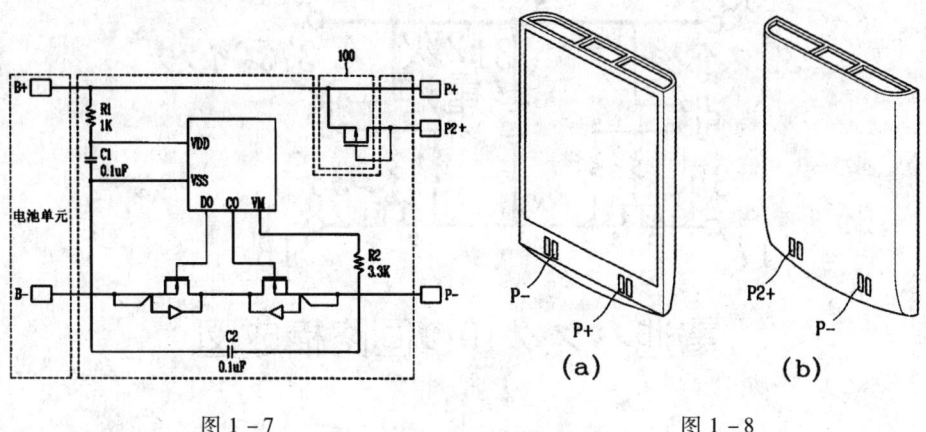

图1-7　　　　　　　　　　图1-8

（3）对比文件2的主要附图（参见图1-9至图1-12）。

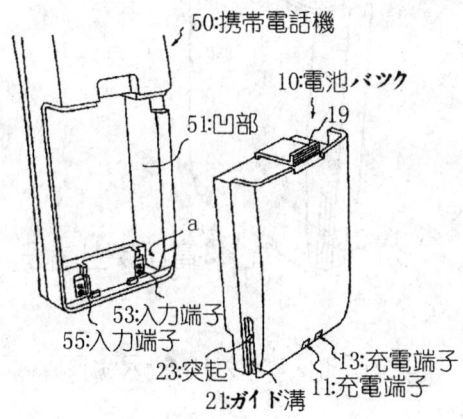

图1-9

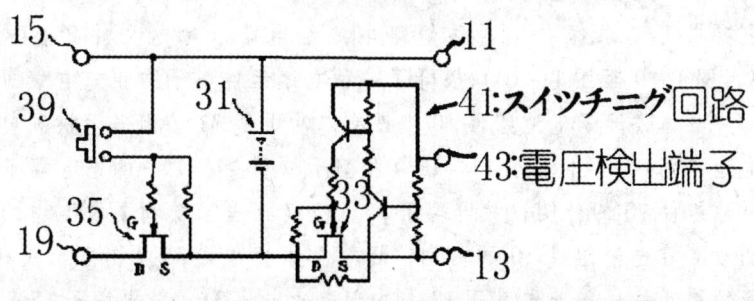

图1-10

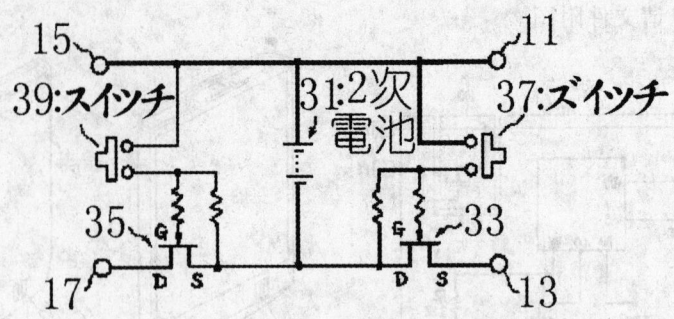

电池パック10の回路構成図

图1-11

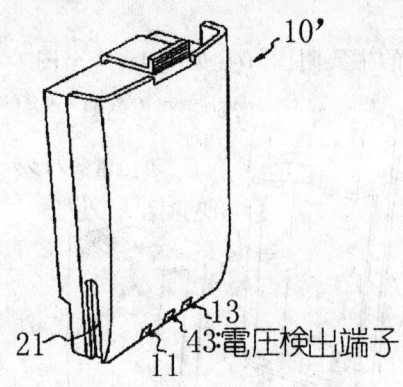

他の電池パック10を示す図

图1-12

（4）驳回决定（摘录）。

权利要求1的驳回理由：

权利要求1请求保护一种防短路电池组电路，对比文件2（JP平8-236103A，图1-9至图1-10）公开了一种电池组件用于防止充电端短路用电路装置，并具体公开了电池组件10中设有二次电池31（相当于权利要求1中的内部电池单元），充电端子11、13（相当于权利要求1中的充电端子）裸露设置在电池组件10的外侧，放电端子15、17（相当于权利要求1中的放电端子）裸露设置在电池组件10的内侧，场效晶体管开关33（相当于权利要求1中的截断短路开关）将充电端子13与内部二次电池31、放电端子15、17相分离，从而充电端子和放电端子在电路上分离，只有当电池组件10安装到充电器（相当于权利要求1中的电源）上充电时，场效晶体管开关33门极得到电压而闭合由充电端子充电，当不进行充电时，场效晶体管开关33处于断开状态，即使充电端子11、13之间由导体短路，电池31也不会短路。因此，权利要求1所要求保护的技术方案与对比文件2所公开的内容相比，仅仅是文字表达方式上略有差别，技术方案实质相同，且都属于电池短路保护电路领域。要解决的技术问题相同，都是防止电池充电端短接，并且都能达到防止电池充电端短接损坏电池的技术效果。因此，权利要求1所要求保护的技术方案不符合《专利法》第22条第2款新颖性的规定。

权利要求2的驳回理由：

权利要求2是权利要求1的从属权利要求，其附加技术特征对权利要求1进一步限定，对比文件2（JP平8-236103A，图1-10）公开了隔离开关为场效晶体管开关33。基于评述权利要求1的相同理由，权利要求2所要求保护的技术方案不具备新颖性。

对申请人答辩意见的评述：

专利申请人在第二次审查意见答辩时所陈述的具有新颖性的理由不具说服力。因为，修改后的权利要求1增加的技术特征已经被对比文件2中公开的下位概念所公开，详细分析见第一次审查意见；其次，对比文件2并不是通过电压检测端子防止短路，而是通过电压检测端子检测电源的连接，该申请中也不是通过充电专用端子防止短路，也只是由充电专用端子检测电源的连接，对于申请人这一观点，审查员不能接受。审查员认为，两者都是通过开关实现防止短路功能，两种端子都只是起到检测电源连接，并控制开关控制端的作用，只是电路布置的简单改变，将对比文件2中公开的由电压检测端子检测电源的连接控制开关的控制端替代为该申请中的直接由充电端检测电源的连接控制开关的控制端也是本领域技术人员容易想到的，因为二者作用相同，原理也相同，都是将电源连接的电信号传给开关控制端从而控制开关通断，都是本领域的惯用技术手段，因此，权利要求1不具备新颖性，所以即使申请人加入该特征，权利要求1也不具有创造性。

案例思考

本案申请人虽然还未正式提出复审请求，但其要求专利代理人提供复审请求建议。对于专利代理人而言，此时有两个问题需要解决：第一个问题是向专利申请人提供什么样的复审请求建议，第二个问题是提出复审请求建议的依据是什么。下面对这两个问题进行探讨分析。

（1）如何提供复审请求建议。

首先，分析判断驳回决定是否符合新颖性审查原则。

按照《专利审查指南》第二部分第三章3.1的规定，如果专利申请与对比文件公开的内容相比，其权利要求所限定的技术方案与对比文件公开的技术方案实质上相同，所属技术领域的技术人员根据两者的技术方案可以确定两者能够适用于相同的技术领域，解决相同的技术问题，并具有相同的预期效果，则认为两者为同样的发明或者实用新型。

通过对驳回决定的分析，权利要求1所要求保护的技术方案不具备新颖性，不符合《专利法》第22条第2款关于新颖性的规定，驳回决定的作出是正确的。

其次，判断驳回决定是否采用了单独对比原则。

按照《专利审查指南》关于单独对比原则的规定，在判断新颖性时，应当将发明专利申请的各项权利要求分别与每一项现有技术的相关技术内容单独进行比较，不得将其与几项现有技术或一份对比文件中的多项技术方案的组合进行对比。具体到本案而言，就是不能将本发明专利申请的权利要求1和权利要求2与对比文件2中的多项技术方案（即不同实施例组成的不同技术方案）的组合进行对比。

通过对对比文件2的分析不难看出，其具有两个实施例。第一个实施例是由图1-9、图1-10所示电路构成，第二个实施例由图1-11及图1-12所示电路构成。因此，对比文件2具有两项技术方案。如果审查员将本发明的两项权利要求与对比文件2中的两项技术方案的组合进行对比，则采用的就不是单独对比原则，其对本专利申请新颖性的评判就不能成立；如果审查员采用的是单独对比原则，其对本专利申请新颖性的评判就能够成立。因为，对比文件2中由图1-11及图1-12组成的技术方案与本发明专利用充电端子本身来防止两个充电端子之间短路的技术方案是不同的。通过对驳回决定的分析可知，审查员在驳回评述中并没有引用图1-11和图1-12中的由机械开关控制放电端子的激活的技术方案来评述本案的新颖性，而一直都利用图1-9和图1-10所示的一个实施例来对本发明的新颖性进行评述，因此，审查员对本案新颖性评述采用的是单独对比原则。

综合以上两点分析，审查员驳回决定基本上是依据《专利审查指南》的审查原则进行的，在此方面获得突破很困难。本着实事求是的代理原则，专利代理人应建议该案专利申请人最好不要提出复审请求。因为，即便经过复审，本专利申请的新颖性被认定，但对比文件2作为一份现有技术，仍然可否定该专利申请的创造性，本专利申请最终还是不能获得授权。

（2）如何为复审请求寻找复审突破点。

通过对本案的前述分析总结，本案的驳回理由是正确的，审查员对新颖性审查标准的把握也是比较准确的，但如果专利申请人坚持提出复审请求，专利代理人也不能拒绝，而且要想尽办法寻找出一些可说明本专利申请具有新颖性的理由，或审查员以新颖性为理由驳回本申请的不妥之处。这就需要专利代理人按照比审查原则更细致的《专利审查指南》第二部分第三章3.2中有关审查基准的规定逐一对申请文件的权利要求书和对比文件2进行细致的对比、分析判断，或从说明书中筛选出一些技术内容加入权利要求书中，以寻找出一些突破点。

二、因创造性被驳回的复审请求书撰写及案例分析

【案例1-9】涉及一项名称为"半导体组件的金属熔丝结构及其制造方

法"的发明专利，驳回理由为不符合创造性要求。关键争论点是区别特征是否为公知常识以及现有技术是否存在技术启示。

【案例1-9】

案情介绍

本复审请求涉及发明名称为"半导体组件的金属熔丝结构及其制造方法"的发明专利申请，专利局实审部门对本申请进行了实质审查，第一次审查意见通知书引用了两篇对比文件：

对比文件1：US6261873BI，公开日为2001年7月17日；

对比文件2：JP平2-277264A，公开日为1990年11月13日。

在第一次审查意见通知书中指出本专利申请的权利要求12相对于对比文件1不具备新颖性，不符合《专利法》第22条第2款的规定；权利要求1~11、13、14相对于对比文件1和2的结合不具备创造性，不符合《专利法》第22条第3款的规定。

针对上述审查意见通知书，专利申请人提交了意见陈述书和修改文本。其中，申请人删除了权利要求12、14，对权利要求1、2、7、8作了修改，其意见陈述书中的主要观点是：本发明所述的技术方案中孔洞的结构是采用一次微影蚀刻步骤形成，而对比文件1中形成孔洞结构分别采用了3次或2次微影蚀刻步骤，由于本发明的一次微影蚀刻步骤能达到对比文件1和2的几次微影蚀刻步骤所带来的效果，简化了制作步骤，并在一定程度上降低了生产成本，因此具有创造性。

继续审查之后，专利局实审部门于2005年6月10日以权利要求1~11不符合《专利法》第22条第3款的规定为由驳回了本专利申请。

案例相关资料

（1）驳回决定（摘录）。

对比文件1（US-6261873B1）公开了一种金属熔丝的制作方法，其中披露了以下技术特征：在已经形成各种结构的半导体结构上形成一介电层106，所述半导体结构包括金属层（即导线层）108a、108b；在介电层106中通过微影蚀刻步骤形成两个孔洞；两个孔洞之间有一介电层凸起部分106d，在其上形成一薄的金属层作为熔丝，显然该熔丝属于一弱连接部分，对比文件1中还指出其由于实现了比传统的熔丝薄的熔丝结构，因而可以采用低能量的激光进行熔断。

权利要求1要求保护的技术方案与对比文件1的区别仅在于：①权利要求1中第二介电层形成于已经形成有第一介电层的半导体基片上，其中该第一介电层埋设有导线层；②形成一具低阶梯覆盖的金属层于该第二介电层上。对于第一个区别技术特征，对比文件1虽然没有记载完全相同的内容，但是其中已经记载了所述介电层106是形成在所述分段的几个金属层（即导线层）108a、108b上的，而所述导线层则是已经形成各种结构的半导体结构上的最后一层，且相互之间显然是通过介电层相互绝缘的，本领域技术人员都知道半导体器件中导线层之间一般都采用介电层来隔离，因此可以根据需要将所述导线层形成于其中的介电层直接设置在半导体基片上，或者根据需要设在基片上其他已经形成的各种半导体结构上。这两种选择都属于常规的选择，因此不需要付出任何创造性劳动。

对于第二个区别技术特征，对比文件2（JP平2-277264A，全文）披露了在具有多个熔丝沟槽的氧化物介电层上形成Al-Si金属层作为熔丝层，其中由于低的阶梯覆盖特征，因而各沟槽的侧壁上部的厚度非常薄，因而被选作熔断处，由此采用相对低的电压（显然也可采用较低的激光能量）即可将其有效地熔化，从而可以实现优良的熔断可靠性，提高整个制程的效率。显然其中的效果与本申请中相同。由上述可知，对比文件2给出了将其应用到对比文件1从而获得权利要求1的技术方案的启示，本领域技术人员在结合对比文件1、2及该领域公知常识的基础上获得权利要求1的技术方案是显而易见的，因此权利要求1要求保护的技术方案不具备突出的实质性特点和显著的进步，从而不具备创造性。

（2）复审请求书（摘录）。

根据《专利法》第41条的规定，复审请求人对实审部门针对发明名称为"半导体组件的金属熔丝结构及制造方法"发明专利申请不具备创造性的驳回决定不服，现向专利复审委员会提出复审请求。现将本发明专利申请具有创造性的具体理由和事实陈述如下：

根据本发明说明书公开的内容重新修改了独立权利要求1和独立权利要求6，以使其相对对比文件1和对比文件2具有更显著的区别技术特征。具体修改内容参见修改替换页。

修改后的权利要求1至9具有创造性的具体理由及事实如下：

1. 本发明包括的技术特征

a. 形成一第一介电层于半导体基材上，第一介电层中具有至少两导线；

b. 形成一第二介电层于第一介电层上；

c. 进行单次微影蚀刻制程，形成至少一孔洞于第二介电层中以同时暴露出至少两导线；

d. 形成具低阶梯覆盖的至少一熔丝导线于第二介电层上以及至少一孔洞中，以电性连接至少两导线。

2. 对比文件1所公开的技术特征

a. 在已形成的半导体结构上形成一介电层106，该半导体结构包括导线层108a、108b；

b. 在介电层106中通过三次微影蚀刻步骤形成两个沟槽；

c. 两个沟槽之间有一介电层凸起部分106d，在106d上形成薄的金属层作为熔丝。

3. 判断本发明权利要求1相对对比文件1存在哪些区别技术特征

通过上述技术特征的比较可知，对比文件1只公开了权利要求1的技术特征a，而权利要求1的b、c、d三个技术特征并未被对比文件1公开，因此权利要求1的b、c、d特征为权利要求1的区别技术特征。

4. 对比文件2对本发明不存在技术启示

对比文件2公开了用低阶梯覆盖度材料Al-Si作为熔丝层，即仅公开了本发明权利要求1区别特征中d的前半部分内容。

通过对比文件1和2的结合对比，本发明权利要求1中的技术特征b、c和d的后半部分仍没有被公开，对比文件2中也不存在对上述区别特征b、c及d的后半部分技术内容存在任何解决技术问题的技术启示，因此本发明权利要求1相对对比文件1和对比文件2的结合具有创造性，由于权利要求1具有创造性，引用其的从属权利要求2~5也具有创造性。

复审请求人在此特请合议组注意，对比文件2采用的是三次微影蚀刻步骤，其制造工艺复杂、生产成本高、成品率也较难保证。而本申请权利要求1中的区别技术特征c采用的是只经过一次微影蚀刻工艺，就可以在第二介电层中形成至少一个孔洞而同时暴露出至少两导线的简易制造方法在对比文件2中根本没有被揭示，也不存在什么技术启示，其区别是非显而易见的。

5. 复审请求人不同意审查员关于本发明的区别技术特征是公知常识的说法

在驳回决定中，审查员认为本发明权利要求1中的区别技术特征b和c是本领域技术人员公知常识，而复审请求人不同意此意见，因为公知常识的认定是需要有出处和证据支持，而审查员并未给出这种证据，则该意见不能成立。同时上述区别技术特征更不是本领域技术人员可以通过常规推理和有限次数的实验就可以得到的，具体原因如下：

在半导体集成电路的制造技术中，每使用一次微影蚀刻工艺，其成本就会增加50美元，成品合格率就会降低1%~2%，而所需光罩的制造成本则更高。另外，半导体集成电路一直向更小的线宽及更高的集成度方向发展，虽然基本的集成电路结构是类似的，但目前的实际经验是半导体集成电路的制造技术每前进一个时代，就需要花费前一个时代1.5倍的研发经费，因此本发明用一次微影蚀刻结合弱连接熔丝结构就可以达到与对比文件1或2所述的功效这一重要的区别技术特征及其产生的显著的技术效果，并不是通过常规推理和有限实验就可以得出的。所以，这些区别特征也是非显而易见的。

另外，复审请求人还认为：本发明相对对比文件而言，省略了多次微影蚀刻步骤，但却实现了与对比文件技术方案相同的技术效果，在很大程度上降低了制造成本，提高了产量，属于要素省略的发明，因而也具有创造性。

6. 复审请求人的综合意见

综上所述，通过上述按《审查指南》第二部分第四章所规定的创造性三步法判断，证明了本发明权利要求1具有创造性，引用权利要求1的从属权利要求2~5也具有创造性。基于上述比较结果，本发明修改后的独立权利要求6

相对对比文件1和2的结合也具有创造性，而引用权利要求6的从属权利要求7~9也具有创造性。

请前置审查员及合议组认真考虑复审请求人上述意见和事实并撤销驳回决定。

(3) 复审审查决定（摘录）。

关于创造性：

将权利要求1要求保护的技术方案与对比文件1相比较，可以看出在权利要求1中，第二介电层形成于第一介电层上，而对比文件1只公开了一导电层106；在权利要求1中，进行单次微影蚀刻制程，在第二介电层中形成至少一孔洞，同时暴露出该至少两导线，而对比文件1中使用三次微影蚀刻步骤来形成沟槽；在权利要求1中，形成具有低阶梯覆盖的至少一熔丝导线于该第二介电层上以及该至少一孔洞中，以电性连接该至少两导线，而在对比文件1中是用金属填充形成的沟槽，在凸起部分106d上形成薄的熔丝连接部分114b以及在沟槽中形成厚的导线114a和114c，因此对比文件1没有公开权利要求1中的技术特征b、c和d。

对比文件2公开了在具有多个沟槽的氧化物层上形成Al-Si金属层作为熔丝层5，其中由于低的阶梯覆盖度，因而通过施加较小的电压可以有效地熔化熔丝5。由上面的描述可知，对比文件2实际上只公开了用低阶梯覆盖度材料作为熔丝层，即，只公开了权利要求1中的技术特征d的一部分。

由此可见，即使将对比文件1和对比文件2结合在一起，也没有公开权利要求1的技术特征b，c和d的另一部分。

鉴于本申请权利要求1的技术方案比对比文件1更简单，其生产成本也更低，而本领域的技术人员在不经过创造性劳动的基础上，由对比文件1和2的简单结合并不能得到权利要求1的技术方案，因此该权利要求1相对于对比文件1和2的结合具有突出的实质性特点和显著的进步，因而具有创造性。

基于与权利要求1相同的评述理由，在本申请权利要求6中只需单次微影蚀刻制程便可以在第二介电层中形成至少一孔洞同时露出至少两导线，而对比文件1中却使用了三次微影蚀刻步骤。鉴于本申请权利要求6的技术方案比对比文件1更简单，其生产成本也更低，而本领域的技术人员在不经过创造性劳动的基础上，由对比文件1和2的简单结合并不能得到权利要求6的技术方案，因此该权利要求6相对于对比文件1和2的结合具有突出的实质性特点和显著的进步，因而具有创造性。

案例思考

(1) 有关复审请求理由的确定。

由于本案的驳回理由是权利要求1~11相对于对比文件1和2的结合不具备《专利法》第22条第3款规定的创造性，驳回的事实是依据对比文件1和2

所公开的技术内容，尤其是驳回决定认为"专利申请人在其意见陈述中重点强调的本发明是采用一次微影蚀刻步骤形成所述孔洞结构，而对比文件 1 和 2 采用的都是多次微影蚀刻步骤"这一重要区别的陈述，原审查部门并未予以认同。

原审查部门认为："①通过本申请给出的背景技术可知，其中采用一次微影蚀刻步骤形成介电层中的所述孔洞 32 属于该领域的公知技术，本发明与对比文件 1 区别仅在于低阶梯覆盖性金属层的形成，而这一点已经被对比文件 2 所披露；②对于所属技术领域的技术人员来说，显然可以根据实际的需要选择在一层介电层中形成普通的单一的沟槽/孔洞，或者选择在一层介电层中形成侧壁具有台阶的沟槽/孔洞，这种选择导致其采用的微影蚀刻步骤的次数不同是显而易见的；③权利要求 1 请求保护的技术方案仅仅是该领域现有技术的简单叠加，并没有取得任何预想不到的技术效果。"也就是说，本领域技术人员通过常规的推理和有限次数的实验即可获得。基于此，专利申请人的意见陈述是不充分的。

通过对驳回决定的阅读和分析，可以看到此部分内容是驳回的主要依据，专利代理人对审查员此部分的观点要重点关注。

而复审请求的理由应按与此部分结论相反的观点进行，即重点说明本专利申请的技术方案相对于对比文件 1 和 2 的结合具有创造性。更具体地说，就是"本发明选择采用微影蚀刻步骤次数的不同是非显而易见的"，并把该复审请求理由放在复审请求正文的开始部分进行论述。

（2）复审请求的理由要以法律条款作为争辩的依据。

本复审案的法律依据就是《专利法（2001）》第 22 条第 3 款，评判原则就是《审查指南（2006）》第二部分第四章 3.2.1.1 有关发明创造性的三步法判断步骤，这个标准既是专利局对专利性的审查标准，也是审查员、专利代理人及专利申请人都必须认可并应遵照执行的统一评判标准。创造性三步法判断在修订后的《专利审查指南》中没有变化。

通过对复审请求书及上述相关材料的阅读，将本专利申请的权利要求 1 与最接近的对比文件 1 比较后，还存在三个区别技术特征，而对比文件 2 也仅公开了本发明权利要求 1 中的技术方案有关的"在氧化物层上形成由低阶梯覆盖度材料作为熔丝层"内容，即仅公开了其中一个技术特征的一部分，因此对比文件 1 和 2 结合后仍未公开本发明权利要求 1 中的另外两个技术特征，尤其是"进行单次微影蚀刻制程，形成至少一孔洞于第二介电层中以同时暴露出至少两导线"的技术特征没有被公开。而且在对比文件 2 中没有任何技术启示，驳回决定认定其为公知常识也没有依据，因此权利要求 1 相对于对比文件 1 和 2 的结合具有实质性特点和显著的技术进步，因而具有创造性。

（3）复审请求书的论述要以事实为依据。

在复审请求书的撰写和论述中，不能仅有法律条款的空谈，一定要结合具体事实阐述其专利申请为什么具有创造性，对于此案而言，对比文件1和2结合后之所以没有公开专利申请的区别技术特征b、c、d，对比文件2之所以对专利申请的区别技术特征c所解决的简化流程、降低成本、提高产品质量和产量的技术问题没有技术启示，其中一个重要的原因是对比文件2采用的是三次微影蚀刻步骤。

除了上述论述以外，还要从专利申请与对比文件两者的发明目的、解决的技术问题、达到的技术效果上一一对比分析，而且这种对比要有具体出处，要符合逻辑关系（具体内容参见复审请求书正文第①~④点相关内容）。除了按照《专利审查指南》中判断创造性的三步法步骤对本发明是否具有创造性进行评判外，还要对这些区别技术特征的作用、效果、优点进行说明（具体内容参见复审请求书正文第⑤点相关内容）。

(4) 复审请求书结论部分。

在复审请求书撰写的最后部分，要对前述的论证进行简短明确的归纳总结，此部分主要对前述的描述形成一个概括性的结论，即复审请求人对创造性的认定和希望达到的目的作概括性的总结（具体内容参见复审请求书的综合意见部分）。

总而言之，专利代理人在撰写复审请求书时，尤其在进行创造性的争辩时，一定要以对比文件和专利申请所公开的技术内容为事实，实事求是地说明其是如何满足或达到创造性评判标准的。

(5) 关于要素变更的发明的创造性。

本案复审请求人在复审请求书中还提到了"由于本发明省略了多步微影蚀刻的步骤，取得了意料不到的技术效果，应该属于要素省略的发明，也是具有创造性的一种体现"。

这一观点是否符合本案的实际情况，以及该观点是否成立，应按《专利审查指南》的相关规定去判定。《专利审查指南》第二部分第四章4.6.3规定，如果发明同现有技术相比，省去了一项或多项要素后，其功能也相应地消失，则该发明不具备创造性。

就本发明专利申请而言，本发明的权利要求1同对比文件1和2对比之后，还有b、c及d的部分区别技术特征未被揭示。同时，也没有其他证据证明这些未公开的区别技术特征属于公知常识。也就是说，对比文件1或2所公开的技术特征或要素是少于本发明权利要求1的技术特征的，只有在对比文件1或2所公开的技术特征或要素多于本发明权利要求1的技术特征或要素的情况下才可能出现要素省略的发明，因而本发明的创造性不是由于省略了要素而达成的，不属于要素省略的发明。

三、因实用性被驳回的复审请求书撰写及案例分析

因实用性被驳回的情况目前多发生在与不授权客体相关的领域的专利申请中。

【案例 1-10】

案情介绍

本案涉及名称为"产制非人类的哺乳动物嵌合胚的方法"的发明专利申请，其有权利要求 1 和权利要求 17 两个独立权利要求，权利要求 1 的从属权利要求为权项 2~16，权利要求 17 的从属权利要求为权项 18~36。本案经过两次审查意见和意见陈述后被驳回，驳回理由是权利要求 2、权利要求 16 及权利要求 17~30 不符合《专利法》第 22 条第 4 款关于实用性的规定。

列举本案的目的是说明当专利代理人接到这样的驳回决定后，应该从哪些方面去考虑，或从哪几方面进行复审请求书的撰写。

案例相关资料

(1) 驳回决定（摘录）。

《审查指南》第二部分第五章 3.2.4 规定，非治疗目的的外科手术，由于其以有生命的人或动物为实施对象，无法在产业上使用，因此不具备《专利法》第 22 条第 4 款规定的实用性。

权利要求 17~30 要求保护一种产制非人类的嵌合哺乳动物的方法。其包括的步骤中明确表述了要"将所述的人类嵌合胚由胚移植入非人类受胚动物体内"，"使前述非人类嵌合胚于前述非人类受胚动物体内发育至妊娠满期而得到非人类嵌合动物或得到由非人类胚干细胞所形成的动物"，该胚胎移植孕育步骤的技术涉及非治疗目的的外科手术，例如将胚胎置入受胚动物的输卵管、子宫、子宫角的技术，所以该方法是以有生命的动物为实施对象，无法在产业上使用，因而不具备实用性。

权利要求 2、16 的技术方案包括的步骤中也明确表述了要"将所述的人类嵌合胚由胚移植入非人类受胚动物体内"，另外其也包括"取得细胞"等步骤。同理，权利要求 2、16 所要求保护的方法也不符合《专利法》第 22 条第 4 款有关实用性的规定。

至于权利要求 1、3~15 请求保护的方法，其中胚和细胞的取得也涉及使用非治疗目的的外科手术方法情形，从开放式的撰写形式其也不能排除包括胚胎移植的情形，且申请人陈述的嵌合胚产制中嵌合胚移植入受胚动物体内也是生物技术医疗发展中常见而必要的过程，也证实嵌合胚移植步骤在产制嵌合胚中的必要性。因此，权利要求 1、3~15 也不符合《专利法》第 22 条第 4 款有关实用性的规定。

(2) 权利要求书（摘录）。

1. 一种产制非人类的哺乳动物嵌合胚的方法，其步骤包括：

取得细胞；

取得去除透明带的非人类 I-细胞期胚至桑椹胚；

将前述细胞与前述去除透明带的非人类 I-细胞期胚至桑椹胚于微量离心管中混合培养液共同培养一段时间以得到非人类胚-细胞聚合体；

继续培养非人类胚-细胞聚合体以获得非人类嵌合胚。

……………

17. 一种产制非人类的嵌合哺乳动物的方法，其步骤包括：

取得细胞；

取得去除透明带的非人类 I-细胞期胚至桑椹胚；

将前述细胞与前述去除透明带的非人类 I-细胞期胚至桑椹胚于微量离心管中混合培养液共同培养一段时间以得到非人类胚-细胞聚合体；

继续培养非人类胚-细胞聚合体以获得非人类嵌合胚；

将前述的非人类嵌合胚经由胚移植入非人类受胚动物体内；

使前述非人类嵌合胚于前述非人类受胚动物体内发育至妊娠期满而得到非人类嵌合动物或得到由非人类胚干细胞所形成的动物。

案例思考

（1）复审请求理由的确定。

按照复审请求理由应针对驳回理由而提出的规定，本案的复审请求理由就是"本专利申请的技术方案不是以有生命的人或动物为实施对象；可以在产业上运用，因而具有实用性"。

（2）复审请求争辩方向。

第一，所述胚及细胞来源可为体外来源。例如屠宰场所得猪、牛卵巢滤泡中未成熟卵，经体外成熟或体外受精后发育所得胚（正常胚或孤雌胚）。细胞来源也可以为卵体外成熟、体外受精后发育所得胚，再经培养所得内、外及中胚层各式细胞；或家畜屠宰场屠体经无菌操作所得内、外及中胚层各式细胞；或非外科手术或非侵入式来源而得到，例如血液中有核细胞、口腔上皮细胞、唾液、尿液及乳液中细胞，并不必然需要利用活体外科手术取得胚胎或细胞。

第二，胚及细胞来源可为非转基因来源。本专利申请的方法是产生嵌合胚，而非绝对是转基因嵌合胚；只要利用体外获取的外来胚、细胞进行共同培养即可形成，且不需要再利用侵入性方法（如显微注射法）植入标的胚。也就是说，本专利申请是利用立体"微量离心管"共同培养"相当粘"的去除透明带胚及"黏度不一"的"所有种类的细胞"；在胚、细胞全方位接触及重力下，使之可有效互粘在一起并相互聚合，胚即可含有外来细胞，而稳定且高比率重复得到嵌合胚。

第三，本发明所产制的嵌合胚并不必然会植入受胚动物体内。若不欲使嵌合胚发展为嵌合哺乳动物，则无须将其植入受胚动物的输卵管、子宫、子宫角，而仅在培养皿进行短期体外培养，再进行 DNA 分析即可了解所述嵌合胚特定 DNA 的功能，并不需要重新植入受胚动物体内发育至分娩后才能获知嵌合胚或嵌合动物的特定功能，自然也不必涉及非治疗目的的外科手术。嵌合胚也可在培养皿进行体外培养，并诱导分化成内、外及中胚层各式细胞后，再进行相关分析。退一步而言，即使必须涉及将嵌合胚植入受胚动物体内的步骤，这也是生物技术医疗发展中常见而且必要的过程,虽然以有生命的动物为实施对象,却并非属于使动物无端受痛苦的单纯实验,且利用本专利申请的方法可以达到数以百计的批量生产等显著的效果,可以在产业上使用,因而具有实用性,且不违反社会公德。

第四,有关产业实施问题。事实上,本专利申请技术方案最大的特色是由于使用立体微量离心管,而使产制嵌合小鼠可以在技术面最低(只要会使用口吸管即可)、仪器设备要求最低(只使用立体显微镜即可)及材料成本最便宜的条件下,稳定且高比率重复得到嵌合胚(立体微量离心管使去除透明带胚与胚干细胞有全方位接触机会,并在共同培养期间因重力使之有效粘在一起),这也是本专利申请的技术方案比其他现有技术中的共同培养法效果明显的原因,可使"量产"达到每管1~150个或者更多的胚,而目前其他已知方法皆无法量产。

为了使大家对实用性问题有进一步的了解,在遇到实用性问题的驳回中更有针对性地进行意见陈述,下面再结合【案例1-11】对实用性问题作进一步分析。

该案虽然不是驳回复审案,但是在本章前述学习要点中强调过,复审程序是针对驳回决定而提出的一个再审程序,而驳回决定又是依据前期审查阶段所存在的专利申请文本缺陷和问题而作出的,所以复审程序是前期审查的延续,前期审查中所适用的法律条款、意见陈述中所争论的要点及正确的观点在复审请求中仍然适用。

【案例1-11】

案情介绍

本案涉及一件名为"电动圆锯机"的发明专利申请,第一次审查意见通知书认为本申请不符合《专利法》第22条第4款所规定的实用性要求,不能被授予专利权利。申请人不认可审查意见的观点并针对第一次审查意见进行了答辩。第二次审查意见认可了申请人关于本申请符合实用性规定的答辩意见,但又提出本专利申请不符合《专利法》第22条第3款创造性要求的审查意见。

案例相关资料

(1)专利申请技术方案(摘录)。

本发明目的在于提供一种新型的电动圆锯机,以减少锯切过程中因切割阻力矩过大以及排屑不畅而造成的振动和发热。

本发明所公开的权利要求书部分内容如下:

一种电动圆锯机包括电机(9),有锯片和传动机构,其特征在于,所述的传动机构包括A、B两套传动装置,A传动装置由齿轮(3)和与之联结的传动轴(2)组成,传动轴(2)的另一端安装有圆锯片(7);B传动装置由齿轮(4)和与之联结的传动轴(5)组成,传动轴(5)的另一端安装有圆锯片(6);齿轮(3)与齿轮(4)间设置有分别与两者啮合的由电机轴(8)带动的齿轮（1）（具体参见图1-13）。

由于本发明所公开的电动圆锯机采用两片圆锯片，且两锯片的转动方向相反，锯切过程中，两锯片的切割阻力矩大小相等，方向相反，有利于机身受力平衡；另外，两锯片反向旋转利于排屑，可有效避免因切割屑与切割面摩擦而导致的过度发热；因此，本发明所公开的电动圆锯机具有振动轻、发热量低的特点。

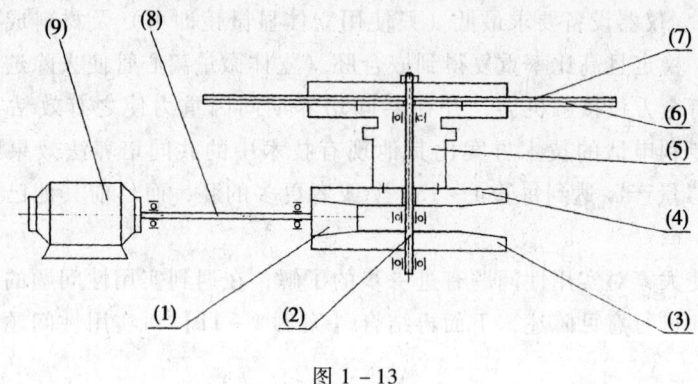

图1-13

（2）第一次审查意见通知书（摘录）。

权利要求1及其从属权利要求2~4要求保护的技术方案不符合《专利法》第22条第4款有关实用性的规定。上述权利要求所要求保护的是一种电动圆锯机，根据说明书及附图公开的内容可知，两圆锯片平行布置，而且贴合在一起，通过这样的结构设置可防止锯片沿轴线方向的窜动，但是由于两圆锯片沿相反方向旋转，因此高速旋转的两圆锯片之间必然相互剧烈摩擦，金属的摩擦会产生很高的热量，必然导致圆锯片损坏，因此这样的技术方案是不可实施的，缺乏有益效果，因而不具备实用性。

（3）第一次意见陈述书（摘录）。

在第一审查意见中您认为该案不符合《专利法》第22条第4款所规定的实用性，申请人对您的上述审查意见有不同看法，具体详述如下：

一、本申请符合实用性的审查基准应该具有实用性

按照《专利法》第22条第4款及《审查指南》第二部分第五章3.2实用性的审查基准，不符合实用性的申请主题应当是那些无再现性、违背自然规律、无积极效果的技术方案，而本案情况不属于无再现性和违背自然规律的技术方案。其理由如下：

1. 本专利申请案不属于无再现性的技术方案

由于本案是采用两套传动装置分别带动两个锯片独立并互为反向旋转、而且该平行设置的机械结构不仅能够批量生产，也能够重复再现。

2. 本专利申请案不属于违背自然规律的技术方案

由于本专利申请案采用的技术方案并未违背自然规律和法则，因此不属于违背自然规律的技术方案。

3. 本专利申请的技术方案具有积极的效果

本专利申请案的发明目的是减少锯切过程中因切割阻力过大及排屑不畅而造成的振动和发热问题，所采用的技术方案是利用互为反向转动的两锯片的切割阻力矩大小相等、方向相反的受力平衡原理，使机身及工件因受力平衡而减少振动噪声，同时利用两锯片反向旋转利于排屑，可有效避免因切割屑与切割面摩擦而导致的过度发热问题。由于本专利申请案不仅具有明确的发明目的，而且有一一对应实现解决发明目的技术手段及对应的积极效果，因此不属于无积极技术效果的发明，故具有实用性。

综上所述，本专利申请案不属于不具有实用性判断的定义范围，应符合《专利法》第22条第4款的实用性规定，属于可授予专利权的发明创造。

二、关于本专利申请能否实施的问题

1. 本专利申请技术方案很容易实施

通过本专利申请案说明书、权利要求书及附图所公开的内容可知，本专利申请采用了普通的各自独立的两套机械传动结构。既然要各自独立传动，肯定是要转动，要转动必然两锯片不能贴合在一起，因此是很容易实施的。这种传动结构不仅广为采用，也很容易加工和组装。

2. 本专利申请技术方案也能够实施

通过两套各自独立互为反向旋转的传动装置上平行设置的锯片，实施发明的惟一必要前提就是两锯片能够旋转，旋转的前提是一般本领域技术人员的常识，就是将两锯片设置呈有间隔的平行状，这种结构是惟一的，而将两锯片相邻端面间隔开一定的不干涉间隙不是一件很困难的事情。

另外，本专利申请案说明书中仅提出了平行设置，并无贴合在一起的任何描述，因而只能认定为平行设置。平行并不等于平贴，更不意味着接触，所以平行是指有等间隔的互为对应关系，故从本案文字描述中不能证明是平贴在一起，因此可以实施互为转动。虽然本案说明书附图上未明显标示出供旋转的间隔，但本领域技术人员都知道应当是有间隙。因为有间隙才能实现转动，才能进行排屑，这也是从本案说明文字记载及发明目的中能惟一明确导出的正确结论。

综上所述，本专利申请技术方案是可实施的，也是具有显著技术效果的，因此符合《专利法》第22条第4款的规定，应授予专利权。

(4) 第二次审查意见通知书（摘录）。

权利要求1所要求保护的技术方案相对对比文件1所公开的双向、双切片石材切割装置不具备《专利法》第22条第3款规定的创造性。

此外，申请人于2000年5月12日提出了一件实用新型专利申请已于2002年7月31日获得授权，该专利与本发明为主题相同的发明创造，并且两者权利要求所要求保护的技术方案没有任何实质性区别，因此本申请的权利要求不符合《专利法实施细则》第13第1款关于同样的发明创造只能被授予一项专利的规定。

基于上述理由，本申请的独立权利要求以及从属权利要求都不具备创造性，同时说明书中也没有记载其他任何可以授予专利权的实质性内容，因而即使申请人对权利要求进行重新组合和/或根据说明书记载的内容作进一步的限定，本申请也不具备被授予专利权的前景。如果申请人不能在本通知书规定的答复期限内提出表明本申请具有新颖性和创造性的充分理由，本申请将被驳回。

案例思考

（1）专利申请文件撰写存在问题。

在本案申请文件撰写的递交文本中存在几个问题：第一，其惟一的结构附图中的锯片6与锯片7之间应留有可转动的间隙，实际少画了一条平行线；第二，对两锯片之间的位置关系描述用词"平行布置"不是很恰当，应当写成"锯片6与锯片7呈相对间隔平行设置"，或者写成"两锯片之间平行布置并具有回转间隙"会更好一些；第三，实际的发明效果可能达不到；第四，本申请案的创造性较低，不宜再申请发明专利。

（2）第一次审查意见通知书中存在的问题。

在第一次审查意见通知书中审查员把本专利申请前述的用词不恰当和附图缺少一条平行线解读为本专利申请的技术方案不能实施，并因此得出不具备实用性的意见，是不正确的，这是由于未详细研读专利申请文件造成的，属于应用条款与事实不符的情况，因为"平行布置并不是平贴布置"。

（3）对第一次意见陈述书的评述。

本案不涉及对专利申请文件的修改，因此专利代理人仅在意见陈述书中陈述了本专利申请具有实用性的理由。而且，其意见陈述一开始就点明主题，不认可第一次审查意见通知书中关于本案不具备《专利法》第22条第4款规定的实用性的审查意见。

意见陈述书以《专利法（2001）》第22条第4款和《审查指南（2006）》第二部分第五章3.2.1和3.2.2关于实用性的审查基准为法律依据，对照专利申请的技术方案进行判断比对，并采用排除法——排除本专利申请的技术方案不具备实用性的理由（具体参见第一次意见陈述书的第一点）。

意见陈述书在第二点中论述了其专利申请可实施的问题，即从专利申请文件公开的技术方案以及申请文件的前因后果上以事实来说明和论证本专利申请的技术方案是可实施的，并以事实为依据进行了有理有据的论述来说服审查员接受申请人的答辩观点。

最后，意见陈述书进行了总结归纳，认为本专利申请的技术方案既不属于《专利法》对于不具有实用性的定义范围，又具备可实施性，因此符合《专利法》第22条第4款的规定，应授予专利权。

本案的意见陈述是一份文字简练、条理清楚、具有很强的针对性的意见陈述书，它的正文撰写方式及文字论述的条理性同样适用于此类复审请求书的撰写要求和实质性意见表述的要求。

四、涉及智力活动规则和方法类被驳回的复审请求书撰写及案例分析

智力活动的规则和方法属于依据《专利法》第25条的规定不授予专利权的客体中的一类，其不能授予专利权的理由是，由于其仅是一种指导人们进行思维、表述、判断和记忆的规则和方法，而没有采用技术手段或者利用自然规律，也未解决技术问题和产生技术效果，因而不构成技术方案。所以，它既涉及《专利法》第2条的规定，又不符合《专利法》第25条第1款第（2）项的规定。

由于智力活动的规则和方法与现代商业活动、经营活动及计算机程序等密切相关，同时又涉及知识产权范围内的智力活动和成果保护问题，因此越来越成为人们关注的焦点和争论较多的热点问题。另外，国际上不少发达国家对此类申请给予了专利保护，使该类专利申请在中国如何给予保护、怎样进行审批、如何进行撰写以及驳回后怎样进行复审请求成为热议的重点。在中国，此类专利申请在驳回案中也占有一定的比例，但是复审请求成功的案例却很少。究其原因，一是此类专利申请的撰写过于抽象，缺少具体实施手段，自然也缺少实际的技术内容；二是涉及经营活动、人为因素、计算机软件等方面确实存在智力活动规则和方法的相关内容；三是在《专利审查指南》中缺少具体的评判标准、依据；四是人们对涉及此类专利申请能否被授予专利权、按什么标准授予专利权、授予权利后如何实施保护的认识不统一。下面以【案例1-12】来探讨在遇到此类驳回决定后，如果专利申请人要求提出复审请求，专利代理人应该从哪些方面进行论述。

【案例1-12】

案情介绍

本案涉及一件名称为"文本语句的比较方法及比较装置"的发明专利申请，其有权利要求1、权利要求7两项方法独立权利要求和权利要求13一项装置独立权利要求。第一次审查意见认为权利要求1~12及权利要求13~24均属于《专利法》第25条第1款规定的智力活动规则和方法，不能被授予专利权。经意见陈述后被驳回。驳回理由是权利要求1~12所述的方法仍属于《专利法》不予保护的客体，而对权利要求13~24的装置权项未再加以评述。此案现已提出复审请求，但还未收到复审结论。

案例相关资料

（1）权利要求书（摘录）。

1. 一种文本语句比较方法，将第一文本语句和第二文本语句分别转换为第一R树和第二R树；

根据两个R树的节点间的映射条件和边间的映射条件，至少基于所定义的两个R树间的距离，计算第一R树和第二R树的距离；基于上述计算的第一

R 树和第二 R 树的距离，计算第一文本语句和第二文本语句的距离，在所述转换中，将第一文本语句中包含的单词信息分配到第一 R 树的节点，将第二文本语句中包含的单词信息分配到第二 R 树的节点，将第一文本语句中包含的格信息分配到第一 R 树的边，将第二文本语句中包含的格信息分配到第二 R 树的边。

....

13. 一种文本语句比较装置，具有：输入部，其将第一文本语句和第二文本语句输入；树结构转换部，其将第一文本语句和第二文本语句分别转换为第一 R 树和第二 R 树；距离计算部，其根据两个 R 树的节点间的映射条件和边间的映射条件，至少基于所定义的两个 R 树间的距离，计算第一 R 树和第二 R 树的距离；语义内容比较部，其基于所计算的第一 R 树和第二 R 树的距离，计算第一文本语句和第二文本语句的距离，所述树结构转换部将第一文本语句中包含的单词信息分配到第一 R 树的节点，将第二文本语句中包含的单词信息分配到第二 R 树的节点，将第一文本语句中包含的格信息分配到第一 R 树的边，将第二文本语句中包含的格信息分配到第二 R 树的边。

（2）驳回决定（摘录）。

权利要求 1~12 分别请求保护一种文本语句比较方法，这些方法包括将两个文本语句分别转换为第一和第二 R 树；根据两个 R 树的节点映射条件，基于所定义的两个 R 树间的距离，计算所述第一和第二 R 树的距离，并根据所计算的距离，计算机两个文本语句之间的距离。而如何将文本语句转换为 R 树，定义两个 R 树的节点映射条件处两个 R 树之间的距离均依赖于在先的人为规定，而这些规定是可以不同的，另外所计算的第一和第二 R 树之间的距离以及两个文本语句之间的距离也只是一个抽象的结果，这种结果会因前述人为规定的不同而不同，由此可见，本申请的权利要求仅是指导人们进行思维识别和判断的规则和方法，属于《专利法》第 25 条规定的智力活动的规则和方法，不应被授予专利权。

对于专利申请人在第一次意见陈述中的主张，审查员认为本申请权利要求 1~12 中人为规定各个步骤并不是计算机处理流程，其中也没有体现如何利用技术手段以及如何达到所谓的技术效果，所以申请人的主张不能成立。

（3）复审请求书（摘录）。

1. 复审请求时对权利要求的修改

在此次复审时，申请人对权利要求书进行了修改，修改内容是：删除原权利要求 1~12 的方法权项，保留权利要求 13~24 的装置并将其修改成新的权利要求 1~12，以克服驳回决定所指出的缺陷。

2. 审查员驳回本案的理由不充分

关于修改后权利要求 1~12 不应属于智力活动的规则和方法的意见陈述：

审查员指出"本发明的实质在于，将两个文本语句分别转换为两个树，根据两个树间的映射条件在数学定义并计算这两个树间的距离……算出这两个文本语句的距离。而这些操作都是一种人为的规定",从而审查员认为本发明权利要求 1~12 不符合《专利法》第 25 条的规定。然而,所述的"两个文本语句距离"的计算方法是计算机的算法,而所有涉及计算机程序的发明都会存在与其对应的算法,如果将计算机的算法规属于"人为的规定"而违反《专利法》第 25 条,那么所有涉及计算机程序的发明都会违反《专利法》第 25 条。但是《审查指南》中并没有规定"存在算法的计算机程序不受专利保护",而是明确规定凡是解决了技术问题,利用了技术手段,并可以获得技术效果的涉及计算机程序的发明专利申请属于可给予专利保护的客体。

3. 关于权利要求 1~12 的技术方案

本案说明书背景技术部分记载有"由于 IT 技术,特别是高速因特网、移动通信技术的飞速发展,任何人随时随地都可以利用大量信息,但与此相反,却产生所谓信息泛滥的现象,用户要获取真正需要的信息已变得日益困难,为了实现用户无论在何种状况下都总能得到合适的信息,就必须从大量的信息中提取并重新构成对用户具有真正价值的信息",本发明通过提供一种文本语句比较方法来解决高速因特网、移动通信中的信息泛滥的问题,所以本发明是为了解决技术问题而提出的。

从本案说明书具体实施方式中的记载可知,本发明采用了计算机(处理器)、存储装置、键盘、显示器等技术装置来实现,所以本发明利用了技术手段。

根据本发明,可以高精度求出表示两个文本语句的语义差异的文本间距离。本发明不单是比较两个文本语句(document)的语义内容,还可以理解用户的信息探索意图。本发明可以从众多的信息中抽取对用户来说真正有价值的信息进行再构成,因此,本发明获得的是技术效果。

综上所述,本发明修改后的权利要求 1~12 是为了解决技术问题,利用了技术手段,并可以获得技术效果的涉及计算机程序的发明专利申请,属于可给予专利保护的客体。复审请求人认为本发明权利要求 1~12 不属于《专利法》第 25 条第 1 款第 (2) 项规定的智利活动的规则和方法,在此请求专利复审委员会重新评价本发明,撤销原驳回决定。

案例思考

本案进行复审请求理由的论述同前期答复审查意见基本相同,主要是从正面论述其利用了自然法则,解决了技术问题,具有技术效果,并试图以此推翻驳回决定的结论,另外从装置的角度论证其属于《专利法》保护的客体范围,即删除方法权项 1~12,保留装置权项 13~24。

针对此类驳回决定进行复审请求时可采取以下几种争辩思路。

(1) 从以下几点考虑专利申请文件中是否有技术方案,并从正面进行如下论述:

①对驳回的审查文本进行仔细研读分析,从本领域技术人员的角度去寻找

那些利用了自然法则的技术特征或技术关联点或发明点；

②对寻找出的技术特征或技术关联点进行分析、联想，整合成利用了自然法则的技术手段或技术方案；

③从该技术方案或技术手段入手找出与之相对应或关联的所解决的技术问题和所产生的技术效果，所解决的技术问题和技术效果应该是原始说明书的有关发明目的、背景技术及技术内容中所记载或能直接导出的；

④从具有技术效果、解决了技术问题的技术方案来论证不属于智力活动的规则和方法，并尽力说服审查员接受这种观点；

⑤缩小或修改权利要求或从说明书中寻找技术细节加入到权利要求书中，使其具有技术内容。

（2）从设备或装置角度考虑论证是否有技术方案或利用了技术方案。

在有些申请中，除了方法独立权利要求外，往往撰写有与方法相对应的设备独立权利要求，有时审查员并未对设备权项进行否定（或者并未以创造性否定设备权项的专利性），此时，当务之急是先解决保护客体的问题，并应关注以下两点：

①以被认可属于保护客体的设备权项为基础，寻找与方法相关联的点或技术特征；

②就寻找出的关联点或技术特征论证其与方法之间的紧密联系或对应关系，进而论证其方法具有技术性是一种技术方案，以争取扩大被确认的"地盘"。

（3）从基本概念入手让审查员改变观点或接受复审请求人的观点。

由于目前对智力活动的判定缺乏更有说服力和更进一步的详细规定，因此，审查员的审查用语都是一些很笼统的上位概念用语，其界定范围虽很宽泛但又很模糊，存在争辩的空间，所以可以从什么叫自然法则、什么叫信息的安排、什么叫技术性和技术方案等用语入手去分析、去举例、去争辩，以使审查员觉得你说得有道理、有根据，并怀疑其发出的审查意见的正确性。

（4）在智力活动规则和方法类复审请求书撰写中应注意的问题：

①在意见陈述中尽量把人为参与、人为规定进行剥离和淡化，能不讲的不讲，能少写的不多写，以免"引火烧身"；

②对于审查员未提及的可保证部分尽量保证其不受牵连，要视审查意见和申请文本记载内容，灵活适宜地制定复审请求方案，或者在说明书、权利要求书有相关进一步技术内容的情况下充实或修改权利要求书。

五、涉及说明书公开不充分被驳回的复审请求书撰写及案例分析

《专利法》第26条第3款有关"说明书应当对发明或者实用新型作出清楚、完整的说明，以所属技术领域的技术人员能够实现为准"的规定是对专利申请说明书最基本的要求，也是最重要的要求。原始说明书公开充分与否直接关系到申请能否被授权，而公开不充分在大多数情况下又都与前期申请文件的撰写质量、代理人水平有关，由说明书公开不充分导致的驳回复审请求成功率也较低，其原因就在于其所存在的缺陷一般不能通过补充新的技术内容而克服，即受到《专利法》第 33 条的限制，而当其克服公开不充分的缺陷之后，往往又因不具备创造性而受《专利法》第 22 条第 3 款的制约。下面将通过【案例 1-13】进行说明。

【案例 1-13】

案情介绍

本案涉及发明名称为"影像扫描的校正方法"的发明专利申请，审查员在第一次审查意见中认为"其说明书给出了技术手段，但是其所给出的技术手段是含糊不清的，根据说明书记载的内容，本领域技术人员无法实施"。专利申请人在第一次答辩中提交了两份参考资料，参考资料 1 是公报号为 384605 的我国台湾地区"专利公报"的第 1~2 页，参考资料 2 是一份试图证明本专利申请技术方案中步骤（e）~（k）为公知常识的证据，但未说明其出处。审查员驳回了该申请，驳回理由仍为不符合《专利法》第 26 条第 3 款的规定。

专利申请人不服驳回决定而提出了复审请求并修改了说明书，即在说明书实施例部分增加了如何"加总取平均"和如何计算"平均扫描补偿值"的内容。在复审的合议审查中，合议组发出了复审通知书，指出其修改超范围不符合《专利法》第 33 条的规定，删除所增加内容后仍不符合《专利法》第 26 条第 3 款的要求。

复审请求人在答复复审通知书时删除了增加的内容并提交了一件在本专利申请申请日之前公开的专利申请文件，试图以该现有技术为本发明的背景技术来证明本专利申请中的"加总取平均"以及计算所述"平均扫描补偿值"属于现有技术，而无须在本发明说明书的技术方案中公开。最后合议组作出了维持原驳回决定的复审决定。

案例相关资料

（1）驳回决定（摘录）。

驳回决定依据的是《专利法》第 26 条第 3 款的规定，其具体理由是：本领域技术人员根据说明书无法知晓：

1. 该如何调整所述增益；
2. 何为"加总取平均"；
3. 该如何计算所述"平均扫描补偿值"。

上述问题导致本领域技术人员仅根据说明书所记载的内容不能实现本申请的技术方案。并且，申请人在答复一通时提交的参考资料 2 没有注明该资料的来源出处以及公开时间，其真实性以及其是否在本申请的申请日之前公开没有依据，所以参考资料 2 不能作为现有技术的证据来证明本申请的步骤（e）至步骤（k）是现有技术；另外，即使能证明参考资料 2 是本案申请日之前公开的专利法意义上的公开出版物,也不能证明本申请的说明书公开充分,因为参考资料2中的上述步骤是通过一种特定方式实现的,不能证明该特定方式在本领域中是为普通技术人员所公知公用的。所以,根据原始说明书公开的内容,本领域技术人员无法实现该发明的技术方案,该发明不符合专利法第26条第3款的规定。

(2) 复审决定(摘录)。

1. 关于《专利法》第33条

根据《专利法》第33条的规定,申请人可以对其专利申请文件进行修改,但是,对发明和实用新型专利申请文件的修改不得超出原说明书和权利要求书记载的范围。

就本案而言,复审请求人在答复复审通知书时所提交的修改文本已经删除了在提出复审请求时增加的说明书中修改超范围的内容,所以本申请符合《专利法》第33条的规定。

2. 关于《专利法》第26条第3款

复审请求人在答复复审通知书时删除了在提出复审请求时提交的说明书中修改超范围的内容,从而又使本申请的说明书的具体实施方式部分缺少"加总取平均"以及计算所述"平均扫描补偿值"的步骤。合议组认为,本申请的说明书中仅仅简单记载了需要"加总取平均"和计算所述"平均扫描补偿值"的步骤,却没有具体描述这两个步骤,本领域技术人员根据说明书的记载并结合本领域的公知常识依然无法知晓如何"加总取平均"以及如何"计算平均扫描补偿值",而这两个步骤是实现本申请中校正影像扫描图像的关键步骤,即说明书缺乏解决其技术问题的具体技术手段而无法实现本发明的技术方案。另外,复审请求人提交的该专利文献并不属于公知常识性的证据,不能证明该专利文献中记载的"加总取平均"和计算所述"平均扫描补偿值"的具体方法属于本领域的公知常识,其内容也不能认为是本领域技术人员申请日前应当得知的技术。

案例思考

(1) 对公开不充分问题的论述。

在此类驳回决定中,审查员认为专利申请的原始说明书未根据其发明目的对发明的技术方案作出清楚完整的说明,缺少能理解和实施技术方案的必要技术特征和关键技术内容,使得本领域技术人员无法实施,因此,首先要解决的问题是要能将技术方案说明白、讲完整。

解决上述问题的方法之一是在不补入新技术内容的情况下将其说清楚,将不清楚的地方论述为公知常识,并要提供相应证据支持。但是要注意,如果取得了将公开不充分技术内容论证为公知常识的证据,而这些证据所体现的技术内容恰好是实现本专利申请发明目的的必要技术特征和关键技术内容,则该发明又可能不具备创造性,该专利申请同样不能被授权。方法之二是必须加入文字和将相应内容补入申请文件中，但此种情况又属于超出原始说明书记载范围而不被允许。

惟一的途径就是仔细认真分析专利申请文件，包括从附图所公开的技术内容中寻找一些技术内容或修改依据，看是否能从它们之中直接或者毫无疑义推导出其技术方案是基本清楚完整的，或者是修改不超范围；或者从本领域技术人员的角度出发，论证能够从现有技术中的公知常识类证据理解并实施该方案。

而本案在复审请求书的陈述及文件修改方面就是首先试图加入相应文字说明和计算公式来说明其是公开充分的，被认定为超范围修改后又进行了删除，而删除之后仍然"公开不充分"。

（2）申请日前的现有技术是否可以补充到说明书背景技术中。

复审请求人在答复复审通知书时，删除了递交复审请求时说明修改中所加入的超范围的内容，同时提交了一份本专利申请日前公开的专利申请文献，以试图证明该专利文献中记载的内容是与本发明密切相关的现有技术，而现有技术是可以补充到说明书背景技术部分之中的，而一旦补入说明书背景部分之中就自然解决了本发明说明书公开不充分的问题，因为需要说明的那部分内容已经在背景技术中有所记载。但实际上，这种认识是错误的，是不符合《专利法》及《专利审查指南》相关规定的。

下面就此问题作进一步探讨，以使专利代理人在申请文件撰写、审查意见答辩和复审请求时，更清楚哪些内容必须写入原始申请文件的技术方案部分、哪些内容应体现在原始专利申请所记载的背景技术部分、哪些内容可以不写入专利申请文件而在必要时能够作为证明公开充分的公知常识性的证据使用，以尽量避免此类实质性缺陷的产生。

第一，一般情况下背景技术部分不允许重新补入现有技术。

按照《专利法实施细则》第17条第1款第（2）项及《专利审查指南》第二部分第二章2.2.3的规定，"在发明或者实用新型说明书的背景技术部分应当写明对发明或者实用新型的理解、检索、审查有用的背景技术，尤其要引证包含发明或者实用新型权利要求书中的独立权利要求前序部分技术特征的现有技术文件"。在撰写专利申请文件说明书时，要求将最接近的现有技术写入背景技术，其写入的目的是有助于对发明技术方案的理解和便于区分独立权利要求前序部分的技术特征。

因此，将最接近的现有技术写入背景部分有助于对该专利申请技术方案的理解，也可以起到对构成该专利申请技术方案的前序技术特征进行事先说明的作用，在此种情况下，该专利申请的具体实施例部分可以不对这些前序共有技术特征作过多的详细描述，因为它们已经在最接近现有技术中被公开且描述过。

而本案的原始说明书并未对复审过程中所加入的专利申请文献为现有技术作过任何预先描述、引证和说明。因此，事后无法证明两者之间有关联，更不能说明和证明在先公开的专利申请文献中所公开的计算方法就是本发明中所缺少的且公开不充分的那部分内容。

因此复审决定认为，虽然复审请求人提交了一篇属于现有技术的专利申请文献，认为该文献属于本专利申请的背景技术，并且试图说明"加总取平均"和计算所述"平均扫描补偿值"属于本领域技术人员应当得知的现有技术，但合议组认为，在本专利申请的背景技术部分以及其他部分都没有记载与该专利申请文献有关的任何内容，来让本领域技术人员很容易地想到该专利文献的计算方法与本专利的计算方法相同，并且本专利申请的背景技术部分记载的内容也与该专利文献公开的内容不一致，因此，不能认为该专利文献就是本专利申请所声称的解决技术问题所针对的现有技术。

第二，实审阶段应审查员的要求可以在背景技术中补入现有技术。

《专利审查指南》第二部分第八章5.2.2.2规定，如果审查员通过检索发现了比申请人在原说明书中引用的现有技术更接近所要求保护技术主题的对比文件，则应当允许申请人修改说明书，将该文件的内容补入该部分并引证该文件。在实际操作中，审查员在实审阶段有时也要求专利申请人按审查员实际检索到的对比文件去替代原始背景技术中的现有技术，并依新的对比文件对独立权利要求进行更合理的划界。虽然这种修改也使说明书增加了未曾记载的内容，但由于这种修改仅涉及背景技术而不涉及发明本身，且增加的内容是申请日前已经公知的现有技术，因此是允许的。

而本案复审请求人想要增加的内容虽然也是申请日前已经公知的内容，但是其修改不仅涉及背景技术，而且涉及发明技术方案的本身是否公开的问题，因而是不允许的。另外，背景技术满足引证要求与是否达到充分公开发明之间没有必然的联系。

第三，现有技术并不等同于公知常识。

按《专利审查指南》的规定，现有技术是指申请日（有优先权的指优先权日）前在国内外出版物上公开发表、在国内外公开使用或者以其他方式为公众所知的技术。而公知常识是指那些属于现有技术中最普通、最常见、最为大众所知悉、通俗易懂的知识和内容，而其载体是指那些记载有相应内容的字典、手册、教科书、大众读物类的出版物，而并非指专利文献。

第四，新法实施后对现有技术的影响

在本案例中多次提到的现有技术是按《审查指南（2006）》规定的申请日（要求优先权的指优先权日）前在国内外出版物上公开发表，在国内公开使用或者以其他方式为公众所知的技术。而《专利法》第22条第5款所称的现有技术除了包括上述技术之外，还包括申请日（要求优先权的指优先权日）前在国外公开使用或者以其他方式为公众所知的技术，使现有技术获取的地域范围扩大到全世界，使新颖性、创造性对比中可使用的现有技术的选择范围更大，授权标准更为严格。

由于本案复审请求人提交的该专利文献并不属于公知常识性的证据，故不能证明该专利文献中记载的"加总取平均"和计算所述"平均扫描补偿值"的具体方法属于本领域的公知常识，其内容也不能被认定为本领域技术人员应当事先得知的技术。所以，事后加入背景技术的部分内容在一般情况下是不被允许的，因为它违反了《专利法》第33条的规定，这也是专利申请人在承担因专利申请阶段未按《专利法》第26条第3款和《专利法实施细则》第17条第1款第（2）项的规定去正确撰写说明书的后果。

第五，局部公开不充分与技术方案整体之间的关系。

《专利法》第26条第3款所述的公开充分，是指"在说明书中应当清楚地记载发明的技术方案，详细地描述其具体实施方式，完整地公开对于理解发明必不可少的技术内容，达到所属技术领域技术人员能够实现该发明的目的"。

由此可见，这里所说的公开充分是指说明书技术方案的整体上的公开，包括组成完整技术方案的现有技术部分和发明特征部分的公开，而不是指某一技术特征、某一零部件或某一部分技术内容的公开。在一个技术方案中，如果有一部分必备的技术内容、必备的零部件或某一重要的技术特征没有公开，没有清楚地记载，就会影响到整个技术方案的理解和公开。其中当然也包括那些属于现有技术的技术特征和内容的公开，因此，在撰写专利申请文件时也应该在背景技术部分和说明书描述中对其加以明确，并作具体的引证或明确清楚的说明。

而本案复审请求书中所声称的现有技术，如果确实与本发明技术方案存在共有前序技术特征的话，在专利申请文件背景技术中就应该事先明确加以引证，并且要在本发明技术方案或实施例说明中清楚地说明哪个步骤、哪个计算方法采用的是引证文件中的内容、该引证内容在本发明技术方案中起什么作用。对于那些与发明相关联的现有技术内容，可以将其加入说明书中作说明，也可以在发明的技术方案或实施例中明确指出这些内容在公知常识性证据中的出处、作用及与本发明之间的关系。在此情况下，在专利申请文件中可不详细列出该部分现有技术的具体内容。

从本发明案未公开充分的内容来看，它涉及的是计算步骤及计算步骤中涉及的一些参数由来或取得的过程，因而它涉及计算方法和某些计算公式。在这种情况下，如果仅给出了计算步骤，却未给出这些涉及计算公式中某些参数、符号的定义和由来，也未说明它们在实现本发明中的作用，则无法达到本领域技术人员能够实现的要求，同时，也不能实现其发明目的，因此那些不能达到或实现发明目的的专利申请也自然属于公开不充分的技术方案。

第六，导致公开不充分的原因。

导致专利申请说明书公开不充分的原因很多，主要原因有：专利申请的发明人或申请人不愿意公开其某些技术内容；专利代理人由于专业知识的欠缺、专业不对口或其他原因，对专利申请及其专利申请技术的交底内容把握不准，未能全面透彻理解发明技术内容，未发现公开不充分的问题；审查员未充分理解发明技术的内容，而提出低于本领域技术人员应掌握了解的现有技术及应用现有技术水平能力的要求。

对于公开不充分的问题,专利代理人必须予以充分重视,在专利申请文件撰写时一定要对技术方案充分理解,一定要提倡专业对口代理。在对已撰写好的专利申请文件进行翻译或审看时,也要注意仔细阅读专利申请文本中是否存在《专利审查指南》第二部分第二章2.1.3中所述的所属技术领域的技术人员不能实现的五种情况,如果发现或感觉到有其中任一种情况的较大可能性,就应事先向专利申请人说明,要求其补充一些内容或作一些解释、引证,以避免或减少公开不充分问题的发生。

如果在专利申请阶段,专利申请人或发明人想保密而不愿意充分公开其技术方案,则专利代理人应该预先告知其风险。

第四节 前置审查及合议审查阶段的代理工作

专利代理人完成前述的复审请求书撰写和/或申请文件修改工作之后,应当将其交给复审请求人确认并正式向专利复审委员会递交。根据《专利法实施细则》第60~64条的相关规定,专利复审委员会在收到复审请求人的复审请求后,首先进行形式审查,再把经形式审查合格后的复审请求书(连同修改文件、相关证明文件等)及案卷转交作出驳回决定的原审查部门进行前置审查。根据前置审查的意见,专利复审委员会作出复审决定或进行合议审查后作出复审决定。下面将对前置审查及合议审查阶段的相关工作进行说明。

一、前置审查

(一)前置审查意见的类型

前置审查是复审程序中原审查部门对复审请求人提交的复审请求书及相应修改文本进行先行复核审查的一个节约审查资源、缩短复审周期及纠正前期审查错误的重要环节。《专利审查指南》第四部分第二章3.2规定,在前置审查中,原审查部门可作出以下三类前置审查意见。

1. 复审请求成立,原审查部门同意撤销原驳回决定

此类前置审查意见是在复审请求人未对专利申请文件进行修改或复审请求不涉及专利申请文件修改,而仅进行了复审请求意见陈述的情况下作出的,一般应包括以下情况。

(1)原审查部门接受了复审请求人的意见,认识到原驳回决定有误或欠妥。

(2)复审请求人针对因权利要求中某些技术特征不清楚或说明书公开不充分而被驳回所进行的公知常识性证据的举证或解释说明,被原审查部门认可,解决了原驳回缺陷。

(3)复审请求人的意见澄清了某些问题或说服了原审查员,克服了驳回

缺陷。

对于上述前置审查意见，专利复审委员会不再进行合议审查，会根据原审查部门同意撤销驳回决定的前置审查意见作出复审决定，并通知复审请求人，由原审查部门继续进行后续审批程序。

2. 同意在修改文本的基础上撤销原驳回决定

经过对复审请求人复审意见书和修改后专利申请文件的审查，原审查部门认为专利申请文件的修改已克服了原驳回决定所指出的缺陷，则会作出此类前置审查意见转交专利复审委员会，例如本章第一节对驳回决定分析中所介绍的【案例1-1】、【案例1-2】，就是经复审请求人修改专利申请文件后，前置审查作出此种决定的情况。

3. 在前置审查意见中仍坚持原驳回决定

经过对复审请求人复审意见书和修改后专利申请文件的审查，原审查部门认为原驳回决定所指缺陷仍未克服，则会作出仍坚持原驳回决定的前置审查意见。

此类前置审查意见一般包括以下几种情况。

（1）原审查部门仍坚持其不正确的观点，例如本章第一节对驳回原因分析中所介绍的【案例1-4】，就是经复审请求人的争辩，原审查部门仍然坚持原驳回决定意见的情况。

（2）复审请求人仍坚持其不正确的观点，例如本章第一节对驳回决定分析中所介绍的【案例1-5】及本章第三节复审请求书撰写中所介绍的公开不充分的【案例1-13】。

（3）经复审修改后专利申请文件仍存在驳回缺陷，例如本章第二节对专利申请文件修改中所介绍的【案例1-6】、【案例1-7】就属于此种情况。

（二）前置审查中专利代理人仍要和原审查部门保持联系

1. 在前置审查中专利代理人仍要配合原审查部门进行工作

在前述第三节专利代理人在复审请求作业原则中论述过，在复审请求提出时，复审请求人可以进行争取更大保护范围的尝试，即可以坚持自己认为是正确的观点或坚持暂时不对权利要求作限制性修改。而在实际操作中，有些疑难案件的复审请求人和专利代理人心中也往往没有底，不知道采用这种方式是否能够被认可。因此，可以在正式提交复审请求前或收到复审受理通知书后主动与原审查员进行联系，与其探讨复审请求方案的可行性，以便修正复审请求方向和加快复审进度。

2. 专利代理人要克服畏难情绪

专利申请被驳回以及提出复审请求，是专利申请在审批过程中的一个正常的程序，既不能把审查员对专利申请的驳回看做是和专利申请人过不去，也不能把复审请求人的复审及专利代理人与审查员的争辩看成是与审查员对着干。因此，专利代理人在复审请求程序中不能有畏难情绪，有不理解的问题可以找原审查员进行沟通探讨，尤其在复审请求提出前与原审查员进行探讨可得到很多启发和帮助。

二、合议审查

合议审查是对前置审查中仍然坚持原驳回决定的复审案件进行合议组形式的更公正的审查，合议审查分为以下几个阶段。

（一）口头审理

按照《专利审查指南》第四部分第四章 2 的规定，在复审程序中，合议组可以根据复审请求人的请求视情况作出是否进行口头审理的决定。

1. 需要进行口头审理

如果决定进行口头审理，合议组则会向复审请求人发出口头审理通知书，通知进行口头审理的时间、地点以及口头审理要调查的相关事项。

2. 口头审理回执的回复及意见陈述

复审请求人接到口头审理通知书后的 7 日内应向专利复审委员会提交回执，并在回执中明确注明是否参加口头审理、谁参加口头审理、参加口头审理人员的身份。

如果有新的意见或需要对随口头审理通知书转送的合议组认为该专利申请不符合《专利法》及《专利法实施细则》有关规定的具体事实、理由和证据进行答复，则可以随口头审理回执一并递交具体答复意见，以便合议组能事先进行充分审看，也可以在口头审理之前提交答复的书面意见。

如果逾期未递交口头审理回执，则专利复审委员会视为复审请求人不参加口头审理。如果复审请求人既未出席口头审理，也未在指定的期限内对合议组口头审理通知书中告知的事实、理由和证据进行书面意见陈述，则复审请求被视为撤回。

（二）不进行口头审理

由于复审程序是复审请求人与专利复审委员会合议组之间的审理听证过程，它不像无效宣告请求那样，有另一方当事人参加其审理过程，故复审审查程序相对简单。其审理听证过程一般通过书面形式就足以达到目的，故复审请求大多数情况下并不进行口头审理，而复审请求人要求进行口头审理的请求也未必都能得到批准。

（三）复审通知书的类型

当复审请求案进行到合议审查阶段后，合议组经过合议审查，会根据《专利法实施细则》第 63 条的规定发出复审通知书（包括复审请求口头审理通知书）。复审请求人收到复审通知书后，应该慎重考虑复审通知书的意见，在收到通知书之日起 1 个月之内进行最后也是最关键的答复。一般发出复审通知书的情况有四种："复审决定将维持原驳回决定；需要复审请求人再次修改专利申请文件克服缺陷才有可能撤销驳回决定；需要复审请求人进一步提供证据进行解释说明；复审中又引入新的驳回理由或证据"。下面对上述四种情况逐一进行介绍，同时，通过案例对如何答复复审通知书进行说明。

1. 复审决定将维持原驳回决定

前述第三节中介绍的【案例1-13】就属于此种情况。在【案例1-13】中，复审请求人不服原审查部门关于该案不符合《专利法》第26条第3款规定的驳回决定，在提出复审请求时，在说明书的实施例部分增加了如何"加总取平均"和如何计算所述"平均扫描补偿值"的具体计算方法的内容。合议组经审理向复审请求人发出了复审通知书，复审通知书主要内容如下：合议组经审查认为，复审请求人在提出复审请求时提交的修改文本中所增加的内容不符合《专利法》第33条的规定，而且即使复审请求人删除在说明书中所增加的超范围的修改内容，本领域技术人员根据原说明书记载的信息仍然无法知晓如何"加总取平均"以及如何计算所述"平均扫描补偿值"，而这两个步骤是实现本申请中校正影像扫描图像的关键步骤，因而本专利申请仍然不符合《专利法》第26条第3款的规定，进一步的审理结果将是维持原驳回决定。

2. 需复审请求人再次修改专利申请文件克服缺陷才有可能撤销驳回决定

【案例1-14】是有关在创造性问题上被驳回的一个案例。复审通知书认为，尽管复审请求人对权利要求1具有创造性进行了陈述，但合议组仍认为权利要求1不具有创造性，并明确告知，如复审请求人不能在规定期限内陈述具有说服力的理由，将维持原驳回决定。后经复审请求人再次修改申请文件，合议组最终撤销了原驳回决定。

【案例1-14】

案情介绍

【案例1-14】既是前述第二节所介绍【案例1-7】的继续，也是【案例1-7】的一部分。在【案例1-7】提出复审请求时，其修改后的权利要求1中存在两个问题：一个问题是权利要求1相对于对比文件所公开的内容不具创造性；另一个问题是权利要求1涉及修改超范围问题。复审请求人在提出复审请求时对上述两个问题进行了陈述，但对权利要求1没有再作修改，仅是对其具有创造性进行了争辩，合议组经合议后发出了复审通知书。复审通知书认为，权利要求1仍不具备创造性，但对复审请求人关于权利要求1修改不超范围的论述予以了认可。

复审请求人针对复审通知书进行了再次意见陈述，并同时对权利要求1进行了再次修改，而最终通过了合议审查，专利复审委员会在修改的基础上作出了撤销原驳回决定的复审决定。

案例相关资料

（1）复审通知书（摘录）。

关于权利要求1是否符合《专利法》第22条第3款的规定：

合议组认为，根据《审查指南》第四部分第二章4.1的规定，在复审程序中，除驳回决定所依据的理由和证据外，合议组发现审查文本中存在足以用在驳回决定作出前已经告知过申请人的其他理由及其证据予以驳回的缺陷，可以对与之相关的理由及其证据进行审查。

本申请权利要求1是由原权利要求3修改而成，在实审部门发出的第一次审查意见通知书中指出，该权利要求相对于US5485527A（以下简称对比文件1）不具备创造性。因此在复审程序中，合议组可以继续对该理由及其证据进行审查。

经过合议组审查，本专利申请权利要求1请求保护一种体内检测癌和癌前期组织的生物学染料组合物，该组合物含有：（a）亚甲蓝；（d）适宜于亚甲蓝的药用溶剂。对比文件1中公开了一种通过细胞染色来检测癌症和恶性细胞增生的试剂盒及检测方法，其中所使用的染料组合物包括亚甲蓝以及适用于亚甲蓝的溶剂。对比文件1所披露的技术内容与本申请权利要求1相比区别仅在于，对比文件1中没有披露所述染料组合物可以用于体内以及所述的溶剂是药用的。但是如本领域所公知的，亚甲蓝是一种常用的活细胞染色剂，无论是在体内还是在体外，它对细胞进行染色的原理都是相同的，人们可以因此获得癌症和恶性细胞增生的相关信息。至于溶剂是否适合于"药用"，本领域技术人员很容易根据染色组合物的应用环境自然会作出的适应性调整。因此该权利要求所要保护的技术方案相对于对比文件1不具有突出的实质性特点和显著进步，不符合《专利法》第22条第3款有关创造性的规定。

复审请求人的主要观点是：（1）对比文件1中的亚甲蓝的染色不具有选择性；（2）US5882627中已明确指出，亚甲蓝用于口腔冲洗和/或漱口步骤时毒性太大，已经排除了将其用于体内检测癌症，现有技术已形成了一种技术的偏见，而本发明克服了这一偏见。鉴于这两点理由，该权利要求具有创造性。

针对复审请求人的观点（1），合议组认为：本专利申请权利要求1请求保护一种体内检测癌和癌前期组织的生物学染料组合物，其中并没有技术特征表明含有亚甲蓝的染料组合物对癌和癌前期细胞的染色具有选择性，因此这一特征在评价权利要求1的创造性时不予考虑。即便复审请求人将其补入该权利要求中，由于本申请权利要求1与对比文件1中使用亚甲蓝的技术方案相比，染色基础物质相同，染色原理也相同，因此对比文件1中的亚甲蓝与本申请权利要求1中的亚甲蓝具有同样的染色作用过程，所以即便复审请求人作出这种修改，该权利要求也仍将不具备创造性。

关于复审请求人的观点（2），经过合议组审查，US5882627中确实已经指出，由于亚甲蓝的毒性，因此在与适合药用的溶剂配合在一起而获得用于通过口腔冲洗和/或漱口来检测癌和癌前期细胞的生物学染料组合物时，不再考虑亚甲蓝。而复审请求人声称本申请权利要求1克服了US5882627中的技术偏见，因此该权利要求1具有创造性。对此合议组认为，本专利申请权利要求1的技术方案中除了将US5882627中认为不适合组合在一起的亚甲蓝与可药用的溶剂组合在一起之外，并没有其他的改变或者改进以解决亚甲蓝本身的毒性问题，即事实上并没有提供出一种具体阐明其如何克服这种技术偏见的技术方案，因此无法证明其已经克服了上述技术偏见并因此使得权利要求1具有创造性。

综上所述，本专利申请权利要求1不符合《专利法》第22条第3款有关创造性的规定。复审请求人如不能在本通知书指定的期限内陈述具有说服力的理由，本案合议组将维持原驳回决定。

(2) 复审意见陈述书（摘录）。

请求人认真研究了复审通知书，并对复审通知书答复如下：

首先，请求人根据本申请说明书第2页第6段的内容，对权利要求1进行了修改，在权利要求1中限定了亚甲蓝的含量为"0.5%（重量）~3.5%（重量）"。

请求人认为，通过上述修改，本专利申请权利要求1的技术方案相对于现有技术具备创造性。

请求人还认为US5882627指出了，由于亚甲蓝用于口腔冲洗和/或漱口步骤时毒性太大，特意从所述很少的类似的染料中排除了亚甲蓝可用于体内染色的癌变检测。

由此可见，现有技术既没有公开将亚甲蓝用于体内选择性地染色癌和癌前期细胞的技术，而且还排除了将亚甲蓝用于体内选择性地染色癌和癌前期细胞的可能。因此，现有技术全面否定了亚甲蓝可以用于体内染色检测的可行性已经形成了一种技术上的偏见，在这种全面否定的情况下，怎么会对本发明有技术启示呢？怎么能说本发明与其相反的选择，即"把亚甲蓝用于体内检测癌变没有创造性呢？"对于合议组所述的本发明并未能解决安全应用减少毒性的问题，本说明书中有记载。这种安全措施就是降低亚甲蓝的浓度和数量。

故此次复审陈述时通过修改权利要求1，即将说明书组合物中的亚甲蓝的含量调节范围"0.5%（重量）~3.5%（重量）"加入权利要求1中，其加入目的是在亚甲蓝部分有效前提下尽量降低其浓度，在此浓度范围内是安全可靠的，克服了当亚甲蓝用于体内选择性地染色癌和癌前期细胞时毒性较大的缺点。因此，相对于现有技术，本申请权利要求1的技术方案具备突出的实质性特点和显著的技术进步，具备创造性。

基于同样的理由，引用权利要求1的从属权利要求2和3也具备创造性。

(3) 复审决定（摘录）。

关于《专利法》第22条第3款：

合议组经仔细研究本申请与对比文件1以及复审请求人的上述意见之后认为，本申请权利要求1与对比文件1所披露的技术内容相比区别在于，权利要求1中的染料组合物用于体内检测，其中亚甲蓝的浓度为0.5%（重量）~3.5%（重量），并且适宜于亚甲蓝的溶剂是药用的。根据本申请说明书第2页第1段文字记载的与US5882627中所述的技术相反的描述，亚甲蓝和它的离子衍生物，在用于体内组织着色浓度和数量下，作为局部应用选择性的染料，被安全地用于检测和/或描绘上皮癌和癌前期组织，可以看出，现有技术认为亚甲蓝由于毒性问题而不适于体内染色，而本申请的发明目的以及相对于现有技术的改进之处在于调整了亚甲蓝的使用浓度和数量，即0.5%（重量）~3.5%（重量），使其毒性降低，从而可以安全地应用于体内染色。

由于对比文件1中没有任何关于亚甲蓝可以用于体内染色的文字记载，也没有此方面相应的技术启示，因而对本领域技术人员来说将对比文件1披露的用于体外染色的亚甲蓝进行浓度调整以应用于体内染色是非显而易见的，仅凭该对比文件1公开的内容不足以破坏本申请独立权利要求1的创造性。故本专利权利要求1相对于对比文件1符合《专利法》第22条第3款有关创造性的规定。

案例思考

复审通知书是合议组对复审请求经合议后作出的一种倾向性评判意见，针对复审通知书进行答复也是复审请求人争取达到复审目的最后一次机会。一般情况下，复审请求人应按复审通知书的意见和倾向性意见进行申请文件的修改，此时，不要再进行尝试，否则将导致复审的失败。下面仅以【案例1-14】为例，说明如何对复审通知书进行答复，并如何进行最后一次申请文件的修改。

（1）如何针对复审通知书进行答复。

合议组认为"在现有的权利要求1中也没有提供一种具体阐明如何克服技术偏见的技术方案"，即如何解决亚甲蓝的毒性，也无法证明其是由于克服了技术偏见而使权利要求1具有创造性。

复审请求人在仔细研究复审通知后认为：合议组的观点是正确的，其指出了权利要求1中缺乏能体现如何降低现有技术中所认为的亚甲蓝具有毒性而不适合于口腔冲洗的偏见的技术特征。

为此，复审请求人将原说明书中所记载的亚甲蓝的含量调节范围"0.5%（重量）~3.5%（重量）"加入权利要求1中，其加入的目的是在亚甲蓝部分有效的前提下尽量降低其浓度，以使亚甲蓝在该浓度范围内是安全可靠的，克服了当亚甲蓝用于体内选择性染色癌和癌前期细胞时毒性较大的缺点。修改后的权利要求1的技术方案相对于对比文件具备突出的实质性特点和显著的技术进步，因而具备创造性。由于权利要求1具有创造性，因而引用权利要求1的权利要求2及引用权利要求2的权利要求3也具有创造性。

在对复审通知书进行答复或对专利申请文件进行修改时，其答辩思路与复审请求提出时及前期对审查意见的陈述相比并无特殊之处，关键点都是要克服不能被授权的缺陷和障碍。对复审通知书的答复是对专利申请文件修改的最后一次机会，因此，复审请求人和专利代理人一定要把握好这次机会，不能把希望寄托在复审决定作出后的行政诉讼上。

(2) 如何认识理解技术偏见与创造性的关系。

《专利审查指南》第二部分第四章 5.2 规定："技术偏见是指在某段时间内、某个技术领域中，技术人员对某个技术问题普遍存在的、偏离客观事实的认识，它引导人们不去考虑其他方面的可能性，阻碍人们对该技术领域的研究和开发。"

本案复审请求人在针对驳回决定认为本案不具备创造性的意见陈述中曾认为，在对比文件1中已明确指出亚甲蓝用于口腔冲洗和/或漱口时毒性太大，已经排除了将其用于体内检测癌症的可能，这已形成了一种技术偏见。而本发明却把亚甲蓝用于口腔冲洗，用于检测癌症，因此认为本发明克服了现有技术的偏见，因而具有创造性。

结合《专利审查指南》对技术偏见的规定及本案的实际情况，该观点仅是该专利申请人的一种认识，而并非《专利审查指南》中所规定的技术人员对某个技术问题普遍存在的偏离客观事实的认识，因此不能视为是一种已形成的技术偏见。

如果在本发明的技术背景中，有多篇现有技术均提出了该相同的观点，而又都避开了该问题另辟他途，则或许可以说已形成了一种技术偏见；或者如果在该技术领域中有较多的报道或刊物、教科书都认为使用亚甲蓝进行体内检测癌症，因为其毒性较大而不可行，则可认定为已形成了技术偏见。因此，专利复审委员会在最后的复审决定中只认定了"由于对比文件中没有任何关于亚甲蓝可以用于体内染色的文字记载，也没有此方面相应的技术启示，因而对本领域技术人员来说将对比文件1披露的用于体外染色的亚甲蓝进行浓度调整以应用于体内染色是非显而易见的，仅凭该对比文件公开的内容不足以破坏本专利申请独立权利要求1的创造性，故本专利申请权利要求1相对该对比文件符合《专利法》第22条第3款有关创造性的规定"。

(3) 克服了技术偏见的发明或实用新型在申请文件中应有相关记载和事先说明。

《专利审查指南》第二部分第二章 2.1.2 规定："对于克服了技术偏见的发明或者实用新型，说明书中还应当解释为什么该发明或者实用新型克服了技术偏见，新的技术方案与技术偏见之间的差别以及为克服技术偏见所采用的技术手段。"因为，这些内容是保证发明或者实用新型说明书完整所必需的内容。

而本案的原始说明书中，尤其是背景技术及发明目的中并未记载目前对于亚甲蓝用于人体检测有什么技术偏见，也未解释本发明是如何克服技术偏见及新的技术方案与技术偏见之间的差别，以及所采用克服技术偏见的技术手段是何内容，所以，本专利申请也缺乏因属于克服技术偏见而具有创造性的依据。

综上所述，合议组在复审决定中并未认定本案是因克服了技术偏见而使本发明权利要求1具有创造性。

3. 需要复审请求人进一步提供证据进行解释说明

例如，在前述的【案例1-13】说明书公开不充分的驳回复审中，如果复审请求人对驳回决定所指公开不充分之处进行了公知常识举证，合议审查阶段合议组认为复审请求人的复审意见有道理，但认为其所提供的公知常识举证不够充分，则其会要求复审请求人尽可能提供多一些或者更进一步的证据。此时复审请求人应该意识到，合议组有接受复审请求人意见的可能性，应该按照复审通知书的要求，尽最大可能提供进一步证据。

4. 复审通知书中又引入了新的驳回理由或者证据

例如，某专利申请因修改超范围而被驳回，复审请求人提出了复审请求并坚持认为其修改符合《专利法》第33条的规定；复审委员会经合议审查，认可了复审请求人关于修改不超范围的意见陈述，但在复审通知书中又引入了该专利申请不符合创造性的驳回理由；复审请求人又针对该新的驳回理由修改了权利要求书并进行了该专利申请具有创造性的意见陈述。此种情况属于引入了新的驳回理由的情况。

而引入新的证据是指在复审合议阶段，合议组引入了原驳回决定未采用的对比文件或新的对比文件组合方式。

三、复审请求审查决定的类型及后续事务的处理

经过对复审通知书的答复或者经过口头审理的合议审查，合议组在澄清事实的基础上，按照少数服从多数的原则通过表决作出复审审查决定，并通知请求人。按照《专利审查指南》第四部分第二章5的规定，复审审查决定有以下三种：复审请求不成立，维持驳回决定；复审请求成立，撤销驳回决定；在复审请求所作修改的申请文件基础上撤销驳回决定。下面对上述三种情况作一简单介绍。

（一）复审请求审查决定的类型

1. 复审请求不成立，维持驳回决定

如前述第一节所介绍的复审请求人对驳回决定所涉及的对比文件引用持有疑义而提出复审的【案例1-5】和第三节所介绍的复审请求书撰写中有关公开不充分的【案例1-13】就属于此类情况。此两案例中复审的最后结果是合议组未认可复审请求人的复审意见，仍认为原驳回决定是正确的。

2. 复审请求成立，撤销驳回决定

如前述第一节所介绍的【案例1-4】中，其前置审查仍坚持原驳回意见，在合议审查中，合议组支持了复审请求人的意见；第三节介绍的有关创造性驳回的【案例1-9】也属于此类情况。

3. 在修改的专利申请文件的基础上撤销驳回决定

如前述第一节介绍的【案例1-1】、【案例1-2】和第二节介绍专利申请文件修改时的【案例1-7】就属于此类情况。即通过复审请求人提出复审请求时或对复审通知书答复时，通过对专利申请文件的修改，克服了所述驳回缺陷，合议组依法作出了撤销原驳回决定的决定。

（二）接到复审审查决定后的后续事务的处理

1. 向复审请求人转送复审审查决定

专利代理人在接到专利复审委员会作出的复审审查决定后，首先要阅读和审看，如果属于上述维持原驳回决定的复审决定，则应该尽快转送复审请求人，并同时提出供复审请求人参考的初步建议和意见。尤其要告知复审请求人，如果复审请求人对复审决定不服，可以根据《专利法》第41条第2款的规定在收到复审决定之日起3个月内向北京市第一中级人民法院起诉。

2. 专利代理人对复审审查决定进行初步研读

将复审审查决定转送给复审请求人之后，专利代理人应该对复审审查决定进行深入的研读，并进行经验总结，以便从中吸取成功的经验或失败的教训，不断提高自身的代理水平和丰富自己的代理经验。

对那些有可能通过行政诉讼纠正复审审查决定或复审请求人有较大可能提出行政诉讼的案件，专利代理人更应对复审审查决定仔细地研究分析，提前为行政诉讼做一些准备工作。

 练习思考题

1. 某发明专利的申请人为王某、刘某和 A 建筑工程有限公司。初审阶段申请人刘某变更为赵某，该专利申请在实质审查中因不符合创造性规定而被驳回。驳回后，专利申请人王某、刘某和 A 建筑工程有限公司向专利复审委员会提出了复审请求。请回答下述问题：

（1）该复审请求人资格是否符合要求？
（2）为什么不符合要求？
（3）不符合《专利法》哪条哪款的要求？
（4）在复审的形式审查中会收到哪种通知书？
（5）采用什么方式对该通知书答复？
（6）如何做才能克服缺陷？
（7）如果不对该通知书进行答复，其可能导致的后果是什么？

2. 一件发明专利申请因不符合《专利法》第33条的规定而被驳回，该专利申请人准备提出复审请求，但该申请人不想再委托原代理机构 A 代理其进行复审请求，而询问代理机构 B 是否能代理其提出复审请求并进行作业。如可以代理，需要该专利申请人办理什么手续，准备哪些资料。假定你是代理机构 B 的代理人，请针对该专利申请人所提出的问题，起草一份给该专利申请人的答复函。

3. 一件发明专利申请，其具有三个独立权利要求（权利要求1和10为产品权利要求，权利要求15为方法权利要求），第一次审查意见认为权利要求1和10中有导致权利要求不清楚的用词，权利要求15又与权利要求10的内容实质上相同，要求申请人删除权利要求15。申请人针对第一次审查意见进行答辩时将权利要求1和10中的不清楚用词进行了替换修改，同时删除了权利要求15及其从属权利要求16~19。后该申请被驳回，驳回理由是对不清楚用词的替换性修改在原说明书中没有记载，修改不符合《专利法》第33条的规定。

复审请求时，复审请求人对该申请文件修改时删除了权利要求10，并用已删除的权利要求15替换原权利要求10。请问这种修改是否允许，其允许或不允许的理由是什么？

4. 复审请求书正文的撰写应包括哪些主要内容？

5. 在复审合议审查阶段，合议组经过合议审查将视情况发出复审通知书，请问在何种情况下合议组将发出复审通知书？发出复审通知书的法律依据是什么？

6. 审查员以说明书不符合《专利法》第26条第3款的规定发出审查意见，申请人答复该审查意见时对权利要求书进行了范围修改，审查员在继续审查后以公开不充分为由驳回了该申请，请问该驳回决定的作出是否符合听证原则？并简要说明其符合或不符合听证原则的理由。

7. 《专利法》的修订，对复审程序是否产生影响？产生影响的是《专利法》的哪些条款？这些新条款与旧条款之间有何关系？你认为应该从哪些方面进行意见陈述。

第二章
发明和实用新型无效宣告程序代理实务及案例分析

本章学习要点

《专利法》第45条规定:"自国务院专利行政部门公告授予专利权之日起,任何单位或者个人认为该专利权的授予不符合本法有关规定的,可以请求专利复审委员会宣告该专利权无效。"从请求人提出无效宣告请求之日起,该专利进入了无效宣告程序。无效宣告程序的设置从本质上讲就是使那些错误授予专利权或不完美授予专利权的行政审批行为无效;同时也是向社会、向那些对授予专利权有不同意见的公众,尤其是向那些与该专利权有直接利害关系的人们提供的一次请求取消该专利权的机会。[1]

本章主要从无效宣告程序及其启动条件、无效宣告前的准备工作、无效宣告程序中专利权方事务处理、无效宣告程序的审理原则及口头审理、无效宣告请求案例及其分析以及申请文件撰写对权利稳定性的影响等7个方面进行介绍。有关外观设计专利的无效将在第三章中介绍。

本章的学习要点是:了解启动无效宣告程序的条件,了解无效宣告请求提出前的准备工作,掌握无效宣告证据和理由的选择原则及无效宣告请求书的撰写要求和基本内容。另外,还需要对口头审理前的准备工作进行了解,掌握权利方在无效宣告程序中的答辩技巧和对权利要求修改的原则。

---

[1] 吴观乐主编:《专利代理实务》,知识产权出版社2007年版,第427页。

第一节　无效宣告程序及其启动条件

本节介绍的主要内容是：无效宣告程序设置的必要性、无效宣告程序的启动条件、无效宣告程序的审查流程及宣告专利权无效的法律效力。

一、无效宣告程序设置的必要性

（一）维护社会的公正和公众的利益

专利权的授予是经专利局审查部门依法审查后的一种行政审批的结果，因此，专利申请人在专利授权后享有专有权，具有独占性和排他性，并能通过专利权的转让与许可获得经济收益。这是专利权人因其发明创造符合《专利法》授予专利权相应规定和对社会作出技术贡献而依法享有的合法权益。

但如果一件专利权的授予不符合《专利法》的相关规定和没有对社会作出贡献而仍然享有权益，则是对社会和公众应有权益的不合理限制和侵害。

（二）解决和纠正前期审查遗留的授权缺陷

由于专利权是一种无形财产权，对无形财产权的确认要比有形财产权复杂困难得多。虽然发明专利权的授予经过了实质性审查，但仍不能排除在审批过程中因某些主观因素而产生误批的可能性。实用新型和外观设计专利申请是未经实质审查就授予专利权的，因此更难避免其专利权的授予存在新颖性、创造性不足，公开不充分以及与现有设计相同或者实质相同等实质性缺陷。

另外，现实生活中不同的人对同一事物、同一问题有不同的认识、不同的理解是很正常的现象。同理，对于同一项专利申请技术方案的理解及其是否具有专利性产生不同的判断也是正常的，这也正是造成前述专利审批过程出现问题和缺陷的主要原因。现对这些原因简单说明如下。

（1）作为某一技术领域假设的技术人员的专利代理人和专利审查员因自身的知识水平、认知能力、实践经验各不相同，会对相同的技术方案有各自不同的理解和评价。

（2）由于专利申请人、专利代理人、专利审查员是代表不同利益的群体，他们是站在各自不同立场、以不同的视角来评判同一技术方案的可专利性的，因而会有不同的认识和结论。

（3）《专利法》《专利法实施细则》及《专利审查指南》中规定的审查标准和原则，是规范和统一不同水平的人、代表不同利益的群体对同一技术方案可专利性进行尽可能公正评判的一种技术评价标准，因此，不可能制定出适应所有情况的授权标准和具体的评价指标，另外，《专利法》《专利法实施细则》及《专利审查指南》中有些条款和原则本身就存在一些非定量的表述和不少可争辩的灰色区域。

例如，在评判主体上设定了一个假设的本领域技术人员或一般消费者，在客体的评判上规定了是否具有创造性、公开是否充分、怎样才算有技术启示以及外观设计授权条件中采用的不相似或实质相同等许多具有可争辩的空间，并最终导致了判定结果有诸多的不确定性、主观性及可变性。

（4）用一种虚拟的主体去评判一个非定性的客体本身就是一种创造性的工作，在进行创造性工作时不可能永远正确而不出现错误和偏差，不可能大家看法都一致。因此，无论是专利代理人、专利审查员还是专利申请人，在对技术方案的可专利性认定上都会出现一些认定上的偏差，产生一些作业上的失误。

正是由于上述诸多原因，专利制度中才设置了后续的纠正偏差和错误的复审程序，以及允许社会公众及利害关系人参与的无效宣告程序。

（三）弥补专利授权后专利权人不能自行缩小专利保护范围的立法上的不足

《专利法》第45条规定："自国务院专利行政部门公告授予专利权之日起，任何单位或者个人认为该专利权的授予不符合本法有关规定的，可以请求专利复审委员会宣告该专利权无效。"其中包括允许专利的全部专利权人以公开出版物为证据宣告该项专利权部分无效。如此规定是为了防止专利权人或部分专利权人以提出无效宣告请求的手段来损害利害关系人或其他专利权人的合法权益，以解决目前我国专利立法中还未考虑专利授权后专利权人自行缩小保护范围的限制程序的问题。[1]

二、无效宣告程序的启动

无效宣告程序是按照请求原则启动的，如果没有人对某项专利权提出无效宣告请求，专利复审委员会不会自行对该专利权进行审理。因此，启动无效宣告程序需要满足两个条件：一是提出无效宣告请求的客体是已被授权的专利；二是无效宣告请求人应该按照《专利法》的相关规定，主动提出无效宣告请求。

（一）对无效宣告请求客体的要求

1. 无效宣告请求的客体应当是已公告授权的专利

按照《专利法》第45条及《专利审查指南》第四部分第三章3.1的规定，无效宣告请求的客体应当是已经公告授权的专利，当然包括那些已经终止或者放弃（自申请日起放弃的除外）的专利。对于前者，本书将在后面的各章节中作详细介绍；对于后者，专利代理人应注意以下两点。

如果无效宣告请求方针对授权后已经终止或者放弃的专利提出无效宣告请求（包括专利权保护期届满后放弃专利权的情况），专利代理人可参照《专利法》第47条的规定，结合无效宣告请求人提出无效宣告请求的目的、时间及宣告专利权无效的法律效力综合考虑是否有必要提出无效宣告请求。

---

[1] 吴观乐主编：《专利代理实务》，知识产权出版社2007年版，第428页。

(1) 可以考虑提出无效宣告请求的情况。

1) 专利终止或者放弃前已提出过侵权诉讼或纠纷还未结案的。

由于专利权无效宣告请求往往伴随专利权的侵权诉讼或侵权纠纷而产生，因此在专利权终止或者放弃前已经发生过侵权诉讼或侵权纠纷，但还未作出判决、裁定的，此时还可以提出无效宣告请求。

如果此时提出无效宣告请求，且无效宣告请求的理由成立，那么专利复审委员会很可能作出专利权全部无效的决定。一旦无效宣告决定生效，无效宣告的专利权视为自始即不存在，侵权的前提当然也就不复存在，人民法院或者地方知识产权管理部门就可作出侵权不成立的判决、裁定或处理决定。

如果专利权被宣告部分无效，则人民法院或地方知识产权管理部门则会针对维持有效的权利要求作出是否侵权的判决、裁定或处理决定，此时由于专利权保护范围已被缩小，被诉侵权产品有可能已不再侵权。

2) 在专利权终止或者放弃前已签订实施许可或转让合同的。❶

对于在专利权终止或者放弃前已经签订了专利实施许可或专利权转让合同的，如果专利权被宣告全部无效，被许可人或受让人就可以根据合同规定停止支付尚未付清的专利使用费或专利权转让费。

(2) 不必再提出无效宣告请求的情况。

1) 在专利复审委员会作出宣告专利权全部无效的审查决定后，当事人在收到该审查决定之日起3个月内未向人民法院提出专利行政诉讼，该无效宣告审查决定生效。

2) 当宣告专利权全部无效的审查决定作出后，当事人虽然在3个月之内向人民法院提出了行政诉讼，但行政诉讼的二审生效判决是维持该无效宣告审查决定。

对于上述两种特殊情况，即使有无效宣告请求人对其提出了无效宣告请求，由于它们不属于《专利法》第45条所规定的无效宣告请求的客体，因此这类无效宣告请求不予受理。

2. 注意核实无效宣告请求案是否属于已被宣告过专利权部分无效的情况

按照《专利法》第45条和《专利审查指南》第四部分第三章3.1的规定，如果专利复审委员会作出的宣告专利权部分无效的审查决定已经生效或人民法院二审生效判决是维持该部分无效宣告审查决定的，则不能以相同的理由和证据再对其提出无效宣告请求。

但使用上述部分无效宣告决定未使用过的理由和证据仍可对该维持专利权部分有效的专利再次提出无效宣告请求，此时提出无效宣告请求所针对的权利要求书文本已不是原授权公告的权利要求书，而应该是由专利局予以登记和公告的那部分维持专利权有效的权利要求书。

---

❶ 吴观乐主编：《专利代理实务》，知识产权出版社2007年版，第439页。

（二）无效宣告请求人的资格

1. 无效宣告请求人必须具备民事诉讼主体资格

《专利审查指南》第四部分第三章3.2规定，"请求人不具备民事诉讼主体资格的"，其无效宣告请求不予受理。在此所述的任何单位或者个人是指能够以自己的名义承担民事责任的组织或个人。

2. 无效宣告请求人为专利权人时的请求人资格

按照《专利法》第45条的规定，专利权人自己也可以作为无效宣告请求人，但必须同时符合《专利审查指南》第四部分第三章3.2的下述规定。

（1）仅允许一项专利权的全部专利权人提出该项专利权部分无效；

（2）宣告专利权部分无效的证据必须是公开出版物。

当宣告专利权的证据必须是公开出版物时，其对应于公开出版物的无效宣告请求理由一般是一项专利权的部分权利要求不符合《专利法》第22条第2~3款、《专利法》第9条的相关规定。

如果专利权人对自己的专利权提出无效宣告请求不能同时满足上述两点要求，则该无效宣告请求不予受理。

3. 以在先权利冲突为无效宣告理由时的请求人资格

按照《专利法实施细则》第66条第3款的规定，以授予专利权的外观设计与他人在申请日以前已经取得的合法权利相冲突为理由请求宣告外观设计专利权无效，但请求人不能证明是在先权利人或利害关系人的，该无效宣告请求不予受理。

4. 多个请求人共同提出一项无效宣告请求的情形

此种多个请求人对一件专利权提出无效请求的方式最早是未加以限制的，但往往因请求人意见不一致而使无效宣告请求程序无法进行，如有的请求人要求撤回无效请求，有的请求人不同意撤回无效请求，此时应采取分别提出无效宣告请求。此种限制不包括所有专利权人针对共有的专利权提出部分无效请求的情况。

对已作出审查决定的无效宣告案件涉及的专利权，以同样的无效理由和证据再次提出无效宣告请求的，根据一事不再理原则，将不予受理和审理；但如果再次提出无效宣告请求的理由和证据未被在先的无效宣告请求审查决定所考虑的，则可予以受理和审理。

（三）无效宣告请求的形式及实质性要求

按照《专利法实施细则》第65条第1款的规定，无效宣告请求应当以书面方式提出，并结合所提交的所有证据，具体说明无效宣告请求的理由并指明每一项理由所依据的证据。

随着无效宣告程序不断规范和完善，为了适应无效宣告程序的加快，上述要求越来越严格，无效宣告请求人应该先进行充分的无效前期准备，选择适宜的证据和无效宣告理由，并按上述要求进行详细的对比分析。

（四）无效宣告请求的费用

按照《专利法实施细则》第93~94条和第99条第3款的规定，在提出无效宣告请求之日起1个月内应缴纳无效宣告请求的费用，以避免未缴费或未缴足费而导致的无效宣告请求被视为未提出。

对提出无效宣告请求时已经在人民法院提出过侵权诉讼的那些无效宣告请求，应当先行缴纳无效宣告请求费用，取得收据后将缴费复印件连同无效宣告请求书及所附证据一并交至专利复审委员会受理部门，并同时出具人民法院应诉通知书，才可以及时取得无效宣告受理通知书并及时转送人民法院或受理侵权纠纷的地方知识产权局，以作为请求中止侵权诉讼的证明。

三、无效宣告程序的审理流程

无效宣告审理流程包括形式审查、合议审查和无效宣告请求审查决定三个阶段，现简单介绍如下。[1]

（一）形式审查阶段

专利复审委员会收到无效宣告请求人提交的无效宣告请求书及相关材料后，首先进行形式审查。形式审查的审查内容主要包括：无效宣告请求的客体是否是已被授予专利权；无效宣告请求人是否符合《专利法》第45条和《专利审查指南》第四部分第三章3的相关规定；无效宣告请求人提出的无效宣告请求的理由范围和证据是否符合《专利法实施细则》第65条第1~2款以及第66条的规定；无效宣告请求费用、委托手续是否符合《专利法实施细则》第93~94条及《专利法》第19条第1款的规定等。

如果无效宣告请求经形式审查不符合上述相关条款的规定，则专利复审委员会将发出不予受理通知书或补正通知书，或视为未提出通知书，接到此通知书后，请求人应按相关规定尽快办理补正、恢复或重新递交手续。

如果无效宣告请求经形式审查符合上述相关条款的规定，则专利复审委员会向请求人、专利权人以及涉及处理侵权事宜的人民法院或地方知识产权管理部门发出无效宣告请求受理通知书。

（二）合议审查阶段

专利权人收到专利复审委员会转送的无效宣告请求受理通知书、无效宣告请求书及所附证据后，应在规定的期限内对无效宣告请求书进行答复。在指定的答复期限届满后，无论专利权人是否答复，专利复审委员会便依法成立合议组，对该案进行审理，可参见《专利审查指南》第四部分第三章4.4.4的相关规定。

下面通过【案例2-1】对合议审查阶段的合议审查事务和相应程序进行说明。

---

[1] 更详细的审查流程，可参见吴观乐主编：《专利代理实务》，知识产权出版社2007年版，第437页。

【案例2-1】

案情介绍

该案涉及国家知识产权局授权的、发明名称为"视频触发装置"的实用新型专利。针对上述专利,深圳市某电子有限公司于2007年2月27日向专利复审委员会提出无效宣告请求,请求的理由是该专利不符合《专利法》第22条第2~4款的要求,并提交了附件1~3共3份证据。

经形式审查合格,专利复审委员会依法受理了该无效宣告请求,并于2007年2月28日向请求人和专利权人发出无效宣告请求受理通知书,同时将专利权无效宣告请求书及其附件清单中所列附件副本转送给专利权人,要求其在1个月内对该无效宣告请求书陈述意见。

请求人又于2007年3月26日提交了意见陈述书,补交了证据4~6,并补充了新的无效宣告请求理由,即认为本专利授权不符合《专利法》第26条第3~4款及《专利法实施细则》第20条第1款的规定(新法实施后,应以不符合《专利法》第26条第4款理由提出),且其全部权利要求1~8相对证据4和5结合或证据2和4的结合不具创造性。

2007年4月28日,专利复审委员会收到了专利权人针对无效宣告请求书答辩的意见陈述书。

专利复审委员会依法成立合议组,对此案进行审理。

合议组于2007年5月30日向请求人和专利权人发出口头审理通知书,告知双方当事人定于2007年8月7日对本案进行口头审理,同时向请求人和专利权人发出转送文件通知书,即将2007年4月28日收到的专利权人提交的意见陈述书转给请求人,将请求人2007年3月26日提交的补充证据4~6的文件副本及补充的无效宣告请求理由的意见陈述书转送给专利权人。

2007年5月31日,合议组再次向请求人和专利权人发出口头审理通知书,告知双方当事人取消原定2007年8月7日举行的口头审理,改定于2007年9月10日进行口头审理。

2007年7月2日,专利复审委员会收到专利权人针对上述转送文件通知书提交的意见陈述书。

2007年9月10日,进行了口头审理。

2007年9月26日,专利复审委员会作出了第10517号无效宣告请求审查决定,宣告该专利权权利要求1~2无效,在权利要求3~8的基础上维持其专利权有效。

案例思考

通过【案例2-1】的上述合议审查步骤及审理内容,我们对合议审查中相关事务说明如下。

1. 合议审查程序

【案例2-1】所介绍的是一种常见的正常审查程序,该审查程序进行了两次文件的互为转送。第一次文件转送是在无效宣告请求形式审查合格之后将请求人的无效宣告请求书及所附证据转送给专利权人。第二次文件转送是通过转送文件通知书的方式转送的，即将请求人在期限内补充的新证据4~6及新的无效宣告请求理由及已收到的专利权人对无效宣告请求书答辩的意见陈述书进行互为转送。此时，双方当事人应按转送文件通知书的要求、针对所收到的对方的转送材料分别进行意见陈述。

如果专利权人是在收到无效宣告请求书后针对权利要求进行了合并式或删除式修改，则应当将权利要求修改文本随答辩意见陈述书一并提交给专利复审委员会，其无效答辩意见陈述书应以修改后的权利要求进行论述。

如果专利权人是在第二次文件转送后的意见陈述时以删除方式修改权利要求，则请求人在收到权利要求修改文本后还可以继续补充新的无效宣告请求理由和证据。

口头审理通知书一般随第二次文件转送给双方当事人，如双方当事人需要对第二次文件转送进行意见陈述，应在口头审理之前，最好随口头审理回执一并递交到专利复审委员会合议组，如果没有新的意见或证据提交，则可不递交新的意见陈述，而在口头审理时进行陈述。

近年来，无效宣告请求的结案周期已大为缩短，因此，上述审查程序的文件转送及答复期限已被大幅度地压缩，这就要求双方当事人及其专利代理人把各自的准备工作做得更细致、更充分，以适应快节奏的审理。

2. 无效宣告请求理由的增加及举证期限

在【案例2-1】中，无效宣告请求人按照《专利法实施细则（2001）》第66条（现已被修订为《专利法实施细则》第67条）的规定，在无效宣告请求之日起1个月之内（2007年3月26日）补交了新的证据4~6和新的无效请求理由。由于其提交时限符合相应条款的规定，合议组将其纳入了合议审查的范围。

3. 审查方式[※]

在合议审查阶段，合议组可以针对案件的不同情况，采用不同的审查方式。不同的审查方式是指，不进行口头审理而直接作出无效宣告请求审查决定，或口头审理之后作出无效宣告请求审查决定。

（1）不进行口头审理而直接作出无效宣告请求审查决定。

此种审查方式是指合议组经审查认为请求人提交的证据很充分，且请求宣告专利权全部或部分无效的理由能够成立，不论专利权人是否作出对无效宣告请求书的答辩，只要专利权人未要求进行口头审理，合议组就可以直接作出宣告专利权全部无效的决定，或依请求人的请求作出宣告专利权部分无效的决定。

[※] 吴观乐主编：《专利代理实务》，知识产权出版社2007年版，第431页。

目前，不进行口头审理而直接作出无效宣告请求审查决定的方式很少采用。

只要专利权人进行了答辩并要求进行口头审理，专利复审委员会一般情况下会进行口头审理。

（2）口头审理之后作出无效宣告请求审查决定。

它又分为以下三种情况：

1）合议组经审查认为，请求人请求宣告专利权无效的范围只能部分成立，而合议组作出宣告专利权部分无效决定的，不论专利权人是否作出答辩都将采取口头审理的方式进行合议审查。

2）合议组经审查认为，专利权人在指定期限内对请求人提出的无效宣告请求书的答辩理由充分，无效宣告审查决定的结果可能会作出对请求人不利的维持专利权的审查决定时，也要采取口头审理方式进行合议审查。

3）合议组经审查认为，请求人提交的证据不充分，无效宣告请求的理由不成立，虽然专利权人未在期限内作出答辩，无效宣告审查决定的结果可能不如请求人所愿，仍要维持其专利权有效的，将视案情选择发出无效宣告请求审查通知书或口头审理通知书的方式进行审查。

前述所列举的【案例2-1】属于上述三种情况中第1）种进行口头审理的情况。

4. 口头审理的主要程序和内容

口头审理是无效宣告请求程序中重要的一个口头听证程序，也是合议审查阶段主要的审查方式。

（1）口头审理前的准备工作。

1）递交口头审理回执。

在收到专利复审委员会转送的口头审理通知书后，专利代理人应尽快与当事人商定参加口头审理的人员的姓名、身份，并在收到口头审理通知书之日起7日内提交口头审理通知书回执。如果有相关意见需要陈述的，也可随口头审理回执一起递交意见陈述或在规定的答复期限内递交意见陈述；如果有证人出席或有物证需要进行演示的，也应在口头审理回执中填写清楚。

在此需要提示请求人及其专利代理人，如果期满未提交口头审理回执且又不参加口头审理的，其无效宣告请求将被视为撤回。

2）做好口头审理准备工作。

提交口头审理回执后，双方当事人应就口头审理中的辩论要点和需要当庭演示的实物或图片提前进行准备。

如果当事人不参加口头审理，接受其委托的专利代理人应询问其是否有和解的愿望，如有意愿进行和解，和解的条件是什么。同时，要注意委托上的委托权限是否为全权委托，如果是一般委托，则专利代理人没有代为进行和解的权力。

如果参加口头审理的当事人发生改变，应在口头审理前尽可能告知合议组并在口头审理时提交相应证件并面交新的委托手续。

如果缺少相应委托手续原件和授权委托书原件或参加口头审理的专利代理人临时变更手续，应及时通知当事人提前准备相关手续，以便口头审理时提交。

如果证据的原件、公证认证文件或证明某些公知常识的证据还未提交，一定要注意在口头审理前准备好并现场进行提交，或者作必要的解释说明，有些公证认证材料可以在口头审理结束后按合议组规定的期限递交。

在正式参加口头审理前，专利代理人要和当事人进行案情分析研究，制定详细的口头审理辩论策略和答辩提纲，对于各自认为把握不准的证据认定、证据使用结合方式、文本自身所存在的缺陷及如何进行解释说明，无效宣告请求理由和范围是否需要调整，以及对合议组可能询问的问题要预先做好多种应答争辩的准备。

口头审理过程包括[1]：口审预备、口审调查、口审辩论、休庭合议口头审理通知书及重新开庭几个阶段。下面仅就其各阶段工作作一简单介绍。

（2）口头审理预备阶段。

口头审理开始后，合议组要对参加口头审理人员的资格进行核实，由合议组组长介绍合议组成员，由双方当事人介绍各自方参加口头审理的人员，并由合议组组长询问双方当事人对合议组参审人员有无回避请求以及有无和解愿望等。双方当事人均有和解愿望并欲当庭协商的，暂停口头审理；双方和解条件差别较小的，可中止口头审理；双方和解条件差别较大，难以在短时间达成和解协议的，或者任一方当事人没有和解愿望的，口头审理继续进行。

（3）口头审理调查阶段。

口头审理调查阶段要解决的主要问题是确定口头审理过程可以采用或适用的无效宣告请求的理由、证据、证据的结合方式及无效宣告请求的范围。

口头审理调查之前一般由合议组成员简单介绍案情，先由请求人简述其无效宣告请求的理由、范围及证据使用情况，再由专利权人简单地进行答辩，最后由合议组就具体的无效请求范围、理由和双方当事人提交的证据进行确认和核实，以确定口头审理的审查范围。

在口头审理调查阶段，合议组要逐一对无效宣告请求的理由、无效宣告请求的范围及相应证据和事实进行认定。例如，在已提交的无效宣告请求书及其补充的无效宣告意见陈述中，请求人仅对该专利不符合新颖性和创造性的理由进行了简单的陈述，陈述时采用了3份证据，而在口头审理调查阶段，合议组就要求请求人明确其不符合新颖性的无效宣告理由所使用的证据是哪一份，新颖性无效宣告理由是针对该专利哪几项权利要求提出的，其选用哪份证据作为最接近的对比文件用来否定专利的创造性，用哪两份证据组合评述该专利的创

---

[1] 吴观乐主编：《专利代理实务》，知识产权出版社2007年2版，第432页。

造性，其不符合创造性的无效宣告请求范围是针对哪几项权利要求提出的等。

口头审理调查阶段，如果请求人所提出的无效宣告请求理由或证据使用结合的方式、出处，与提出无效宣告请求时或举证期限内所陈述的请求理由或证据结合的方式不一致，则合议组一般情况下不会认可。例如，提出无效宣告请求时是以证据1作为最接近的对比文件并与证据2结合评判某专利的创造性，但在口头审理时把证据2作为最接近的对比文件与证据1结合使用，则不允许。又例如，举证期限内采用了对比文件1的附图1、附图3~5进行对比，口头审理时又将该文件的附图2纳入对比范围，则不允许。

在口头审理调查阶段，请求人有可能当庭增加一些无效宣告理由或者补充的证据，专利权人也可能会提交一些反证，作为另一方当事人此时不应急于对是否同意对方补充证据和无效宣告理由作出回答，而应该按照《专利法实施细则》第67条及《专利审查指南》第四部分第三章4.2~4.3的相关规定，对对方当事人所提出的理由和证据是否符合相应规定进行审看核实，如果该理由和证据的提交不符合相关规定，则可以向合议组表明态度和提出质疑。

如果某一方对这些理由和证据是否符合相应规定无法当庭作出判断，则可要求合议组给予一定审看时间或再行进行口头审理，或采取口头审理后补充详细书面答辩材料的方式发表意见。

合议组将根据有关规定判断所述理由或证据是否予以考虑，决定予以考虑的，合议组会给予首次得知该理由或证据的对方当事人选择当庭口头答辩或口头审理后进行书面答辩的权利。

例如，请求人在举证期限内提出的无效请求理由是该专利授权不符合《专利法》第26条第4款的规定，而口头审理时发现该无效理由与所述事实不符又提出专利授权不符合《专利法实施细则》第20条第2款规定的无效宣告理由，此时，新补充的无效宣告理由明显不符合相关规定，不能被允许。

在审理范围确定之后，请求人应就无效宣告请求的理由及所依据的事实和证据进行举证，然后由专利权人进行质证。需要时，专利权人可以提出反证。例如，专利权人可以提供公知常识性证据，并以其为依据说明该专利权利要求中的某个技术特征是清楚的，并以此反驳请求人提出的权利要求不清楚的无效宣告理由。

（4）口头审理辩论阶段。

经过口头审理调查，如果双方当事人对案件证据和事实有争议，则双方当事人在口头审理辩论阶段首先应当就有争议的事实和证据是否可以采信进行争辩，然后再对证据是否充分支持其无效宣告理由进行陈述。

经过口头审理调查，双方当事人应就一些证据和事实进行确认，达成了部分共识，而口头审理辩论阶段的主要任务是双方当事人就未达成共识的有争议的问题各自陈述自己的意见。例如，如果其争议的问题是权利要求1相对于两份证据的结合是否具备创造性，此时，就应该先把专利权利要求1的技术方案与最接近的那份证据对比，将对比后的区别特征列出并根据这些区别特征确定发明实际解决的技术问题,然后将另一份证据中披露的相关技术手段列出并分析其在该对比文件中所起的作用是否与该专利所解决的技术问题相同,如果相同,就存在技术启示。而专利权人此时陈述的重点应放在证明两份证据的结合不存在技术启示的理由和事实的争辩上。

(5) 休庭合议。

口头审理辩论结束后,由双方当事人进行最后的意见陈述,主要陈述一下已发表过的意见和观点有无改变,有无新的观点,然后合议组休庭进行合议,合议结束后会重新宣布开庭,并由合议组组长宣布口头审理结果。口头审理结果有当场口头宣布审查决定结论和事后作出书面审查决定两种。目前,采用最多的是事后作出书面审查决定的方式。

最后,由双方当事人对口头审理笔录进行核实和签字,由于口审笔录是口头审理中记录双方当事人有关声明放弃权利要求,声明放弃某些无效宣告理由、范围或证据以及双方当事人均认可的一些事项的记录,所以双方当事人应认真核实和修改,尤其注意核实那些对后期专利行政诉讼或侵权诉讼有不利影响的观点和记载。

(6) 口头审理的中止。

在口头审理中如出现下列情况,合议组可以宣布中止口头审理:当事人请求审案人员回避的;当事人双方因和解需协商的;需要对发明创造进一步演示的;合议组认为必要的其他情况,例如双方对中文译文有争议、请求方对无效宣告审理文本不予认可等特殊情况。

(三) 无效宣告请求审查决定

合议组在进行口头审理之后,会在澄清事实的基础上按照少数服从多数的表决原则作出无效宣告请求审查决定。无效宣告请求审查决定分为下述三种情况。

1. 宣告专利权全部无效

宣告专利权全部无效后,对其正在进行中的专利实施许可或者已提出的侵权诉讼将产生严重的不利后果,专利权人对无效宣告请求审查决定不服的,可以自收到无效宣告请求审查决定通知书之日起 3 个月之内向北京市第一中级人民法院起诉,请求人可以应人民法院的通知作为第三人参加诉讼。

2. 宣告专利权部分无效

宣告专利权部分无效,是指独立权利要求和部分从属权利要求或独立权利要求被宣告无效,即剩余的部分从属权利要求或全部从属权利要求维持有效。此时,该部分维持有效的权利要求保护范围相对授权公告时的权利要求保护范围而言已被缩小,对于专利权人而言,其最直接的不利后果是侵权产品不再侵权。

因此,专利权方代理人在收到部分无效宣告请求审查决定后应尽快转交专利权人并与其研究分析无效宣告请求审查决定,分析利弊,做好下一步是否提出专利行政起诉的准备。否则，一旦无效宣告审查决定生效，上述不利后果将会发生。

需要指出的是，此时，如果无效宣告请求人认为应该宣告专利权全部无效，而无效宣告请求审查决定仅是宣告该专利权部分无效，特别是当部分无效的结果仍然影响专利侵权判定结论的情形下，请求人对无效宣告请求审查决定不服的，也可以提出专利行政诉讼。

3. 维持专利权有效

维持专利权有效是对专利权人有利而对请求人不利的情况。如果请求人就是被诉侵权的侵权人或者属于侵权起诉对象，请求人要及时对无效宣告请求审查决定进行分析研究，与其专利代理人商讨与专利权人和解或进一步提出专利行政诉讼的可能性。否则，将面临侵权的处罚和判决。

四、无效宣告程序的中止、恢复、终止和放弃专利权

（一）无效宣告程序的中止

按照《专利法实施细则》第 86~88 条及《专利审查指南》第五部分第七章 7.1~7.5 的规定，无效宣告程序审查过程如出现下述两种情况，将会导致该无效宣告程序中止。

（1）有专利权归属纠纷的，专利局自收到专利权归属纠纷的当事人提交的中止程序的请求书以及写明专利号的专利权归属纠纷受理文件正本或副本之后，经审查满足《专利审查指南》第五部分第七章 7.3.1 规定的条件的，将中止对该专利权提出的无效宣告请求的审查。对于无效宣告程序中的中止期限，《专利审查指南》规定不超过 1 年。

（2）人民法院在审理民事案件中裁定对专利权采取财产保全措施的，专利局在收到人民法院对专利权采取保全措施的裁定和要求专利局协助执行通知书后，经审查满足《专利审查指南》第五部分第七章 7.3.2 规定的条件的，将中止对该专利权提出的无效宣告请求的审查。中止期限为 6 个月。

（二）无效宣告程序的结束和恢复※

无效宣告程序中止后的结束和恢复一般有以下几种情况。

（1）中止请求人要求恢复审查；

（2）收到采取保全措施的人民法院送达的符合规定的解除保全通知书；

（3）因采取保全措施而中止的 6 个月期限届满并且未收到采取保全措施的人民法院裁定继续采取保全措施的通知；

（4）因权属纠纷当事人请求的中止期限届满后专利局自行恢复该无效宣告程序的审理；

（5）在终止期限内，收到人民法院或者地方知识产权管理部门作出的专利

※ 吴观乐主编：《专利代理实务》，知识产权出版社 2007 年版，第 434 页。

权归属纠纷的生效判决书或裁定书。

(三) 无效宣告程序的终止[※]

按照《专利法实施细则》第 70 条第 3 款、第 72 条第 2 款及《专利审查指南》第四部分第三章 7 的规定，无效宣告程序在发生下述六种情况时，其程序终止：

(1) 请求人在专利复审委员会对无效宣告请求作出审查决定之前，撤回无效宣告请求的，该无效宣告程序终止。

(2) 无效宣告请求人未在口头审理通知书的指定期限内提交口头审理回执，且又不参加口头审理，其无效宣告请求被视为撤回的，该无效宣告程序终止。

(3) 专利复审委员会作出宣告专利权全部无效的审查决定后，当事人未在收到该审查决定之日起 3 个月内向人民法院起诉，或者人民法院生效判决维持该审查决定的，针对该专利权提出的其他无效宣告请求的审查程序终止。

(4) 专利复审委员会对无效宣告请求作出审查决定之后，有关当事人在收到该审查决定之日起 3 个月内未向人民法院提出专利行政诉讼的，无效审查决定生效，该无效宣告程序终止。

(5) 专利复审委员会对无效宣告请求作出审查决定之后，有关当事人在收到该审查决定之日起 3 个月内向人民法院提出专利行政诉讼，人民法院的生效判决是维持该审查决定的，该无效宣告程序终止。

(6) 已受理的无效宣告请求因不符合受理条件而被驳回请求的，该驳回请求生效后，该无效宣告程序终止。

(7) 对于上述第 (1) 点的撤回或第 (2) 点的视为撤回，专利复审委员会认为根据已进行的审查工作能够作出宣告专利权无效或者部分无效的决定的，按照《专利法实施细则》第 72 条的规定"可以不终止审查程序"。

上述第 (4) 和第 (5) 点所指的是专利权被部分无效的情况。

(四) 专利权人在无效宣告程序期间放弃专利权[※※]

1. 专利权人放弃专利权与宣告专利权无效两者的法律效果不同

专利权人放弃专利权的时限从其放弃时起算，而宣告无效的专利权视为自始即不存在。在专利权保护期届满后或专利权人放弃专利权后，公众仍可向专利复审委员会对该专利提出无效宣告请求。因此，在无效宣告程序中，如果专利权人以书面声明放弃专利权（除专利权人针对一项专利权以其不符合《专利法》第 9 条第 1 款规定的无效宣告请求理由而表示自申请日起放弃该专利权外），则该无效宣告程序不受影响，将继续进行。

2. 专利权人在无效宣告程序中放弃专利权

《专利审查指南》第四部分第三章 2.2 明确了在无效宣告程序中依照当事

[※] 吴观乐主编：《专利代理实务》，知识产权出版社 2007 年版，第 436 页。
[※※] 同上。

人处置原则,当专利权人放弃某项权利要求就表示其承认请求人对该权利要求的无效宣告请求。放弃专利权的几种情况:

(1) 在无效宣告程序中,专利权人针对请求人提出的无效宣告请求主动缩小专利权保护范围且相应的修改已被专利复审委员会接受的,视为专利权人承认大于该保护范围的权利要求自始不符合《专利法》和《专利法实施细则》的有关规定,并且承认请求人对该权利要求的无效宣告请求,从而免去请求人对宣告该权利要求无效这一主张的举证责任。

(2) 在无效宣告程序中,专利权人声明放弃部分权利要求或者多项外观设计中的部分项的,视为专利权人承认该项权利要求或者外观设计自始不符合《专利法》和《专利法实施细则》的有关规定,并且承认请求人对该权利要求或者外观设计的无效宣告请求,从而免去请求人对宣告该权利要求无效这一主张的举证责任。

第二节 无效宣告请求前的准备工作

无效宣告程序是应请求人启动的程序,对于请求人而言,在正式启动无效宣告请求前要做好充分的准备,准备工作包括无效宣告请求理由的选择及证据的收集、无效宣告理由及无效宣告请求范围的确定以及无效宣告证据选用及搭配组合。

一、无效宣告请求理由的选择及证据收集

《专利法实施细则》第65条第2款对提出无效宣告请求可采用的无效宣告理由作出了规定,针对一项专利权提出哪些无效宣告请求的理由,要视个案的实际情况进行选择和确定,也要视证据寻找和收集的结果而定。

当无效宣告请求理由确定后,要针对每一项无效宣告请求的理由及其所要结合的证据或事实进行详细论述。在大多数情况下,如果请求人准备对某一项专利提出无效宣告请求,请求人首先要进行证据的收集,然后视证据的情况来选择无效宣告请求理由。因此,无效宣告理由和支持无效宣告理由的证据两者是密不可分且需要相互支持的。

从实际经验来看,发明或实用新型专利无效宣告请求中采用最多、成功率最高的无效宣告理由是《专利法》第22条中规定"授权专利不符合新颖性和创造性的授权条件",而外观设计专利无效宣告理由中采用最多、成功率最高的是授权外观设计专利不符合《专利法》第23条的规定。

由此可见,专利代理人在发明或实用新型的无效宣告请求的实际操作中,要优先考虑新颖性和创造性的无效宣告理由,注重检索和收集支持该类无效宣告理由的证据,在无效宣告程序中证据起着十分重要的作用,决定着无效宣告请求的成败。因此,在无效宣告请求提出前的检索中,对拟无效专利的技术方案及发明点的全面了解是至关重要的,在此基础上才能正确确定所检索的技术

领域、技术关键及可能涉及的相关产品或方法，才知道其真正的检索重点和方向，然后再选择适当的检索系统，才能取得较好的检索效果。

下面将常用的无效宣告请求理由的选择、证据收集及应注意的相关问题说明如下。

（一）新颖性、创造性无效宣告理由选择和证据的检索及收集

1. 阅读授权公告文本，理解其技术内容，明确其保护范围

检索收集证据前，首先要做的工作是阅读拟无效专利的授权公告文本、了解相关信息、深入理解其技术内容，在对技术方案全面理解后，才能更好地确定其权利要求的保护范围，并制定有针对性的检索方案或寻找能够破坏该专利权利要求保护范围的相关证据，才能尽快地查找到适用和支持其无效理由的证据。

下面介绍几种在无效宣告请求中常用的对出版物类证据的检索思路和方法。

（1）按专利授权公告首页披露的相关信息进行初步检索。

通过 IPC 分类号进行初步检索，通过简单阅读摘要确定一批与发明技术主题相同或相近的文献，再通过对这些文献的浏览筛选出一些相关文献，只要这些文献中公开了拟无效专利的权利要求书的部分内容，则可以初步确定它们可以作为新颖性和创造性无效宣告理由的初选对比文件。

通过专利申请人信息，也可检索到一些涉及专利该申请人的相关或类似的专利文献，然后分析这些专利文献公开的技术内容是否可用于支持其无效宣告理由。

通过发明主题，可以确定一些主题词、关键词和相关词进行检索。例如，技术主题是"一种用粉煤灰生产空芯砖的方法"，其包括有"粉煤灰""空芯砖"这两个主题词。对这两个主题词进行扩展、延伸则可以再得到以下相关词："空芯砖→砖→用粉煤灰制砖及粉煤灰制造构件"，而不仅仅是指用粉煤灰制造空芯砖这个较窄的检索范围，如果有必要，则可进一步扩大范围并将粉煤灰延伸至煤的燃烧物的利用或类似的废物加工和利用，甚至可以从粉煤灰所包含主要成分的角度和领域去考虑检索。

（2）通过阅读理解专利技术内容进行深层次的检索。

1）通过说明书背景技术部分揭示的信息去检索。

在授权专利的背景技术部分以及已检索出的对比文件的背景技术部分，通常记载有现有技术的缺陷、本发明或实用新型的目的以及一些引证或对比的相关专利信息或技术信息，有时还记载有研发该类产品或方法的研发机构名称和所属领域、行业的研发状况，透过这些信息也可获得一些很有用的信息，通过这些信息也可拓宽再检索思路和渠道。

2）通过理解专利技术方案的核心技术内容和其发明点深入地进行检索。

许多授权专利都是在现有技术的基础上改进或由现有技术的增减组合构成的改进发明，改进发明所采用的发明技术核心部分又往往是相关或其他领域中的普通技术或一般部件，例如电器领域的发明、机电结合的发明。因此，可以

通过方法类发明或方法类权利要求中所采用的某些新步骤、新工艺、新材料，或者产品类发明中所结合、所采用的一些和发明点有关的关键装置、部件、零件、控制器件的名称、应用领域，或者生产研发这些技术和设备的部门及装配应用这些部件的行业，以及最终产品上去进行检索和调查，往往会有所突破。

3）到与该专利技术相关的专业单位查找该领域的信息。

例如，通过寻找该拟无效专利所属技术领域的专家了解专业技术的发展、布局、研究等情况会得到许多检索信息的提示，通过对行业协会、大专院校图书馆、相关行业的信息中心、各种专业书店及各专业刊物出版社的咨询和收集有时也可得到意外收获。例如，如果拟无效专利为一件锅炉的产品发明，那么除了前述检索思路和渠道外，可到锅炉检测中心、锅炉生产厂、压力容器协会等单位去查找相关资料。

4）其他检索思路和途径。

例如，在就一件有关编织机上所使用的驱动凸轮的外观设计专利提出无效宣告请求时，经过反复检索外观专利公报和实用新型专利公报，以及有关纺织机械构件、机械原理及技术的手册、教科书，均未寻找到有力证据，最后却在一篇印刷用编织带加工方法的方法发明专利的说明书附图中找到了36种驱动凸轮的造型图，其中有一幅造型图与该外观设计专利相近似。

又例如，就一件名称为"具有内冷式结构的辊式研磨机"的实用新型专利提出无效宣告请求时，在各类研磨机中都未查到有力证据，通过检索思路的拓展，从橡塑行业用炼胶机、压延机、纺织印染行业的辊类纺织印染设备、印刷机、钢铁行业的轧钢机、油漆油墨行业用研磨机等辊式设备上入手，最后在纺织印染行业使用的辊式定型设备上查到了有类似内冷却结构的公开出版物。

当拟无效专利是一件在现有产品结构的基础上加上尺寸、参数变化构成的实用新型专利时，可以从相同产品的外观设计专利及产品样本汇编方面去检索具有该结构、形状的对比文件。

（3）检索的策略。

综上所述，专利代理人在有关新颖性和创造性的检索方面一定要从技术上开拓思路，从不同信息来源进行多头科学的检索，如果通过前述的初步检索中已查找到较为对路的对比文件，则可暂时停止检索，进行下一步详细分析对比工作；如果通过初步检索未获得较理想结果，则可进行更深层次的多方面交叉并进的检索。

如果提出无效宣告请求的时间很紧而不允许进行深入检索，则可先从初步检索获得的对比文件中找一些相关的证据先行提交，以取得受理通知书，然后在1个月之内进行深入检索后再行正式补充。如果时间允许，最好进行一步到位的检索，即在获得有利的证据后再提出无效宣告请求。

当然，有时无效宣告请求人不委托专利代理人代为进行检索，此时专利代理人则应按无效请求人提供的无效请求意见和证据准备下一阶段的工作。

在以不符合新颖性或创造性理由提出的无效宣告请求中，有一部分案件能通过检索获得较为对路的对比文件或寻找到相应的证据，另有一部分至少也可以收集检索到一些相关对比文件，虽达不到十分理想的无效效果，但还是可以作为此类无效宣告理由的对比文件来使用。只有少数无效宣告请求案中检索不到可用的对比文件或相应的证据，在此情况下就要重新确定检索方向，修改原检索路线，有可能是原检索路径不对，或者很可能是该专利的确具有创造性而没有否定其专利性的证据，此时，也只能放弃新颖性或创造性无效宣告请求的理由，而尝试选择其他无效宣告理由的可能性；如果均不理想，请求人则需考虑是否有必要提出无效宣告请求。

对于在先使用、公开类的证据的收集，将在后述的实际案例中加以介绍。

2. 无效宣告理由的选择

（1）新颖性无效宣告理由的选择。

检索寻找出的证据能基本满足以下条件之一的，可以初步确定对拟无效专利的全部权利要求或部分权利要求以不具新颖性的无效宣告理由提出无效宣告请求：

1）在对比文件中确定了与该专利技术方案相同或很接近的现有技术，且该现有技术基本符合《专利审查指南》第二部分第三章3.1～3.2有关新颖性对比的要求。

2）检索到了在该专利申请日前申请、申请日后公开的抵触申请。

3）寻找到了符合《专利审查指南》第二部分第三章2.1.2.2～2.1.2.3要求的国内外在先使用公开或者以其他方式公开的证据，并核实过其证据之间的关联性和证明力。

4）除了上述三点之外，在采用修订后条款的无效宣告请求中，无效宣告请求人还应该检索专利权人在先申请、在后公布的专利申请文件及专利文件，以充分发挥《专利法》第22条第2款关于抵触申请的规定对否定新颖性证据适用范围扩大的作用。

（2）创造性无效宣告理由的选择。

1）检索或者寻找到了可以用于评判专利申请主权项不符合新颖性的现有技术时，如果急于递交无效宣告请求，则一般情况下可中止检索，因为，用于评判新颖性的现有技术一定与拟无效专利的技术方案十分接近，可以用作最接近的对比文件或者证据，即使新颖性评判不能全部成立，可用它作为评判该专利创造性的对比文件或者证据。

如想达到更好的效果，还需要进一步检索，即进一步检索其他对比文件或公知常识性证据，以便与该最接近的对比文件或者证据结合以评判该专利的创造性。

2）寻找或检索到可以部分揭示专利技术方案的现有技术类出版物，在相互组合的情况下，可以用于该专利的创造性评判。

综上所述，只要检索到、寻找到可以对拟无效专利的权利要求保护的技术方案构成部分威胁的证据，就可以选择以不符合创造性为无效理由。

（二）不符合《专利法》第9条规定的无效宣告理由的选择

以《专利法》第9条为无效宣告理由时，应注意以下几点：

1. 同样的发明创造

对于发明或者实用新型而言,同样的发明创造是指两件或两件以上专利中存在的保护范围相同的权利要求,其判断原则参见《专利审查指南》第二部分第三章6.1。

2. 适用《专利法》第22条进行审查的情况

如果申请在先的专利已构成现有技术或者抵触申请,则专利复审委员会可以依据《专利法》第22条第2~3款的规定进行审查。

3. 适用《专利法》第23条进行审查的情况

如果申请在先的专利已构成现有设计或者属于任何单位或者个人申请在先公开在后的专利,则专利复审委员会可以根据《专利法》第23条的规定进行审查。

4. 同样的发明创造只能被授予一项专利权

该条款制定是为了禁止对同样的发明创造授予多项专利权,防止权利之间的冲突。因此,在以该条款为无效宣告理由时,需要针对两件或两件以上专利的权利要求的保护范围是否相同进行鉴别。

具体鉴别方式如下表所示:

表2-1 同样发明创造无效宣告审查事务表

案件状态	无效宣告目标	法律依据	判断结果	复审委处理方式
(1) 专利权人相同、申请日相同 1) 但授权公告日不同	宣告授权在前专利无效,或者请求宣告授权在后专利无效	《专利审查指南》第二部分第三章6.1及第四部分第七章2.1	构成同样的发明创造	第一种情况,维持在前专利有效(在不存在其他无效宣告理由或其他无效宣告理由不成立情况下) 第二种情况,宣告该专利权无效
2) 同一专利权人同日申请的一项发明和一项实用新型专利权	请求宣告授权在后发明专利无效	同上	在申请时根据《专利法实施细则》第41条第2款的规定作出过声明,且发明专利权授予时实用新型专利权尚未终止	放弃授权在前的实用新型专利权,保留被宣告无效的发明专利权
3) 专利权人相同、申请日相同,且授权公告日相同(在不存在其他无效理由或者其他理由不成立的情况下)	请求对其中一项专利提出无效	同上	构成同样的发明创造	应当宣告被提出无效宣告请求的那项专利权无效
	两项均被提出无效宣告请求	同上	同上	告知专利权人选择仅保留其中一项专利权,并维持该选择项专利权有效,宣告另一项专利权无效
	两项均被提出无效宣告请求	同上	同上	专利权人未选择的,应当宣告两项专利权无效

续表

案件状态	无效宣告目标	法律依据	判断结果	复审委处理方式
（2）专利权人不同、申请日相同（在不存在其他无效宣告理由或其他无效宣告理由不成立的情况下）	1）两项专利均被提出无效宣告请求	《专利法》第9条第1款、《专利法实施细则》第41条第1款、《专利审查指南》第二部分第三章第6.1及第四部分第七章3	同上	①告知两专利权人应协商选择仅保留其中一项专利权，并维持该选择项专利权有效 ②专利权人协商不成，未进行选择的，应当宣告两项专利权无效
	2）仅针对其中一项提出无效宣告请求	同上	同上	①应当告知双方当事人，专利权人可宣告另一项专利权无效，并与另一专利权人选择保留其中一项专利权 ②专利权人未请求宣告另一项专利权无效的，应当宣告被请求宣告无效的那项专利权无效

5. 选择该条款作为无效宣告请求理由时对证据的特殊要求

（1）需要经过检索而获得相应证据。

在未经过检索或未对检索出来的证据进行认真分析理解，并与拟无效专利的权利要求进行对比时，是不能确定能否以《专利法》第9条作为无效宣告请求理由的。因为支持该项无效宣告理由的证据具有特殊的要求，即"应该是同样的发明创造"。

（2）其选用的证据必须是已被授权的专利文献。

由于此项无效宣告理由的设置是为了防止重复授权，因此其仅适用于已经授权的专利之间的比照；如果无效宣告请求所选定的证据不是已公告授权的专利文献，而是在先使用公开的证据或期刊、论文等出版物证据，则不能以此类证据为此项无效宣告请求理由的证据。

（3）要将权利要求书的内容进行对比。

按照《专利法》第59条第1款及《专利审查指南》第二部分第三章6的规定，为了避免重复授权，在判断是否为同样的发明创造时，应当将两件发明或者实用新型专利的权利要求书的内容进行比较，而不是将权利要求书与作为证据使用的专利文件的全部公开内容进行比较。

1）如果两件专利的权利要求或某一项权利要求之间有相同的保护范围，则应当认为它们是同样的发明创造，可采用此条款作为无效宣告请求的理由。

2）如果两件专利说明书内容相同，但权利要求保护范围不同，则不属于同样的发明创造,因此不能采用此条款作为无效宣告请求的理由。

例如,两件授权专利的说明书都记载了一种产品及制造该产品的方法的相同技术内容,其中一件专利的权利要求保护的是其产品的结构,而另一件专利的权利要求保护的是生产该产品所用的制造方法,则两者保护的是不同的发明创造。

3)如果两件授权专利的说明书记载的内容相同,其中一件专利权利要求保护的内容是其产品的结构,而另一件专利的权利要求保护的是该产品的结构及该产品的制造方法,但通过比较发现两专利所保护的产品权利要求部分的权项全部重叠,或者其中的某一项或某些项权利要求保护的范围相同,则可认为它们是同样的发明创造,可以采用此条款作为无效请求的理由对产品权利要求部分提出无效宣告请求。

4)《专利法》第59条第1款与《专利法(2001)》第56条第1款的不同之处是将其中的"说明书及附图可以用于解释权利要求"修改为"说明书及附图可以用于解释权利要求的内容",而不是用于解释权利要求。笔者认为,修改前后无实质变化。《专利法》第59条第1款只是更进一步明确了在判断是否为同样发明创造时,遇到权利要求的内容因表述不清楚或所用词语明显错误而不便明确判断的,可以通过说明书及附图对此类问题进行解释,以从实质上对两专利的权利要求保护的技术方案是否相同进行判断,以避免因某些形式错误或所用词语的不规范、不准确而造成影响判断重复授权的障碍。

(4)实用新型和发明专利与外观设计专利之间不能适用此条款作为无效宣告理由。

在选择新颖性、创造性作为无效理由时,支持该无效宣告理由的证据可以是公开了其技术内容的外观设计专利,也可以是较充分体现了该外观设计专利形状的实用新型专利或发明专利申请文件或发明专利文件所公开的技术内容。

但是在选用《专利法》第9条作为无效宣告请求的理由时,即使所使用的外观设计证据很明显或者完全揭示了拟无效的实用新型专利的技术内容,也不能进行对比。因为,它们之间既不属于相同类别的发明创造,也缺少可相互对比的用文字限定保护范围的权利要求书的内容。

(5)重复授权与新颖性之间的关系

1)在以新颖性为无效宣告理由时,其是将现有技术或抵触申请中所公开的内容与拟无效专利的权利要求所限定的技术方案进行比较,只要现有技术或抵触申请在符合单独对比的条件下公开了权利要求所述的一项、多项或全部技术方案,该技术方案就已为公众所知,所述的权利要求就不具备新颖性。

2)在以《专利法》第9条第1款为无效宣告理由时,其所适用的原则是对于两授权专利的权利要求内容之间的对比,即使说明书的内容完全相同,也不属于重复授权。因此,是否具备新颖性的审查要比是否属于重复授权的审查更为严格和全面,所以,在无效宣告程序中,专利复审委员会首先会对新颖性进行审查,如果新颖性无效宣告理由成立,将不再对是否属于同样的发明创造的无效宣告理由进行审查。

（三）修改超范围无效请求理由的确定

以不符合《专利法》第33条或《专利法实施细则》第43条第1款的规定作为无效宣告请求理由，主要是针对发明或者实用新型专利文件的修改超出了其原始说明书和权利要求书记载的范围，以及其分案申请不符合《专利法实施细则》第43条第1款的规定而提出的。

如想以此两条款为无效宣告理由，只有在对拟无效专利的授权公告文本及原始专利申请文件进行详细阅读并认真比较后，才能发现是否有修改超范围问题。专利代理人可根据《专利法实施细则》第118条第1款的规定到国家知识产权局查调原始档案。在无效宣告请求实践中一般不会仅以此理由为无效宣告理由提出，此无效宣告理由多作为辅助无效理由与新颖性、创造性无效宣告理由一并提出。

（四）不需检索和提供对比文件支持的无效宣告请求理由的选择

（1）以不符合《专利法》第5条和《专利法》第25条关于授权的规定而提出无效宣告请求的。

（2）以不符合《专利法》第26条第3~4款关于授权的规定而提出无效宣告请求的。

（3）以不符合《专利法》第20条第1款和《专利法实施细则》第20条第2款关于授权的规定而提出无效宣告请求的。

（4）以不符合《专利法》第2条对发明或实用新型或外观设计定义的规定而提出无效宣告请求的。

（5）新法实施后此类无效宣告请求理由的变化。

1)《专利法》第5条第2款增加了"对违反法律、行政法规的规定获取或者利用遗传资源，并依赖该遗传资源完成的发明创造不授予专利权"的规定，以及《专利法》第25条第1款增加了"对平面印刷品的图案、色彩或者二者结合作出的主要起标识作用的设计，不授予专利权"的规定。

2)《专利法实施细则（2001）》第20条第1款和第2条的内容已分别并入《专利法》第26条第4款和第2条，上述两无效宣告理由已在新条款中出现。

3)《专利法》第20条第1款成为新的无效宣告理由，即"任何单位或者个人将在中国完成的发明或者实用新型向外国申请专利的，应当事先报经国务院专利行政部门进行保密审查"，未按上述规定进行保密审查，其在中国申请的专利被授予专利权的，任何人或者单位都可以以其不符合《专利法》第20条第1款的规定为由对该授权专利提出无效宣告请求。

在以上述各条款为无效宣告请求理由时，一般不需要检索对比文件或提供相关现有技术证据，但是这些无效宣告理由的提出必须建立在对拟无效授权文本进行认真研究、充分理解、反复推敲的基础上，在找出授权文本所要求保护的技术方案的漏洞及申请文件的撰写、修改缺陷和错误后才能决定是否提出此类无效宣告理由。

此类无效理由往往作为辅助无效宣告理由与新颖性、创造性无效宣告理由一并提出。但在没有检索到有力对比文件的情况下，此类理由亦可作为主要的无效宣告请求理由提出。

在此类无效宣告理由中，虽然不需要检索对比文件作为证据，但有时需要提供一些公知常识性证据，来支持这些无效宣告请求理由，或对无效宣告请求的理由进行解释说明。例如，在以不符合《专利法》第26条第4款的规定为无效宣告理由时，有时需要引证字典或工具书中清楚规范的解释来证明专利权利要求中的某些用词是否清楚、规范，是否充分公开。

（五）对一些新增加的无效宣告理由的说明

1. 对新增加的无效宣告理由的归纳

新法实施后，由于部分审查条款的修改和变化，使三种专利的无效宣告理由也发生了相应的变化，而且还出现了一些新的无效宣告理由，现简单归纳如下：

（1）外观设计专利中所增加的无效宣告理由是《专利法》第25条第1款第（6）项、《专利法》第27条第2款，对这些无效宣告理由将在第三章中单独进行介绍。

（2）对于那些只作了序号调整变换的条款，由于其内容未变化，则不作重复说明。例如，《专利法实施细则（2001）》第21条第2款变为《专利法实施细则》第20条第2款。

（3）对于那些作了条款之间内容相互调整、合并的，由于其实质内容未变，在此也不作介绍。例如，《专利法实施细则（2001）》第2条并入《专利法》第2条、《专利法实施细则（2001）》第13条第1款并入《专利法》第9条、《专利法实施细则（2001）》第20条第1款列入《专利法》第26条第4款等。

（4）发明或者实用新型新增加的无效宣告理由，主要有《专利法》第20条第1款、《专利法》第9条第1款中的特殊申请、《专利法》第5条第2款等。下面将对此类无效宣告理由作一尝试性分析，因为，这些无效宣告理由并未被实践所应用，也没有相应案例可参考。

2. 对新增加或作过重要内容修改的无效宣告理由的尝试性分析

（1）以《专利法》第20条第1款为无效宣告理由。

以该条款为无效宣告理由时，请求人应举证或提供相关准确信息，该证据应是同一申请人就相近技术内容已在国外进行了专利申请并已公开的证据，如果此时该专利权人未按该条款规定提出过保密审查的请求，则其在中国的已授权专利应被宣告无效。

如果所述情况属实，则不管该专利申请的内容是否属于应保密的内容，均属于不符合该条款规定的情况。

如果申请人虽进行了保密审查的请求，但却在保密审查未正式批准之前就已向国外进行了专利申请，则也属于不符合该条款规定的情形。

上述情形都属于可以以该条款为无效宣告理由的情况。

因此，如果日后有因该条款被提出无效的情形，则专利权人有两种意见陈述思路：第一种思路是从证据的真实性或信息的可靠性上去进行争辩，不能从技术内容是否属于保密内容方面去争辩；第二种思路是从该申请不是在中国境内完成实质性发明创造工作的理由去陈述。无效宣告请求及专利权人的陈述能否成功要依靠相关证据的支持。

（2）以《专利法》第5条第2款为无效宣告理由。

如果所申请的发明创造中所利用的遗传资源的获取或利用是违法的，或是通过不正当途径获取的，则对该发明创造不授予专利权。以该条款为无效宣告理由时需要请求人提供相应证据，即确有证据（他人提供的或审查员通过他人提供的相关信息寻找或查证到的）证明该发明创造所利用的遗传资源是违反《专利法》第5条第2款相关规定的。

因此，针对该无效宣告理由的意见陈述方向是用足够的证据证明，其所申请的发明创造中所利用的遗传资源的获取或利用是合法的。

二、无效宣告请求的范围及其确定

（一）请求范围的确定

由于无效宣告请求多因专利侵权纠纷而引发，因此在确定无效宣告请求范围时，请求人要考虑的因素是全部无效或者要无效到何种程度时才能够避免侵权，而权利人要考虑的因素是面对请求人的无效理由和对比文件，如何修改权利要求，力争保留大一些的主权项范围或使被诉侵权人仍然构成侵权。

请求人在提出无效宣告请求时，应当明确无效宣告请求的范围；未明确的，应当在指定期限内补正；未在期限内补正的，无效宣告请求视为未提出。因此，无效宣告请求范围的选择应关注以下几点。

1. 依选用的证据确定无效宣告请求的范围

对于大部分需要证据支持其无效宣告请求理由的无效案，无效宣告请求的范围是根据无效宣告请求所选择的证据对权利要求限定的保护范围可能否定的程度而决定的，在未进行检索及未对证据和涉案专利技术内容进行全面详细对比分析的情况下，无效宣告请求范围一般不能事先确定。

2. 依专利申请文本撰写缺陷和审批漏洞确定无效宣告请求的范围

对于那些不需要证据支持的无效宣告请求的范围，是需要用专利文本本身所存在的缺陷性质和所述缺陷可能涉及的无效宣告请求的范围来确定的，而这些缺陷则要在专利代理人研究分析专利申请文件之后才能确定，此时无效宣告请求的证据就是专利文本自身所存在的审批后遗留的各种缺陷与《专利法》《专利法实施细则》及《专利审查指南》审查标准之间的差别，因此，此类无效宣告理由所涉及的无效宣告请求的范围应该在作了上述工作之后才能依实际情况确定。

（二）无效宣告请求范围在无效宣告请求程序中是变化的

1. 初步确定无效宣告请求范围

同无效宣告请求的理由、无效宣告请求用证据的选用一样，无效宣告请求的范围也是随无效宣告理由和证据的变化和实际审查情况的变化而变化的，无效宣告请求时所提出的无效宣告请求范围仅是一个初步确定的范围。

例如，请求人和代理人认为根据所检索到的一份现有技术证据可以将某专利的权利要求 1~3 以新颖性的理由无效，而权利要求 4~7 用该证据与公知常识的结合可以以创造性的理由无效，故此时所提出的无效宣告请求范围分别是权利要求 1~3 不符合新颖性，权利要求 4~7 不符合创造性。但在口头审理时，通过双方辩论和合议组质证，请求人认为自己原来希望值过高，其证据只能证明权利要求 1 不符合新颖性，而权利要求 2 和 3 具有新颖性，权利要求 2~5 不具备创造性，而此时无效宣告请求的范围就要进行调整，即实际无效请求的范围就变成权利要求 1 相对证据 1 不具新颖性，而权利要求 2~5 相对证据 1 和公知常识的结合不具创造性，而权利要求 6~7 可能具有创造性，此时实际无效宣告请求的范围仅是权利要求的部分无效。

又例如，在提出无效宣告请求时，请求人认为某专利的权利要求 1~3 不清楚，但后来在 1 个月内的补充答辩时又发现其权利要求 4~5 也不清楚，此时就要调整无效请求的范围为权利要求 1~5 不清楚。

2. 无效宣告请求提出时的操作方式

在无效代理的实际操作中，由于时间关系、证据选用及组合搭配等原因往往不可能一开始就把工作做得很细、很到位。因此，只能把一些可能涉及的无效宣告请求理由、可用的证据以及无效宣告请求的范围进行初步的整理先行提出，日后经仔细分析研究再对无过硬证据和事实支持的理由进行放弃。同理，无效宣告请求的范围的选择和确定也是如此，提出无效宣告请求时的无效请求范围尽可能大一些，然后视具体情况再进行放弃或调整。

关键是在提出无效宣告请求之日起 1 个月之内，要按最后确定的无效宣告理由、证据或依据的事实、无效宣告请求的范围进行逐一、详细的论述和对比并正式提交补充意见。

三、证据选用及搭配组合

（一）出版物类证据的选用及搭配组合

根据第一节所述要求获得的证据一般都是可供选用的有效证据，但是，针对不同的无效宣告请求理由，按照不同无效宣告请求理由的审查标准和相关规定，并非所获得的证据都要提交，也并非提交到专利复审委员会的证据最后都能起到效力，所以撰写无效宣告请求书之前，先要对获得的证据进行筛选组合。否则，既造成人力、时间的浪费，又起不到应有的无效宣告效果。

1. 否定专利新颖性的证据选用及注意事项

在可用于新颖性无效宣告理由的现有技术或抵触申请类证据中，优先选择可单独进行对比的那些证据，新法实施后，应注意抵触申请并非仅指他人，也包括申请人自己的在先申请、在后公开的专利申请文件和专利，所选用证据要能基本满足下述要求。

（1）其发明目的、解决的技术问题、获得的技术效果及技术方案与拟无效专利的权利要求技术方案实质上相同，或者该证据与专利构成同样的发明或者创造。而且该证据要适用于单独对比原则，即不能将此份证据中公开的不同技术方案分别与专利的各项权利要求进行对比，以符合《专利审查指南》第二部分第三章3.1的规定。

（2）如果在新颖性证据中有两份属于同样的发明创造类证据，其中一份为现有技术，另一份为抵触申请，在撰写无效宣告请求书时，可优先使用现有技术或者两份分别进行评述。

（3）在大部分新颖性评判中，所选用的用于评判新颖性的证据与专利的各项权利要求或想以新颖性否定的那项权利要求完全相同的情况是较少的，往往在对比之后还有区别，在证据中找不到相一致的描述，此时，则需按《专利审查指南》第二部分第三章3.2的相关规定继续进行对比和判断。

新颖性的判断可以是对专利权利要求的全部或部分权利要求项进行评判，具体如何评判要视证据具体揭示的技术内容而定。

2. 否定专利的创造性时证据的搭配组合

否定专利的创造性时，其证据可以独立使用，也可以组合使用。决定采用哪份或哪几份证据进行对比或者结合是一件很细微且具有一定难度的工作，因为使用证据的份数受到较严格的限制，选择结合的好坏既关系到如何进行无效宣告请求书的撰写，又关系到无效宣告请求是否能够获得成功。

（1）如何选用与拟无效专利的技术方案最接近的证据。

经过检索所获得的可用于创造性评判的证据往往较多，其中包括很多外国专利文献，但不可能全递交、全翻译。此时，要对证据进行筛选，找出一些与拟无效专利的发明目的、技术主题、技术方案密切相关的证据，将这些证据进行研读或翻译并与专利的权利要求的技术方案对比，确定最接近的现有技术证据。

（2）证据的搭配组合。

在创造性的对比中，符合前述要求的现有技术证据可能有3份，甚至有5份或者更多，其中可选择的最接近的现有技术证据也可能是1份或者是2份。此时，可以按两两组合后所揭示的发明技术特征的情况而定，可组合成多组，对每组分别进行创造性评述。

如果两两组合后还有个别技术特征未被揭示或未被明显揭示，则可以再结合第3份对比文件或公知常识性证据进行综合对比。

这样做的好处是证据的利用率较高,如果有三种两两组合方式,则可以至少使用6份证据对一个独立权项进行分别评述。因为,在专利权人还未进行答辩时,在审查决定作出之前,其对创造性否定的效果仅是请求人或专利代理人的自我分析和看法,其中肯定存在不妥之处或与实际情况有出入的地方。

这样做的好处还有,一组证据对比有问题时还有另外的组合方式进行双重或者多重保险。

其不利的方面就是准备工作要做得很细,无效宣告请求书篇幅较长,比较费时费事。

(3) 判定是否具备创造性的关键环节。

在创造性判断中,判定是否存在技术启示是其中最关键的一步。

这里所述的技术启示,是指另一份证据中所揭示的技术手段所起的作用是否与专利所存在的区别特征在该专利中所解决的技术问题相同,如果相同,就说明另一份证据中存在技术启示,专利所存在的区别特征就是显而易见的,专利就不具备创造性;反之,专利就具有创造性。

关于此部分内容将在本章第六节中结合具体案例进行分析。

(二) 使用公开或其他方式公开的证据的选择及组合

在无效宣告程序中,除了出版物公开证据外,另一类较常使用的证据是使用公开或其他方式公开的证据,新法实施后,在国外取得的此类证据允许被作为无效宣告证据使用,它们表现形式多种多样,例如各种合同、票证单据、设计图纸、产品实物以及勘验笔录等。

此类证据或证据采信的原则是看其是否能够同时满足在何时间、何地点、由何人、以何种方式、公开了何内容五个方面的要求。下面将对几种最常见的证据的选择及使用要求进行说明。

1. 合同

合同经常与在先公开使用行为直接相关,是现有技术证据中经常遇到的一类证据,通常以书证的方式体现,故应该按书证的查证方式对此类证据进行认定。合同的类型因约定的事项不同而不同,例如常见的商品交易中的购售合同、进口合同,产品研制、试验中的委托开发合同、委托加工合同等,与合同类证据经常配合使用的有各种票据,如发票、报关单、提货单、信用证、产品说明书等。

购销合同经常与销售发票、产品说明书、提货单等证据结合使用,进口合同还经常与进口报告单、货运证明及信用证等证据配套使用。总而言之,合同作为现有技术的证据,能否单独作为直接证据使用或与其他证据结合使用要视个案情况及合同自身所能证明和揭示的具体信息内容而定,最关键的是所述的证据能否证明"在涉案专利申请日之前存在在先使用行为,而该在先使用行为是否已导致某项技术处于公众能够获知的公开状态"。

2. 票据、单据

票据、单据在无效宣告程序中往往与其他证据配合使用，经常作为间接证明或佐证，其单独使用的情况较少。在此类证据的组合使用中，一是要判断这些证据是否可以构成一个完整的证明体系，各证据之间是否存在相应验证和衔接上的矛盾；二是要核实这些证据本身的真实性、时效性以及这些证据所公开的信息与涉案专利技术方案之间的关联性。

3. 设计图纸

设计图纸经常被请求人用于证明在先公开使用的证据，当设计图纸与其他证据结合使用时，其互相之间必须有关联性，关联性可以通过产品的名称、型号来体现，也可以通过图纸上零部件的名称、图纸的编号等来体现。例如，发票上所销售产品的名称是加湿器，组装图的产品名称也应称为加湿器，或者是某型号加湿器。

如果拟无效专利是某一设备中的某一部件、零件或其控制原件，则该部件或零件必须在证明该产品已生产销售的那份设计图纸中有对应部分来体现或说明，此时，往往需要用设计图纸中体现的该产品零部件的图纸编号、名称来验证所采用的配件、型号等与专利技术方案所描述的该产品名称和结构相对应或实质上一致，否则两者之间的关联性就无法证实。

如果设计图纸与生产、制造并销售的产品之间的关联性能够证明，则该图纸就能作为最直接的证据被认定。反之，如果设计图纸与生产、制造并销售的产品之间的关联性不能证明，则两者之间就脱节了，图纸就很难被认定为有效证据。

当设计图纸与生产的产品的关联性被证实之后，再进一步的核实就是将进入公知公用状态的产品或设计图纸与拟无效专利的各项权利要求的技术方案具体内容进行对比，如果所销售的产品或设计图纸上体现的结构内容与专利所要求保护的技术方案不同，即使该证据能够被合议组采信，其也起不到理想的无效宣告效果。

4. 产品样品或勘验笔录在无效宣告请求中的作用

在专利无效中，也有请求人以实物证据提出无效宣告请求的情况，此时，首先要证明在专利申请日以前就已经生产销售了与该专利技术方案相同的产品。

同时还要注意产品的型号、名称要与销售发票及其他辅证上书写的型号、名称等相一致，此时可向专利复审委员会提交经公证而取得的该样品，以便口头审理时进行分解对比。

有些产品结构较为复杂，很难在口头审理现场拆解而进行对比，或有些产品很昂贵，请求人无法取得，此时，可以请求公证机关或人民法院委托相关单位在证据现场进行勘验鉴定，然后将此勘验笔录作为证据提交。

下面通过【案例2-2】对勘验笔录在无效宣告中的作用进行说明。

【案例2-2】

案情介绍

专利复审委员会第4969号无效宣告审查决定涉及一项名称为"液化气体自动罐装秤"的实用新型专利，无效宣告请求理由是该专利不符合《专利法》第22条第2~3款的规定。在口头审理中，请求人提交了南京市中级人民法院出具的勘验笔录（证据14），证据14是用来证明已提交的证据10的一份关联证据，而证据10是用以证明某厂生产的产品已在某液化石油总公司被公开使用的一份证据。

合议组根据证据14并结合其他证据最后作出了宣告该专利权无效的审查决定。

案例思考

通过专利复审委员会对证据14的认定不难得出这样的结论：勘验笔录是证明产品在先公开使用的一种较为有效的证明方式，尤其对于那些生产数量少、价格昂贵、体积大或者在线使用的设备、仪器以及无效宣告请求人很难进入取证的使用现场，采用此种现场勘验取证的方式较为可行。另根据《最高人民法院关于行政诉讼证据若干问题的规定》第63条的规定，勘验笔录、档案材料及经过公证或登记的书证优于其他书证、视听资料和证人证言的证明效力，而法庭主持勘验所制作的勘验笔录效力又优于其他部门主持勘验所制作的勘验笔录的证明效力。

第三节 无效宣告请求书撰写及撰写案例分析

在获得相应证据、选择了无效宣告请求的理由并初步确定了无效宣告请求范围后，应进行无效宣告请求书的撰写。

本节除了对无效宣告请求书的撰写格式和内容进行介绍之外，还将结合实际案例进行撰写说明。

一、无效宣告请求书的内容和格式

无效宣告请求材料包括三部分内容，第一部分是正确无误地填写的宣告专利权无效宣告请求书，第二部分是无效宣告请求书正文，第三部分是提交的证据及相关资料，下面将对这三部分内容作简单介绍。

（一）无效宣告请求书的填写

在请求书的各项目栏内正确填写无效宣告请求人、专利代理机构、拟无效专利相关信息及无效的事实和理由以及附件清单（附件清单是指请求人递交的无效宣告证据及相关资料）等内容。当请求人为两个以上，或者无效宣告请求理由、范围及相应证据以及附件较多而在请求书上填写不下时，可采用附页的形式连续填写；无效宣告请求书正文中论述时所采用的证据、所论述的无效宣告理由和范围应与请求书中填写的无效宣告理由、范围及清单中的证据表述相一致。

（二）无效宣告请求书正文的撰写

无效宣告请求书正文是结合证据对无效宣告请求理由进行具体意见陈述的部分。对于此部分内容的撰写格式和要求，相关法规没有作出明确具体规定，但为了使论述时条理清楚，为了说明事实，一般来讲，无效宣告请求书正文中应体现以下几个方面内容。

1. 无效宣告请求的对象

在无效宣告请求书正文部分首先应当说明该无效宣告请求是针对哪一项专利提出的，其基本格式如下：

本请求人现对专利号为ZL×××××××、专利权人为×××，名称为"××××装置"的实用新型提出无效宣告请求，该专利申请号为CN×××××××、申请日为×××年×月×日、授权公告日为×××年×月×日、授权公告号为CN×××××××Y。

2. 无效宣告请求的理由和法律依据

此部分一般采用格式语句进行说明，先提出无效宣告请求的法律依据，随后列出无效宣告请求的理由，基本格式如下：

请求人根据《专利法》第45条及《专利法实施细则》第65条的规定提出无效宣告请求，认为所述实用新型专利不符合《专利法》第22条第2~3款有关新颖性和创造性的规定。

如果有多个无效宣告请求理由，可分成自然段分别列出，或在一个自然段用分号隔开列出，例如：

请求人根据《专利法》第45条及《专利法实施细则》第65条的规定提出无效宣告请求，认为所述实用新型专利不符合《专利法》第22条第2款有关新颖性的规定；认为所述实用新型专利不符合《专利法》第22条第3款有关创造性的规定；认为所述实用新型专利说明书不符合《专利法》第26条第3款公开充分的规定。

3. 无效宣告请求的范围

无效宣告请求范围是请求人根据其掌握的证据情况和该专利授权公告文本的实际缺陷情况而想要达到的无效目地，无效宣告请求范围分为全部无效或部分无效两种。例如，"本请求人请求专利复审委员会宣告该实用新型专利权全部无效"；又如，"本请求人请求专利复审委员会宣告该实用新型专利权利要求1和权利要求2无效"。

在无效宣告请求理由较少、权利要求项数较少、对比评述较简单的情况下，也可以把无效宣告请求的理由、无效宣告请求的范围及所对应的证据放在一起撰写。例如，"本请求人所采用的无效宣告请求理由是该专利授权不符合《专利法》第22条第3款创造性要求，所采用的证据组合方式是证据5和证据

7或证据6和证据7两种,其中证据5和证据6为最接近的对比文件,无效宣告请求的范围是全部专利权无效"。

4. 根据所能提交的证据和掌握的事实,针对每一项无效宣告请求的理由分别进行具体论述

此部分内容是无效宣告请求书正文的关键部分,论述时不仅要对所提供的证据和提出的事实进行具体分析,而且要将这种具体分析与无效宣告请求的理由一一对应结合起来,整个分析过程要有理有据有出处,要条理清楚,要摆事实讲道理,要实事求是。此部分内容视个案情况可多可少,视证据的多少及组合对比的繁简及专利权利要求项数的多少而定,总的原则是,只要把事实陈述清楚,把证据分析到位即可。

此部分内容至少包括以下两个部分。

(1) 按顺序编号列出相应证据。

当否定新颖性理由为在先使用公开证据,否定创造性的证据为公开出版物证据时,最好将在先使用类证据与出版物公开类的证据分成两组而分别按顺序编号列出,以使结合证据论述无效宣告请求理由时或口审陈述时条理更清楚。

例如:

证明所述专利不具备新颖性的在先使用公开证据如下:

证据1,图纸复印件16张;

证据2,签订的销售合同2份;

证据3,海关出口报关单2份;

证据4,销售发票和付款凭证的复印件及公证书;

证明所述专利不符合创造性的证据为:

证据5,JP平8-236103A及其中文译文(公开日××××年××月××日);

证据6,CN1072407C(公开日为××××年××月××日);

证据7,机械工业出版社出版的《控制原理》一书第85~90页的复印件,出版时间为××××年××月第1版。

对证据进行编号时,最好将用于同一证据的直接证据、辅助证据和证明证据放在一起按顺序编号,尽量减少与其他证据混杂编号,也可以将这些具有紧密关系的证据采用一个编号。其目的是使证据的编列引用更简单直观,描述起来更清楚方便。例如:

证据5,JP平8-236103A及其中文译文(公开日××××年××月××日);

证据2,用于说明证据1所示图纸显示的产品已进行了销售的销售合同、销售发票及出口报告单。

(2) 以用证据证明的事实为依据,将其与拟无效专利的权利要求逐项进行针对性比对分析和论述。

例如,以前述的所列出的证据1~7进行分析论述时,首先将在先公开类

证据 1~4 进行对比，说明这些证据之间的关联性及其所能证明的在先公开销售使用的事实，阐明所主张的无效宣告请求的理由和范围。然后，再以出版物类证据 5~7 所公开内容为依据进行创造性分析对比，此时，最好采用列表对比的方式将拟无效专利的各项权利要求的技术特征逐项列出，与出版物类证据所公开的技术内容的各技术特征进行对比。

（3）需要在列表对比之后进行解释和说明的几种情况。

1）在进行创造性列表对比时，如果涉案专利的某项权利要求的技术特征，与最接近的证据对比后还存在区别特征而需要结合公知常识性证据或另一份证据，则要对另一份证据中什么地方有技术启示和如何认定其具有技术启示进行论证说明，具体原则参见《专利审查指南》第二部分第四章 3.2.1 的相关规定。

2）当选用的用于评判专利创造性的两份证据在技术领域、发明目的、解决的技术问题上有一定差别时（尽管某项权利要求的技术特征基本上被两份证据所揭示），也需要进行解释和说明。

3）当涉案专利的某项权利要求的技术特征与两份证据对比结合后还存在未被揭示的区别特征，需要再引入公知常识性证据或者第三份证据进行对比时，重点要对为什么要选用三份证据，三份证据之间在技术领域上是否有紧密的关联加以解释说明。采用的证据越多，其对专利不符合创造性评判的把握性就越小，故需要有足够充分的理由来支持其证据的使用份数。

5. 结论部分

在无效宣告请求书正文的最后，应当有一自然段进行总结归纳。一般采用下述格式语句：

综上所述，本实用新型专利的权利要求 1 和 2 不符合《专利法》第 22 条第 3 款有关创造性的规定。本请求人请求专利复审委员会宣告该专利权利要求 1 和 2 无效。

（三）提交的证据及相关资料

专利权无效宣告请求书第⑥栏为附件清单栏，附件清单是请求人在提出无效宣告请求时所确定提交的证据及相关资料目录，证据目录中所列出的证据应该是请求人在无效宣告请求书正文中进行对比结合所使用的证据，因此两者的编号、信息记载应当一致。并应具体注明证据文件的名称、页数、来源等。

在实际无效宣告请求作业中，无效宣告请求人或专利代理人往往不能将所有证据都在递交无效宣告请求书时一次性完整无误地递交，在证据补交的期限内可以再进行补交或增加新的无效宣告理由。此时专利代理人要注意新增加的证据应按第一次递交无效宣告请求时的证据（附件）编号连续编号。如果是补充的证据，则要说明其与已递交证据之间的关联性，最好与已递交的直接证据使用同一类编号。

例如，补交的证据 10A 是某年某月某日已提交证据 10 的中文译文，补交的证据4C是某年某月某日已递交证据4的公证认证材料。

如果又提交了新的证据，则需按新提交的证据的用途结合无效宣告请求理由进行意见陈述的补充。

二、论述无效请求理由时应当以事实为依据，以法律为准绳

《专利法》、《专利法实施细则》及《专利审查指南》的相关条款和规定是审查员依国家法律授予或不授予专利权的依据，也是公众对授权专利提出无效宣告请求的法律依据和国家标准，也是申请人、专利权人、专利代理人在各项代理事务中应遵循的基本法律准则。

同理，专利代理人在撰写无效宣告请求书时，或在对无效宣告请求书进行答辩时，或在口头审理辩论中，都要以上述基本法律准则以及《专利法实施细则》第65条第2款所允许提出的无效宣告请求理由为法律依据，针对所提出的每一项无效宣告理由提供相应的证据和事实支持，并结合所有证据、事实对所提出的无效宣告理由进行一对一的充分的分析、说明，既不能脱离证据空谈无效宣告请求理由，也不能只讲无效请求宣告理由而不结合证据。

三、无效宣告请求书撰写及案例分析

根据前述所介绍的无效宣告请求书撰写格式、内容，下面以一实际撰写案例作进一步说明。

【案例2-3】是一件有7项无效宣告请求理由的综合性无效案例，其反映的问题比较全面，请求书撰写也很到位，论述也很充分。特将此案推荐给大家以供学习参考。

【案例2-3】

案情介绍

本案涉及名称为"智能串联式电池充电器"的实用新型专利的无效，授权公告的权利要求有9项。在前期审批期间应初审部门发出的补正要求对权利要求2和权利要求3以及说明书的相应内容进行过修改。

请求人于2004年1月针对该专利向专利复审委员会提出了无效宣告请求，无效宣告请求的理由涉及《专利法（2001）》第33条、《专利法》第26条第3~4款、《专利法实施细则（2001）》第20条第1款以及第21条第2款、《专利法（2001）》第22条第2~3款共计7项无效宣告请求理由。

2005年6月专利复审委员会作出了第7295号无效宣告请求审查决定，该决定以该专利权利要求1~4、6不具新颖性，权利要求7~9不具创造性，权利要求5不清楚为由，宣告该专利权全部无效。

案例相关资料

无效宣告请书正文摘录（为了便于理解学习，在此案例的各部分内容之前加注了标号）。

1. 无效宣告请求的对象

××有限公司（以下简称请求人）对××有限公司（以下简称被请求人）的 ZL022×××××.×号实用新型专利提出无效宣告请求。该专利申请日为 2002 年 3 月 25 日，授权公告日为 2003 年 11 月 12 日，授权公告号为 CN25×××××Y。

2. 无效宣告请求的法律依据

请求人按照中国《专利法》第 45 条、《专利法实施细则》第 64 条的规定提出无效宣告请求，认为所述专利不符合下述授予实用新型专利权的规定。

3. 无效宣告请求的理由

(1) 该专利权的授予不符合中国《专利法》第 33 条规定。

……

(7) 该专利权的授予不符合中国《专利法》第 22 条第 3 款创造性的规定。

4. 无效宣告请求的范围。

请求人请求专利复审委员会宣告该专利权利要求 1~9 全部无效。

5. 请求人所使用的对比文件。

无效宣告请求人此次先行提交以下五份专利文献作为现有技术证据。

附件 1 为 JP7-163060，公开日：1995 年 6 月 23 日（以下简称对比文件 1）；

……

6. 无效宣告请求理由的具体陈述

(1) 涉案专利的修改超出了原始申请说明书和权利要求书记载的范围，不符合中国《专利法》第 33 条的规定。

该实用新型在审查过程中，申请人对申请文件进行了修改。修改的内容包括：删除原说明书第 9 页第 18 行"曾被认为"及第 9 页第 24 行至第 10 页第 6 行之间的内容，该删除内容是："不过，测试效果说明 MOSFET 或其他场效应晶体管（"FET"）并不适合用作本实用新型实施例的单向电子装置或隔流装置，将 MOSFET 用于本实用新型图 1 所示实施例中作单向电子装置或隔流装置的实验都由于它们很快被烧坏了而失败。进一步测试显示，浮动电压的 MOSFET 栅极往往在充电器电源开关时发生烧坏现象。采用其他较复杂的电路以提供较佳解决方法的努力都未能带来满意的解决方案。另外，采用二极管作为单向装置或隔流装置亦似乎是可行的。但是在应用时发现，在电源打开时或当充电区段的端子电压超过所述电池的端子电压的情况下，二极管都似乎不能够提供一高阻抗线路块"。

从专利权人提交的原始申请文本，特别是所删除的上述部分内容可以看出，专利权人在该申请原始文本中已经明确放弃了将 MOSFET 或其他场效应晶体管作为单向电子装置或隔流装置的具体技术手段。在所示的具体实施例中，申请人都是采用二极管来作为单向电子装置或隔流装置的具体实施方式。而且，申请人在说明书中也没有提供任何其他的可能的替代方式。

然而，通过上述修改，申请人将所放弃的技术方案重新纳入到本申请中。删除"曾被认为"和"不过，……"这些内容，使 MOSFET 或其他场效应晶体管成为了本实用新型单向电子装置的可行的实施手段，与其申请时申请人明确放弃将 MOSFET 或其他 FET 作为单向电子装置或隔流装置的记载不符，扩大了原始申请说明书和权利要求书记载的范围，违反了中国《专利法》第33条的规定。

（2）涉案专利的说明书不符合中国《专利法》第26条第3款的规定。

涉案专利在以下几个方面公开不充分。

1）在该专利的说明书中提议设置一个可控电子开关，其接通时具有低阻抗，断开时具有高阻抗。但是，说明书并未记载该可控电子开关接通/断开的时机。也就是说，说明书中没有说明该可控电子开关接通/断开与充电电池充电状态之间的关系。

说明书中也没有记载如何判断电池的充电状态（是否开始充电，充电是否正在进行，充电是否完成，电池是否无故障等等）。事实上，电池状态的获取和依据所获取的状态参数控制第一并联分路和第二并联分路上阻抗的高低是实现本实用新型的必要技术方案。对比文件1和2所述的充电器均设计和提供了检测充电电池端电压并依据所检测的端电压控制充电器各分路阻抗变化的技术手段。虽然本专利的技术方案也提供了一个微控制器来对电池参数进行测量，但说明书中并没有关于将所测量的参数与充电电池的控制联系起来从而使各并联分路工作在适当的阻抗状态下的描述。所以，目前的说明书不能提供一个"智能"充电器。即，所谓智能的功能和能达到智能的具体结构在说明书中没有描述。

2）说明书中记载了可进行测量的电池参数包括断路电压、闭路内电压和电池温度，还包括电池的类型和存在的检测。然而，从说明书的描述中，本领域技术人员只能了解到如何测量电池端电压。说明书并没有教导或提示如何利用所涉及的充电器检测电池温度，电池的类型和存在。所以，说明书公开不充分，不符合中国《专利法》第26条第3款的规定。

（3）涉案实用新型专利的权利要求1不符合中国《专利法》第26条第4款的规定。

涉案专利的权利要求1请求保护一种智能串联式电池充电器，包括以下技术特征。

1）包括一充电区段，该充电区段至少包括第一和第二并联分路；

2）所述第一并联分路包括一电子可控旁路开关；

3）所述第二并联分路包括一充电电池的充电端子和一串联的单向电子装置；

4）该旁路开关在接通时有一低阻抗，在关闭时有一高阻抗；

5）该单向电子装置在电流从所述充电区段流入所述电池端子时有一低阻

抗,且在所述旁路开关接通时有一高阻抗。

在涉案专利的说明书中及其实施例中只记载有"其中,每一个充电区段只包括两个并联分路,即由一个可控的旁路开关构成的第一并联分路和由一个二极管和充电电池串联形成的第二并联分路"。在实施例中并没有揭示或教导可能包括除上述第一和第二并联分路之外的第三个并联分路。然而,权利要求1的特征中所述的"至少包括第一和第二并联分路"说明在一个充电区段中还可能包括除第一和第二并联分路之外的其他并联分路。所以,该特征不能够得到说明书的支持。

在实施例中,专利权人仅说明了旁路开关的具体实施方式一个MOSFET。但是,对于单向电子装置,只是进行了功能性的描述,未能提供实施单向电子装置的具体技术手段(授权文本第11页最后一段的内容超出了原始提交文本的记载,不能视为对单向电子装置的具体实施方式的描述)。而在实施例中,所述单向电子装置采用的都是二极管,未提供其他可供替代的方式。本领域技术人员从说明书中记载的内容也不可能获知除二极管以外的其他方式可以用来实施单向电子装置。所以,特征3)中用"单向电子装置"这样一个上位概念和其功能性的描述超出了说明书的范围,不能得到说明书的支持。

(4)涉案实用新型专利的权利要求1不符合中国《专利法实施细则》第20条第1款的规定。

权利要求1的特征4)和特征5)用"高"、"低"这种含义不确定的词汇来限定第一并联分路上的旁路开关和第二并联分路上的单向电子装置的阻抗是不清楚的。相应的,当第二并联分路上的电池充电时,所述单向电子装置的"低"阻抗与旁路上的电子开关的"高"阻抗之间,以及当单向电子装置起隔流作用时的"高"阻抗与电子开关的"低"阻抗之间都是有对应关系的。但是,在权利要求中仅仅用"高"、"低"不能够说明第一和第二并联分路的这种阻抗之间的关系。所以,权利要求1是一个不清楚的权利要求。

(5)涉案实用新型专利的权利要求1不符合中国《专利法实施细则》第21条第2款的规定。

由于权利要求1存在着上述不清楚之处,而且权利要求1得不到说明书的支持,导致权利要求1也是不完整的,未能记载解决技术问题的必要技术特征。

(6)涉案实用新型专利的权利要求1的全部技术特征已被对比文件1公开,不符合中国《专利法》第22条第2款的新颖性规定。具体对比参见对比表1……

(7)涉案实用新型专利的权利要求1~9相对对比文件1和2的结合不具有创造性。具体参见对比表2……

涉案实用新型专利的权利要求1~9相对对比文件3和4结合不具创造性。具体参见对比表3……

案例思考

1. 关于无效宣告请求书的撰写格式及内容

本案所示的无效宣告请求书是向大家推荐的一份论述条理清楚、准备充分的无效宣告请求书。在其正文一开始就指明了无效宣告请求的对象。然后就无效宣告请求的法律依据，提出无效宣告请求的理由、范围及所引用的证据依顺序分别进行了清楚规范的说明。

在无效宣告请求的正文部分依次对前述所提及的无效宣告请求理由进行了详细的逐项论述说明，在对每一项无效宣告请求理由的论述中都将不符合专利授权规定所针对的证据或事实列出，然后按照专利法相关法律条款进行分析对比，最后指出其不符合授权规定的具体理由和出处。

尤其在其对新颖性、创造性无效宣告理由进行陈述时，不仅采用了列表对比方式，而且采用了多种组合方式分别论述。这种工作方法值得借鉴学习，但由于此部分论述内容较多，篇幅较长，在举例时均作省略处理。

2. 无效宣告请求的理由及证据

本案所涉及的无效宣告请求理由共有7项，是一件作业难度较大、内容较为丰富的无效宣告请求案，在前述内容中曾介绍过，无效宣告请求理由是需要证据支持的，但所述的证据并不都是对比文件和在先公开使用的证据，有时可以是授权专利文本本身存在的缺陷及那些在专利审查阶段所修改的案卷材料所记载和存在的事实。例如，本案除新颖性、创造性无效宣告理由所使用的对比文件证据外，其他无效宣告请求理由都未涉及外来证据，所针对的事实都是授权公告文本中所存在的各种缺陷，而记载或反映各种缺陷的授权公告文本本身此时就是支持其无效宣告理由的证据。

例如，本案请求人提出的说明书修改超范围不符合《专利法》第33条的无效宣告理由，是以修改后的说明书和原递交的说明书为证据的，两个说明书文本之间所存在的新增加的或改变的信息内容就是论述超范围修改的事实，《专利法》及《专利审查指南》第二部分第八章5.2的相关规定是其法律依据，所述超范围修改的事实与法律规定之间的比较结果是其无效宣告理由是否能够成立的关键。

又例如，请求人提出的说明书不符合《专利法》第26条第3款的无效宣告理由，其所依据的事实是本案原始说明书的记载是否符合《专利法》第26条第3款及《专利审查指南》第二部分第二章2.1的规定，有关说明书是否清楚完整，所属技术领域的技术人员是否能够实现，此时无效宣告请求理由所涉及的法律条款的具体规定与原始说明书实际记载内容之间所存在的差距就应该是决定该无效宣告理由能否成立的事实。

又例如，请求人提出的权利要求1不符合《专利法》第26条第4款的无效宣告请求理由，其所依据的事实就是授权公告文本权利要求1中所记载的具体技术内容与记载该内容的说明书部分是否满足《专利法》第26条第4款的具体规定。

3. 针对专利文件自身缺陷选择无效宣告请求理由

本案请求人提出的前5项无效宣告请求理由都是针对授权专利文本存在的所谓缺陷提出的，这些理由是否能够成立，不是由无效宣告请求人决定的，也不是由专利权人决定的，最后要由合议组根据事实和双方论述的理由进行合议后决定。而合议组决定的依据就是前述讲到的支持这些无效宣告理由的事实是否存在，其存在的事实是否能充分支持其无效宣告请求的理由。

按照《专利法实施细则》第65条第1款的规定，无效宣告请求书应当结合所提交的证据，具体说明无效宣告请求的理由，因此，这些无效宣告理由及支持这些理由的事实需要由请求人提出并结合其认为的那些缺陷和问题进行具体的说明。正如前述无效宣告请求理由选择一节中讨论的那样，如果该缺陷确实存在且同时也不符合专利授权的相关规定，则该缺陷就可以支持其无效理由。反之，就不能支持其无效宣告理由，该无效宣告理由就不会被合议组采纳。

但是，无效宣告请求人，并不能因为其无效宣告理由可能不被合议组采纳就不考虑或不提出该类无效宣告请求的理由，只要通过研读专利授权文本、原始递交文本及相关审查案卷后发现有问题，就可以在无效宣告请求时或举证期限内提出该类无效宣告请求的理由。

虽然以该类无效宣告请求理由进行无效宣告请求的难度大，被专利复审委员会采用的几率比较小，但只要授权文本确实存在相关缺陷和问题，意见陈述又很充分，此类无效宣告请求理由就很有可能成功。

4. 该类无效宣告请求理由的审理要先于新颖性、创造性无效宣告理由的审理

在本案的无效宣告请求理由中，有5项无效宣告理由不涉及对比文件，有2项无效宣告请求理由涉及对比文件，在实际无效宣告请求的口头审理中，合议组一般先行对新颖性、创造性等无效宣告理由之外的其他无效宣告请求理由进行审理。例如，本案中要先行对涉及《专利法（2001）》第26条第3~4款、《专利法（2001）》第33条、《专利法实施细则（2001）》第20条第1款（现已并入《专利法》第26条第4款）及《专利法实施细则（2001）》第21条第2款现已修订为《专利法实施细则》第20条第2款的无效宣告理由进行审理，因为在双方当事人对涉及这些条款的授权文本缺陷充分发表各自意见前，或者在其观点不清楚时，是不可能对权利要求的具体技术特征进行对比的。因为，在权利要求不清楚的情况下无法对权利要求所保护的技术方案是否具有创造性进行争论和对比。

5. 该类无效宣告请求理由与新颖性、创造性无效宣告请求理由之间的关系

在无效宣告请求案的实际审理及无效宣告请求的审查决定中，如果合议组经最后合议审理认为新颖性、创造性的无效宣告理由很充分，而此类无效宣告请求理由虽有一定的道理但理由并不十分充分，则一般会以新颖性、创造性无

效宣告理由作出审查决定，但会在审查决定中对此类无效宣告请求理由逐项说明和评述。

如果合议组经合议审理认为，新颖性、创造性无效宣告理由不充分而此类无效理由很充分，事实也很清楚，则会以此类无效宣告请求理由作出专利权全部或者部分无效的审查决定，而对新颖性、创造性无效宣告请求理由则一般不再予以评述。

如果合议组经合议审理后认为，新颖性、创造性无效宣告请求理由和此类无效宣告请求理由都有足够的事实支持，则会以两类无效宣告请求理由共同对一项专利的各项权利要求作出无效宣告请求审查决定，例如对本案的权利要求1～4、6是以不具新颖性作出审查决定的，对权利要求7～9是以不具创造性作出审查决定的，对权利要求5是以其不清楚为理由作出审查决定的。

下面，我们将摘录专利复审委员会第7295号无效宣告审查决定的一部分评述，以便学习者能进一步加深对无效宣告程序中无效宣告请求理由、事实的认定规则、法条适用的理解。

1. 关于《专利法》第33条

《专利法》第33条规定，对实用新型专利申请文件的修改不得超出原说明书和权利要求书记载的范围。即不得以增添、删除或者替换等修改方式，导致修改后的申请文件中增加了原说明书和权利要求书没有记载并且有不能从其中直接推导的内容。

合议组认为：原说明书第9页第18行至第10页第6行的内容分为两部分，第一部分为第9页第18行至第24行的内容"对于单向电子装置来说……由此形成高阻抗将电池与所述电路的其余部分隔离开。"其说明了MOSFET可以用作以及如何用作单向电子装置；第二部分为第9页第24行至第10页第6行的内容"不过，……二极管都不能够提供一高阻抗线路块。"其说明了由于MOSFET的栅极往往在电源开关时烧坏，所以使用MOSFET的效果并不好，上述两部分内容合起来仅说明了MOSFET可用作单向电子装置，只是使用的效果不好，而并没有明确放弃MOSFET作为单向电子装置。由此可见，删除第9页第18行"曾被认为"以及上述第二部分的内容，仅意味着删除了使用MOSFET的效果并不好这一测试结果，对于MOSFET可以用作以及如何用作单向电子装置的内容则没有带来任何变化。因此，这样的修改并没有增加原说明书和权利要求书没有记载的内容。

另外，所属技术领域的技术人员可知，对充电器来说，"监测电池参数时"，意味着在监测的过程中需判断电池参数是否满足一预定条件，因此，申请人将原权利要求2中"一个或更多上述测得的电池参数满足一预定条件时"修改为"监测电池参数时"，并未增加说明书和权利要求书没有记载且又不能从其中直接推导的内容；而且，如前所述，由于原说明书中记载了MOSFET也可作为单向电子装置（尽管其效果不好），即二极管不是实施单向电子装置惟一的技术手段，因此，将原权利要求3中"所述单向电子装置是一个二极管"

修改为"所述单向电子装置包括一个二极管",并未超出原始文本的范围。

2. 关于《专利法》第26条第3款

合议组认为:说明书第9页第2段记载了"当在某一充电区段的电池已充满、有缺陷或过热时,提供跨接于充电区段的低阻抗分路",所属技术领域的技术人员可知,旁路开关接通/断开即决定了旁路是否形成低阻抗分路,由此可见,说明书记载的上述内容已表明了旁路开关接通/断开与充电电池状态之间的关系。此外,如何判断电池的充电状态为所属技术领域的技术人员的公知技术,因此,所属技术领域的技术人员在上述公知技术的基础上结合上述说明记载的内容,不需花费创造性劳动即可将所测量的电池参数与对电池充电的控制联系起来;另外,所属技术领域的技术人员可知,对电池温度、类型和存在的检测是已有技术。如上所述,说明书已经记载了旁路开关接通/断开与充电电池状态之间的关系,说明书还记载了由微控制器来控制旁路开关的接通/断开(参见说明书第8页第1行至第15行),而充电电池的状态可由微控制器读取的端电压来判断,所以,所属技术领域的技术人员可通过微控制器读取的端电压来判断充电电池的状态,从而可根据旁路开关接通/断开与充电电池状态之间的关系来确定何时接通旁路开关形成旁路,因此,说明书是清楚完整、公开充分的。

3. 关于《专利法实施细则》第20条第1款

合议组在合议后认为:权利要求1中"高阻抗"和"低阻抗"的含义是清楚的,所属技术领域的技术人员可清楚的理解到高阻抗的含义在于阻抗高至能使分路断开,而低阻抗的含义在于阻抗低至能使分路接通,因此权利要求1是清楚的,其从属权利要求2～4、6～9也是清楚的;权利要求5附加技术特征中出现的特征"上述微控制器",而特征"微控制器"在其引用的权利要求1中没有出现,导致权利要求5不清楚;权利要求8附加特征中的特征"充电区段"在其引用的权利要求1中已经存在,其附加技术特征中的特征"微控制器"是首次出现的,不需要在权利要求1中出现,因此权利要求8是清楚的。

4. 关于《专利法》第26条第4款

合议组认为:权利要求1中特征"该充电区段至少包括第一和第二并联分路",在说明书中有明确记载,所属技术领域的技术人员运用现有技术在充电区段上加上第三分路亦不困难,特征"单向电子装置"在说明书中也有明确记载,并且说明书中也记载有MOSFET和二极管均可作为单向电子装置,因此上述特征可以得到说明书支持,从而权利要求1能够得到说明书的支持。

如前所述,权利要求2的修改并未超出原说明书和权利要求书记载的范围,特征"并在监测上述电池参数时通过形成一跨接于所述第一并联分路的低阻抗分路来接通所述旁路开关"在说明书中有明确记载,在其引用权利要求1中,当旁路开关接通时,第一并联分路转变成低阻抗分路,该低阻抗分路可以认为是跨接在该第一并联分路上,其以第一并联分路为载体,体现了第一并联分路的一种工作状态,因此权利要求2可以得到说明书支持。如前所述,权利要求 3 的修改没有超出原说明书和权利要求记载的范围，也可以得到说明书支持；权利要求 4 的特征"所述旁路开关是一个场效应管，包括 MOSFET"在说明书中有明确记载，并且场效应管作为可控开关是所属技术领域的公知常识，所属技术领域人员也很容易找到其他的场效应管来作为旁路开关，因此，权利要求 4 可以得到说明书的支持。如前所述，权利要求 5 不清楚，不符合《专利法实施细则》第 20 条第 1 款的规定，但其在说明书中有明确记载，可以得到说明书的支持；权利要求 6 和 7 的特征所述电池参数包括"电池温度"、"电池的类型和存在"在说明书中有明确记载，并且所属技术领域的技术人员运用现有技术容易测得上述电池参数，因此权利要求 6 和 7 可以得到说明书的支持。如上所述，权利要求 8 是清楚的，也可以得到说明书的支持；权利要求 9 的特征"测得所述正在充电电池的至少一个参数，并在一个或更多上述测得的电池参数满足一预定的条件监测上述电池参数时，通过形成一跨接于所述第一并联分路的低阻抗分路来打开接通所述旁路开关"在说明书中也有明确记载，所属技术领域的技术人员在现有技术的基础上，结合本专利的说明书可以得出权利要求 9 的技术方案，因此权利要求 9 可以得到说明书的支持。

5. 关于《专利法实施细则》第 21 条第 2 款

合议组合议后认为：权利要求 1 是清楚的，且可以得到说明书的支持，本专利解决的是现有串联式充电器的有关问题和缺陷，权利要求 1 的技术方案中只要包括其解决现有串联式充电器有关问题和缺陷的必不可少的特征即可，而不必写入电流源这一所有充电器都必须具有的公知的特征，因此，权利要求 1 符合《专利法实施细则》第 21 条第 2 款的规定。

6. 关于《专利法》第 22 条第 2 款规定的新颖性

合议组认为：对比文件 1 公开了串联电池的过充电保护电路以及充放电控制电路；其中晶体管 Q2 相当于电子可控旁路形状，二极管 D1 相当于单向电子装置，……由此可见，权利要求 1 不具备新颖性。

合议组还认为：对比文件 1 中的电压检测器 5 既实现对电池 B1 参数的测试，又实现对晶体管 Q2 接通/断开的控制，即电压检测器实质上为权利要求 2 中的微控制器，因此，权利要求 2 的附加技术特征也已经被对比文件 1 公开了，此外，对比文件 1 还公开了权利要求 3、4、5 的附加技术特征，因此，当权利要求 2、3、4 各自引用的权利要求不具备新颖性时，权利要求 2、3、4 也不具备新颖性；前面已经论述权利要求 5 不清楚。不符合《专利法实施细则》第 20 条款第 1 款的规定，即使如被请求人所争辩权利要求 5 是清楚的，由于权利要求 5 所引用的权利要求不具有新颖性，权利要求 5 也将由于缺乏新颖性而不能成立；对比文件 1 的电压检测器 5 能够检测电池的闭路内电压，因此权利要求 6 也不具备新颖性。

综上所述，权利要求 1~4、6 不具备新颖性，不符合《专利法》第 22 条第 2 款的规定。

第四节　无效宣告程序中专利权方的事务处理

专利权方的专利代理人在收到专利复审委员会转送的无效宣告请求书及所附证据后，应尽快转告专利权人并与其商讨是否进行答辩。

专利权人决定答辩的，专利代理人首先要对无效宣告请求书进行阅读，对其所附的证据进行分析，以便将分析结果、对无效宣告请求书的答辩意见及必要时对申请文件进行修改的建议转交专利权人确认，并在规定的答复期限内递交意见陈述书。

一、判断无效宣告请求理由是否成立

判断无效宣告请求理由是否成立主要从以下几点入手。

（一）请求人所提出的理由是否为法定无效理由

1. 无效宣告请求理由不属于法定无效理由

按照《专利法实施细则》第65条第2款的规定，无效宣告请求的理由必须是该条款中所规定的理由，对于属于该条款的无效宣告请求理由应该认真对待，对于不属于该条款规定的无效宣告理由一般情况下可不必花费太多的精力去研读，但应在答辩中指出其不属于法定无效宣告请求理由的意见。

例如，在一件无效宣告请求案中（参见专利复审委员会第181号审查决定），请求人以专利权人未在专利产品上标明专利号为无效宣告请求理由之一，此时，专利权人在答辩中仅需指出请求人所提出的无效理由是《专利法(2001)》第15条（现已修订为《专利法》第17条）的规定，《专利法》第15条并不属于《专利法实施细则(2001)》第64条第2款（现已修订为《专利法实施细则》第65条第2款）规定的法定无效宣告请求理由即可。

2. 无效宣告请求理由虽然不是法定无效宣告理由，但该理由与符合相关规定的其他无效宣告理由之间有联系

例如，在无效宣告请求案中（参见专利复审委员会第5072号审查决定），请求人以所述专利不应享有外国优先权和专利缺乏创造性为理由请求宣告该专利权无效，此时专利权人及其专利代理人就不能简单地根据"不应享有外国优先权适用《专利法》第29条第1款，而《专利法》第29条不属于法定的无效理由"而轻易地作出该请求理由不能成立的结论。因为，在第5072号审查决定中，由于在后中国申请不能享受在先申请外国优先权，而使无效宣告请求人递交的证据1由不能评判专利新颖性和创造性的外国专利文献变成了可以评判专利新颖性和创造性的现有技术，并最终导致该专利权被宣告全部无效。

在此引用此案例的目的是告知双方当事人，当请求人检索到处于优先权日和在后申请日之间公开的外国专利对比文件，又有足够的证据证明在后申请不能享受在先申请优先权时，这些外国专利文件则变为现有技术，并与其他在后

申请日前公开的现有技术或抵触申请结合起来否定该专利的新颖性和创造性，此时《专利法》第29条和《专利法》第22条第2~3款之间就产生了紧密的联系，此时，就允许请求人将两者结合起来作为支持该专利不具备新颖性或创造性的无效宣告理由来使用。

（二）无效宣告请求理由是否有对应的证据和事实

在一些无效宣告请求中，请求人只提出了无效宣告请求理由，但是缺少与该理由相对应的证据或者事实，例如请求人提出的无效宣告请求理由是该专利授权不符合《专利法》第33条的规定，但是却未指出修改文本所依据的事实，也没有提供原审批过程中的修改文本。此时，并不能因为该无效宣告理由没有对应证据和事实就对该无效宣告理由不予理会，或仅作出该无效宣告理由缺少对应证据、不能成立的简单答复，而应该仔细阅读和查证原始文本和修改文本之间是否存在该无效宣告理由所涉及的问题，如果涉及，则应考虑如何进行答辩。

（三）无效宣告请求论述是否到位

在不少无效宣告请求中，由于请求人未聘请专利代理人或聘请的专利代理人不专业，无效宣告请求书撰写质量较差，论述也不到位，有时甚至出现错误的观点。此时，只要请求人所提交的证据的真实性没有问题，且这些证据又揭示了与专利技术方案密切相关的现有技术内容，就不能掉以轻心，因为专利复审委员会可以对所审查的案件依职权进行审查，而不受当事人所提出的理由、证据的限制。

例如，请求人以一项外观设计专利不符合《专利法》第9条第1款的规定为由提出了无效宣告请求，请求人所依据的证据是一项实用新型专利，该实用新型专利申请日为1990年11月8日，授权公告日为1991年11月1日，外观设计专利权的申请日为1992年2月1日，拟无效的外观设计专利权与作为证据使用的实用新型专利的申请人为同一人。按照《专利法实施细则（2001）》第13条第1款（已并入《专利法》第9条第1款）"同样的发明创造只能被授予一项专利"，以及《专利法实施细则（2001）》第2条第2~3款（已改为《专利法》第2条第3~4款）的规定，拟无效的外观设计专利与作为证据的实用新型专利不属于同样的发明创造，同样的发明创造的重复授权只存在于发明专利之间或实用新型专利之间或外观设计专利之间或者发明专利与实用新型专利之间，故本外观设计专利符合《专利法实施细则》第13条第1款的规定（详见专利复审委员会第884号审查决定），此时，该请求人提出的无效宣告请求理由的观点是错误的。

但由于作为证据使用的该实用新型专利属于拟无效的外观设计专利申请日前公开的现有技术，因而其结果很可能会发生变化，即合议组在认为该实用新型证据公开了拟无效外观设计专利的情况下，可以以该外观设计专利不符合《专利法》第23条的规定为无效宣告请求理由依职权进行审理。

此时，专利权人一方的专利代理人，在阅读分析请求书时则不应局限在请求人的无效宣告请求思路上，也不能光把目光放在挑剔请求人提供的证据缺陷上，应该更全面、更深入地考虑授权专利文本是否存在撰写缺陷，请求人提供及可能进一步提供的证据对专利权稳定性的影响及请求人提供证据的效力，与专利权人一起共商应对策略，不能因其论述不到位而轻易认定其无效宣告请求理由不能成立。

（四）无效宣告请求理由是否得到相应证据和事实的充分支持

无效宣告请求理由是否能够得到证据的充分支持是判断无效宣告请求理由是否成立的最关键一步，如果支持该无效宣告请求理由的证据的真实性有问题，或证据之间的链接不能成立，则说明该证据不能被认定，此时，该证据也不能支持其无效宣告请求的理由，该无效宣告请求理由自然也就不能成立。

权利方在判断无效宣告请求的理由是否成立时一般通过以下步骤进行验证。

1. 对请求人提供证据的真实性进行查证

在无效宣告程序中，请求人提供的无效宣告证据有两大类：一类是正规的国内外公开出版物，比如世界各国、各地区的专利文献、书籍、杂志等，这些证据的真实性、可靠性一般没有问题，即使有疑点也可以通过正规渠道去检索或查证。另一类是国内外在先使用公开类证据和一些非正规出版物，如发票、证人证言等证据，对其则不便查证。因此，专利权人及其专利代理人要注意对这些证据进行核查、推理、链接，如发现疑点和漏洞应尽可能进行查证或者重新取证，并在意见陈述中及时向合议组陈述并提出质疑，提示合议组进行查证，而不能轻易认可有疑点证据的真实性，必要时，要提供反证，或者要有正当的不认可的理由。

例如，在一件无效宣告请求案中，广州地区一位无效宣告请求人所提交的证据13为一份产品介绍，该产品介绍上印有厂家的地址、电话、邮编等，其印刷的电话号码为7位数字，请求无效宣告专利的申请日为1991年5月28日。专利权一方在仔细阅读相关证据后，认为证据13的公开时间并非像请求人所陈述的那样，即是在本专利申请日以前向客户散发并公开有本专利相关技术内容的现有技术的证据，该证据的公开时间有疑点而不能认定其真实性。其不能认定的理由是，证据13印刷的目的在于推销其产品并使需要该产品的客户尽快与其正常联系，但产品介绍上的联系电话号码在1992年1月1日之前是不存在的，因为广州地区的电话号码是从1992年1月1日起才正式升至7位数，在此之前为6位数字，客户是无法拨打一个不存在的电话号码与该厂进行业务联系的，所以证据13是在本专利申请日之后印刷并散发的。因此，证据13不能用于评判本专利的新颖性和创造性。合议组在此案口头审理时对证据13也未予认定。

2. 对证据间的链接性进行分析判别

按照《最高人民法院关于民事诉讼证据的若干规定》的相关要求，一份或一组有效证据，必须同时具备"在何时、何地、由何人、以何方式、公开了何内容"五个方面的要求。在核证请求人提供的证据时，专利权人一方的专利代理人同样也要按照完整证据所必须具备的这五个方面要求去对每一份证据的真实性、证据之间相互的关联性进行仔细严格核查。必要时，可以提供反证。

例如，在一件无效宣告请求案中，请求人为证明拟无效的专利申请日之前已经有相同的产品进行了销售而提交了一组证据，该组证据包括产品样本、样品、销售发票及证明与该样品相同的产品已在专利申请日前在某商场进行了销售的证人证言，以及对证人证言的公证材料，证人证言是该商场销售人员王某提供的，而销售发票是另一家商场开具的。专利权人对此组证据持有疑义并到该商场重新进行了取证，该反证声明该商场根本没有采购和销售过该产品，由于专利权人提出了与请求人相反的证人证言，使同一问题出现了相矛盾的说法，合议组在口头审理中对该组证据未予认定。

在由多个证据相互支持、相互链接证明一个事实的情况下，一旦某一证据存在疑点或与专利人所提供的相应证据相矛盾，整个证据链接就无法被认定。

3. 无效宣告理由是否得到证据的充分支持

在证据的真实性和链接性确认后，专利权人及其专利代理人接下来的工作就是认真分析无效宣告理由是否得到证据的充分支持。如果经过分析认为请求理由得到了其证据的充分支持，则说明请求人的无效宣告理由能够成立，该专利的权利稳定性受到了较大的威胁。此时，专利代理人就应与专利权人认真商讨对策，慎重进行答辩，并考虑对权利要求书进行修改，在有些情况下要考虑是否进行和解。

对于请求人提出的不符合《专利法》第9条规定的无效宣告理由，专利权人及其专利代理人还要核实其证据是否支持其无效宣告理由，具体判断按《专利审查指南》第二部分第三章6的相关规定进行。尤其注意此条款的无效宣告理由适用的证据应该是已授权的专利，如果是，则还需进一步判断被对比的两者是否为两专利的权利要求。如果被对比的两项权利要求所要求保护的技术方案范围相同，则属于同样的发明创造。反之，就不属于同样的发明创造，而不是专利说明书和另一件专利的权利要求书之间的对比。

二、无效宣告请求人资格是否符合规定

专利权人收到无效宣告请求书之后，除了核证支持无效宣告请求理由的证据是否成立之外，还要对无效宣告请求书中记载的无效宣告请求人的资格进行核证。这种核证过程可以通过确认专利权人所了解的信息是否与请求人所填注的请求人信息相一致来进行，也可以通过专利复审委员会转送的请求人所提供的证据、请求书的填注内容及其他证明或公证材料中披露的信息进行核证。专利权人如果认为无效宣告请求人不具备民事诉讼主体资格，可以向专利复审委员会提出，并要求请求人提供相应工商注册证明。

例如，在一件竹制切菜板实用新型专利无效案中，专利权人了解到作为该请求人的单位多年前已和另一家企业合并，该请求人是一家现在不存在的企业，并提供了该企业所在地工商部门出具的有关该企业 2001 年与另一家企业合并的证明材料，因此，该请求人不具备民事主体资格，其无效宣告请求应该不予受理，其提供的证据也不能采用，该请求人也不能参与无效宣告程序的审理。

三、对请求人提交的中文译文进行审核

按照《专利法实施细则》第 3 条及《专利审查指南》第四部分第八章 2.2.1 的规定，请求人在提交外文证据的同时或举证期限内应提交外文证据的中文译文。审查员在合议审查及双方当事人进行辩论时一般都以中文译文为准，因此，中文译文构成了证据的一个重要部分。如果专利权人对中文译文的真实性无疑义，则应按中文译文所反映的技术内容与专利技术方案去进行对比评价。如果专利权人对中文译文有意见，应尽早向专利复审委会提出并提供正确的中文译文，否则将影响判断对比的结果。

专利权人需要注意的是，请求人在对外文证据进行翻译时，一般会在翻译语句和表达的意思上尽量向专利技术备案所反映的技术内容或表述方式及用词靠近，甚至有些请求人为了使译文用词用语能与专利技术方案的表述靠近，而不忠实原文，进行曲解性翻译，如果此时专利权人不进行仔细审核，则将对专利人造成不利的后果。

例如，在一发明名称为"试管架"的实用新型专利权无效案的审理中，请求人依照相关规定提交了外文证据及中文译文，专利权人在对无效请求书、所附证据附图及中文译文阅读分析时，发现证据附图结构与拟无效专利的附图结构有较显著的区别，但从请求人提供的中文译文上看，其与专利技术方案表达的意思却基本相同。专利权人随后也对该外文证据进行了翻译，发现原文与请求人提供的中文译文在某些关键词上有较大区别，且较大区别的该部分结构又是判断专利相对于该证据是否具备创造性的关键内容。专利权人向合议组提出了意见，认为请求人的中文译文有故意错译行为，口头审理时，双方都不认可对方对此部分译文的翻译，致使口头审理无法顺利进行。合议组在征询双方当事人意见后暂时中止了此次口头审理并重新委托第三方进行了翻译。

例举此案的目的是告诫专利权人在对证据、理由审核分析的同时，切不要忘记对中文译文的审核，必要时，自已要重新翻译，以保证中文译文能忠实于原文并保证口头审理答辩的顺利进行。

四、答辩策略制定

经过前述的确认核实及对无效宣告请求书的分析，专利代理人已经对无效宣告请求答辩的前景有所了解，此时，应向专利权人通报，共同商讨下一步应对策略。答辩策略一般应从以下几方面进行考虑。

（一）无效宣告请求理由不成立

经过前述的分析，如果认为请求人的无效宣告请求理由不能成立或成立的可能性不大，则说明专利权没有受到大的威胁，此时，应该进行答辩并暂不对权利要求书进行修改。

（二）无效宣告请求理由部分成立

经过前述的分析，如果认为请求人的无效宣告理由只能部分成立，则应该进行答辩，可暂不考虑对专利文件进行修改，待口头审理时再作修改，或者等待合议组无效宣告决定的结果。因为，此时的判断仅是专利权一方的专利代理人对请求人所提交的理由和证据的一个初步分析，请求人一般会在1个月之内补充更充分的无效宣告理由和证据，到那时再视新的情况决定是否对专利文件进行修改也为时不晚。

（三）无效宣告请求理由成立的可能性较大

经过前述的分析，如果认为请求人的无效宣告理由成立的可能性较大，已经对权利要求造成威胁，其进一步审理的结果有较大可能是专利权被宣告无效或大部分无效，则应该慎重地对权利要求书进行修改，然后按修改后的权利要求进行答辩并撰写意见陈述书，力争维持专利权的部分有效。

如果专利权人在此前已经对请求人提出过侵权诉讼，还要考虑权利要求修改后其保护范围被缩小或被宣告无效后的影响。

（四）无效宣告请求理由全部成立

经过前述分析，如果认为请求人的无效宣告理由能够全部成立，专利权被宣告全部无效的可能性极大，专利权人则可优先考虑与请求人和解。和解一般是指专利权人撤回侵权诉讼，请求方撤回无效宣告请求，或者是专利权人允许请求人在一定区域内继续生产销售其产品，专利权人不再对其提出侵权诉讼，而专利权人自己还能维持其专利权的存在并进行生产销售。

如果达不成和解，只有进行答辩，奋力一搏，当请求人感觉使该专利全部无效有一定困难，或在争辩中出现某些转机而对请求人不利时，有可能出现谋求商谈和解的可能。

五、权利要求书的修改原则和修改方式

按照无效宣告请求理由成立的可能性的大小，对权利要求书进行修改时，应关注以下问题。

（一）权利要求书的修改原则

《专利审查指南》第四部分第三章4.6.1规定了无效宣告程序中权利要求书的修改原则。

（1）不得改变原权利要求的主题名称。

此项要求与复审程序不同，复审程序中允许对不符合授权规定的主题名称进行修改，例如将涉及疾病诊断和治疗方法的主题名称修改成符合授权客体的

主题名称，而这种修改在无效宣告审查程序中不被允许。

（2）与授权的权利要求相比，不得扩大原专利的保护范围。

（3）不得超出原说明书和权利要求书的记载范围。

（4）一般不得增加未包含在授权的权利要求书中的技术特征。

（5）外观设计专利权人不得修改其专利文件。

（二）权利要求书的修改方式

1. 权利要求的合并式修改

《专利审查指南》第四部分第三章4.6.3对合并式修改方式进行了限制，即合并修改权利要求应在下述三个时机进行。

（1）针对无效宣告请求书进行答复时。

（2）针对无效宣告请求人增加的无效宣告请求理由或补充的证据进行意见陈述时。

（3）针对专利复审委员会引入请求人未提及的理由或证据进行意见陈述时。

权利要求进行合并式修改除了符合上述时机以外，还要同时要满足以下三个条件：新的权利要求的技术方案应当包括被合并的从属权利要求中的全部技术特征，新的技术方案在原说明书中有记载，在对独立权利要求修改时才允许将从属权利要求进行合并式修改。

2. 权利要求的删除

按《专利审查指南》第四部分第三章4.6.2的规定，权利要求的删除是指从权利要求书中删除某项或某些项权利要求，是将整项权利要求删除；而技术方案的删除是从同一权利要求中并列的两种以上的技术方案中删除一种或一种以上的技术方案。

（三）权利要求书修改案例

【案例2-4】

案例相关资料

（1）授权公告时的权利要求书。

1. 一种络合物，是由分子配体制剂和一种如下结构的化合物形成：

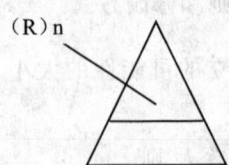

其中n为1—4，R选自氢原子、饱和或不饱和的四个碳原子以下烷基、羟基、卤素、四个碳原子以下的烷氧基、氨基和羧基组成的组。

2. 根据权利要求1所述的络合物，其中所述的分子配体制剂选自由环糊精、冠醚、聚氧化烯、聚硅氧烷和沸石组成的组。

3. 根据权利要求1所述的络合物，其中所述的化合物选自由环丙烯和二甲基环丙烯组成的组。

4. 根据权利要求1所述的络合物，其中所述的分子配体制剂是环糊精。

5. 根据权利要求4所述的络合物，其中所述的环糊精是α-环糊精。

6. 根据权利要求1所述的络合物，其中所述的化合物为甲基环丙烯。

7. 根据权利要求6所述的络合物，其中所述的分子配体制剂选自由环糊精、冠醚、聚氧化烯、聚硅氧烷和沸石组成的组。

8. 根据权利要求6所述的络合物，其中所述的分子配体制剂是环糊精。

9. 根据权利要求8所述的络合物，其中所述的环糊精是α-环糊精。

（2）口头审理时修改的权利要求书（被称为附件1）。

1. 一种络合物，是由环糊精和一种如下结构的化合物形成：

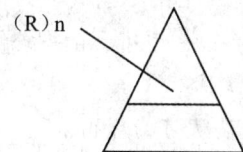

其中n为1-4，R选自氢原子、饱和或不饱和的四个碳原子以下烷基、羟基、卤基、四个碳原子以下的烷氧基、氨基和羧基组成的组。

2. 根据权利要求1所述的络合物，其中所述的化合物选自由环丙烯和二甲基环丙烯组成的组。

3. 根据权利要求1所述的络合物，其中所述的环糊精是α-环糊精。

4. 根据权利要求1所述的络合物，其中所述的化合物为甲基环丙烯。

5. 根据权利要求4所述的络合物，其中所述的环糊精是α-环糊精。

该修改文本未被合议组认可。

（3）口头审理后修改的权利要求书（被称为附件2）。

1. 一种络合物，是由环糊精和一种如下结构的化合物形成：

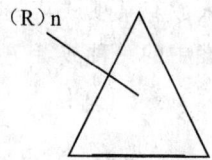

其中n为1-4，R选自氢原子、饱和或不饱和的四个碳原子以下烷基、羟基、卤基、四个碳原子以下的烷氧基、氨基和羧基组成的组。

2. 根据权利要求1或2所述的络合物，其中所述的环糊精是α-环糊精。

3. 根据权利要求1所述的络合物，其中所述的化合物为甲基环丙烯。

4. 根据权利要求3所述的络合物，其中所述的环糊精是α-环糊精。

（4）有关权利要求修改的评述摘自第10493号无效宣告审查决定。

(1) 附件1所示修改文本未被认可的原因。

1）合议组认为（附件1）中的权利要求实际上是授权公告时权利要求3与权利要求4的合并，该修改不符合《专利法实施细则》第68条及《审查指南》第四部分第三章4.6.3有关权利要求合并修改的规定。即该修改不符合修改时机要求，因此不能被允许。

2）专利权人认为，提交附件1所示的修改文本是因为请求人在口头审理时补充了新的证据，即证据10~13，证据10~13是请求人在无效宣告请求提交日1个月之后提交的新证据。因此，按照《审查指南》第四部分第三章4.6.3的规定，专利权人在请求人增加无效理由和补充证据后可以以合并方式对权利要求进行修改。

而合议组认为请求人虽然在口头审理时补充了证据10~13，但证据10~13属于公知常识性证据，且该证据所支持的无效理由在无效宣告请求提出时已在无效请求书中陈述过，即请求人口头审理时并未提出新的无效宣告请求理由和补充新的证据，专利权人的主张不能成立，所以，针对其主张所提交的所述权利要求修改文本不符合审查指南对于合并式修改时机的规定，所以该修改文本不能接受。

（2）（附件2）修改文本被认可的理由。

对于专利权人提交的附件2所示的权利要求修改文本，合议组认为其为删除式修改，其权利要求1~4分别对应于授权文本中的权利要求4、5、8、9。因此，其修改符合《专利法实施细则》及《审查指南》的相关规定，可以被接受。

> **案例思考**

从本案的上述情况可以看出，由于权利要求的合并式修改具有较大地修改空间，可以视具体情况对权利要求进行重组而构成保护范围较宽的新的独立权利要求和相应的从属权利要求，所以《专利审查指南》对修改时机进行了限制。而其对于权利要求删除式修改未在修改时机上加以严格的限制，即专利权人在无效宣告请求书转达后至作出无效宣告审查决定前均可以进行删除式修改，删除式修改实际是专利权人放弃某项或某些项权利要求，或放弃同一权利要求中并列的两种以上技术方案中的一种或者一种以上的技术方案。

六、撰写意见陈述书

专利代理人在分析请求人无效宣告理由是否成立和是否对权利要求进行修改的基础上，应按照与专利权人商定的答辩方针撰写意见陈述书，在撰写意见陈述书的过程中，要关注以下环节。

（一）撰写意见陈述书时应注意的问题

在无效宣告程序中，请求人和专利权人是站在相反立场的当事人，而合议组是站在中立立场的裁判，在这种关系到专利权能否存在的对决中，谁的意见陈述更充分、更击中要害，就对谁更有利。专利权人虽然在无效宣告程序中处于一种被动状态，但只要其认真对待，把握好意见陈述的分寸和权利要求的修改时机，找到请求方证据的软肋，同样可以由被动变主动，同样可以转危为安。下面将专利权方撰写意见陈述书时应注意的一些问题说明如下。

1. 针对请求人提出的每一项无效宣告理由分别进行答辩

在大部分无效宣告请求案中，请求人提出的无效宣告请求的理由往往是多项的，专利权人在撰写意见陈述书进行答辩时，要针对每一项无效宣告理由分别进行答辩，不能有遗漏。例如，请求人提出的无效宣告请求理由是该专利授权不符合《专利法》第22条第2～3款关于新颖性、创造性的规定和不符合《专利法》第33条的规定，专利权人在答辩时，除了分析本专利的技术方案相对于对比文件所揭示技术内容具有实质性区别和显著的技术效果、具有创造性外，还要结合审查阶段的修改文本和原始递交文本进行对照检查，强调所作的修改并不违反《专利法》第33条的规定，因而符合相应授权规定。

如果对权利要求进行过修改，则意见陈述应当以修改后的权利要求书为基础与对比文件进行具有新颖性和创造性的对比陈述。

2. 应针对请求人的每一种对比结合方式分别进行陈述

在无效宣告请求中，请求人提供的证据往往具有多组或多种结合使用方式，专利权人在作针对性答辩时，应针对每一组证据或每一种证据结合方式进行分别陈述。例如，请求人以专利文献类和公开使用类两组证据对某一专利提出无效宣告请求时，专利权人就应对两组证据进行分别的答辩。

又例如，请求人对一件发明专利提出不具创造性的无效宣告请求理由，提交了6份现有技术的证据，以两两组合的方式分别进行了三组无效分析对比。专利权人在答辩时，不能仅就一组结合方式进行答辩，而要对三组结合方式分别对请求人的观点进行针对性的答辩。

3. 意见陈述应依法有据，条理清楚，具有说服力[※]

无效宣告程序的请求人类似于专利实质审查阶段的审查员，其会千方百计地寻找各种缺陷，煞费苦心地去检索能破坏专利新颖性、创造性的对比文件或现有技术，想尽一切办法把专利权全部无效或尽可能地缩小保护范围，而专利权人则是不惜一切代价想把专利权保住。此时专利权人就类似实质审查阶段的专利申请人，其采用的基本答辩方法就是请求人提出什么样的无效宣告请求理由，就答什么，而且要逆向进行答辩。例如，请求人提出专利权利要求1相对于证据1不具新颖性，而权利人就要按照《专利审查指南》有关新颖性的判断标准去衡量本专利权利要求1与证据1之间是否存在区别，该区别是否属于《专利审查指南》第二部分第三章3.2.1～3.2.4所规定的不具新颖性的几种情况。即把《专利法》《专利法实施细则》及《专利审查指南》的相应条款规定作为自己的论据，来论述自己的专利权如何符合相关规定、如何具有新颖性。

如果此时的证据1是一份现有技术，则专利权人在进行新颖性答辩的同时，还要对本专利权利要求1及从属权项相对于证据1是否具有创造性进行答

※ 吴观乐主编：《专利代理实务》，知识产权出版社2007年版，第464页。

辩。如果此时作为现有技术的证据1还不能破坏权利要求1的创造性，则专利权人还要进一步考虑请求人或合议组可能结合请求人提交的其他证据对权利要求1的创造性进行评判的可能性。

4. 意见陈述应重点论述专利权成立的理由，应看准请求书中的弱点进行突破

在无效宣告程序中，由于各种原因，有些无效宣告请求书存在不少撰写和论述上的漏洞，其证据也有一些致命的弱点，例如，前文已介绍过的请求理由不属于法定无效宣告理由，证据本身的真实性无法认定，没有公开时间或证据所公开的事实无法支持其无效宣告请求理由等，专利权人在撰写意见陈述时，应该把前面分析出的问题归纳汇总，就一些关键问题展开论述，并在意见陈述中作为陈述重点向合议组具体说明"因请求人提交的无效宣告请求书及所附证据存在的××××缺陷，不符合《专利法》《专利法实施细则》《专利审查指南》或《最高人民法院有关民事诉讼证据的若干规定》中哪条、哪款的规定，因而，其证据的真实性，其证据的效力不能认定，或不能支持其无效宣告请求的理由，所以本专利符合××××规定，请求人的无效宣告理由不能成立"等。

另外，专利权人在意见陈述时不能泛泛而谈，不能只进行长篇大论的论述而不结合相关法律条款进行说明，或仅引证法律条款而不结合具体事实进行论述。

5. 意见陈述应适度

无效宣告程序是请求人启动的程序，请求人负有举证责任和对证据如何支持其无效宣告请求理由进行具体说明的责任，专利权人是处于一种随动的跟进状态。应该是请求人提出什么理由，专利权人就对什么理由进行答辩；请求人提供什么证据，专利权人就分析什么证据。对于请求人论述不到位或没有提到的，专利权人不要过多地去陈述，尽量做到反驳其证据或理由不成立即可，但当无效宣告理由及证据结合使用中涉及审查员可依职权进行处理或者更正的相关事务，或者合议组可能持有的观点时，专利权人则要加以考虑或者防范。

6. 必要时要提供反证来支持己方意见陈述中的观点[※]

通常情况下，无效宣告程序中举证的责任主要在请求方，但在实际的无效宣告程序中，有时为了反驳无效宣告请求方的某些观点和理由，使意见陈述更有说服力，专利权人应当提供反证或提供可以说明问题的证据。例如，对请求人的资格有疑义或对请求人所提供译文的准确性持有不同意见时，可以进行取证或请专业翻译公司另行进行翻译。又例如，为了证明专利技术方案公开充分并符合《专利法》第26条第3款的规定，专利权人可以提供公知常识性的证据来说明："说明书中未详细描述的内容属于申请日前公众能够获知的公知常

※ 吴观乐主编：《专利代理实务》，知识产权出版社2007年版，第465页。

识性内容,因而,无须在说明书中进行描述,所以,本专利说明书是公开充分的"。又例如,为了证明在专利申请日前的委托加工或研制行为不属于在先公开的使用销售行为,专利权人可以提供当时签署的包含有保密条款的合作协议或委托测试书原件,或经公证的副本等证明材料进行证明。

7. 意见陈述书的论述不能顾此失彼[※]

意见陈述书是专利权人对请求人提交的无效宣告请求书中所述理由和证据的一个整体性答辩,因此在撰写意见陈述书时既要针对每一项无效宣告理由逐个进行反驳,又要兼顾每个无效宣告理由陈述部分之间的整体关联性,不能顾此失彼、自相矛盾。

例如,在针对请求人提出的说明书未公开充分的无效宣告理由进行答辩时,专利权人对公开不充分的技术内容进行了举证,即找到了申请日前公开的公知常识的证据,也说明了本专利说明书是公开充分的,是符合《专利法》第26条第3款规定的。但是,在对请求人提出的本专利不符合创造性的无效宣告理由进行答辩时却因此而陷入了被动,比如本专利具有创造性的重要区别点恰好是已经被专利权人自己举证证明是现有公知技术内容的部分。

需要强调的是,在专利无效宣告程序中,如果当事人对某些证据事实进行了自认,则按当事人处置原则,其事后就不能再行反悔。专利权人此时应注意两个重要问题:一是当事人在进行意见陈述反驳另一方的理由和证据时,一定要注意其陈述的意见、反驳的理由和提出的证据是否对自己有不利之处,是否与其他理由的陈述有矛盾;二是要兼顾意见陈述的整体性,不要在证明一项无效宣告请求理由不能成立的同时却承认请求人另一项无效宣告理由的合理性,不要在解释清楚一个问题时使另一个问题变得不清楚。

上述情况对于伴随有侵权纠纷或侵权诉讼的无效案件的双方当事人来讲尤其值得注意。

(二)意见陈述书的主要内容和格式

意见陈述书是专利权人对无效宣告请求书进行正规答辩的书面材料,其是以意见陈述书的方式,表述其对无效宣告请求人提出的无效请求理由、证据持有的不同观点和意见。

意见陈述书同无效宣告请求书一样,包括首页和正文两部分。对于其正文部分描述内容的格式并无法定的具体规定。因此,意见陈述书总的原则是要对于专利权人对无效宣告请求书中所提出的无效宣告理由和证据都进行针对性的全面答辩,即要把自己的观点全部说清楚。

以下介绍的意见陈述书的格式仅是为了便于专利复审委员会的审理,便于请求方当事人的阅读和符合论述事物的常规而提出的建议。

1. 指明该意见陈述书的答复对象

[※] 吴观乐主编:《专利代理实务》,知识产权出版社2007年版,第467页。

在意见陈述书正文部分首先应该说明该意见陈述书是针对哪一件无效宣告请求所作出的答复。通常可采用如下格式语句：

本意见陈述书是针对请求人×××和×××于×××年×月×日对本专利权人的发明专利（专利号为ZL××××××××、授权公告号为CN1××××××C、申请日为×××年×月×日、授权公告日为×××年×月×日、发明名称为《××××装置》）提出的无效宣告请求书所作出的答复。

2. 专利权人的请求

这一部分应明确写明专利权人的要求，说明专利权人希望在原授权的范围内，还是在进一步作出修改限定的权利要求保护范围的基础上维持专利权有效。

要求全部维持专利权时，可采用如下的格式句：

专利权人请求专利复审委员会驳回上述请求人所提出的无效宣告请求，并按授权公告的权利要求书维持该专利权有效。

要求部分维持专利权时，可以写成：

专利权人考虑了请求人所提出的无效宣告请求的理由和提供的证据，对授权公告的权利要求书进行了修改，现请求专利复审委员会驳回上述请求人的无效宣告请求，并按附在本意见陈述书之后新修改的权利要求书维持该专利权有效。

3. 对请求人在无效宣告请求书中采用的证据逐一进行认定或评述

专利权人撰写意见陈述书时，可以将请求方提出的所有证据在此部分逐一列出，列出的目的是便于请求人对证据的真实性、效力逐一进行评述和反驳。

4. 对请求人请求的理由进行逐项答辩

此部分内容是针对请求人提出的无效宣告理由作出的有说服力的答辩，其中应考虑合议组可能持有的观点。

（1）通常可先行对请求人的证据的真实性和是否予以认定作出具体的陈述，即将那些真正有问题或认为有疑点的证据首先列出并逐一说明不能认定或有疑点的理由，对可以认定的证据进行归纳说明，以备后续评述。

（2）指出上述无效宣告请求理由中哪些不属于《专利法实施细则》第65条第2款规定的无效宣告请求的法定理由，为使合议组采信己方的主张，应当对其作出具体说明。

（3）对于请求人提出的符合规定的无效宣告请求的理由，针对请求人所提供的可以认定的那些证据为何不足以支持该无效宣告请求的理由进行具体说明。为可靠起见，考虑到合议组有可能将己方认为不能采用的证据确定为可采用的证据的可能性，必要时应当说明即使考虑这些证据也不足以支持无效宣告请求理由的更进一步的意见。

（4）在具体分析时，不能仅分别论述每件证据不足以宣告专利权无效的理由，而且要说明这些证据作为整体或者相互结合起来也不足以否定该专利的理由。

如果权利人答辩时已修改了权利要求书，则应当首先说明这些权利要求的修改方式，例如修改后的独立权利要求是由原独立权利要求和原权利要求书中的哪一项从属权利要求改写而成，或由哪些从属权利要求合并而成，并说明这样的修改是如何满足《专利审查指南》第四部分第三章4.6规定的。然后，重点论述修改后的权利要求相对于请求人所提供的证据已消除了无效宣告请求理由所涉及的实质性缺陷，说明该修改后的权利要求可被维持专利权的理由，并将新修改的专利文件作为意见陈述书的附件提交。

当专利权人对意见陈述书中论述的理由没有把握时，可暂不作具体意见陈述，待口头审理时视情况再进行表述。另外，可在意见陈述书的结尾部分，提出口头审理的请求，以便当面与请求人辩论和向合议组进一步阐明自己的观点。

第五节 无效宣告程序审理原则及口头审理

无效宣告程序审理原则及口头审理都是无效宣告审理中的重要内容，前者的目的是规范审查程序、审查行为和双方当事人的行为，后者的目的是使合议组更充分地听取双方当事人的意见及使双方当事人可就其证据、陈述要点进行面对面相互质疑。下面分别对这两部分内容进行介绍。

一、无效宣告程序审理原则

在《专利审查指南》第四部分三章2中规定了以下审理原则。

（一）规范专利复审委员会行为的审理原则

专利复审委员会及其参审人员在审理无效案件中要依法守章办案，在办案过程中要客观、公正，坚持以事实为依据、以法律为准绳，独立地履行职责，不徇私情，对案件进展和相关情况严格保密等。

（二）规范审理程序和双方当事人行为的审理原则

由于无效宣告程序是由双方当事人参加并关系其自身利益的审理程序，因此为了保证审查有序和公正的进行，专利复审委员会制定了以下审理原则。

1. 一事不再理原则

按照《专利法实施细则》第65条第2款的规定，"对已作出审查决定的无效宣告案件涉及的专利权，以同样的理由和证据再次提出无效宣告请求的，不予受理和审理"。但是，在已作出的审查决定中因时限、公证手续等原因未被在先无效宣告请求审查决定正式采用的理由和证据不在此不予受理范围之内。

例如，请求人第一次提出无效宣告请求时提交了证据1~3，在审查决定中引证了证据1和证据2并以证据1和证据2作出了该专利具有创造性的审查决定。该决定生效后，该案请求人又以证据2和新的证据3对该专利提出了无效宣告请求。在此种情况下，证据2和证据3组成了新证据，该无效宣告请求是可受理的。

2. 当事人处置原则

在无效宣告程序中，请求人可以放弃全部或部分无效宣告请求的理由和证据，专利权人可以在适当的时候针对请求人提出的无效宣告请求主动缩小保护范围并修改权利要求书，或双方当事人有权自行和解等，都属于当事人处置的事宜。当事人作出处置决定或其所作出的处置决定经专利复审委员会审理被接受的，应免去另一方当事人的举证责任。例如，专利权人缩小权利要求或声明放弃从属权利要求的，则可认为专利权人承认大于该保护范围的权利要求自始不符合《专利法》及《专利法实施细则》的有关规定，从而免去请求人对宣告该权利要求无效这一主张的举证责任。

3. 听证原则

无效宣告程序本身就是一个听取双方当事人书面意见和口头意见的一个行政听证程序，即是指"在作出无效宣告审查决定前，专利复审委员会应当给予审查决定对其不利的一方当事人针对该审查决定所依据的理由、证据和认定的事实一次陈述意见的机会"。

4. 依职权审查原则

无效宣告程序虽然是应请求人启动的一个程序，但也是一种取消不符合授权规定的专利权、还公正于社会的对授权行政决定宣告无效的程序。依职权审查原则可以使请求人的一些不应有的明显错误或不当的无效宣告理由得以纠正，也可以使专利权人抱有的某些"捡漏"的希望破灭，而使无效宣告程序向正确的方向进行。

专利复审委员会可依职权进行审理的主要事项如下：

（1）请求人提出的无效宣告理由明显与提交的证据不相对应的，允许请求人将其变更或依职权变更为相对应的无效宣告理由。

（2）专利权存在请求人未提及的明显的不属于专利保护客体的缺陷的，专利复审委员会可以引入相关的无效宣告理由进行审查。

（3）专利权存在请求人未提及的缺陷而导致无法针对请求人提出的无效宣告理由进行审查的，专利复审委员会可以针对缺陷引入相关无效宣告理由并进行审查。

（4）请求宣告无效的权利要求之间存在引用关系，而请求人提出的无效宣告理由未满足该引用关系或与引用关系不对应的，专利复审委员会可以引入无效宣告理由对其他权利要求进行审查。

（5）请求人以修改超范围为无效宣告理由，并对修改超范围的事实进行了具体的分析和说明，但未提交原始申请文件的，专利复审委员会可以引入该专利的原申请文件作为证据。

（6）必要时，专利复审委员会可以依职权认定技术手段是否为公知常识，并可以引入公知常识性证据。

(三) 涉及审理原则的案例

【案例 2-5】

案情介绍

本案涉及一件发明名称为"改良助行车装置"的实用新型专利，无效宣告请求的理由是该专利不符合新颖性、创造性，无效宣告请求人先后分3次提交了18份证据，请求人坚持以证据1和证据12评判该专利不具有创造性，并指明证据1为最接近的对比文件，专利复审委员会最后以证据10结合证据7宣告该专利权全部无效。专利权人对无效宣告审查决定不服，提出了专利行政诉讼，一审法院撤销了无效宣告审查决定，二审法院维持了一审法院的判决。

案例相关资料

(1) 合议组对证据的认定。

合议组认为：附件1是请求人自己的产品目录，该目录没有制作时间，而仅从请求人提供的目录制作发票和支出证明单复印件也不能说明其上所记载的"目录"就是附件1，因而附件1的公开日期不能确定，不能作为本专利的现有技术。

附件7～10、附件12～17都是本专利申请日前公开的专利文献，可以作为本专利的现有技术。但是附件8、附件12～17均为外国专利文献，根据《审查指南》第四部分第八章2.2.1的规定，当事人在提交外文证据时，应当提交所使用部分的中文译文，提交外文证据的当事人未提交中文译文的，该外文证据视为未提交。因而，对于附件8、附件12～17合议组只考虑其中的附图部分。

(2) 法院对该案相关问题的判决和评述。

专利复审委员会在第×××号决定中摒弃证据1而使用证据7作为评价本专利最接近的现有技术，并将证据7和证据10结合评价本专利权利要求1的创造性的行为违反了请求原则和听证原则。

(3) 法院具体评述理由如下。

根据《审查指南》的规定，在无效宣告程序中，专利复审委员会通常仅针对（依据请求原则）当事人提出的无效宣告请求的范围、理由和提交的证据进行审查，不承担全面审查专利有效性的义务。

而专利复审委员会在证据1的公开日期不能确定，不能作为本专利的现有技术；证据12为外国专利文献，由于没有提交中文译文，该证据亦不能采信，两证据的结合成为不可能的情况下，却选择将×××公司提交的证据7作为评价本专利最接近的现有技术，并将证据7和证据10结合评价本专利权利要求1的创造性是完全可以的（依职权审查原则），但问题是专利复审委员会在选择这一新的结合方式后，应当让请求人和被请求人知道其对证据的重新组合方式及原因，并给予承受不利后果的一方当事人×××公司陈述意见的机会。由于专利复审委员会没有给×××公司提供陈述意见的机会，致使×××公司对这种新的结合方式不能够充分陈述自己的意见。因此，一审判决认定专利复审委员会的上述行为违反了请求原则和听证原则。

> **案例思考**

1. 无效宣告审理中各审查原则之间的关系

合议组在评价本案专利的创造性时指出,虽然请求人指明证据1作为评价本专利最接近的现有技术,但是由于所述原因证据1不能作为现有技术使用,因此,合议组把证据7作为本专利最接近的现有技术,并用证据7结合证据10来评价本专利的创造性。这显然改变了请求人坚持以证据1为评价本专利最接近的对比文件的请求,此种做法是否违背专利复审委员会的中立原则和当事人的请求原则?

按照《专利审查指南》第四部分第三章4.1的规定,在专利权存在请求人未提及的缺陷而导致无法针对请求人提出的无效宣告请求理由进行审查的,专利复审委员会可以依职权针对专利权的相关缺陷引入相关无效宣告请求理由并进行审查。

另外,无效宣告请求程序设置的目的,是纠正对那些不符合授权条件的专利授予专利权的错误的行政决定。因此,在明知无效宣告请求人选用证据或理由不正确,且有其他理由或证据可作选用替代的情况下,合议组按照依职权审查原则进行审查也是一种履行职责的体现,是合法的。

就本案而言,人民法院认为合议组将不能作为有效证据使用的证据1摒弃而依职权选择证据7作为本专利最接近的对比文件的行为本身无可非议。在无效宣告程序中,专利复审委员会通常仅针对当事人提出的无效宣告请求的范围、理由和提交的证据进行审查,不承担全面审查专利有效性的义务,但如果依职权进行了不同于请求人选择证据和理由的审查,则在作出审查决定之前,应当给予承受不利后果的一方当事人陈述意见的机会。否则,就违反了听证原则。

2. 有关对比方式

在无效宣告请求中,请求方及其专利代理人一定要对证据的结合使用情况进行明确的说明,而不能只作简单的介绍,否则,就属于未履行请求人应承担的请求启动无效宣告程序的责任。对此,二审法院也给予了评判。二审法院认为:"请求人递交的对比文件有多篇,应当指明与请求宣告无效的专利最接近的对比文件,并且应当指明其对比结合方式,指明是单独对比还是结合对比。"专利复审委员会应当考虑请求人所指明的对比方式以及最接近的对比文件,即专利复审委员会在无效宣告审理中应注意当事人处置原则的规定,即对于无效宣告请求人指定的对比文件使用及结合方式不能随意改变;一旦改变,则应当给另一方当事人意见陈述的机会。

二、口头审理及应注意的问题

口头审理是专利复审委员会对无效宣告请求审查的主要方式,也是无效宣告审理中最重要的一个听证过程。通过面对面的交流或争辩可以将事实的真相和证据的真伪及其效力尽快搞明白。因此，双方专利代理人应该要很好地利用口头审理的机会，发表自己的观点，表达自己的意愿，为己方委托人争取比较有利的结果。

在本章第一节中，已经对"口头审理的主要程序和内容"作过简单的介绍，在此将着重对"口头审理调查"和"口头审理辩论"阶段应注意的一些问题进行说明。

（一）口头审理调查

口头审理调查是口头审理预备阶段后进行的有关确定审理理由、所用证据、证据结合方式及审理范围的一项重要工作。双方当事人及其专利代理人对此必须慎重应对，在此过程中不能草率决定或者放弃某些证据、某些主张。

（1）在口头审理调查阶段，合议组要逐一对无效宣告请求的理由、无效宣告请求的范围及相应证据和事实进行认定。例如，在已提交的无效宣告请求书及其补充的无效宣告意见陈述中，请求人仅对该专利不符合新颖性和创造性的理由进行了简单的陈述，陈述时采用了3份证据，而在口头审理调查阶段，合议组就要求请求人明确其证明不符合新颖性的无效宣告理由所使用的证据是哪份，新颖性无效宣告是针对该专利哪几项权利要求提出的，其否定专利的创造性时选用哪份证据作为最接近的对比文件，用哪两份证据的结合评述该专利的创造性，其不符合创造性的无效宣告请求范围是针对哪几项权利要求提出的。

（2）在口头审理调查阶段，请求人有可能当庭增加一些无效理由或者补充证据，专利权人也可能提交一些反证，另一方当事人此时不应急于作出回答，而应该按照《专利法实施细则》第67条及《专利审查指南》第四部分第三章4.2～4.3的相关规定，对对方当事人所提出的理由和证据是否符合相应规定进行核实，如果该理由和证据的提交不符合相关规定，则可以向合议组表明态度和提出质疑。

合议组将根据有关规定判断双方当事人所述理由或证据是否予以考虑。决定予以考虑的，合议组会赋予首次得知该理由或证据的对方当事人选择当庭口头答辩或口头审理后进行书面意见陈述答辩的权利。

例如，请求人在举证期限内提出的无效宣告请求理由是该专利授权不符合《专利法》第26条第4款的规定，而口头审理时发现该无效宣告理由与所述事实不符并又提出专利授权不符合《专利法实施细则》第20条第1款的规定。此时，新补充的该无效宣告理由明显不符合相关规定，不能被允许。

（3）在审理范围确定之后，请求人应就无效宣告请求理由及所依据的事实和证据进行举证，然后由专利权人进行质证。需要时，专利权人可以提出反证。例如，专利权人可以提交公知常识性的证据，并以其为依据说明该专利权利要求中的某个技术特征是清楚的。

（4）在某些情况下，合议组认为按请求人提出的无效宣告理由或证据得不到有意义的审查结论时，合议组会依职权审查原则改变请求人要求的证据使用或组合方式，而选择请求人已提交的其他有效证据结合方式进行审理。此时，专利权方的专利代理人应予以注意，合议组依职权改变证据使用、结合方式后是否给予自己一次意见陈述的机会。

(5) 有时请求人由于各种原因没有参加口头审理，只有专利权方参加口头审理，此时，合议组会按照《专利法实施细则》第70条第3款的规定处理，即"无效宣告请求人对专利复审委员会发出的口头审理通知书在指定期限内未作答复，并且又不参加口头审理的，其无效宣告请求视为撤回；专利权人不参加口头审理的，可以缺席审理"。

(6) 如果请求人递交了口头审理回执而没有参加口头审理或随口头审理回执递交了意见陈述书而未参加口头审理，则合议组会按照请求人提交的无效宣告请求理由及证据继续进行口头审理。此时，由合议组提问而由专利权方代理人对请求人提出的无效宣告理由、证据和无效宣告请求范围发表自己的观点，然后再依合议组的要求进行其具有专利性的陈述，合议组最后将依据请求人递交的书面意见、专利权人递交的书面答辩意见和口头审理时的答辩意见作出无效宣告决定。在此情况下，专利权方的专利代理人并不能因为请求方没有参加口头审理就掉以轻心、不认真进行答辩。对于合议组提出的问题同样要在认真考虑后作出答复，更要注重有些意见可能是请求人未提出过而由合议组持有的观点。

(7) 有些口头审理中，专利权人一方没有参加口头审理，此时，合议组会在口头审理调查之后首先让请求人发表自己的无效宣告请求意见，随后向请求人提出一些问题。例如，当对比文件与权利要求1相比有区别而请求人又提出了新颖性无效宣告理由时，合议组如果认为该权利要求1可能具有新颖性，则会反问请求人是否还坚持新颖性的无效宣告理由，而此提问可能是合议组持有的倾向性意见，请求人此时就应该考虑是否放弃新颖性理由而使用创造性对权利要求1进行对比评价。

(二) 口头审理辩论

口头审理辩论是继口头审理调查之后双方专利代理人就所确定的证据、无效宣告理由、事实及无效宣告范围发表不同意见的一个过程，而绝不是双方激烈争吵的过程。因此，在辩论上应注意以下几点。

1. 辩论应按准备好的答辩提纲进行

在参加口头审理之前，双方的代理人都经过了详细的准备，都拟定了各自针对对方的证据、理由、观点的答辩提纲，在辩论中应按照拟定的答辩策略进行发言，而不能临场乱了阵脚。其辩论的中心是证据的真实性、可靠性、相关性，证据与待证事实之间有无矛盾，以及证据对相应的无效宣告请求理由是否充分支持。

2. 辩论应视口头审理的具体情况灵活应对

虽然在口头审理之前双方都作了充分的准备，但无效宣告口头审理时的实际情况是多变的，作为双方当事人的代理人，此时就应按口头审理前拟定的应对各种情况的多种答辩策略灵活应对。如果现场的情况未在预先准备的应对范围内，则专利代理人此时不要急于回答或表态，而应首先向合议组提出"由于该项问题是首次提出的问题或临时提交的证据，请求合议组给予己方一定的审看或研究时间"，然后在有所准备之后再进行表态或发表意见。

例如，请求人在口头审理时又提交了新的证据，此时，专利权方代理人就要先对该证据进行核查，看其是否为新的证据；如果是新的证据，就应该按照提交证据的时限要求和相应规定予以拒绝，并明确向合议组提出不能接受该证据的理由和法律依据。

如果请求人提交的是已在法定期限内提交的证据的辅证或佐证，比如是已提交的证据的原件或公证认证材料，或公知常识性证据，则专利权人此时首先要核实的是该佐证与原证据之间的关联性和其本身的真实性，然后再发表意见。

又如，口头审理时专利权人提交了针对请求人提交证据的反证，或提交了新修改的权利要求书，此时，请求人要做的工作就是审核该反证的真实性和其证明的效力，或审核其权利要求的修改时机是否符合《专利法实施细则》第69条第1~2款以及《专利审查指南》第四部分第三章4.6.1~4.6.3的规定。如果专利权人提供的反证的真实性有问题，则请求方就应向合议组提出其质疑的具体理由；如果其真实性没有问题，请求方就应给予认可并就其证明的效力发表自己的意见。

如果一方代理人或合议组提出的问题是另一方代理人事先没有考虑到的不易回答的新问题，则另一方代理人就应向合议组提出需与当事人研究后再进行答复的请求，此时，应该考虑的首要问题是该问题的提出是否符合无效宣告审理的相应法律条款和各项审查原则，是否和本无效宣告审理相关，然后再进行其他相应答复或说明。

总而言之，无效宣告口头审理的答辩不是固定不变的，双方代理人应视口头审理现场的实际情况随机应变，而应变的根本就是充分利用法律、原则、规则等去进行衡量判断。

3. 口头审理辩论时要注意与当事人的配合

无效宣告口头审理时一般都有当事人参加，而参加口头审理的当事人一般多为发明人或者相关技术人员，专利代理人除了事先与发明人或技术人员就技术问题仔细研究外，在口头审理时对于技术方案或技术问题可让参审的当事人进行适度的解释说明，专利代理人应就该解释说明加以补充完善或再从法律角度去论述争辩，尽量避免技术人员就纯技术、学术问题或双方当事人涉及的侵权纠纷等问题进行争论或发表不利于己方的观点和意见。

三、对无效宣告请求审查通知书的答复

在无效宣告审理中，双方专利代理人在收到专利复审委员会转送的无效宣告请求审查通知书后，应当仔细阅读该通知书及随该通知书转送的对方的相关材料和意见陈述，作出初步的判断并与当事人商讨答复对策，答复期限为1个月，现就对审查通知书的答复中应注意的一些环节说明如下。

（一）答复的目的是进一步澄清事实

大部分审查通知书在转送时合议组都不附具体的意见，仅是让双方当事人就相关问题或所提示的问题进一步发表自己的意见。此时，说明合议组对案件还没有倾向性的意见，双方当事人可就一些新的观点或在已陈述过的文字意见的基础上更浓缩或更深入地进行归纳性意见陈述，而不必再对已进行详细文字对比过的意见重复进行陈述。如果原意见陈述中有不准确或遗漏之处，则可以在对审查通知书进行答复时完善或进行解释，双方代理人都要利用这次答复机会更进一步、更充分、更深入地阐述自己的观点和立场。

（二）答复审查通知书的意义在于调整或重新确定答复方向

少部分审查通知书在转送时附有合议组的意见或者要求，合议组要求双方当事人按审查通知书提出的意见或要求进行答复。如果合议组在请求人提出的证据的基础上提出了新的无效宣告理由或者新的证据使用结合方式，则说明合议组已经注意到了请求人提出的无效宣告理由或证据引用结合上的缺陷。如果按照请求人所提出的无效宣告理由或证据结合方式进行审理将得不到有益的审查结论，而此时请求人所提供的证据中又存在对该专利权利要求稳定性构成足够威胁的可被认可的证据，或专利权利要求书存在请求人未提及的实质性缺陷，或者按相关规定允许请求人按已提交的有效证据将原无效宣告请求理由变更为与该证据相适应新的无效宣告请求理由，则上述审查通知书中的观点有可能是合议组可能持有的观点。

此时意味着合议组已有倾向性的意见，该专利权可能会被宣告部分或全部无效。专利权方的专利代理人对此类审查通知书必须予以足够的重视，并就审查通知书指出的问题结合原有答辩意见作出新的综合性意见陈述或者对权利要求进行修改，同时也需要对原答辩方向进行调整和改变。

如果专利权方的专利代理人认为审查通知书中已明显存在专利权被宣告全部无效的可能，或者修改权利要求将不利于已提出的侵权诉讼的审理，则应该提示或建议权利人与请求方寻求和解。

如果合议组在审查通知书中指出专利权人对权利要求书的修改不符合《专利法》和《专利法实施细则》的有关规定，则说明允许专利权人再次对权利要求进行修改，有可能意味着该专利可能被部分维持有效。专利权人应认真考虑合议组的意见，进行适应性修改，并考虑该修改对侵权诉讼是否有不利影响。而请求方所要考虑的问题是该专利被宣告部分无效后其被维持有效的部分

是否还对自己构成威胁,以及能否进一步争取使更多权利要求被宣告无效。

(三)要视个案情况作出切合实际的意见陈述

上述第(二)点中所介绍的仅是对无效宣告请求审查通知书的大致性归纳和分析,双方专利代理人在实际无效案代理中并不能以此为比照而对审查意见通知书作猜测和揣摩,更不能对审查意见通知书进行错误的理解,而应该本着实事求是的原则按照审查通知书的要求和所提出的问题进行针对性意见陈述。

第六节 无效宣告请求案例及其分析

通过本章前述内容的介绍,我们已了解到无效宣告请求理由各不相同,证据的选用及其搭配组合形式千变万化,实际操作时个案情况千差万别,导致无效宣告请求过程所反映问题的多样化和复杂性。无效宣告程序中的专利代理人应更加努力学习,积极探索,尽可能多地了解各类案例,从实际案例中进一步了解和掌握无效宣告请求的相关法律条款、审查原则及代理技巧。

在本节中,我们针对无效宣告程序中使用最多的新颖性和创造性无效宣告理由,以采用最多的公开出版物类和使用公开类的证据为无效宣告证据、以判断难度最大的是否存在技术启示为切入点结合具体案例进行分析。

一、以在先使用公开为证据的案例

【案例2-6】

案情介绍

无效宣告请求人提交了12份证据,12份证据均是为了说明涉案专利的技术方案早在其申请日以前已处于公开使用状态,其权利要求1~3不具备新颖性、创造性。其中证据3(产品使用说明书)及相关证据1、2为一组,证据12(经公证查存的实物证据)及相关证据10、11为另一组。

专利复审委员会于2006年5月23日作出了第8285号无效宣告请求审查决定,决定维持该专利权有效。

列举此案例的目的是说明在以使用公开类证据作为无效证据时应该注意哪些问题,应该如何取证和怎样进行新颖性、创造性的对比。

案例相关资料

1. 无效宣告请求人提供的证据

附件1:《中外鞋讯》2001年第3期第五届东莞全国鞋材及工业设备交易会会刊的封面、版权页及广告页的复印件(共3页)(以下简称证据1);

附件2:2001年《中国国际缝制设备展览会》会刊的封面、首页和广告页的复印件(共3页)(以下简称证据2);

附件3:BM9910和BM9920型缝纫机的使用说明书及零件分解图的复印件(共61页)(以下简称证据3);

附件9：CS-8810型工业缝纫机销售发票及现场拍摄的该缝纫机结构照片（以下简称证据9）；

附件10：（2004）泸卢证经字第4773号公证书的复印件（以下简称证据10）；

附件11：（2005）泸卢证经字第134号公证书的复印件（以下简称证据11）；

附件12：经公证处封存的实物证据（保存在请求人处）（以下简称证据12）。

2. 无效宣告请求书列表对比内容摘录

请求人认为其提供的证据3完全公开了涉案专利权利要求1（高管型工业缝纫机的送料结构）的全部技术特征。因此，采用了将产品使用说明书上图示的零部件与涉案权利要求1中的技术特征列表时对比的方式。见表2-1。

表2-1 涉案专利与证据3相关情况对照

涉案专利 权利要求1的技术特征	证据3 （产品使用说明书）公开的技术内容及出处
一种高管型工业缝纫机送料结构	高管型工业缝纫机的送料结构
皮带轮	皮带轮（第12页的J1105-OA）
主轴	上轴（第12页的J1100-OA）
凸轮组14	凸轮（第12页的J1106-OA）
座轴2	主轴（第26页的J4040-OA）
针棒轴	针榴（第16页J1075-OA）

案例思考

由于本案所提交的绝大部分无效宣告证据为在先使用公开类证据，其关键是合议组如何对请求人提供的证据进行认定，认定后又如何进行新颖性和创造性评述，下面将从第8285号无效宣告请求审查决定对证据的认定和请求方专利代理人如何以此类证据进行无效宣告请求两个方面进行介绍。

1. 合议组对证据的认定及对本案新颖性、创造性的评述

（1）证据3的认定及其对本专利新颖性和创造性认定的影响。

证据3为BM9910和BM9920型缝纫机使用说明书的零件分解图复印件，但该证据没有记载其发表者或者出版者以及其公开发表或出版日期，请求人也未提交相应的证据来证明证据3的来源以及证据3所记载的内容在申请日前已经为公众所知的状态，根据《专利审查指南》第二部分第三章2.1.2.1的有关规定，不能认定证据3属于公开出版物，因此不能将证据3所记载的技术内容作为现有技术来评价本专利权利要求1~3的新颖性和创造性。

作为公开出版物的证据2,其公开日为2001年,根据《专利法实施细则》及《专利审查指南》的有关规定,证据2可以作为现有技术来评价本专利的新颖性和创造性,但证据2上附图仅能够反映出BM9910型单针缝高头车和BM9920型双针缝高头车的某些外部技术特征,而未公开其送料机构的具体内部技术结构。因此,仅依据证据2不能认定上述BM9910型单针缝高头车和BM9920型双针缝高头车的送料结构就是本专利所要求保护的高管型工业缝纫机的送料结构。也就是说,仅凭证据2尚不能证明本专利权利要求1~3所限定的技术方案在申请日前已经处于公开使用或销售状态的事实。

故合议组对请求人所提出的证据2和证据3的组合可破坏本专利权利要求1~3新颖性的主张不予支持。

如前所述,作为公开出版物的证据2虽然可以作为现有技术来评价本专利的创造性,但证据2仅能够反映出BM9910型单针缝高头车和BM9920型双针缝高头车的某些外部技术特征,因此,仅凭证据2尚不足以否定本专利权利要求1的创造性;另外,即使不考虑证据3的来源,证据2与证据3的结合仍然不能构成本专利申请日前的现有技术,故本案合议组对请求方所提出的权利要求1相对于证据2和证据3的结合不具备创造性的主张不予支持。

(2) 有关证据9~12的认定。

合议组认为:证据10~12已经构成了一个完整的证据链,该证据链可证明在本专利申请日前具有证据12所示的结构特征的CS-8810型工业用缝纫机已经处于公开销售或为公众所知的状态,而证据9则进一步印证了CS-8810型工业用缝纫机在本专利申请日前已经处于公开销售状态下的事实,因此,该证据链中所涉及的实物证据12所具有的结构特征及该实物证据所反映出来的技术内容可以作为评价本专利新颖性和创造性的现有技术。

(3) 证据12是否能破坏涉案专利的新颖性和创造性。

合议组通过对该实物证据的现场勘验调查,双方当事人通过证据12的现场拆解观察,均认可该实物证据所公开的技术内容与本专利权利要求1的技术方案相比,存在至少两个区别点:1) 该实物证据只有一个凸轮组,而本专利权利要求1所限定的技术方案则设置有两个凸轮组;2) 该实物证据的梭轴与送料轴是两个单独且并列设置的轴,而本专利权利要求1所限定的梭轴则定位设置于送料轴内部。

由此可知,本专利权利要求1所限定的技术方案不同于该实物证据12所反映的技术内容,故本专利权利要求1具备《专利法》第22条第2款所规定的新颖性。

由于实物证据12未公开上述的区别技术特征1)和2),也未给出采用上述区别技术特征来解决本专利所提出的技术问题的技术启示,本领域技术人员基于证据12所公开的技术内容得到本专利权利要求1所限定的技术方案并非是显而易见的,需要付出创造性的劳动,而且本专利权利要求1限定的技术方案还产生了有益的技术效果,因此本专利权利要求1所限定的技术方案具备实质性特点和进步，具备《专利法》第 22 条第 3 款所规定的创造性。故合议组对请求人所提出的本专利权利要求 1 不具备创造性的主张不予支持。

2. 专利代理人如何进一步提高在先使用公开类证据的收集和使用的水平

通过对第 8285 号无效宣告请求审查决定的分析，专利代理人在对在先使用类证据的收集和使用上应该注重以下几点。

（1）证据应该提供原件。

按照《最高人民法院关于行政诉讼证据若干问题的规定》的规定，提交给专利复审委员会的证据应提供原件或证明其来源和出处。由于本案请求人在口头审理时没有提供证据 1、证据 4～8 的原件及履行境外证据 4～8 的公证认证手续，证据 4～8 不能满足证据五项要素中的来源出处，因此合议组对这些证据未予认定。

（2）证据 3 的公开日期无法确定。

证据 3 是无效宣告请求人第一组证据中的关键证据，该证据是一份有关 BM9910 和 BM9920 两种型号缝纫机的产品说明书，但是由于证据 3 上没有记载正式公开发表或出版的日期，无法满足一份可采信证据五方面要素中的何时间公开的要求，因而不能证据其内容是在本专利申请日以前已处于为公众所知的状态，所以，合议组未将其认定为公开出版物，当然也不能作为评价本专利新颖性和创造性的证据使用。由于证据 3 未被认定，使证据 1～3 构成的第一组无效宣告证据失去了作用。

（3）证据 2 公开的技术内容有限。

虽然证据 2 被合议组认定为公开出版物，也满足了无效宣告程序中证据五要素的要求（即在 2001 年发行的"中国国际缝制设备展览会"的会刊上，登载了有关 BM9910 和 BM9920 缝纫机头送料机构图片和部分结构内容），但由于其所公开的技术信息内容有限，并不能够使所属技术领域技术人员能够得知其内部结构是什么，无法与专利的技术方案进行真正对比，无法达到以新颖性和创造性使涉案专利被宣告无效的目的。

（4）证据链的形成条件。

本案请求人所采用的第二组证据由证据 9～12 构成，其包括销售发票、经公证人员现场勘验和拍摄的销售实物照片以及封存的缝纫机头样机，该组证据被合议组认定为一组构成完整证据链的证据。合议组之所以对该销售证据给予认定，是因为这些证据之间能相互验证，环环相扣，又有完备的公证手续，尤其是销售发票上的产品型号、名称能够与封存样机上的摘录标牌上的产品型号 CS-8810 及名称相对应一致，并能与现场勘测拍摄的照片上所显示的相应信息一致。

由于无效宣告请求程序对证据的要求比较特殊，它除了要求满足证据五方面的要求之外，还要求该证据反映与无效专利技术内容之间的关联性和足够清楚、足够多地揭示专利技术方案的具体结构和装配关系，实物证据的实际取证是一个较为复杂的从外向内、从整体到部件的不同角度拍摄的复杂拆装过程

（否则，一旦勘测不全面、不细致，或仅公证了可见外观部分而未对内部结构进行明示，就会导致千辛万苦所取得的证据达不到预想效果），因此，现场勘测、取证及公证的具体内容应由懂得证据取证要求的律师和清楚技术方案内容的专利代理人配合公证人员进行。

公证人员只是对公证书现场记录、拍摄或描绘的事实之间是否属实、是否一致进行公证，但其并不能证明所公证记录的事实与拟无效专利之间技术上的关联程度和所揭示内容的具体结构，更不能证明所记录的内容与专利技术方案是否一致。而后一任务的完成应该由承担无效宣告请求作业的担当人完成。只有专利代理人或承接案件的律师才清楚要取什么样的证明，勘测到什么程度，机械设备拆分到哪部分为止，从哪个方向拍摄销售产品的外部及内部结构，才能与专利权利要求描述的技术方案或说明书附图显示的内容对应一致。

（5）样品在无效宣告请求中的作用。

本案中的证据12是与销售发票相配合使用并用来揭示专利技术内容的一个重要物证。在无效宣告请求程序中，无效宣告请求人为了证明在先销售的事实，寻找与销售发票所对应的产品或设备是一种有效的取证办法，对于小一些的产品常采用购买实物的方式取证，而对于大一些的产品和设备，往往采取现场勘测、现场拆解的取证方式。对于一些取证人员很难进入的场所，可以采用向人民法院提出请求，由人民法院进行现场勘验的取证方式。

如果实物证据确实可信，相应主证及辅证能够相互验证其公开使用的时间，则实物完全可以作为无效宣告过程中有效的证据使用。

（6）如何用在先销售证据评判创造性。

由于在先销售使用类证据与公开出版物类证据一样，都是用来证明在专利申请日以前的现有技术的一种证明方式，因此凡是现有技术都可以用于专利新颖性、创造性的评判。

专利代理人不要误认为，在先公开使用、销售或以其他方式为公众所知的现有技术仅能对专利的新颖性进行评判，而不能用于创造性的评判。

本案中的实物证据12就是将在先使用类证据用于评判创造性的例子，合议组认为"由于证据12未公开专利上述的区别技术特征，也未给出采用上述区别技术特征来解决本专利所提出的技术问题的技术启示，本领域技术人员基于证据12所公开的技术内容得到本专利权利要求1所限定的技术方案并非是显而易见的，因此本专利权利要求1所限定的技术方案同证据12比较后具备实质性特点和进步，具备《专利法》第22条第3款所规定的创造性。故合议组对请求人所提出的本专利权利要求1不具备创造性的主张不予支持"。

由此可见，当在先销售或在先使用类证据构成完整证据链时，重点是分析所述产品是否能揭示和体现拟无效专利权利要求的技术方案内容，如果两者一致，则可以否定拟无效专利的新颖性；如果不同，则可以用来否定拟无效专利的创造性。在创造性判断时，可将实物证据所公开的技术内容结合公知常识性证据进行创造性的评判。

（7）如何用产品说明书进行新颖性、创造性的对比。

此案无效宣告请求人在递交无效宣告请求时，采用了将证据3用于新颖性和创造性评判的列表对比方式，采用这种列表对比是为了使对比更直观、清楚。具体做法是，将权利要求的技术方案逐项分解成技术特征列于对比表最左侧，将产品使用说明书中所揭示的相应技术内容和附图部件、零件（标）号、名称列于对比表右侧，并标明其公开的页码以进行对比，这种对比方式要求专利代理人要事先对产品说明书进行阅看和分析，找出与权利要求技术特征相对应的零部件标号和文字说明。

此种对比方式同样适用于产品目录、图纸或其他书证类现有技术与拟无效专利权利要求书技术特征的分析对比，尤其适合那些零部件多、结构复杂及对比的内容在书证中较为分散的情况，以便事先撰写出有针对性和说服力的无效宣告请求书，避免口头审理时因没有做详细准备工作而现场不能正常进行无效宣告理由的阐述。

3. 国外在先使用公开类证据的使用

《专利法》第22条第5款对现有技术的重新定义，使国外在使用公开或以其他方式为公众所知的技术也纳入了现有技术的范畴，假如类似本案中的在先销售的行为是在国外发生的，证明其在国外使用的其他佐证（例如证据9~11）也是在国外合法取得的，并经过符合中国相应法律、法规所规定的公证和认证手续，则在新法实施后其同样可以作为否定专利新颖性、创造性的有效证据使用；如果其能满足证据被认定的五个条件，则同样可以达到无效宣告请求的目的。

二、以公开出版物作为证据的案例

【案例2-7】

案情介绍

本案涉及专利复审委员会作出的第9400号无效宣告请求审查决定。

请求人提供的证据6和证据7是我国台湾地区印刷出版的产品目录手册，在产品目录手册首页右下角印有"1992.3.30PRINT IN TAI-WAN"和"98 A"字样，产品目录手册中有产品结构图和相应零部件编号及文字说明，该结构图有与专利权利要求书所记载的技术方案密切相关的结构内容。

口审时，专利权方的专利代理人对证据6和证据7是否为专利法意义上的公开出版物提出了质疑，但未能提供反证。

专利复审委员会在第9400号审查决定中对证据6和证据7给予了认定，认为它们属于专利法意义上的公开出版物，并以证据7作为评定本专利不具备创造性的有效证据，宣告该专利权部分无效。

案例思考

从【案例2-7】中的证据6和证据7认定及使用的情况来看，产品样本、产品使用说明书、产品手册及产品安装使用说明书等在无效宣告程序中作为证据使用时,应同时满足以下要求。

(1)证据本身必须有明确出版或印刷时间以及印制发行人名称,其印刷或出版时间应在拟无效专利申请日之前,如果证据本身没有明确的印刷或出版时间,则应有其他相关佐证来证明其印刷或出版时间,以说明其在何时、何地、以何形式公开。

(2)证据为境外证据时,必须办理相关公证和认证手续,以证明其证据本身的真实性。应提供证据原件或其来源及存档出处。

(3)证据中应该有明显记载其不是内部资料或保密资料而向公众发行或散发的信息,该信息可以是面向该产品用户公开的联系和售后服务的联系信息,例如服务维修电话、通讯地址等;该信息也可以是保留、更改或解释产品说明书中技术指标和技术内容的声明等,以证明该证据所示的内容并非公司内部资料,是面向用户发行的,以满足"为公众所知的以何种方式或向谁公开的证据认定要求"。

(4)证据中应该记载有与拟无效专利权利要求技术方案密切相关的附图和文字说明,以满足最终的否定专利新颖性、创造性时的对比需要,即满足"其公开了何内容、该内容与拟无效专利有何关系的要求"。

三、因不能享受优先权而被无效的案件

【案例 2-8】

案情介绍

本案涉及发明名称为"供卷烟及其类似物用的翻卷式包装盒"的发明专利以及专利复审委员会第 5072 号无效宣告请求审查决定,该案申请日为 1986 年 4 月 29 日,并要求了 DE-P-3515775.5 的优先权。

请求人提出的无效宣告请求理由是:该专利不符合《专利法》第 22 条第 2、3 款新颖性和创造性的规定。

案例相关资料

1. 请求人的主要观点

在口头审理结束后,请求人又提交了书面意见,该书面意见认为,该案权利要求 1 中的"领口"的技术特征未被明确记载在优先权文本中,故该专利不能享受 DE-P-3515775.5 的优先权;由于本专利不能享受优先权,使已提交的证据 1 的公开日早于本专利申请日;由于证据 1 构成了可以评价本专利新颖性和创造性的现有技术,本专利权利要求 1 与证据 1 相比不具备新颖性,与证据 1~18 相比,本专利的权利要求 2~10 不具备创造性。

2. 专利权人的主要答辩意见

专利权人认为其专利可以享受 DE-P-3515775.5 的优先权,其理由是"领口"这一技术内容不是新的技术特征,而是公知常识,本领域技术人员在阅读

了优先权文本后，无需进一步的创造性劳动，即可得出在后中国申请权利要求1的技术方案。基于本专利的优先权成立，证据1不能破坏本案权利要求1的新颖性和创造性，与请求人提供的证据相比，本专利具有新颖性和创造性。

3. 合议组的认定

(1) 关于本专利的优先权。

合议组认为：根据《巴黎公约》第4条第H款的规定，要求优先权的权利要求中的技术特征应当明确地被在先申请所公开。

我国《专利法》第29条第1款规定，要求优先权的申请与在先申请必须具有"相同主题"。

将上述《审查指南》对"相同主题"的解释与《审查指南》对"新颖性"的解释相比较可以看出，"相同主题"与新颖性审查中所称的"同样的发明或者实用新型"属于同一个概念。所以，根据我国《专利法》的规定，确定是否可以享受优先权的标准应当采用判断新颖性的标准，而并非创造性的标准。

由于本专利的权利要求1中"领口"这一技术特征在DE-P-3515775.5中未被明确记载，而且该技术特征是所属技术领域的技术人员不能从在先申请中直接和毫无疑问地得出[因为该香烟包装盒所包装的是"由内层包装材料（锡箔）包装的成组卷烟"，即使不采用"领口"，借助于内层包装材料该包装盒也可以实现包装香烟的功能，故采用"领口"对于香烟包装盒而言并非惟一的选择]。因此，未写入权利要求中的"领口"这一技术特征不属于公知常识，根据《巴黎公约》及中国《专利法》的上述规定，本专利的权利要求1不能享受DE-P-3515775.5的优先权。证据1的公开日在本专利的申请日之前，可以作为本专利的现有技术。

(2) 关于本专利权利要求1的创造性。

合议组认为：证据1中公开了一种香烟盒的形状与结构，与本专利的权利要求1相比，其区别仅在于"由卡板纸一类的可折材料制成"这一技术特征未被明确记载在证据1中。由于证据1属于外观设计专利，外观设计专利不保护材料，被请求人所称的证据1中的"烟盒适于采用金属或塑料模压而成"只是其自身的推断而已。由于现有技术中的翻盖式包装盒大多采用卡纸板，所以本领域普通技术人员在证据1的基础上选用卡纸板作为香烟盒的制作材料并不存在任何障碍和困难，故相对于证据1而言，虽然本专利的权利要求1与证据1略有不同，但缺乏突出的实质性特点和显著进步，不具备创造性。

(3) 关于本专利的权利要求2~10的创造性。

由于本专利权利要求2~10的附加技术特征分别被证据4、5、11~14所公开，而证据1及证据4、5、11~14均涉及与本专利相同或相似的产品，故对于本领域普通技术人员来说，将这些证据进行相互组合不存在任何困难。因此，在权利要求1不具备创造性的前提下，权利要求2~10也不具备创造性。

案例思考

1. 优先权的效力

本案证据1是一份美国外观设计专利,其公告日为1985年7月2日,涉案专利申请日为1986年4月29日,涉案专利所要求的外国优先权日为1985年5月2日。

下面从两种情况来进行讨论。

(1) 优先权成立。

如果优先权成立,证据1是一份在本案优先权日与在后中国专利申请日之间公开的外国专利文献,它既不能作为评判涉案专利新颖性的对比文件,也不能作为评判涉案专利创造性的对比文件,因为证据1是一份未在中国专利局提出申请的外国专利文献。因此,按照《专利审查指南》第二部分第三章4.1.3的规定,由于优先权效力的存在,使得在外国首次申请的申请日和中国在后申请的申请日之间由他人提出的相同主题的发明创造因失去新颖性而不能被授予专利权。也就是说,即使有人在1985年5月2日至1986年4月29日期间向中国专利局提出相同主题的专利申请,也因为有外国优先权效力的存在而不会被中国专利局授予专利权。

(2) 优先权不成立。

本案中,正是由于在后中国申请不能享受在先申请的外国优先权,而使证据1由不能作为对比文件使用的证据转变成能够作为现有技术使用的证据,导致权利要求1相对于证据1不具有创造性,并致使涉案专利从属权利要求2~10也不具备创造性而被宣告全部无效。

2. 从优先权效力考虑证据的收集、使用及核实

(1) 从检索角度考虑。

在无效宣告请求提出前,无效宣告请求人往往很关注申请日或优先权日之前所公开的各种文献或证据的检索和收集,对在优先权日和实际申请日之间所公开的文献的检索和收集不够重视,实际上造成了检索的真空区。本案经验告诉我们,当拟无效专利要求有优先权时,一定要检索和收集那些在优先权日和实际申请日之间公开的专利文献和相关证据,在核证优先权不成立的情况下还要考虑那些在实际申请日前由他人向专利局申请、在申请日后公开的抵触申请。在新法实施后,抵触申请中所限定的"他人"已经被修改为"任何单位或个人。"

(2) 优先权的核实。

在目前的实用新型和外观设计专利申请的审批中,虽然也对优先权进行核实,但只是形式要件上的核证,对于具体技术内容一般不进行核实。虽然在对发明专利的实质审查中,审查员对优先权进行审查并承认了其优先权,但这种审查有时也会出现不应当享受优先权却享受了优先权的个别情况存在。所以在提出无效宣告请求前,请求人应该对拟无效专利是否能真正享受优先权、是全

部享受还是部分享受优先权的情况进行仔细核实。对于被请求人来讲，当其专利权被提出无效宣告请求时，也应该对优先权自行进行核证，以做到心中有数。

3. 优先权与在后申请技术方案之间的关系

（1）专利代理人对优先权的作用和效力的认识不足。

优先权最大的作用就是可以把享有优先权的在后申请视为在优先权日提出的，以将该在后专利审查确权的现有技术的检索界限和划界时间向前移至优先权日，使对比文件数量相对减少而使专利被授权的可能性增大。

但是，在后申请是否能够享受优先权，在什么情况下要求优先权，优先权什么情况下最有用，才是此案讨论的真正目的。在专利申请日常代理中，专利代理人经常处理要求有优先权的在后申请，也时常向专利申请人提出"当一个在先申请撰写不理想，或一个在后申请的技术方案要增加或改进时"，在后申请应该要求在先申请的优先权的建议，但是其对优先权与在后申请实际内容上的关联性以及要求优先权后可能产生的利与弊往往考虑不够，对于要求优先权的在后文本的权利要求如何进行撰写、改写，也未仔细加以权衡。

（2）优先权与在后申请技术方案之间的关系。

本案合议组认为："由于本专利的权利要求1中'领口'这一技术特征在DE-P-3515775.5中未被明确记载，而且该技术特征是所属技术领域的技术人员不能从在先申请中直接和毫无疑问地得出的，根据《巴黎公约》及中国《专利法》规定，本专利的权利要求1不能享受DE-P-3515775.5的优先权。"

从合议组上述对享受优先权的评述条件不难看出，优先权与能够享受优先权的在后申请之间的关系实质上表现为一种将相同内容的专利申请在所规定的时限内向不同的国家提出申请的过程，其目的只是解决同一申请人不可能或因为各种原因不能在同一时间向多个不同国家提出内容相同专利申请的问题的一种优待措施，而并不是让申请人通过优先权的方式去试图申请并不相同的技术方案，如果是后者，一般只能享受部分优先权。

4. 外观设计附图是否可作为无效发明专利或实用新型专利技术方案的证据

（1）无文字描述的外观或其他现有设计否定权利要求书的可用性。

请求人在本案中选择了一项美国外观设计专利作为现有技术来否定涉案专利权利要求1的创造性，并且取得了成功，其成功的主要原因是该涉案专利与证据1属于相同主题的产品，且权利要求1的技术方案基本都是对烟盒盒体形状及可见折叠结构及形状的描述，而证据1也是一个基本能体现相应盒体形状及可见折叠结构的烟盒，虽然证据1没有具体的文字描述，但通过证据1的外观附图可明显体现出与专利结构图对应的形状关系，并进而得出专利权利要求1所描述的文字内容。

对于那些已经可以作为现有技术使用的仅有附图或具有附图和少量文字的广告册、产品使用说明书、样本等，只要其明显具有和权利要求技术内容相对应、相近似的附图或照片，该类证据就同样可以起到文字类证据的作用，这也符合《专利审查指南》第二部分第三章2.3"对比文件是客观存在的技术资料，引用对比文件判断发明或实用新型新颖性和创造性时，应当以对比文件公开的技术内容为准"的规定。附图是技术内容的最直观的内容，当然可作为有力的证据使用。

因此，本案请求人选择外观设计作为最接近的现有技术来使用，以及合议组以该外观设计作为否定本案权利要求1创造性的证据并无不当。

（2）外观设计或附图类证据并非都适用于否定文字类权利要求。

在大多数情况下，专利权利要求的文字内容既包括部件间的分解或组合后的连接装配关系，也包括很多内部的结构，作为证据使用的外观设计专利视图或以附图为主的证据一般情况下只能揭示权利要求中可见的外部连接关系和外部形状，并不能揭示不可见的内部结构和连接关系，除非其有能清楚展示内部结构的剖面图和相应文字说明。因此，视图类证据是否能够作为主要证据及是否能起到无效的作用要视个案具体情况而定，本案证据1的成功使用在无效案件中仅占少数。对此问题，《专利审查指南》第二部分第三章2.3也有明确规定，"对比文件中包括附图的，也可以引用附图"进行新颖性、创造性的判断。但是，审查员在引用附图时必须注意，只有能够从附图中直接、毫无疑问地确定的技术特征才属于公开的内容，由附图中推测的内容或者无文字说明，仅仅是从附图中测量得出的尺寸及其关系，不应当作为已公开的内容。

5. 在进行专利创造性对比时可使用的对比文件的份数

在进行创造性对比时，无效宣告请求人到底能使用几项现有技术，专利复审委员会如何确定现有技术的使用份数，是无效宣告程序关注的焦点之一。需要双方专利代理人注意，《专利审查指南》第四部分第六章4所指的现有技术使用数量是以项计算的，而并非是以份数计算的，也就是说，在与拟无效专利的权利要求技术方案对比时，是以所引用结合的现有技术项数为数量的。有时，一份现有技术可能包含有两项或者两项以上现有技术，也可能只有一项现有技术；一份专业教科书的不同章节，可能公开了一项现有技术，也可能公开了多项现有技术。有时，几份对比文件可能只公开了一项现有技术。具体是按一项还是按多项算，要视现有技术所揭示的技术方案之间有无技术内容、发明目的上的联系，以及其技术方案所揭示的技术的完整性而定。

可以使用的现有技术的项数，除了与一份现有技术或者证据所揭示的技术方案的复杂程度相关外，还与拟无效专利的权利要求书中的技术方案项数和权利要求的引用关系有关。如果某一项权利要求中有两项技术方案，则与其对比的现有技术项数就可以不局限于两项，可以使用三项或者是四项现有技术与该权利要求对比。

四、利用采购指南上的图片否定专利创造性的案例

【案例2-9】是一件以图示照片成功否定实用新型创造性的案例，该案例与【案例2-8】有类似之处，介绍【案例2-9】的目的也是为了进一步说明，用图片或视图类证据否定有文字描述的发明或实用新型专利权利要求的适用性。

【案例2-9】

案情介绍

请求人向专利复审委员会提出，无效理由是其专利授权不符合《专利法》第22条第2~3款关于新颖性和创造性的规定，请求人提交了4份销售和宣传的采购指南作为证据。

被请求人认为请求人提供的4份证据因无公证认证手续而其真实性无法确定，另外，采购指南上的图片没有任何文字说明而不能破坏其专利的新颖性和创造性。

2005年2月17日，专利复审委员会作出了第6864号无效宣告请求审查决定，宣告该专利的全部权利要求无效。

案例相关资料

1. 合议组关于证据1~4真实性及公开日期的认定

（1）合议组关于证据1、3、4的公开日期的认定。

证据1第31页的出版信息表明其公开出版日期为2000年7月，证据3封面和第21页的出版信息上表明其公开出版日期为2002年3月，证据4第25页的出版信息上表明其公开出版日期为2001年12月。由于证据1、3、4的公开日均在本专利申请日之前，因此，证据1、3、4可以作为评价本专利的新颖性、创造性的现有技术。

（2）合议组关于证据2公开日期的认定。

请求人指出证据2的第317页所示日期"March 3-6, 2002"为证据2的公开日期，而合议组认为，证据2的第317页的宣传是"Int'l Hardware Fair-DIY'TEC"展览的广告画面，其"March 3-6, 2002"表示"Int'l Hardware Fair-DIY'TEC"的展览日期，而不是证据2的出版日期。因此，合议组认为，附件2的公开出版时间不能确定，附件2不能作为评价本专利的新颖性、创造性的现有技术。

2. 合议组对权利要求1是否具备新颖性的评述

权利要求1所限定的技术方案包括以下特征。

（1）一种建工钻头，螺旋刃形钻体与钻柄成一体；

（2）螺旋刃形钻体固定连接钨硬质合金钻头；

（3）钻柄前段是圆柄，后段是正六边形角柄；

（4）在角柄上还设有一凹形环槽；

（5）凹形环槽横切面为圆形，纵截面为弧形。

证据1第331页的Drill Bits建工钻头、证据2第57页930型建工钻头、证据3第81页左下角所示的建工钻头，虽然其横截面为多边形的角柄并具有金属钻头，但没有明确表示其为正六边形角柄以及钨合金钻头，因而不能确定这几款建工钻头的钻头和角柄与权利要求1的上述特征2）、3）完全一致，而证据1第331页的Masonry Drill Bit建工钻头有横截面为六边形的角柄，但没有表明钻头为钨合金、也没有明确六边形是"正"六边形，因而也不能确定其钻头、角柄与上述特征2）、3）完全一致。可见，证据1、3、4所公开的各个建工钻头与权利要求1的建工钻头分别对比，在技术特征上都存在区别，即不是完全相同的技术方案。因此，权利要求1相对于证据1、3、4具备《专利法》第22条第2款规定的新颖性。

3. 对于创造性的评述

（1）被请求人的观点。

被请求人认为证据1、3、4仅列出类似产品的照片，没有产品相关技术的文字描述，无法认定其技术内容和特征，无法与本专利的产品的结构形状等特征进行比较，因此上述证据不能作为判定本专利是否具有创造性的对比文件。

（2）合议组的观点。

合议组认为："小五金工具产品结构简单，根据本专利的授权文本的附图能清楚看到该产品结构特征，而证据1、3、4图示的产品照片足够清楚，可以辨认出其形状和构造，并具有部分参数说明，因此能够得出具有与权利要求相同的那些结构特征，所以证据1、3、4能够作为评价本专利新颖性、创造性的对比文件。"

合议组又认为："判断一个实用新型产品是否具备新颖性、创造性是与最接近的现有技术相比较而言的。"

现有技术即证据1所示的Masonry Drill Bit建工钻头与本专利所保护的产品具有基本相同的结构形状特征，并且正如被请求人所述，各个尺寸等相关参数应当是与作用的对象以及其配合使用的器具相匹配的（比如不同卡具用于不同的电动工具，因而卡具具有固定的公知的参数范围，其决定了钻头钻柄的相关参数），这些都是所属技术领域公知的工具配置规格。另外，这些具体参数特征也并不是对本发明创造作出实质性贡献的特征，因此，在具有基本相同结构形状的产品的基础上，采用这种公知的技术参数变化所得到的产品并不需要所属领域技术人员付出创造性的劳动，即本专利所保护的技术方案相对于证据1、3、4不具备专利法所规定的创造性，从而被请求人陈述的理由不能被接受。

案例思考

（1）笔者对证据2公开日期的看法。

笔者认为按照一般认识事物的习惯，既然证据2明确了具有相应图片的展览日期已经向公众发布，就说明该展览应该在该时间已经进行了展览，展览虽不是公开出版行为，但肯定是一种为销售而进行的公开宣传行为，其面向的是广大用户，其展览是在本专利申请日2002年6月14日之前举办的，因此，这种展示行为应该属于《专利审查指南》第二部分第三章 2.1.2.2 所指的使用公开的情况。合议组虽不能以公开出版物的方式认定证据 2 的公开日期，但可以以使用公开的方式对证据 2 的公开时间进行认定。新法实施后，国外的在先使用公开也属于现有技术的范畴。

（2）笔者对权利要求 1 是否具有新颖性的看法。

通过分析合议组对权利要求 1 是否具备新颖性的评述，不难看出，由于权利要求 1 所述技术方案分别与证据 1、3、4 单独对比后都存在两个区别，即 3 份证据均未明确钻头的角柄是否为"正六边形"和钻头是否为"钨合金"材料制成的，所以权利要求 1 具有新颖性。笔者认为，合议组的这种认定是符合《专利审查指南》第二部分第三章 3.2.1~3.2.2 规定的，其理由如下。

在证据 1、3、4 中公开的仅有图片而没有文字，当然也未揭示应是"六边形"还是"正六边形"，故只能以"六边形"这一上位概念来认定，而"六边形"是权利要求 1 中所述的"正六边形"角柄的上位概念，上位概念的公开不能破坏下位概念的新颖性。"钨合金"这个材料区别在证据 1、3、4 中也没有记载。

（3）笔者对创造性的思考。

本案是通过产品采购指南中所公开的图片及少量钻头参数的标注，以不符合创造性为由成功使专利权被宣告全部无效的。其成功的原因之一是，请求人的几份证据都能被认定为专利申请日前公开出版的出版物，其可以作为否定创造性使用的现有技术。其成功的原因之二是，这些证据都经过公证和认证并都能提供原件，符合域外证据认定的相关规定。其成功的原因之三是，在 3 份证据中都有照片明确显示出涉案专利的整体和各个部分的形状及钻头直径大小等参数。其成功的原因之四是，该涉案专利所要求保护的恰好是以外形形状和参数为主要技术特征的，较为直观且无内部不可见结构的小五金产品。

五、是否存在技术启示的案例

在无效宣告程序对创造性的评价中，对一组权利要求经常要采用两份或两份以上的现有技术结合进行创造性评判，其评判方式是按照《专利审查指南》第二部分第四章 3.2.1.1 规定的三步法判断步骤进行。在无效宣告请求程序的代理中，根据第一步确定最接近的对比文件，以最接近的对比文件进行对比是双方当事人一开始就要进行的最基本的工作，而对比后列出区别特征也并不困难，关键是第三步中关于是否存在技术启示的论述一定要有理有据，所以第三步的确定有一定的难度、也是决定创造性评判能否被认定的关键。

下面我们通过几个不同的案例对是否存在技术启示的问题进行分析讨论，以加深专利代理人对此方面知识的了解和掌握，提高专利代理人在无效宣告程序实际操作中的代理水平。

（一）不存在技术启示的案例

【案例 2-10】

案情介绍

本案涉及国家知识产权局授权公告的 01200715.3 号实用新型专利权，其发明名称为"记忆卡的讯号转接器"，其权利要求书有 1 个主权项和 4 个从属权项。

请求人的无效请求理由是本专利权利要求 1 不符合《专利实施细则》第 21 条第 2 款和《专利法》第 22 条第 2~3 款的规定。

请求人提交了 2 份专利文献作为现有技术证据，对比文件 1 为编号为 ZL99255037.8 的中国实用新型公告文本，对比文件 2 为编号为 ZL98206002.5 的实用新型公告文本，两份对比文件的公开日均在本专利申请日之前，可以作为现有技术评价本专利的新颖性和创造性。

2005 年 12 月 22 日，专利复审委员会作出了第 7997 号无效宣告请求审查决定，决定维持该实用新型的专利权有效，维持专利权有效的主要理由是，对比文件 1 和 2 均没有公开权利要求 1 的技术方案，也没有应用该技术方案的技术启示。因而，权利要求 1 保护的技术方案具有实质性特点和显著进步，故具有创造性。

请求人对第 7997 号审查决定不服，先后向一审法院和二审法院提出起诉和上诉请求，二审法院作出维持原一审法院作出的维持第 7997 号无效审查决定的终审判决。

案例相关资料

（1）授权公告时权利要求书的内容。

1. 一个记忆卡的讯号转接器，包括一板型插座及固定于基座上、下两面的基板，其特征在于：基座从记忆卡插入端的一侧沿水平方向向另一侧加以延伸，并利用空间相互重叠的方式形成复数个可以容纳不同形式，尺寸的记忆卡的槽位。

2. 如权利要求 1 所述的记忆卡讯号转接器，其特征在于：所述基板上分布有电路连接组态，而基板之间又以导通元件将彼此的讯号连接，且两基板都在面对上述基座板面上焊接有复数个接触元件。

（2）涉案专利的附图及对比文件的主要附图（参见图 2-1、图 2-2 及图 2-3）。

（3）合议组关于创造性的评述。

本专利权利要求 1 要求保护一种记忆卡的讯号转接器，分解后包括以下技术特征：

1) 包括一板型基座及固定于基座上、下两面的基板；

2) 基座从记忆卡插入的一侧沿水平方向至另一侧加以延伸；

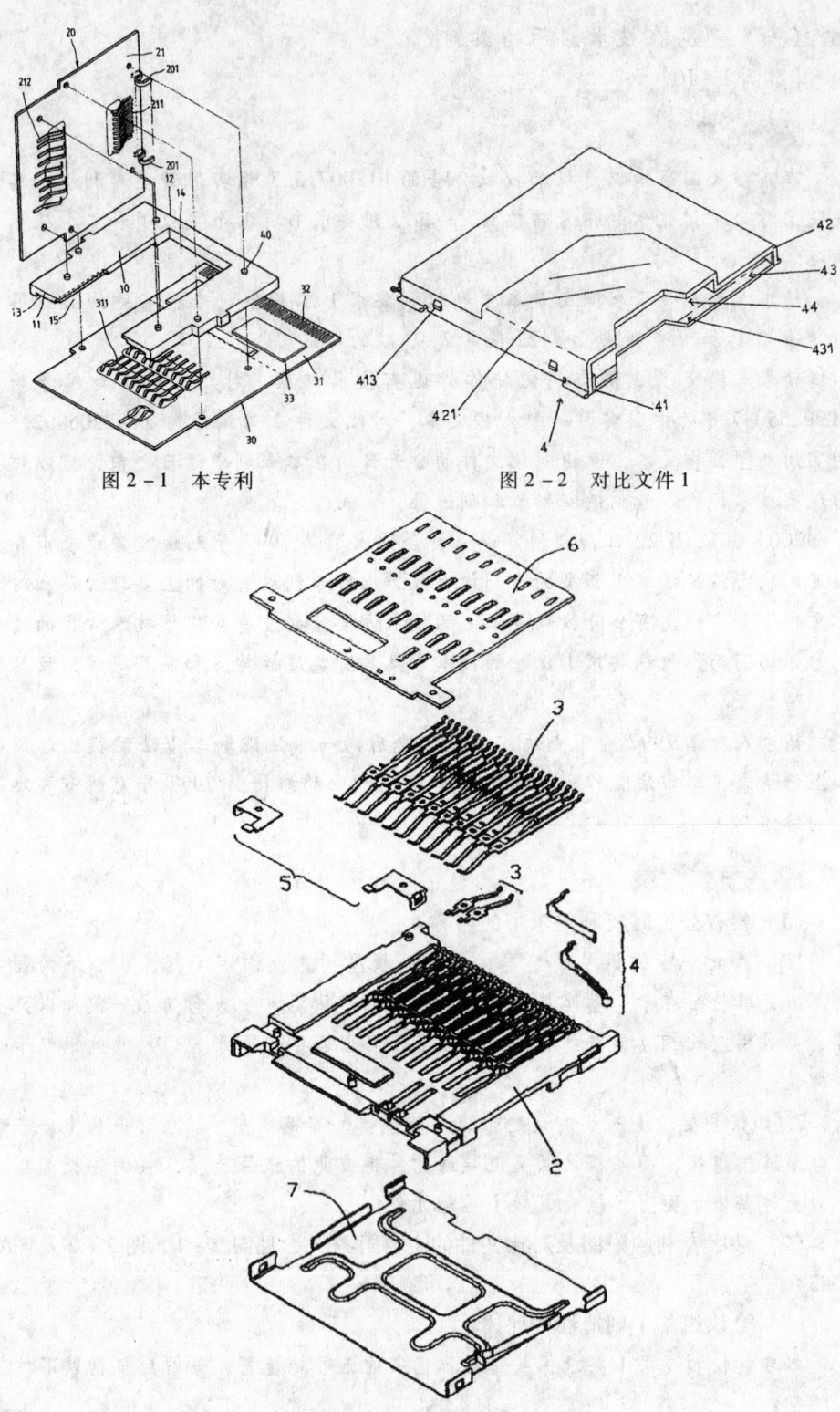

图 2-1 本专利

图 2-2 对比文件 1

图 2-3 对比文件 2

3）基座利用空间交互重叠的方式形成复数个可以容纳不同形式、尺寸的记忆卡的槽位。

通过比对可以看出，本专利权利要求1所要求保护的转接器是由中间的基座附加上下基板组成的三件构件结构组成的转接器，而对比文件1附图2-2所公开的产品是由底座和上盖两个构件组成的转接器，在整体的结构（即特征1）上具有区别。由于对比文件1中的存储卡共用座不具有基座，因而专利权利要求1的特征2）和3）所记载的有关基座上的技术特征在对比文件1中也没有公开。

由于本专利与对比文件1设计的出发点不同、构思不同，本领域的技术人员在对比文件1的由凸凹不平的上盖来构成卡的槽位的基础上，较难想象到将该转接器的整体结构进行改变，从而得到本专利权利要求1所记载的技术方案。因而，本专利权利要求1相对于对比文件1具有实质性的特点和进步，权利要求1相对于对比文件1具有《专利法》第22条第3款规定的创造性。

关于权利要求1相对于对比文件1与对比文件2的结合是否具有创造性，合议组认为：首先，对比文件2本身也不具有本专利权利要求1所记载的由基座的厚薄不同来认定槽位的结构；其次，本领域的普通技术人员在对比文件1的底座加上盖的增高部的基础上，结合对比文件2的基座，所得出的电子卡的讯号转接器仍然是由盖体来决定槽位空间，其中的基座2只是起到电连接的作用，不同的记忆卡在该转接器中仍需要通过上盖的高低进行厚度调节，因而其无法得出整体构思采用上基板和下基板，在中间设置基座，由基座的厚薄设置来设置多个槽位的技术启示，因此权利要求1相对于对比文件1与对比文件2的结合具有《专利法》第22条第3款规定的创造性。

案例思考

（1）对比文件1与本专利权利要求1之间是否存在技术启示。

通过将对比文件1的附图2-2和本专利附图2-1进行比较来看，两者都存在一个共用的可供两种卡插设的空间，也都存在一个互用重叠的空间，应该说具有相同的发明目的和相近的技术效果，从形式上看，对比文件1似乎对本专利具有某种技术启示。

但是，对比文件1与本专利的技术方案不同，即对比文件1的技术方案是利用底座和上盖两部分形成插置空间，插置空间构成是利用上盖的凸起形成的，而本专利是利用上下盖中间基座本身的厚度的变化而形成插置空间的，空间的构成与上下盖无直接的关系，因此本专利的权利要求1与对比文件1是不同技术构思形成的整体结构不同的两个技术方案，在对比文件1中，也没有有关中间基板的任何提示，更谈不上将中间基板设计成不同尺寸空间的相应技术手段。所以说，对比文件1对本专利权利要求1的技术方案中区别特征所解决的技术问题没有技术启示。

（2）对比文件2是否有技术启示。

《专利审查指南》第二部分第四章3.2.1.1所规定的技术启示是针对于区

别技术特征而言的,具体来说是针对所存在的区别技术特征在公知常识或另外的对比文件中所披露的技术手段而言的。通过本案前述的对比分析,在对比文件2的附图2-3中没有显示多卡共用的结构,而文字描述中也未提及多卡共用的技术手段,对比文件2与本发明权利要求1中所确定的由中间基座进行空间变化而提供可供多卡插用这一解决的技术问题之间无任何关联性。因此,对比文件2对本专利权利要求1所述的技术方案不存在技术启示,所以本专利相对于对比文件1和对比文件2的结合具有创造性。

(二) 存在技术启示的案例

【案例2-11】

案情介绍

本案涉及国家知识产权局授权公告的、名称为"易收边高尔夫球杆握把"的实用新型专利。

无效宣告请求人于2006年4月29日向专利复审委员会提出无效宣告请求,无效请求理由为本专利权要求1~10均不符合《专利法》第22条第3款的规定,请求人提交了5份专利文献作为对比文件(以下简称证据)。

2007年3月26日,专利复审委员会作出了第9772号无效宣告请求审查决定,宣告本专利权利要求1、2、6~10无效,维持权利要求3~5有效。

被请求人不服第9772号无效宣告审查决定并向北京市第一中级人民法院提出了行政诉讼,一审法院作出维持第9772号无效宣告审查决定的判决。

案例相关资料

(1) 涉案专利公告授权的权利要求书内容摘录。

1) 一种易收边高尔夫球杆握把,该握把包括为中空管状的内衬管及防滑表层;内衬管具有本体及分别成型于本体上、下端的盖头及护环;防滑表层为包覆于内衬管本体外表面的片状体;其特征在于所述的盖头以本体为中心环设有第一凹槽;包覆在内衬套本体外表面的防滑表层的上、下端分别容纳于盖头的第一凹槽内及抵接于护环。

2) 根据权利要求1所述的易收边高尔夫球杆握把,其特征在于所述的护环以内衬管本体为中心环设有第二凹槽,使得防滑表层抵接于护环并容纳于护环的第二凹槽内。

(2) 相关附图。

本专利参见图2-4及图2-5,证据2参见图2-6,证据1参见图2-7。

(3) 合议组对权利要求1、2、6~10的创造性评述。

1) 证据2所公开的技术特征。

证据2(参见图2-6)公开了一种高尔夫球杆握把,其具有空心的核心(10),核心(10)具有一主体(14)、第一端(16)和第二端(11),第二端(11)处形成裙状周沿(12)的凸缘,第一端(16)具有扩大的护环(18),条带材料(22)的外表面与护环(18)在其邻接处齐平,裙状周沿(12)折

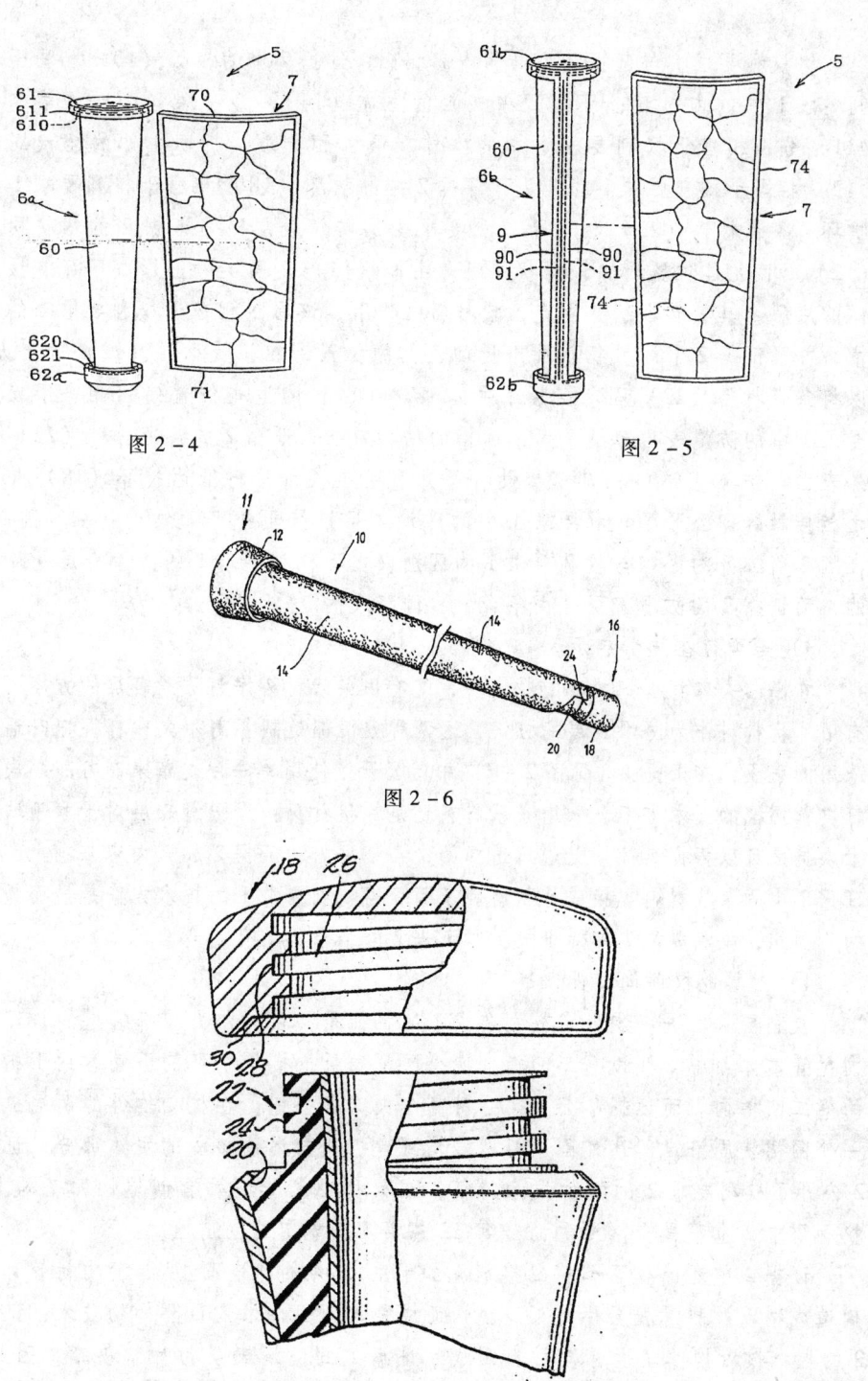

图 2-4

图 2-5

图 2-6

图 2-7

回主体的位置在条带材料（22）的上方，以便将条带材料（22）固定在紧靠主体部分（14）的适当位置。

2）权利要求1与证据2比较后存在的区别特征。

将权利要求1与证据2公开的内容相比,证据2中的核心(10)相当于权利要求1中的内衬管;证据2中核心的主体(14),第一端(16)和第二端(11)分别相当于权利要求1中的本体、下端和上端,折回主体的裙状周沿(12)相当于权利要求1的盖头;证据2中的护环(18)相当于权利要求1的护环,条带材料(22)相当于权利要求1的防滑表层;当证据2的裙状周沿(12)折回主体位置时,该裙状周沿与主体(14)之间实际上形成了环绕该主体的周隙,其具有容纳并固定条状材料的作用,该周隙相当于权利要求1的凹槽,并且证据2中的"裙状周沿折回主体的位置,在条状材料(22)的上方,以将条带材料(22)固定在紧靠主体部分(14)的适当位置处"相当于权利要求1中的防滑表层容纳于第一凹槽的结构特征;证据2的条带材料(22)的外表面与护环(18)在其邻接处齐平,表明该条带材料抵达护环(18)并与之相接触,即公开了权利要求1中的防滑表层抵接于护环的结构特征。因此,证据2所公开的内容与权利要求1的区别仅在于权利要求1的防滑表层是片状的,而证据2的防滑表层是由条带材料缠绕成的。

3)是否存在技术启示。

在高尔夫球杆握把的现有技术中,既有用条状材料作为防滑表层的方案,也有用片状材料作为防滑表层的方案,这两种方案都是制备高尔夫球杆握把时通常采用的手段,在证据1(见图2-7)中就公开了使用单一片皮革来制备高尔夫球杆皮革握把的技术方案,采用条状材料还是片状材料作为防滑表层对于本领域技术人员是可以根据具体情况进行选择的,在证据1和证据2公开内容基础上,将证据2中的条状材料更换成片状材料从而获得权利要求1的技术方案是显而易见的,因此,权利要求1相对证据1和证据2的结合不具有创造性。

4)对其他权项创造性评述。

权利要求2进一步限定权利要求1的特征是,在高尔夫球杆握把的护环以内衬管本体为中心环设第二凹槽,使得防滑表层抵接于护环的下端容纳于护环的第二凹槽内。而证据2公开了一种高尔夫球杆握把,在核心构件的两端提供一外围裙状周沿,所述外围周沿两端均可弯折朝向远离核心的主体部分,证据2公开了权利要求2的附加技术特征,在权利要求1不具有创造性的基础上,权利要求2也不具有《专利法》第22条第3款规定的创造性。

证据2中还记载了"将黏接剂施加于主体14的外表面上",而内衬管可经模造成型以及防滑表层片材可经裁切而成是本领域技术人员公知的技术,证据2的握把核心构件即由弹性材料制成,证据1的防滑表层为片状皮革,因此,在权利要求1相对于证据2和证据1的组合不具有创造性的基础上,权利要求6至10相对于证据2和证据1的组合也不具备《专利法》第22条第3款规定的创造性。

案例思考

(1)证据1对权利要求1和2是否存在技术启示。

从前述所介绍的相关内容及合议组对相关权利要求创造性的评述可以看出，请求人对证据 1 和证据 2 的选用结合是比较到位的，证据 1 实际公开了一种用片状材料包覆高尔夫球握把的结构，而且，片材的上端环沿被盖头拧压固定，而片材下周沿可被一环箍套压进行收边（图 2-7 未显示），实际上的作用相当于涉案专利权利要求 1 中盖头的第一凹环及权利要求 2 中的第二凹槽的收纳作用。

如严格地按创造性进行比对，应该说证据 1 本身已经公开权利要求 1 和 2 的技术方案，其理由是盖头的压拧片材的上周沿既起到了固定片材的作用，又起到了遮盖片材上环沿尺寸误差的作用，对权利要求 1 中所述的盖头第一凹槽 610 的区别特征具有技术启示，而套合于高尔夫球握把下端的环箍的作用也类似于权利要求 2 中护环的第二凹槽 620 的作用，也对第二凹槽这一区别特征具有技术启示。因为，证据 1 中的盖头拧压和下部环箍的相关技术手段在证据 1 中所起的作用是收纳片材两环沿的遮掩作用，而权利要求 1 和 2 中的区别特征第一凹环和第二凹槽在专利中所解决的技术问题也是遮掩防滑表层两环沿，以解决防滑表层尺寸误差导致的外露不美观问题。因此，证据 1 中的相关技术手段和本专利的区别特征在各自技术方案中所起的作用相同。根据《专利审查指南》第二部分第四章 3.2.1.1 的规定，存在技术启示的第二种情况是"其所述区别特征为同一份对比文件其他部分所披露的技术手段，该技术手段在该其他部分所起的作用与该区别特征为保护的发明中为解决该重新确定的技术问题所起的作用相同"，所以说，证据 1 对本专利权利要求 1 和权利要求 2 保护的技术方案存在技术启示，证据 1 可以单独否定此两权项的创造性。

（2）证据 1 对其他权利要求是否具有技术启示。

权利要求 6~10 都是对权利要求 1 的进一步限定，从证据 1 的说明书中不难找到与其相关的技术特征的揭示，比如在证据 1 说明书中就公开有关衬底（相当于本专利中的握把）可由软橡胶材料连同盖头一起整体成形及可以在皮革与衬底之间涂施胶粘剂等技术内容，基本上公开了本专利权利要求 6~10 的技术特征。如果是站在本领域技术人员中立的立场上去进行创造性评价，则上述权利要求相对于证据 1 所公开的事实应当也不具备创造性。

（3）证据 2 对专利权利要求 1 是否存在技术启示。

在此案中，双方当事人争论最多的是关于"证据 2 中的核心（10）的折回主体的裙状周沿（12）与权利要求 1 上部一体成形的盖头 61 以及裙状周沿翻折回去将条带上周边包覆固定的作用是否与专利盖头的第一凹槽 610 对片材的包覆遮盖作用相当"的问题，如果两者相当或有关系，则说明证据 2 对权利要求 1 的第一凹槽所解决的技术问题"遮盖"具有技术启示，因为裙状周沿翻折后将条带遮盖在两夹层环状的弹性束紧空间中，裙状周沿这一技术手段在证据 2 中的作用与区别特征第一凹槽 610 所解决片材上下周沿遮盖的技术问题所起的作用相同。而对于握把防滑表层所用包覆材料采用片材还是条带缠绕，并不是构成本案的发明要点，因此可以认为，证据 2 对专利权利要求 1 保护的技术方案也存在技术启示。

（4）关于证据 1 和证据 2 结合的问题。

通过上述分析，笔者认为证据 1 和证据 2 都可以作为最接近的对比文件来使用，因为它们与本专利的技术领域相同，公开的技术特征最多，但合议组为了使本案的评述更有说服力，决定理由更充分，采用了证据 1 和证据 2 结合的方式对权利要求 1 的创造性进行了评述，即专利权利要求 1 与证据 2 对比后，其存在的惟一区别特征是表层采用片材作防滑表层，而证据 2 的防滑表层为条带缠绕构成，其区别特征所解决的技术问题是进行整体环绕包覆，而证据 1 中采用的技术手段是用片状防滑表层进行整体环绕包覆，两者所起的作用相同，因而，证据 1 对本专利权利要求 1 具有技术启示，权利要求 1 相对于证据 1 和证据 2 的结合不具备创造性。

（5）是否存在技术启示不能仅以技术手段和区别特征表述是否相同进行判断。

在对是否存在技术启示进行判断时，不能仅以区别特征与技术手段的名称是否相同或类似进行判断，要从两者所隐含的或所起的作用是否相同、是否存在相互的联系和间接启发上进行深层次的考虑。例如，证据 2 中可翻折的裙状周沿 12 与条带防滑表层之间的关系，在条带缠绕时和缠绕完毕后该两者之间并无遮盖的掩饰固定作用，如果此时把它与权利要求 1 中的第一凹槽与片状防滑表皮层之间进行对比的话，两者显然存在区别，即不容易看出是否存在技术启示。因为，权利要求 1 的第一凹槽与片状防滑表层之间遮盖的掩饰作用是直观的、是固定状态的，只要防滑表层往握把上一包覆，其关系已经发生。而证据 2 中的裙状周沿与防滑表层之间关系不是直观的，是呈变化状态的，即只有把裙状周沿反向翻折回去之后才与防滑表层之间构成遮盖掩饰作用，而且这种结构，同样适用于权利要求 1 中的片状防滑表层的遮盖掩饰。所以，两者之间是存在技术启示的。

（三）存在技术启示的案例

【案例 2-12】

案情介绍

本案涉及国家知识产权局公告授权的、发明名称为"数字示波器的视频触发装置"的实用新型专利。无效宣告请求的理由是该专利不符合《专利法》第 22 条第 2~4 款的规定，请求人分 2 次提交了 6 份证据。

口头审理时实际使用的证据如下。

附件 2：《电光与控制》2000 年 5 月第 2 期中的 AG《电路应用的文章》

附件 4：988010917 号中国发明专利申请公开说明书

附件 5：《电视技术》1986 年第 5 期，第 48~50 页

专利复审委员会作出第 10517 号无效宣告请求审查决定，宣告本实用新型专利权利要求 1~2 无效，并在权利要求 3~8 的基础上维持本专利有效。

案例相关资料

专利复审委员会的评述摘录：

（1）确定区别特征并重新确定所要解决的技术问题。

将本专利权利要求1所要求保护的技术方案与附件2公开的内容相比可知，虽然附件2中的视频信号幅值提取电路是用于摄像机自动调光系统，而本专利的视频触发装置是用于数字示波器，但均属于视频显示装置中的信号处理技术，技术领域相同；所要解决的技术问题都是用于调整输入到显示装置（本专利中为示波器，附件2中为显示器）的视频信号以使其幅度保持稳定；在附件2公开的内容中，视频信号输入放大电路相当于权利要求1中所述的增益放大器，行场分离电路相当于权利要求1所述的行场信号分离器，基准电路相当于权利要求1所述的基准电平发生器，误差运算电路相当于权利要求1所述的电平比较器，其区别在于：①权利要求1中还包括峰值检波器，并且其中电平比较器是将峰值检波器输出的峰值信号和基准电平发生器提供的标准电平信号相比较，而附件2中是将幅值提取电路提取的视频信号幅值与基准电路设定的幅值相比较；②附件2的视频信号幅值提取电路在应用于摄像机自动调光系统中时，其对视频信号的处理是通过带动密度盘以改变光学透过率、调整进入摄像机靶面的光强度来实现的，而本专利的视频触发装置是通过调整增益放大器的增益来提供稳定的视频触发信号，二者调整视频信号幅值的方式不同；③权利要求1中还包括视频极性选择器。

根据上述区别特征，合议组重新确定本专利权利要求1实际解决的技术问题为：基于视频信号峰值和标准电平的比较通过调整增益放大器的增益来提供稳定的视频信号。

（2）另一份对比文件采用的技术手段及其作用。

附件4公开了一种例如用于硬盘驱动器的自动增益控制电路，其所要解决的技术问题是提供一个改进的自动增益控制电路，用于放大输入信号使得该放大信号对一个参考值有特定的响应。其中公开了该自动增益控制电路包括可变增益放大器、峰值检测器、比较器、积分器等装置，其中该可变增益放大器根据增益控制信号放大所述输入信号，峰值检测器用于检测所述放大信号的峰值，比较器将峰值检测器的输出信号与参考电平即所述参考值相比较以得到误差信号，积分器用于积分误差信号以得到所述增益控制信号。

可见，上述区别特征①和②已经被附件4公开，并且在附件4中所起的作用与本专利相同，都是基于信号峰值与参考电平的比较通过调整增益放大器的增益来改变输入信号的幅度；而且，附件4的自动增益控制电路作为一种通用的电路模块，可以应用于各种具体的电路系统中，包括本专利的数字示波器的视频触发装置。因此，本领域技术人员为了解决视频信号稳定的问题，有动机将附件2和附件4结合。而上述区别特征③视频极性选择器是数字示波器中的必备部件，这是本领域的公知常识。因此，合议组认为，将附件2、附件4和公知常识相结合以得到本专利权利要求 1 的技术方案，对于本领域技术人员来说是显而易见的，因此权利要求 1 不具备《专利法》第 22 条第 3 款规定的创造性。

> **案例思考**

（1）如何根据区别特征，重新确定实际解决的技术问题。

本案与【案例 2-11】的不同之处是合议组重新确定了本专利权利要求 1 实际解决的技术问题是"基于视频信号峰值和标准电平的比较通过增益放大器的增益来提供稳定的视频信号"。

合议组重新确定的解决的技术问题与本专利原始文本中所记载的所要解决的技术问题不同，因为原来所要解决的技术问题是针对其撰写时的背景技术中的数字示波器视频触发信号不稳定的缺点而确定的（参考专利复审委员会评述中的第 2 点）。

而在无效宣告请求中，请求人所提供的最接近的对比文件应是附件 2，而附件 2 是《电气控制》2000 年 5 月第 2 期中所载"视频信号幅值提取电路的设计及其在自动调光系统的应用"文章中所揭示的相关内容，此时，将权利要求的技术方案与附件 2 所揭示的内容对比后，原权利要求 1 中的技术内容就要重新划界并发生变化，即前序部分增加了一些原来属于特征部分的内容，而原特征部分的内容减少或者不存在了。在区别特征不存在的情况下，相应的权利要求 1 也就没有新颖性或创造性。而存在的区别特征的改变或者减少必然会导致其所要解决的技术问题发生变化。对于本案而言，由于其所确定的解决的技术问题已被附件 2 部分解决了，因此本案合议组要重新确定本专利权利要求 1 实际解决的技术问题。

在对比文件对专利权利要求的威胁不大时，其就不需要重新确定所要解决的技术问题。例如，在【案例 2-10】中，其解决的技术问题仍然是专利公告文本中所记载的原有解决的技术问题。其解决的技术问题没有改变的原因是无效请求人所确定的最接近的对比文件的针对性不强，对拟无效专利的权利要求所保护的技术方案未产生大的威胁，原技术方案所确定、解决的技术问题至无效宣告请求时还没有人能够完成或很好地解决，原背景技术中所确定的用于划界的最接近的对比文件所述的缺陷仍未得到解决，此时，该专利就不需要重新确定所要解决的技术问题，该专利就肯定具有创造性。

（2）重新确定所要解决的技术问题与申请文件撰写的关系。

1）与说明书撰写的关系。

按照《专利法》第 26 条第 3 款的规定，说明书应当对发明或者实用新型作出清楚完整的说明，以所属技术领域的技术人员能够实现为准。

《专利审查指南》第二部分第二章 2.2.1~2.2.7 对此作了具体的要求，按照上述条款的规定，在进行专利申请文件撰写时，其说明书应当包括背景技术和所要解决的技术问题，以及为解决所述技术问题而采取的技术方案，同时，所要解决的问题，要与发明目的以及确定发明目的的背景技术中最接近的现有技术的缺陷密切相关，一旦最接近的现有技术改变了，则相当于原现有技术存在的缺陷改变了，其发明目的和所要解决的技术问题就失去了原撰写时的针对性和关联性，因此，所要解决的技术问题此时就要进行修改。

2）与权利要求书撰写的关系。

按照《专利法实施细则（2001）》第21条和第22条（现已被修订为《专利法实施细则》第20条第2款和第21条）的规定，"独立权利要求应当从整体上反映发明或实用新型的技术方案，记载解决技术问题的必要技术特征，并写明区别于最接近现有技术的区别技术特征"，撰写时所确定的最接近的现有技术越符合实际情况，该专利独立权利要求限定的保护范围就越稳定。例如，【案例2-10】中，无效宣告请求人使用的证据对其权利要求特征划界的影响不大，并没有威胁到权利要求的创造性。因此其所要保护的技术方案及所要解决的技术问题就无须改变或进行修正，自然也就没有必要重新确定所要解决的技术问题。

如果专利权人撰写权利要求时用于划界的现有技术与实际情况不符或出入较大，或者是选择了一份与专利申请主题及技术方案不太相关的现有技术进行权利要求前序和特征部分的划界，而请求人在无效宣告请求时使用了对权利要求技术方案划界有较大影响的最接近的现有技术，则该专利的创造性就存在较大问题，被宣告无效的可能性很大。因为，新的最接近的现有技术的出现使权利要求中区别于现有技术的必要技术特征减少，其所要保护的技术方案本身已发生了质的改变，所以需要对发明所解决的技术问题进行重新确定，例如【案例2-12】中的情形。

综上所述，无论是专利代理人还是专利申请人，在申请专利时都应按照《专利法》《专利法实施细则》及《专利审查指南》关于申请文件撰写的相关规定，进行必要的检索，正确地确定最接近的现有技术并按现有技术进行合理划界，正确按照发明目的和实现发明目的的技术方案慎重确定所要解决的技术问题，以尽量减少由于检索不到位、划界不属实而导致专利被宣告无效的几率增加。

第七节　申请文件撰写缺陷对权利稳定性的影响

无效宣告请求程序设置的实际目的是使那些错误授予专利权或不完美授予专利权的行政审批行为无效，其中自然涉及在申请文件撰写上存在（除"三性"问题以外）其他实质性缺陷的已授权的专利。

虽然此类无效案数量不多，但事关专利权的稳定及专利权人的根本权益，同时，也涉及申请文件的撰写质量，以及专利代理人水平的整体性提高，故列举几个实际无效案例在此节进行分析讨论以引起专利代理人的足够重视。

本节所举案例涉及不符合《专利法》第26条第3～4款、《专利法实施细则（2001）》第21条第2款（现已被修订为《专利法实施细则》第20条第2款）以及《专利法实施细则（2001）》第20条第1款（现已并入《专利法》第26条第4款）规定的情形。这4项法律条款都是授予发明专利权和实用新型专利权的实质性审查条款，它们不仅高频率出现在各种审查意见中，也是驳回的主要理由，更是无效宣告请求程序中缺乏可用的对比文件及证据时经常使用的无效宣告理由。可以说，如果专利代理人对此类实质性审查条款的意义和所涉及的问题有深层次的理解，对不满足这些实质性授权条款的实质性缺陷产生的原因和如何克服有一定的实际把握能力，那么应该说是一个称职的专利代理人，就能胜任目前代理工作的实际需要。

一、关于权利要求得不到说明书支持的案例

【案例2-13】

案例相关资料

1. 专利结构图（参见图2-8和2-9）

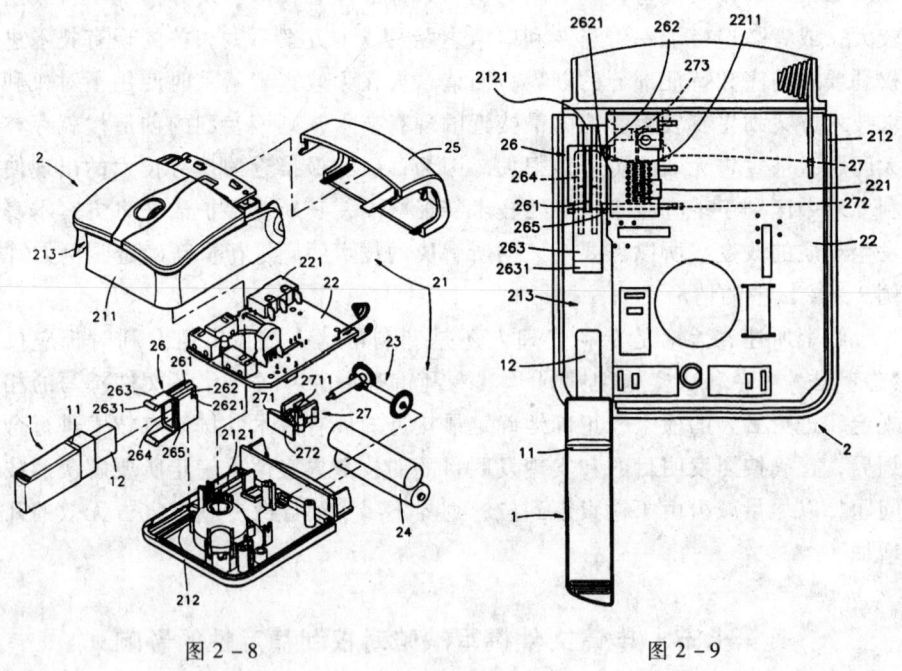

图2-8　　　　　　　图2-9

2. 授权公告的权利要求书

1. 一种可收纳接收器的无线输入装置，包括有一输入装置及接收器，而输入装置位于一上盖及底盖所组成的外壳体内，外壳体内容置有电路板、感测组及电池，其特征在于：该输入装置具有一容置空间，该容置空间内收纳一接收器，且利用一定位机构将接收器定位。

2. 根据权利要求1所述的可收纳接收器的无线输入装置，其特征在于：该电路板具有一电源开关。

3. 根据权利要求1所述的可收纳接收器的无线输入装置,其特征在于:该定位机构的一侧定位有一推抵装置,且推抵装置利用一弹性元件抵持一推板。

4. 根据权利要求1所述的可收纳接收器的无线输入装置,其特征在于:该定位机构具有一透槽,为容置接收器的插接部。

5. 根据权利要求1所述的可收纳接收器的无线输入装置,其特征在于:该定位机构于一侧延伸出有卡掣臂,而卡掣臂末端的卡掣部卡掣于接收器表面凹设的卡掣槽内。

6. 根据权利要求1所述的可收纳接收器的无线输入装置,其特征在于:该定位机构一侧表面剖设有一卡沟,而卡沟则插入一推抵装置的推板。

7. 根据权利要求1所述的可收纳接收器的无线输入装置,其特征在于:该定位机构其中一侧表面设有一导槽。

8. 根据权利要求1所述的可收纳接收器的无线输入装置,其特征在于:该输入装置为滑鼠、键盘或摇杆。

3. 第7911号无效宣告审查决定的评述

1. 关于权利要求1的评述

在本专利的权利要求1的技术方案中包括了一个"定位机构",根据说明书和被请求人的陈述,该定位机构的作用是使接收器收纳于容置空间后形成一定位状态,并且在插入和弹出接收器的同时打开和关断电路板上的电源,但是在权利要求1的技术方案中并没有记载针对本专利的"定位机构"的具体结构,根据其字面意思,该"定位机构"涵盖了所有的能够实现定位作用的结构,即包括了利用卡掣、弹性、压力、磁力、粘贴等等方式对物体实现定位功能的定位机构,因此权利要求1所要求保护的技术方案是一个包括了所有结构形式的定位机构的输入装置。

虽然在本专利说明书中记载和公开了"定位机构",但是这只是对权利要求1定位机构表述形式上的支持,其说明书及图2-8及图2-9仅仅清楚、明确、详细地描述了定位机构26的一种实施例结构,即为了使接收器插入容置空间后处于定位状态、在插入和弹出接收器的同时实现对电路板电源的开与关,该定位机构具有掣臂、卡沟、导槽、导斜面等一系列结构以及连接关系,除了说明书附图所示一种定位机构外,说明书中并没有记载如被请求人所强调的本专利中接收器实现定位功能和控制电路板电源开关的其他结构形式的定位机构。

进一步讲,在本专利说明书所公开的定位机构的基础上,本领域的技术人员不能直接得到,或者概括得出其他所有结构的定位机构都能在本专利的无线输入装置中实现对接收器的定位以及对电路板电源的开和关。因此,权利要求1所要求保护的技术方案得不到说明书的支持,不符合《专利法》第26条第4款的规定。

2. 关于权利要求2和7

从属权利要求2和7分别对权利要求1作了进一步的限定,其附加技术特征分别是:"该底盖于定位机构的一侧定位有一推抵装置,且推抵装置利用一弹性元件抵持一推板"、"该输入装置为滑鼠、键盘或摇杆",但这些附加技术特征并不涉及权利要求1的定位机构的结构,在其所引用的权利要求1由于"定位机构"而得不到说明书的支持的基础上,从属权利要求2和7的附加技术特征也没有使其技术方案克服权利要求1得不到说明书支持的缺陷,因此权利要求2、7也不符合《专利法》第26条第4款的规定。

3. 关于权利要求3~6

权利要求3~6分别对权利要求1的定位机构作了进一步的限定,……但都仅仅是对权利要求1的定位机构的某一部分或其部件所进行的限定,这些从属权利要求都没有对权利要求1的定位机构的结构有一个完整的描述和限定,也没有使其定位机构与说明书中记载的定位机构相一致,本领域的技术人员根据说明书的记载不能直接得到,或者概括得出分别包括权利要求3~6的附加技术特征的所有定位机构都能够在本专利中实现对接收器的定位以及对电路板电源的开与关,因此本领域的普通技术人员根据说明书的记载不能直接得到,或概括得出权利要求3~6的技术方案,因此,权利要求3~6得不到说明书的支持,不符合《专利法》第26条第4款的规定。

4. 决定

综上所述,权利要求1~7不符合《专利法》第26条第4款的规定,第二请求人有关本专利不符合《专利法》第26条第4款的规定的无效宣告理由成立。鉴于上述无效宣告理由成立,合议组对于第一请求人和第二请求人提出的其他无效宣告理由和证据将不再进行评述。宣告该实用新型专利权全部无效。

案例思考

在判断权利要求书是否得到说明书支持时应考虑的几种情况。

1. 独立权利要求的撰写应概括一个适当的保护范围,不能为扩大保护范围而过于上位

《专利审查指南》第二部分第二章3.2.1规定:"权利要求书应当以说明书为依据,是指权利要求书中的每一项权利要求所要保护的技术方案应当是所属技术领域的技术人员能够从说明书充分公开的内容中得到或概括得出的技术方案。"《专利审查指南》的上述规定是授予专利时一项重要的审查条款,也是对权利要求不切实际地要求过大保护范围的限制性规定,其本质上是规范说明书公开的技术内容与权利要求书要求保护的技术内容之间是否对称、是否合理的一种权利和义务平衡制约手段。专利权人想要得到的权利要求保护范围越大,其说明书中公开的技术内容就要越多,向社会作出的技术公开贡献就应越大,否则就损害了公众利益,提出了不合理的要求,而且,说明书中公开的技术内容应多于、深于、细于权利要求所要求保护的技术方案的内容。就本案的权利要求1而言,其要求保护的定位机构是一个可以有多种结构形式的概括性技术特征,在其说明书中应该有不同结构形式的定位机构记载才能满足和支持

权利要求1中"定位机构"这一上位概括,否则就不能满足《专利审查指南》的上述要求。

而目前一部分专利申请人或专利代理人总喜欢或习惯性地将独立权利要求写得很上位,认为这样就扩大了保护范围,实际上,权利要求保护范围的大小应该与个案技术方案创造性的高低及说明书公开的具体内容相适应。

2. 独立权利要求与从属权利要求之间的补充及限定关系应该合理

独立权利要求与从属权利要求之间一般有以下三种关系。

(1) 在独立权利要求技术方案描述适当的情况下,从属权项可以对独立权项前序或特征部分的某些技术特征逐一分别进行限定,形成若干以独立权利要求为中心的并列的技术方案。

(2) 在独立权利要求技术方案某些特征描述不适当或过于上位的情况下,引用其的从属权利要求应该将独立权利要求技术方案中过于上位或不适当的技术特征尽量一次性补充完整,然后,再围绕该完整的技术方案进行分别限定,以避免本案情况的发生。尤其对实现发明目的的那些上位技术特征要特别加以关注。

(3) 从属权利要求的限定应该与被引用的独立权利要求的技术特征有关联性,并与说明书记载和描述相一致。

本案的权利要求1概括的范围过宽,既没有满足上述第(1)点中关于权利要求以说明书为依据的规定,即未将说明书中有关定位机构26具体实施例的技术内容集中完整写入独立权利要求中以形成一个完整的技术方案,又未将可以支持权利要求1技术方案的技术手段(技术特征)写入权利要求1及其他从属权利要求中,而采取的限定方式又是对权利要求1中的某些无关技术特征在各从属权利要求中进行进一步限定,而限定的最终结果仍然是权利要求得不到说明书的支持,即进行的是无针对性的盲目限定,致使其专利权全部被宣告无效。

3. 说明书和权利要求书的关系

权利要求书是否得到说明书支持实际上反映的是权利要求书与说明书之间的关系问题。

权利要求书应得到说明书支持一般有以下几个层次的关系。

第一个层次是整体对应关系上的支持;第二个层次是语句用词的一致和统一;第三个层次是上下位功能描述与多个实现该功能的各个实施例之间的支持关系;第四个层次是即使满足了前三个层次的要求,还要考虑各个限定的技术方案是否能达到所述的发明目的和技术效果。

下面对上述层次关系作进一步说明。

(1) 如果说明书中没有具体的实施例公开权利要求书中某个与发明相关的上位技术特征,则属于在形式上和实质上都不支持权利要求书,此时,说明书公开内容与权利要求书保护内容不对等,很可能说明书自身公开也不充分。

(2) 如果说明书中仅有一个或较少的具体实施例,而不能支持权利要求书中采用的上位概念的技术特征或功能性限定，则至少应将该具体实施例完整写入从属权利要求中，以便无效宣告程序中加入独立权利要求，或在审查中用具体实施例替换权利要求书中的上位内容。

（3）如果说明书中有多个实施例支持对应的权利要求书中的上位概念或功能性限定，则最好将具体的实施例写入权利要求书的相应从属权利要求中，以给新颖性、创造性对比不利时的权利要求书留有修改余地，同时，也是为了防止无效宣告过程专利权因新颖性、创造性无效对比不利时权利要求书中无相应记载而专利权被宣告部分无效或全部无效。而本案则属于上述第（2）种情况。

二、关于说明书公开不充分的案例

【案例 2-14】

案例相关资料

1. 说明书内容摘录

已有技术中的刨刀有全钢和钢铁复合型两种，钢铁复合型刨刀由于钢和铁从外观色泽上不易区分，使得消费者分不清刨刀类型，导致其可能误购，本专利所要解决的问题是提供一种使消费者易于分辨的复合型刨刀。另外，由于钢和铁的硬度不同，可以通过打磨刃口的方法，使刃口表面出现光滑度不同的层面。

2. 授权的权利要求如下

1. 一种刨刃，由刀体（1）组成，刀体（1）上有刃口（2），其特征是：刃口（2）分为光滑面和粗糙面两个层面。

3. 口审争论的焦点及合议组评述

（1）关于《专利法实施细则》第2条第2款

请求人认为，两种材质硬度不同、其光滑度就不同，就会出现两个层面，这属于公知常识，因而本专利没有提出新的技术方案，故权利要求1不符合《专利法实施细则》第2条第2款的规定。

被请求人认为打磨刨刀刃口加工处理虽然是常规工艺技术，但常规打磨无法使刨刀出现两个层面。本专利采用的是独特的工艺技术，由于钢铁硬度不同，故采用本专利特殊工艺后就会出现钢层面光滑，铁层面粗糙的两个易于分辨的层面。

对此，合议组认为，"技术方案"是指借助于客观规律、利用自然力而完成的方案，就本专利权利要求1中的"刃口分为光滑面和粗糙面两个层面"这一内容而言，其产品表面的结构或者形态已发生了变化，并且通过阅读说明书可知，由于钢和铁的硬度不同，可以通过打磨刃口的方法，使其刃口表面出现光滑度不同的层面，显然，其是通过技术手段来实现的。因而，"刃口分为光滑面和粗糙面两个层面"属于结构特征，是技术方案，故本专利权利要求1符合《专利法实施细则》第2条第2款（现已并入《专利法》第2条第3款）

的规定,本专利属于实用新型专利保护的客体。

(2) 关于《专利法》第 26 条第 3 款

1) 请求人认为:本专利权利要求 1 中的"刃口分为光滑面和粗糙面两个层面"不清楚,而说明书中没有记载如何实现"光滑面、粗糙面"的技术手段,导致该技术内容无法实现。因而说明书不符合《专利法》第 26 条第 3 款的规定。

2) 合议组则认为:通过阅读本专利的说明书可知,已有技术中的刨刀有全钢和钢铁复合型两种,钢铁复合型刨刀由于钢和铁从外观色泽上不易区分,使得消费者分不清刨刀类型,导致其可能误购,因而本专利所要解决的问题是提供一种使消费者易于分辨的复合型刨刀。其解决方案为:刃口分为光滑面和粗糙面两个层面。因此,从本专利所要解决的现有技术中所存在的问题以及说明书所记载的内容看,应当将本专利权利要求 1 中的"刃口分为光滑面和粗糙面两个层面"理解成"复合型刨刀的刃口分为能使消费者用肉眼易于分辨的光滑面和粗糙面两个层面"。

通过上述分析并结合双方当事人的意见陈述可以认定现有技术中存在的且双方无争议的事实如下:复合刨刀属于现有技术,且刨刀都需打磨;材料硬度不同,打磨后光洁度也不同,这属于公知常识;采用常规打磨方法无法形成消费者易于分辨的光滑面和粗糙面. 基于所述事实,本专利的"刃口分为光滑面和粗糙面两个层面"这一技术方案是如何实现的,是判断其说明书是否符合《专利法》第 26 条第 3 款规定的关键所在。由于本专利说明书中没有记载能实现光滑面或粗糙面的技术方案,故本专利说明书公开不充分,宣告该实用新型专利权全部无效。

案例思考

1. 说明书中必须详细记载实现其发明目的具体技术方案

由上述评述不难看出,本案所解决的技术问题是向消费者提供一种易于分辨刨刀刃口的复合型刨刀。但是,其说明书中并未公开具体的技术方案,即没有具体说明刨刀刃口的可分辨的两个层面在打磨过程中是如何实现的,因此,说明书中的技术手段含糊不清,缺少实现发明目的具体技术方案,使得本领域技术人员按照说明书所记载的内容无法具体实施本发明,因此,本专利不符合《专利法》第 26 条第 3 款的规定。

2. 权利要求中的技术方案依据材料的自然属性或方法或特殊的技术手段实现,而这些技术手段又未清楚完整地记载在说明书中的,也属于公开不充分

本专利说明书中有下述描述:由于钢和铁的硬度不同,可以通过打磨刃口的方法,使刃口表面出现光滑度不同的层面。"刃口分为光滑面和粗糙面两个层面"这一技术方案是利用了钢和铁材料自身材料特性的不同,并通过打磨来作出的。

由此产生的疑问是:同为复合刀,同样需要打磨,本专利如何实现已

有技术所未能达到的效果,即利用钢和铁材料硬度的不同这一自然属性后,通过何种打磨刃口方法来实现"复合型刨刀的刃口形成能使消费者用肉眼易于分辨的光滑面和粗糙面两个层面"这一技术方案。对此,在说明书中没有作任何说明。因此,本领域技术人员仅借助于说明书记载的内容无法实现其技术方案带来所述的技术效果,无法制造出本专利权利要求1所要求保护的产品。而且在无效宣告程序中,被请求人对上述问题没有给出具体的解释,也没有说明用何种公知技术能实现所述效果。因此,本专利的说明书没有对本实用新型作出清楚、完整的说明,不符合《专利法》第26条第3款的规定。

3. 无效宣告程序中的意见陈述与口头审理时发表的观点意见应一致

被请求人在2003年10月17日提交的意见陈述书中强调,常规打磨无法使刨刀出现两个层面,本专利采用了独特的打磨技术加工处理,使刨刀刃口显现出普通消费者易于区分的两个层面。可见,被请求人也自认本专利是通过特殊的打磨方式来实现的,而非常规的打磨方式。

被请求人在口头审理中又认为,"刃口分为光滑面和粗糙面两个层面"这一技术方案可根据常规技术来实现,但这与说明书中描述的已有技术状况以及在2003年10月17日提交的意见陈述书中的观点相矛盾。因此,在被请求人没有提供充分的证据以证明本领域技术人员借助于何种常规技术可以实现"刃口分为光滑面和粗糙面两个层面"这一技术方案的情况下,本专利说明书仍不符合《专利法》第26条第3款的规定。

三、关于权利要求缺少必要技术特征的案例

【案例2-15】

案例相关资料

1. 专利电路图

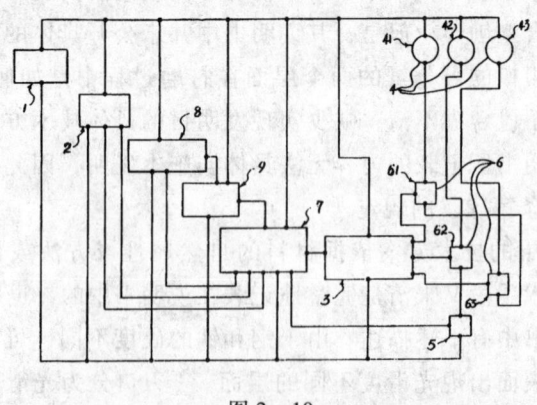

图2-10

2. 授权公告的权利要求书

1. 具有两种闪光模式的闪光装置,其主电路由电源(1)、发光元件组件

(4)、主控制门(5)与副控制门组件(6)串联而成,若干发光元件并联形成发光元件组件(4)、每个发光元件都串联一个副控制门,图案信号发生器(3)并联在发光元件(4)和与之串联的副控制门组件(6)的两端,其特征在于:还包括与图案信号发生器(3)并联的闪光驱动器(2)、脉冲发生器(7)及其触发机构(8),闪光驱动器(2)与触发机构(8)的输出端与脉冲发生器(7)的对应输入端连接,图案信号发生器(3)为副控制门组件(6)的控制机构。

2. 根据权利要求1所述的具有两种闪光模式的闪光装置,其特征在于还包括一个与闪光驱动器(2)并联的定时电路(9),其输入端与触发机构(8)的输出端连接,其输出端则与脉冲发生器(7)的输入端连接。

3. 根据权利要求1所述的具有两种闪光模式的闪光装置,其特征在于闪光装置的各个组件都设置在鞋跟内,从鞋跟外部可以看到发光元件组件(4)的闪光。

4. 根据权利要求3所述的闪光装置,其特征在于定时电路(9)由电容器(91)和电阻(92)并联而成。

3. 发明目的及发明内容

本实用新型的目的在于提供一种可根据时间或者作用在鞋件上的惯性力的变化使鞋件可以按照两种模式产生照明图案,以便人们辨别使用者位置的闪光装置。

本实用新型在运作过程中,可以有两种闪光模式,这依赖于从触发机构8获得的触发信号的频率。当该频率较低时,……定时电路9不会向脉冲发生器7输出信号,因而脉冲发生器7可以继续向图案信号发生器3发送驱动信号;当从触发机构8获得的触发信号频率较高时,定时电路9中的电容器充电速度高于放电速度,并会给脉冲发生器7发送一个输出信号。脉冲发生器7从定时电路9获得信号的结果,就是停止向图案信号发生器3发送驱动信号,从而实现本实用新型以两种闪光模式动作。

4. 第7327号无效宣告决定的评述

1. 涉案专利权利要求1是否符合《专利法实施细则》第21条第2款的评述

本专利说明书中并没有明确记载被请求人所述的这两种闪光模式,被请求人所指出的说明书中的相应位置也不能表明其所声称的权利要求1所能实现的两种闪光模式,而说明书中明确记载的两种闪光模式是:一种闪光模式是按时间顺序闪光;另一种闪光模式则根据作用在闪光装置上的惯性力的变化而实现闪光灯的闪光,并且根据说明书记载正是靠定时电路的控制来实现这两种不同的闪光模式,定时电路是构成权利要求1所要保护产品所必不可少的部件。也就是说,定时电路起到了两种闪光模式切换的关键作用,所以定时电路与其他部件的连接关系是构成权利要求1保护主题的必要技术特征。因此,被请求人的意见不能成立。

2. 关于权利要求2~4的评述

权利要求2引用了权利要求1,并且对定时电路与其他部件连接关系作了限定,故权利要求2保护的方案是一个完整的技术方案,而权利要求3引用权利要求1,仅对权利要求1安装位置进行了限定,所以当权利要求1不符合《专利法实施细则》第21条第2款时,权利要求3也不符合该条款规定,而权利要求4引用权利要求3属笔误,应引用权利要求2,故权利要求4构成一完整技术方案。

3. 综合评述

综上所述,本专利权利要求1不符合《专利法实施细则》第21条第2款的规定,而将权利要求3的附加技术特征补入权利要求1后得到的新的技术方案仍然不符合《专利法实施细则》第21条第2款的规定,权利要求2和4相对于请求人提交的对比文件1不具备新颖性,不符合《专利法》第22条第2款的规定。

案例思考

1. 什么是必要的技术特征

《专利审查指南》第二部分第二章3.1.2规定:"独立权利要求应当从整体上反映发明或者实用新型的技术方案,记载解决技术问题的必要技术特征。"由此不难得出,必要技术特征是指那些为解决其技术问题,明显区别于现有技术并对现有技术作出了实质性贡献的技术特征,如果缺少了它们,其技术方案将无法实现。从本专利的发明目的和所解决的技术问题不难看出,本专利的两种闪光模式,均与定时电路9有直接的关系,定时电路9是连接触发机构8和脉冲发生器7的实现发明目的必不可少的关键部分,只有在权利要求1中体现,才能使权利要求1构成一个完整、可行的技术方案。否则,权利要求1就不是一个完整的技术方案。因此,专利复审委员会的认定是正确的。

2. 导致缺少必要技术特征的一些原因

(1) 想得到一个大的专利保护范围。

导致缺少必要技术特征最主要的原因是申请人或专利代理人为了得到一个较大的保护范围而将一些必要技术特征未写入独立权利要求。这种做法是无可非议的,也是撰写者应该考虑的首要问题,但只要将未写入独立权利要求的必要技术特征写入从属权利要求,在无效时就能补入独立权利要求,如本案修改时只需将从属权利要求2补入独立权利要求1中就可克服该缺陷,但如果从属权利要求2的内容未记载在权利要求书中,则无效宣告程序中无法从说明书中补入权利要求书。

(2) 因对技术方案理解有误而导致必要技术特征的缺失。

此种情况产生的原因很可能是发明人为了保密而不愿将必要技术特征公开,也可能是撰写者对技术方案理解不够透彻或有误而分不清哪些为必要的技术特征而未记载在权利要求书或说明书中。

(3) 一些特殊领域或一些特殊技术方案的特殊要求。

在某些结构类权利要求中,有时只有写入一些非结构特征才能构成一个能够实现其发明目的的基本完整的技术方案。例如,对温度计的形状构造所提出的技术方案中应该写入无确定形状的酒精,如果不写入酒精,则温度计的技术方案就缺少必要的技术特征,其就不能解决其特定的技术问题。又如,化学领域中的组合物发明中,如果发明的实质改进除了组分之外,还与含量的选择有关,则独立权利要求中必须同时限定组分和含量,否则就不符合《专利法实施细则(2001)》第21条第2款(现已被修订为《专利法实施细则》第20条第2款)的规定。

因此,无论是产品权利要求,还是方法权利要求,都应该按照其技术方案的构成和所解决的技术问题的实际情况写入对现有技术作出贡献的必要技术特征,以满足技术方案的基本完整。按照《专利审查指南》第二部分第二章3.2.2的规定,"当产品权利要求中的一些或多个技术特征无法用结构特征予以清楚地表征时,允许借助物理或化学参数表征;当无法用结构特征并且也不能用参数特征予以清楚地表征时,允许借助方法特征表征"。而在方法类权利要求中,也可以写入相关产品结构、组成等必要技术特征。

四、关于权利要求书不清楚的案例

【案例2-16】

案例相关资料

1. 专利结构图

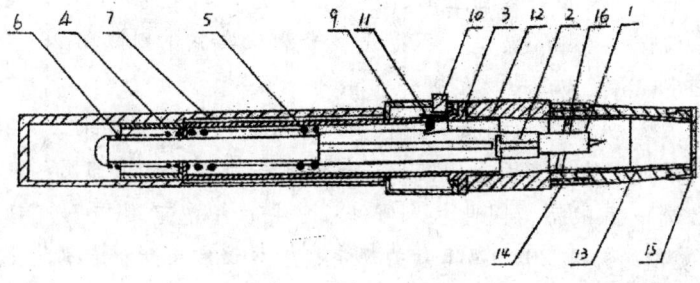

图2-11

2. 授权公告的权利要求1

一种可调式采血笔,包括前、后壳体,置于壳体内且前部装有一次性针头的针杆,针杆的外面套有并列的、可在其上滑动的且末端内孔与针杆后部形状适配的杆套和拉套,杆套末端与针杆中部之间装有第一弹簧,拉套末端与针杆末端之间装有第二弹簧,前、后壳体分别安装在杆套上,在套圈上设有与针杆配合的按钮结构,其特征在于:前壳体由固定壳体、调整套、行程选钮及前盖组成;固定壳体旋于杆套前部的外螺纹上,其前部外形为圆锥面,中部外形为

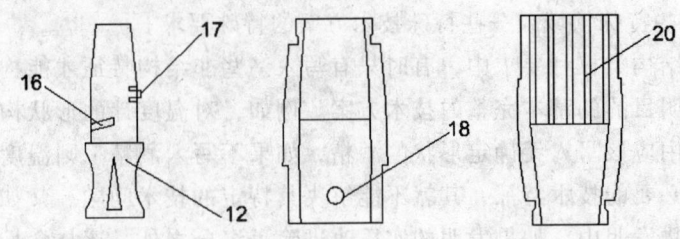

图 2-12

圆柱表面,该圆柱表面上有一斜槽,在固定壳体的内表面还设有与斜槽相配且可在其内滑动的圆形凸起,相对斜槽一侧有一轴向凸齿,该凸齿与调整套后部内表面的多个轴向凹槽相配;行程按钮外表面标有多个档位且内表面有一条形凸齿,行程按钮通过与所述条形凸齿相配的设置在调整套的一轴向豁槽内并滑动套装在调整套一端;调整套为左右对称分体式,其内表面与固定壳体的前、中部外表面为滑动配合,前部与中心带通孔的碗形前盖相配合;在固定壳体上设有与档位相对应的指示标记。

3. 无效宣告审查决定摘录

本专利是否符合《专利法实施细则》第 20 条第 1 款的规定

(1) 请求人认为权利要求 1 中的如下记载"在固定壳体的内表面还设有与斜槽相配且可在其内滑动的圆形凸起",为错误描述,导致技术方案整体不清楚,不符合《专利法实施细则》第 20 条第 1 款的规定。

(2) 专利复审委员会认为,根据权利要求 1 的描述,本领域技术人员不能知晓固定壳体的内表面上的圆形凸起是如何设置上的,是如何加工成型的,又如何与固定壳体中部圆柱表面上的斜槽相配并进而实现进针深度调整的,因此权利要求 1 的保护范围不清楚,不符合《专利法实施细则》第 20 条第 1 款的规定。

权利要求 2~4 直接或间接引用权利要求 1,但是权利要求 2~4 均未对权利要求 1 中固定壳体内表面上的圆形凸起如何与固定壳体中部圆柱表面上的斜槽相配作出进一步限定,因此权利要求 2~4 的保护范围亦不清楚,不符合《专利法实施细则》第 20 条第 1 款的规定,宣告该实用新型专利权全部无效。

案例思考

1. 导致权利要求书不清楚的主要原因

导致权利要求书不清楚的原因很多。例如,发明主题不清楚导致的权利要求书类型不清楚;对权利要求书整体结构、连接关系描述的混乱或者缺少主语而不能正常理解前后逻辑关系所导致的指代不清楚;关键参数、关键用语的错误描述,不确定用词用语导致的不清楚;权利要求书用词用语的不规范、不标准等导致的权利要求书不清楚。而本案是由于权利要求书中的独立权利要求 1 中圆形凸起与斜槽配合关系互为颠倒描述错误导致的权利要求书不清楚。

2. 权利要求书不清楚与其他条款的关系

（1）权利要求书不清楚与权利要求书得不到说明书支持的关系。

要想把此案不清楚的问题解决，最常用的办法就是在修改不超范围的情况下将其解释清楚，针对此案的结构描述错误及无效宣告程序中对专利文件修改的限制，补入新的解释内容是根本不被允许的；另外的办法就是通过公知常识性的证据将不清楚之处论证为是公知常识而不需要在现有权利要求书和说明书中进行说明，而公知常识性的证据只能证明大众所普遍知晓的知识，公知常识并不能达到对错误的描述进行证明或改正的作用。因此，此类实质性错误出现在独立权利要求中时很有可能导致其专利权被宣告全部无效。假设本案所涉及的问题是权利要求1中的调整套描述过于上位而得不到说明书的支持，则可以通过把从属权利要求并入独立权利要求1中解决来该问题。这进一步说明，权利要求书不清楚的问题，一般情况下不能通过对权利要求书增加技术特征，或进一步限定或补入从属权利要求的办法来解决。

（2）与其他无效宣告条款之间的关系

由前述的案例分析看出，权利要求书缺少必要的技术特征一般多发生在独立权利要求中，是对该权利要求所要求保护的技术方案整体是否完整提出的要求；而权利要求书不清楚可出现在权利要求书的任一权利要求中，是对权利要求书描述是否清楚的撰写用语提出的要求；而权利要求书得不到说明书支持，是对权利要求书保护的范围、技术特征是否与说明书所公开的技术内容相适应和合理而超出说明书公开范围的限制性要求。上述三项无效宣告条款是从不同角度对权利要求书提出的不同要求，因此，其之间存在法律交叉关系，除了前述【案例2-15】和【案例2-16】所介绍的一般情况外，在某些情况下三者之间会出现不易区分的竞合关系。例如，当一个独立权利要求缺少必要技术特征时，其技术方案得不到说明书支持，但得到说明书支持的技术方案未必都缺少必要的技术特征。又例如，某些情况下可能是由语句描述过于上位造成的不易理解导致了权利要求书不清楚，此时，权利要求书不清楚和权利要求得不到说明书支持就不易区分。因此，此次新法修改中将《专利法实施细则（2001）》第20条第1款的内容纳入了《专利法》第26条第4款中。

练习思考题

1. 一件发明专利因未交年费而导致其专利权终止，专利权终止后还能否对该专利提出无效宣告请求？如果能，提出无效宣告请求的作用是什么？

2. 对于一件已被宣告过专利权部分无效的专利，是否还可以再次提出无效宣告请求？如可以提出，其有何规定？

3. 合议审查阶段审理的主要事项是什么？

4. 双方当事人因对比文件译文有不同意见而导致口头审理无法正常进行时，合议组会作出什么决定？该问题如何解决？

5. 以《专利法》第9条作为无效宣告请求理由时，对证据有何特殊要求？

如何进行判断?

6. 无效宣告请求书撰写的内容和格式是什么?

7. 专利权人在进行意见陈述时,应从哪几个方面进行?应注意什么问题?具体举例说明。

8. 在进行创造性评判时,对比文件如何结合使用?创造性评判的主要标准是什么?

9. 在无效宣告程序中,对权利要求书有哪些修改限制?

10. 以《专利法》第20条的规定为无效宣告理由时,应该提供什么样的证据?

11. 以一产品销售实物为提出无效宣告请求的证据是否可行?如可行,应怎样进行对比判断?

12. 用图片、照片或者产品说明书上的附图等证据对发明专利的权利要求书进行无效宣告请求是否可行?如可行,此类证据应满足哪些基本要求?

13. 在以创造性无效宣告理由进行无效宣告请求时,何时需要重新确定实际解决的技术问题?

14. 试举例说明《专利法》第26条第4款中"清楚、简要地限定要求专利保护的范围"以及《专利法实施细则》第20条第2款的立法本意和其想解决的问题,以及该两条款之间有无联系。

15. 从《专利法实施细则》第20条第2款的角度考虑如何使权利要求书的撰写既能满足具有一个适当的大的保护范围,又可以保证在无效宣告程序中对权利要求书进行修改,并克服该条款所造成的缺陷?

16. 对于实用新型和发明专利的无效宣告程序,《专利法》及《专利法实施细则》作了哪些主要修订?

第三章
外观设计专利申请的复审和外观设计专利的无效宣告案例分析

 本章学习要点

在第一章、第二章中分别就发明和实用新型专利申请的复审、发明和实用新型专利的无效宣告案例进行了详细的介绍，其中有关复审、无效宣告的审理程序、审查原则、请求书的撰写格式和内容、意见陈述的方式、口头审理及应对方式以及无效宣告程序中对证据的采信要求等，同样适用于外观设计专利申请的复审程序和外观设计专利的无效宣告程序，故本章对上述内容不再作重复介绍。

本章的重点就外观设计专利申请驳回复审和外观设计专利无效宣告因自身保护客体的不同所导致的适用法律条款的不同、判断主体的不同结合案例进行分析介绍。本章的学习要点是：如何站在公众或者一般消费者的立场，利用单独对比原则进行是否相同或实质相同的判断，利用现有设计或者现有设计特征组合的对比进行是否具有明显区别的判断；正确掌握外观设计专利无效宣告请求中对产品设计图片或附图如何进行具体对比分析的相应方式和要点，了解新法对外观设计的复审和外观设计专利无效宣告所涉及法律条款的修改情况。下面将从外观设计专利申请的驳回、复审和外观设计专利的无效宣告两方面进行介绍。

第一节 外观设计专利申请的复审及案例分析

按照《专利法》第41条的规定，专利申请人对国务院专利行政部门驳回申请决定不服的，可以自收到驳回决定之日起3个月内，向专利复审委员会请求复审。

由于涉及外观设计专利申请的可驳回问题大部分都在初步审查阶段通过补正或者视为撤回等方式得到解决，因此，外观设计专利申请的驳回复审案很少，少量的驳回理由往往涉及《专利法》第2条第4款、《专利法》第9条及《专利法》第23条。在新法实施后，由于其初步审查条款有较大的改变，不符合《专利法》第25条第1款第（6）项、《专利法》第31条第2款（相似外观设计的合案申请条件）、《专利法实施细则》第28条（简要说明撰写）、《专利法》第27条第2款（图片或照片是否清楚地显示要求专利保护的产品外观设计）等条款可能会成为主要的驳回条款。本节将对这些新修改或新增加的驳回条款进行介绍。

一、对新增的可驳回条款的说明

（一）涉及《专利法》第25条第1款第（6）项的驳回

对于明显属于该条款规定的外观设计专利申请，在初步审查中不授予专利权。如果申请人对其驳回决定不服，可以从以下几点进行分析并提出复审请求。

（1）分析该外观设计是否同时满足下述三个条件：属于平面印刷品，针对平面印刷品的图案、色彩或者两者的结合作出，主要起标识作用。如果不满足其中任一条件，则应该属于可授权的客体，就可以提出复审请求。

（2）在三个条件中，争论性最大的应该是所驳回的不授权客体是否主要起标识作用，即类似于商标标识其内装或内包产品的作用，此类可能不授权的客体多涉及平面标贴、包装纸或者平面包装袋。

（3）即使属于上述第（2）点中列举的物品，如果其主要作用是装饰和增加美感效果，而并不突出对内装产品的宣传、告知、展示、服务的作用，则也应属于可授权客体的范围。

（二）涉及《专利法》第27条的驳回

1. 因简要说明不符合要求的驳回

《专利法》第27条第1款是由《专利法（2001）》第27条修改而成的，变化之处是将外观设计的简要说明作为应当提交的申请文件之一，由原来的可交可不交改为必须提交。如果递交的外观设计无简要说明，则不予受理；如果简要说明不符合《专利法实施细则》第28条规定的撰写要求，则将被要求进行修改或补正，补正2次仍不符合要求或修改超范围的，该申请将驳回，此时专利申请人可请求进行复审。

2. 因图片或照片不清楚而导致的驳回

《专利法》第 27 条第 2 款规定，申请人提交的有关图片或者照片应当清楚地显示要求专利保护的产品的外观设计。如果所提交的外观设计的图片或照片不能清楚地显示要求专利保护的产品的外观设计，则在按照《专利法》第 59 条第 2 款的规定进行侵权认定时，无法对其专利保护范围进行清楚的界定和比较，因此，在初步审查阶段，要将此缺陷列为属于驳回的实质性缺陷（也属于无效宣告请求的理由）。经过修改或补正后仍不能克服该实质性缺陷或超范围修改的，则可以驳回该申请。而针对该类驳回申请提出的复审应当依照原始提交的图片或照片进行。对于修改超范围的，则应退回到原始提交状态；对于图片或照片的确不清楚的，则应放弃复审；对于可通过意见陈述解释的，应当立足于解释进行复审。

（三）明显不符合相似申请合案条件的驳回

《专利法》第 31 条第 2 款和《专利法实施细则》第 28 条第 2 款规定，多项外观设计可以合案申请，应当在简要说明中指定其中一项作为基本设计。针对上述规定，今后主要的驳回理由可能涉及可合案申请的各项外观设计与指定的基本外观设计是否相似。因此，驳回后的复审请求理由及意见陈述也应围绕上述核心问题进行。一般而言，凡是可以单独相互否定其专利性的，或者各项外观设计与基本外观设计之间具有相同或者相似的设计特征，并且两者之间的区别属于局部细微变化、该类产品的惯常设计、设计单元的重复排列及仅色彩要素的变化的任一种情况的，一般属于可以合案申请的范畴。具体要求可参见《专利审查指南》第一部分第三章第 9.1 的规定。

针对《专利法》第 31 条第 2 款的驳回发生几率很小，一般都已在初步审查阶段通过分案的方式解决，除非申请人拒不分案而专利申请被驳回。专利申请被驳回后申请人既可通过提出复审在复审程序中进行分案，也可以通过复审进行意见陈述而坚持不分案。如果采取后一方式，则需在复审请求中陈述不分案而符合该条款的理由，此时将涉及其他相似设计与简要说明中所指定的基本设计之间的对比分析。笔者认为，可合案申请的相似外观设计介于相同外观设计与实质相同的外观设计之间，而不包括这两者。

（四）与现有设计明显相同或实质相同的驳回

对于不符合《专利法》第 23 条第 1 款的驳回，复审请求的重点应放在审查员的驳回理由是否充分、是否有证据支持上。

如果审查员有相关现有设计或在中国专利局的在先申请、在后公告的外观设计的证据，则复审争辩的重点应放在两者是否相同或实质相同的具体对比认定上。

在初步审查阶段审查员一般不会以国外在先销售、使用的证据来证明所申请的外观设计属于现有设计而将其驳回。如果有此种情况发生，则复审请求人应从境外证据的合法性、证据的效力上首先进行意见陈述。如果证据的合法性没有问题，则可以进一步判断涉案申请与对比设计是否相同或实质相同。

（五）与现有设计不具明显区别和属于重复授权的驳回

当驳回涉及《专利法》第23条第2款及第9条第1款时，一般都附有相关现有设计或抵触申请的证据，此时的复审请求主要涉及的是将对比设计与涉案专利申请进行是否相同或实质相同的对比判断。相同或者实质相同的判断可参照《专利审查指南》第四部分第五章的规定。

二、进行相同或实质相同判断时应注意的问题

（1）判断主体应当基于涉案外观设计专利申请的产品的一般消费者的知识水平和认知能力进行评价，不同种类的产品应当具有不同的消费群体。

（2）外观设计的分类在进行上述判断中的作用。

1）进行外观设计是否相同的判断时，仅限于相同种类的产品之间的比较，应当以产品的用途是否相同进行类别判断。

2）进行外观设计是否实质相同的判断时，仅限于相同或者相近种类的产品外观设计之间的比较。

（3）判断对比设计与涉案专利申请是否构成抵触申请时，应当以对比设计所公告的专利文件全部内容（外观设计图片和照片）为判断依据。

（4）在进行上述判断时，应当仅以产品的外观作为判断的对象，通过视觉直接观察，并采用整体观察、综合判断的方式，最后得出判断的结论。

三、复审案例

（一）涉及《专利法实施细则》第2条第3款的驳回复审

【案例3-1】※

案情介绍

本复审请求涉及申请号为01308336.8的外观设计专利，其名称是"半球形天然钻石"。初审部门于2001年8月3日向申请人发出审查意见通知书，认为"本外观设计为常见的简单几何形状，不能授予专利权"。申请人于2001年8月10日进行意见陈述时认为，该外观设计专利申请符合授权条件，请求授予专利权。2001年11月23日，初审部门作出了驳回决定，理由是："该钻石造型属简单的几何形状，应为公知公用，不能授予专利权"。该案的审理适用《审查指南（2001）》。

案例相关资料

（1）复审请求人的复审理由。

※ 该案例摘自专利复审委员会第3362号复审决定，由赵嘉祥老师提供。

复审请求人认为，初审部门在驳回决定中所引述的有关法律条款含糊不清，没有驳回本申请的具体法律依据，因为《专利法实施细则》第 44 条第 2 款涉及法条过多。驳回决定并未向申请人指明本申请究竟不符合其中哪条规定，以这样笼统的法律条款驳回本申请，申请人不能认同；再有，对于宝石一类的饰物，例如玛瑙、翡翠、红宝石、蓝宝石等，常用的几何形状确为半球形等简单的几何形状，但对于钻石而言，当它用作饰物时，一般均制作成多面体形状，以突出其反射光线的性能，而不制作成球形或半球形，因为对于颗粒较小的钻石来说，制成球形或半球形，不利于表现其优良的反射光线的性能，但对于大型或巨型钻石，因其表面积大，曲率半径大；所以，制成球形或半球形不影响其反射性能，本外观设计一反现有技术的常规，把钻石的形状设计成半球形，与目前市面上的钻石饰品有着截然不同的造型，是一种全新的设计，申请人在第一次意见陈述中已指出这一点，但驳回决定不评述申请人所述观点，也不出示任何证据，仍以造型公知公用的理由驳回了本申请，显然是主观臆断，请求专利复审委员会对本申请进行复审并撤销原驳回决定。

（2）专利复审委员会第 3362 号复审决定摘录。

合议组认为：驳回决定中虽有依《专利法实施细则》第 44 条第 2 款的规定，驳回本外观设计专利申请，但是该条款显然不是作出驳回决定所依据的具体法律条款，该条款过于上位，该驳回决定还指出该钻石造型属简单的几何形状，应为公知公用，对于公知公用，应该有充分的证据来支持公知公用的理由，如果没有证据支持其主张，则属主观臆断，缺乏法律依据。

在初步审查中，对外观设计专利保护客体的审查而不授予专利权依据的是《审查指南》第一部分第三章 4.4.3 第（9）项的有关规定，即"本外观设计专利申请仅以在其产品所属领域内司空见惯的几何形状和图案构成的外观设计"，对此，本案合议组认为，确定产品分类时，分类号并不是确定产品所属领域的惟一依据，还要兼顾产品的名称、产品的货架分类以及产品的特性所决定的用途，分析本外观设计专利申请中的钻石产品，在珠宝饰品 11-01 小类下，另根据其所特有的特性，有其特有的光学性质、力学性质、发光性质及电热学性质，故其主要的款式形状是圆多面形琢型、阶梯形琢型和玫瑰形琢型。因此，在钻石所属领域内本外观设计专利申请的半球形的形状并不是司空见惯的。另外，驳回决定中也没有引用相应的对比文献支持其驳回的主张，驳回理由缺少必要的证据支持，本案合议组在市场调研和查阅资料的基础上，认为本外观设计专利申请应被授予专利权。

案例思考

1. 是否缺少驳回的法律依据

通过前述介绍可知，本案实际上的驳回法律依据应该是《专利法实施细则》第 44 条第 1 款第（3）项中所列的《专利法实施细则》第 2 条第 3 款，其驳回理由属于《审查指南（2001）》第一部分第三章 4.4.3 规定的不授权客体之中第（9）种情况，即"半球形天然钻石属于该产品所属领域内司空见惯的几何形状"构成的外观设计。该不授权客体的具体规定在《审查指南（2006）》第一部分第三章6.4.3及《专利审查指南》第一部分第三章7.4中均有体现，基本内容没有变化。

由此可见，原初审部门应该以本外观设计专利申请不符合《专利法实施细则》第2条第3款为驳回的法律依据，而不应仅以"本外观设计专利申请为常见的简单几何形状，不能授予专利权"为该案驳回的依据，故专利复审委员会对原初审部门驳回的法律条款过于上位的认定是正确的。

2. 驳回决定是否缺少证据支持

按照上述"该半球形天然钻石属于该领域产品司空见惯的几何形状构成的外观设计"的驳回理由，初审部门需要提供半球形钻石属于该领域司空见惯的几何形状构成的在先公开或使用过的外观设计的证据，以支持其驳回理由，而初审部门未提供相应证据就驳回了该申请。所以，专利复审委员会对该驳回决定缺乏证据支持的认定也是正确的。

3. 应该提供什么样的证据

如果要求初审部门提供证据支持该外观设计属于可授权客体，则该证据的获得只能通过检索或市场调研取得，而且，所证明的事实是该申请内容在申请日前没有相同或相近似的外观设计在国内外出版物上公开发表过，或者在国内公开使用过，即半球形钻石形状在钻石所属领域不是司空见惯的几何形状，属于新的设计。很显然，这种要求属于《专利法》第23条关于授予外观设计专利权的规定，且该条款的审查内容属于复审、无效宣告阶段判断是否相同或相近似的判断内容。但初审阶段并没有要求对该条款进行审查，初审部门的审查员也没有义务去进行检索和调查，这样，似乎产生了法条之间的互相矛盾，使得外观设计专利申请初审阶段的有关审查要求、审查标准被提高。笔者认为，就审查标准和所需证据的获得方式而言，两者之间并不矛盾，其理由如下。

（1）前者中所指的新设计中所需的证据是指外观设计中一般消费者公认公知的不需检索就应具备的常识，而后者表述的证据是需要通过检索后一般消费者才能获得的内容，前者的要求低于后者，前者类似于发明或者实用新型所属技术领域的一般技术人员应具有的现有技术中的公知常识。《审查指南（2001）》对此未作详细说明。而《审查指南（2006）》第一部分第三章6.4.2对此进行了明确，即"在初步审查中，对于要求保护的外观设计是否满足新设计的一般性要求，审查员通常仅需要根据申请文件的内容及一般消费者的一般常识进行判断"。因此，可以认为，判断其是否属于《专利法实施细则》第2条第3款中的新设计所采用的证据是所属分类领域一般消费者应具备的公知常识，而这些公知常识不需要调研检索就可获得，《审查指南（2001）》与《审查指南（2006）》对该条款的解释并无实质上的不同。

（2）导致上述问题的原因是目前外观设计产品只进行初步审查，而复审是对那些不具备授权条件的外观设计专利申请被驳回所进行的复审,初审和复审是两个不同的程序,复审是对初审驳回决定作出是否合理进行再审的一个过程。在复审过程中,专利复审委员会可以自行调查并收集资料对该外观设计专利申请是否满足授权条件继续进行审查。

4. 半球形天然钻石是否属于该领域司空见惯的几何形状

虽然在前述讨论中分析了初审和复审的审查标准和所需相应证据并不矛盾的理由,但就此案而言,还存在对一般消费者到底应具备本领域哪些常识和外观设计产品究竟如何进行分类的不同理解。

在本案中,初审部门认为"半球形钻石属于珠宝饰品领域司空见惯的几何形状,而不符合《专利法实施细则》第2条第3款中'新设计'的规定而不能授予专利权",而专利申请人认为"半球形不属于该领域司空见惯的几何形状,而应当授予专利权",专利复审委员会则认为"在经过市场调研和查阅资料的基础上,该外观设计申请的半球形的形状并不是司空见惯的,该外观设计专利申请应该授予专利权"。新法实施后,上述判断适用《专利法》第2条第4款的规定。

实质上,此案争议的焦点是如何依据分类确定一般消费者应该具备本领域哪些常识。

对于钻石所属领域,即其应该属于11-01珠宝首饰小类,而11-01小类的一般消费者也应该是佩戴其的购买者,该类购买者应该具备的常识是,钻石(B0088项)与宝石(B0535项)同属珠宝类饰品,它们都会发光,其作用都是佩戴装饰,钻石多为白色多棱锥面带尖的发光体,宝石多为圆形或椭圆形带有颜色的圆滑过渡状发光体,对于上述常识,应该没有争议。至于钻石和宝石的其他光学、物理、力学特征及更科学的定义或解释,笔者认为,应该不属于该领域一般消费者应该具备的常识。

但如果依此判断本案,则会出现以下两种截然不同的结果。

(1) 如果机械地从上述钻石所属领域11-01珠宝首饰小类判断,半圆形应该属于11-01小类中司空见惯的一种几何形状,则可以说初审部门的认定并没有错误。

(2) 如果按钻石所属的产品项(B0088项)来考虑分类,并依此确定其一般消费者应具备的常识判断,则初审部门的认定又是错误的。

(3) 究竟如何判断呢?笔者认为,分类仅是确定外观设计产品所属领域的一种方式,仅是在外观相同或相近似判断中确定两外观是否具有可比性的一种参考因素。分类相同并不意味着各自产品所体现的形状、特征相同,更不意味着该类购买者所了解的常识相同。所以,当本案初审部门仅从小类中存在的形状判断时,其半球形就成为了司空见惯的几何形状;而以钻石(B0088项)为判断依据时,则得出了相反的结果。所以,确定分类时,除了应按产品用途进行分类外,在涉及所属领域及该领域一般消费者具备哪些常识或确定对比证据进行具体对比时,还要再考虑按同一小类中不同产品本身的特定领域(即小类的项中）去判定此特定领域的一般消费者应该具备哪些常识。即判断主体应视判断客体所反映出来的实际问题而变化，这样，就不会再出现此案中的问题。

（二）涉及《专利法》第31条第2款的驳回复审

【案例3-2】[※]

案情介绍

本复审请求案涉及申请号为03332110.8的外观设计专利，其外观设计产品名称是"喜糖包装盒"，该案审理适用的是《审查指南（2001）》。

初审部门对上述专利申请作出驳回决定，其具体理由为：本申请六面视图照片中清楚表达了包装盒和捆扎带两种产品，其中包装盒属于09-03类，捆扎带属于09-06类；《专利法实施细则（2001）》第36条规定了多个同类产品的外观设计可以合案申请的条件之一为其应属分类表中的同一小类，本申请中的多项外观设计产品不属于分类表中的同一小类，故只能保留其中一件产品的外观设计，其他产品的外观设计若要求保护，可以进行分案申请。为此，初审部门先后两次向申请人发出审查意见通知书，指出本申请存在上述实质性缺陷，申请人虽先后两次提交了意见陈述，但其陈述理由不成立，未能解决本申请的实质性缺陷。因此，本申请包含了多项外观设计产品，其不符合《专利法》第31条第2款的规定，应予以驳回。

请求人对上述驳回决定不服，提出复审请求，请求人认为：本申请视图所示为一件包装盒产品，不存在上述驳回决定所认为的单独的包装盒和捆扎带，图中所示盒体由捆扎带固定，捆扎带是本外观设计中不可分的一个元素，对于本外观设计来说，无论是盒体还是捆扎带都不具有独立的使用价值。因此，本申请不属于专利法所规定的可以合案申请的情况，也不存在可以分案的外观设计，其符合《专利法》第31条第2款的规定，请求专利复审委员会撤销上述驳回决定。

案例相关资料

（1）外观设计附图（参见图3-1）。

（2）专利复审委员会复审决定摘录。

合议组认为：《专利法》第31条第2款所规定的合案申请情况是针对两项以上外观设计可以作为一件申请提出而言的，本申请所示喜糖包装盒虽然包含了包装盒盒体和捆扎带，但其视图所示为将二者组合一体而形成的整体外观设计，而不存在包装盒盒体和捆扎带两项分别独立的外观设计，即本申请仅为一项外观设计。因此，本申请不涉及《专利法》及其《专利法实施细则》和《审查指南》所规定的合案申请或分案申请情况。

本申请使用外观设计的产品是"喜糖包装盒"，其视图所示包括包装盒盒体和捆扎带，虽然包装盒盒体和捆扎带可以是分别独立的两件产品，但本申请

[※] 该案例摘自专利复审委员会第5673号复审决定，由赵嘉祥老师提供。

第三章 外观设计专利申请的复审和外观设计专利的无效宣告案例分析

俯视图　　　　后视图　　　　立体图

仰视图　　　　右视图　　　　主视图

图 3-1

是通过将特定的捆扎带和包装盒盒体捆扎一体而组合成的整体产品，其具有固定的组合形状、图案和色彩，并表现了该产品特有的造型和审美性，二者互为该整体产品的两个组成部分，而非相互间不具任何结合关系的独立产品，故应视其为结合一体的组件产品。因此，本申请亦不存在违反《专利法》第 31 条第 2 款关于一件外观设计专利申请应当限于一种产品的外观设计情况。

综上所述，本申请所示喜糖包装盒外观设计仅涉及一种产品所使用的一项外观设计，原驳回决定认为其不符合《专利法》第 31 条第 2 款规定的驳回理由不能成立。

> 案例思考

1. 如何区分组合产品与成套产品

（1）驳回理由。

在本案初步审查中，初审部门驳回的法律依据是该案不符合《专利法》第 31 条第 2 款的规定，其驳回理由是本案所涉及的包装盒及捆扎包装盒的捆扎带分别属于 09-03 类和 09-06 类，不符合《专利法实施细则（2001）》第 36 条第 1 款（现已被修订为《专利法实施细则》第 35 条第 2 款）关于外观设计可以合案申请的条件之一，即两项以上外观的产品"应属于国际外观分类表中的同一小类"的规定，所以应该进行分案申请。为了搞清楚是否可以合案申请，应先对成套产品与组合产品的定义了解清楚。

有关外观设计产品分类与合案申请的关系在《审查指南（2006）》第一部分第三章 6.2.1.1 中有相关规定，该规定与《审查指南（2001）》相同，而《专利审查指南》第一部分第三章 9.2.1 中对该规定作了修改，即改为"两项以上外观设计可以作为一件申请提出的条件之一是该两项以上外观设计产品属于国际外观分类表中的同一大类，产品属于同一大类并非合案申请的充分条件，相似外观设计申请合案申请除了属于同一大类外，还应该满足是同一产品"。

187

由上述分析可知,《专利审查指南》将可合案申请的外观设计产品的类别由之前的同一"小类"放宽至同一"大类",使可适用合案申请的产品范围扩大。

(2) 关于成套产品的认定。

《审查指南(2001)》第一部分第三章4.2.1规定,成套产品外观设计专利申请的判定条件之一是两项外观设计产品属于同一类别;其判定条件之二是成套产品由2件以上的各自独立的产品组成,其中2件产品具有独立的使用价值;其判定条件之三是构成成套产品的各产品必须分别具备授权条件;其判定条件之四是成套出售或使用。结合本案,通过分析对比可以得出以下结论。

1) 本喜糖包装盒具有两件独立的产品,但这两件独立的产品不属于同一类别,不满足判定条件之一;

2) 本喜糖包装盒是由两件各自独立的产品组成,每件产品不具有独立的使用价值,不像餐具、茶具那样每件产品都具有独立的使用价值,故不满足判定条件之二;

3) 构成成套产品的各产品必须分别具备授权条件,由于第2)点中所述原因,本喜糖包装盒和捆扎带不具备授权条件,不满足判定条件之三;

4) 从本案照片来看,其设计风格一致,满足习惯上同时出售的条件,符合成套产品的条件,满足判定条件之四;

综上所述,本喜糖包装盒不能同时满足成套产品的四个要件,不能以成套产品定义本外观设计,当然也不能从成套产品的角度判别其是否要进行合案申请。因此,初步审查部门的认定有误。

(3) 组合产品的认定。

本喜糖包装盒不属于成套产品,是否应属于组合产品呢?在《审查指南(2001)》第一部分第三章4.2.1.2中有对组合产品的规定,即由数件物品组合为一体的产品,其中每一件单独构成的部分没有独立的使用价值,组合成一体时才有使用价值。例如,扑克牌、积木、插接玩具等,应当视为一件产品,只能作为一件申请提出,但它们不属于成套产品。从《审查指南(2001)》的上述规定来分析,本案涉及由没有独立使用价值的两件独立物品组合成的一件产品的一项外观设计,类似锁和钥匙,但并不等同于积木或扑克牌类的组合产品。

实际上,本外观设计属于《专利法》第31条第2款规定的一种产品所使用的一项外观设计,正像复审决定指出的那样,它们是由两件独立产品结合成的整体产品,其具有固定的组合形态、图案和色彩,其表现了该产品特有的造型和美感,应视为由两件产品结合为一体的组件产品,应符合作为一件申请提出的条件。

2. 对成套产品和组合产品的进一步探讨

由前述的分析可知,成套产品和组件产品的确定与是否满足单一性密切相关。即该问题既与申请方式和审批过程有关,又与保护范围有关。目前的主流观点认为:"成套产品中的每一项外观设计都具有相当于将其单独申请而获得权利内容的效力,各项外观设计之间具有相对独立性,可以单独主张其中任一项外观设计所获得的权利,而不必基于整体主张权利(例如餐具、茶具等成套产品)。而组件产品则是将各个构件所组合或形成的整体作为一项外观设计(一件整体产品)来看待,在无效程序中则只能整体无效或者维持。在侵权中也只能判别其是否构成整体侵权,而不能认定产品的某一构件构成侵权。"❶

基于上述主流观点和目前所存在的实际问题,在《专利法》中,已将《专利法(2001)》第31条第2款修改成"一件外观设计专利申请应当限于一项外观设计。同一产品两项以上的相似外观设计,或者用于同一类别并且成套出售或者使用产品的两项以上外观设计,可以作为一件申请提出"。在《专利法》第31条第2款中增加了同一产品两项以上相近似的外观设计可以作为一件申请提出的新规定,该规定较好地解决了同一申请人对同一产品的相似设计在申请阶段不能合案申请、但在无效宣告阶段又能相互否定的立法上的问题。该部分举例参见第三节。

第二节 外观设计专利的无效及案例分析

外观设计专利之所以多年来在我国授权专利中一直占有相当的比例,是因为其设计要素融于众多销售产品之中,与产品具有紧密的关系,并在市场上直接随产品被应用和流通,致使涉及外观设计专利的侵权及因侵权而引起的交叉诉讼案件的数量不断增加。因此,外观设计专利的无效宣告请求事务的代理也自然成为专利代理人一项重要的工作。

涉及外观设计专利无效的条款,主要有《专利法》第23条、第9条,专利代理人的主要工作就是对在先设计和涉案专利是否相同和实质相同,以及涉案专利与现有设计或现有设计特征的组合相比是否具有明显的区别进行判断。

新法修改对外观设计专利无效阶段影响最大的是在《专利法》第23条第1款规定的现有设计中引入了在国外在先使用公开或以其他方式为公众所知的设计的内容,同时,在第1款中加入与发明或者实用新型相同的类似抵触申请的新规定,使外观设计专利的授权标准提高,无效宣告阶段可用现有设计或证据的选择范围扩大,而被无效的几率增大。尤其是《专利法》第23条第2款增加了"授予专利权的外观设计与现有设计或现有设计特征的组合相比,应当具有明显区别"这一创造性规定,使外观设计专利的授权条件提高而权利稳定性变得更差。另外,在《专利法》第25条中加入平面印刷品类的设计不授予专利权的规定。此方面举例参见第三节。

下面将结合几个实际无效宣告案例进行介绍和分析。

---

❶ 国家知识产权局条法司编:《〈专利法〉及〈专利法实施细则〉第三次修改专题研究报告(上卷)》,知识产权出版社2006年版,第346页。

一、涉及相同和相近似的无效案例

【案例 3-3】

案情介绍

本案涉及授权公告的第 02330124.4 号外观设计专利,其名称为"打孔器"。针对该专利,请求人李某于 2004 年 3 月 18 日向专利复审委员会提出无效宣告请求,后经专利复审委员会开庭审理,作出了第 7894 号无效宣告请求审查决定,该决定以请求人提交的证据 2(即一件实用新型专利)为在先设计,宣告该外观设计专利无效。该案适用《审查指南(2001)》。

案例相关资料

(1) 相关附图。

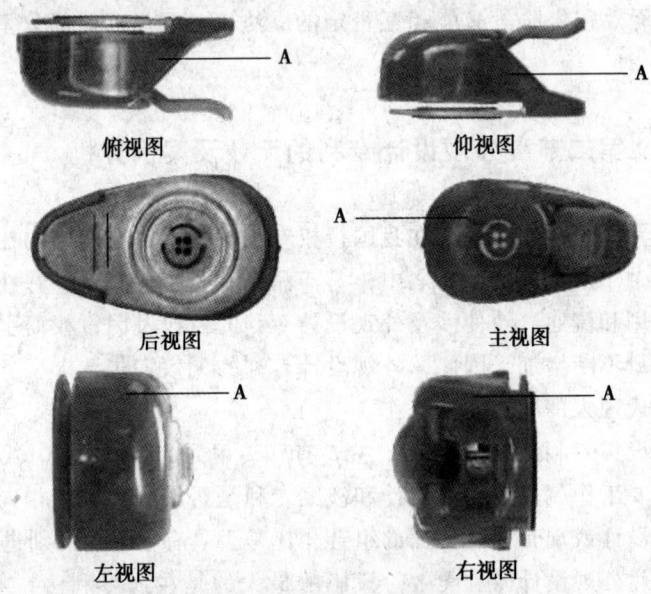

图 3-2 涉案专利外观设计附图

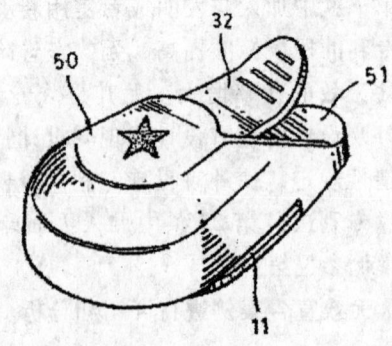

图 3-3 证据 2 附图

(2) 复审委员会第 7894 号无效决定摘录。

1. 关于证据

请求人请求宣告本外观设计专利无效的理由是本专利不符合《专利法》第 23 条的规定，其中证据 1 为请求人声称的 1998 年 9 月出版的《台湾文笔国际贸易》杂志复印件 3 页，请求人口头审理过程中未出示原件；又因该证据形成于中国台湾地区，应当履行相应的证明手续，但口头审理之前亦未出示履行相应的证明手续，我委对该证据的真实性不能确认，故而对其不予采信。

证据 2 为专利文献，涉及一种压模装置，用于打穿纸张或薄板，其用途同于打孔器，与本专利属于相近种类的产品；且证据 2 的公开日早于本专利的申请日，故该证据能够作为在先设计评价本专利的相同或相近似性。

2. 证据 2（对比文件图 2）与本专利的比较

本专利所要保护的是打孔器的外观设计，其整体由壳体、压柄和底座构成，且呈轴对称；由后视图可以看出底座的右半部分呈圆形，其半径较左半部分半径大，而左半部分呈椭圆形，左右部分之间为平滑过渡；由仰、俯视图看出底座底部为一用于放置纸张的开口；通过左、右、仰、俯视图能够看出壳体的顶部为一平面，顶部中间布置有大小两段圆弧构成的圆形，该圆形的中间均匀分布有四个圆点；伸出压柄一侧的壳体向内凹陷，其余侧面基本与底座的平面垂直，这些侧面与顶部为圆弧的平滑过渡；由俯、仰视图看出压柄略呈"S"形（具体详见本专利附图）。

证据 2 中说明书附图 2 显示的是一种压模装置。其整体亦由壳体、压柄和底座构成，且呈轴对称；底座的左半部分呈圆形，右半部分呈椭圆形，左右为平滑过渡；在底座与底部为一用于放置纸张的开口 11；壳体的顶部 50 为一平面，顶部中间有一个五角星图案；伸出压柄一侧的壳体向内凹陷，其余侧面基本与底座的平面垂直，这些侧面与顶部为圆弧的平滑过渡；由俯、仰视图看出压柄 32 末端略微上翘。

虽然本专利在简要说明中表明壳体部分为透明，但通过透明壳体不能清楚分辨出其内部的形状、图案，因此该部分不能视为打孔器外观设计的一部分。

通过综合比较可以看出，在先设计与本专利在整体形状、各个部件的布局都是相同的。二者存在的差异主要体现在如下几个方面：壳体顶部的图案不同；压柄的形状稍有不同等。所体现差异的部件在整体中占有很小的比例，属于局部中的细微差异，这些差异的存在并不会对一般消费者的视觉产生显著的影响，本专利与在先设计为相近似的外观设计。

另外，在先设计中没有反映底座的底部形状和图案，对此我委认为：正常使用时底座的底部是不容易看到的，其对视觉的影响相对于其他部位要小得多，虽然证据 2 中没有反映底座，但这也不能影响其与本专利为相近似的外观设计的结论。

综上所述，本专利不符合《专利法》第 23 条的规定。

> 案例思考

1. 证据2的证明效力问题

本案中的证据2是一件授权公告的实用新型专利，该专利说明书共有5幅附图，其中有立体分解图1、立体图2（相当于涉案专利的立体图）、剖面图3（类似于外观专利的左右视图）、剖面图4（类似于外观专利的俯、仰视图），本案中仅给出一立体图，证据2与涉案专利具有相同的用途，属于同一类产品，因此，证据2与涉案专利具有可比性。虽然证据2没有体现涉案专利底部形状，但由于正常使用时底座的底部不易被看到，其对视觉的影响相对小于其他部位，因此，此点不影响证据2与涉案专利为相近似外观设计的结论。得出相近似结论的关键在于证据2的各附图，尤其是证据2的立体是否较全面、清楚地体现了涉案专利的立体图的形状及从该立体图所反映出的证据2的主要视图的形状。因此，在外观设计专利的无效宣告请求中，在先设计的证据可以是发明专利或者实用新型专利所公开的附图部分。

2. 通过透明部分不能清楚观察到的内部形状、图案不能视为外观设计的一部分

在本案中，虽然在其简要说明中注明其壳体的部分为透明，但实际上不能通过其透明外壳清楚观察到内部形状、图案。因此，专利复审委员会认为其不能视为外观设计的一部分，不能认定的理由是，通过透明部分所观察到的内部结构形状不清楚、不确定，因此该部分不能纳入外观设计的对比内容，即不能作为相同或相近似的考虑因素。如果通过透明部分观察到的内部形状、图案是清楚的，则应该作为外观设计的一部分，自然也应纳入外观设计相同或相近似的判断内容。

3. 简要说明的作用及外观设计图片或照片是否清楚对无效宣告程序的影响

专利复审委员会在【案例3-3】的要点评述中评述到："若在外观设计简要说明中标明专利的某些部分（或部件）为透明，但又不能通过上述部分（或部件）清楚分辨出内部的形状、图案，则简要说明中所标明的透明部分以内的形状、图案不能视为外观设计的一部分。"

从上述评述不难看出，按《审查指南（2001）》进行审查的【案例3-3】中的透明部分内部不清楚的形状、图案在无效对比中被排除掉了，自然也不能作为相同或相近似判断中的保护内容，但排除的前提是其不能清楚地分辨。如果能够清楚地分辨其内部的形状、图案，则在无效宣告审理中应该考虑并纳入该专利的对比范围，该专利很有可能与在先设计不相同或不相近似，该专利就很可能被维持专利权有效，由此可见，如果外观设计的图片或照片不能清楚地显示要求专利保护的产品的外观设计，不符合《专利法》第27条第2款的要求，那么在无效宣告程序的实际对比分析中就会处于不利的局面，无论是用于否定涉案专利还是用于否定涉案专利的在先设计。这是列举此案的主要目的。

另外，在该专利的简要说明中标注或说明了其某些部分为透明。由此可见，外

观设计简要说明可以用于解释图片或照片所表示的外观设计[1]，其起到对附图所显示的保护内容进行解释说明及限定的作用。笔者认为，其作用类似于发明和实用新型专利的说明书对权利要求书的解释说明作用。

4.《审查指南（2001）》与《审查指南（2006）》对可视的内部设计要素的规定

在《审查指南（2001）》中并没有明确的规定来说明对透过透明部分看到的外观设计的内部形状、图案是否纳入外观相同或相近似判断的考虑要素。但在《审查指南（2006）》第四部分第五章5.4中对此作了明确规定："对于外表使用透明材料的产品而言，通过人的视觉能观察到的其透明部分以内的形状、图案和色彩，应视为该产品的外观设计的一部分"，即应纳入外观相同或相近似的判断对比范围之中。新修订的《专利审查指南》第四部分第五章5.2.3对此亦作了相同规定。因此，在外观设计专利无效证据的收集、选用和在先、在后外观设计的对比中，专利代理人不能忽略外观设计的简要说明对外观设计专利保护范围的影响和作用，也不能忽略透过透明部分所看到的产品内部的一些可视的形状、图案的比较和判断。例如，外部整体形状图案都一样的先后两件家用榨汁机外观设计，其中一件有部分透明壳体，另一件为全透明壳体，其观察到的可视形状肯定不一样。

5. 应强化简要说明的作用

基于上述第3点及第4点的原因及目前遇到的与简要说明有关的实际问题，《专利法》第27条第1款在应当提交请求书以及外观设计图片或照片等文件的基础上，增加了应当提交"对该外观设计的简要说明"的规定，即把外观设计的简要说明作为申请外观设计的必要文件之一。

二、涉及色彩保护的无效案例

【案例3-4】

案情介绍

本案涉及名称为"环氧胶包装底板"的第200330103850.7号外观设计专利，2005年8月13日某材料有限公司以该专利不符合《专利法》第23条的规定为由，提出无效宣告请求，所使用的在先证据为附件1-1和附件4，从该两份在先设计明显得出，除了底板颜色与本专利不同外，其他部分均相同。最后专利复审委员会以仅仅在颜色上有区别对产品外观设计的整体视觉效果没有显著影响、仍属于相近似的外观设计为由，将本外观设计专利权宣告无效。本案适用《审查指南（2006）》。

---

[1] 国家知识产权局条法司编：《〈专利法〉及〈专利法实施细则〉第三次修改专题研究报告（上卷）》，知识产权出版社2006年版，第332页。

案例相关资料

（1）相关附图。

主视图

后视图

使用状态图

图3-4　本专利附图

图3-5　在先设计（附件4）附图

（2）专利复审委员会第9238号无效宣告决定摘录。

1. 关于证据

附件1-1和附件4是中国建筑工业出版社和香港贝思出版有限公司共同出版、1997年5月在中国大陆地区印刷的公开出版物，专利权人对其公证认证文件本身的真实性没有提出异议，附件2和附件3尚处在商标争议的审查程序中，其商标地位尚未确定，因此，在本案中不能作为"与他人在先取得的合法权利相冲突"的证据使用，附件2和附件3不能适用于依照《专利法》第23条评价本专利。

2. 具体对比

现将本专利与附件1-1和附件4比较如下。本专利主视图和使用状态参考图主要布局与附件1-1及附件4完全相同（本案以附件4作为在先设计），具体对比可见主视图外文名称Araldite相同，左下方安置胶筒的单色底板相同，右下方从上到下的三个使用示意图和说明文字布局皆相同；附件4没有后视图。本专利与附件4的区别仅在于底板颜色不同。

按照《审查指南》第四部分第五章6.5的规定，单一色彩的外观设计仅作色彩改变仍属于相近似的外观设计。合议组注意到本专利权人同类的一系列外观设计底板有红、橙、蓝、黑色，其中本专利为黑色，附件1-1图片底板有红、橙、绿、蓝、紫色，附件4底板为天蓝色。对此，合议组认为，对各种单色底板且布局相同的外观设计产品，一般消费者难以区分，极易造成混淆。换句话说，对于具有相同布局及各种颜色的外观设计，仅仅颜色区别对产品的整体视觉效果没有显著影响，本专利与附件4所示外观设计依整体观察、综合判断来看仅有底板颜色不同，极易使一般消费者产生混淆，二者属于相近似的外观设计。

案例思考

本案无效决定的法律依据是《专利法》第23条。无效的理由是在其申请日前有相近似的外观设计公开发表，无效的证据是1997年出版刊物上的附件4。无效决定的结论无疑是正确的，但本案引出的下述问题却值得探讨。

1. 有关色彩保护效力

通过对本无效决定的分析，我们似乎可得到这样一种结论，即按照《审查指南（2006）》第四部分第五章6.5关于色彩相近似的判断规定，在物品分类相同的情况下，在先设计与在后设计形状相同或相近似时，如果仅作为色彩上的改变，两者仍属于相近似的外观设计。在后设计能够被在先设计无效，同一申请人同日申请的仅单一色彩变换的多件外观设计仅能保留一件。此时，就出现了一个现实的问题，在外观设计类似方案申请时，专利代理人如何向申请人提出合理建议，同一申请人同时申请两件或两件以上外观设计申请的，如果它们在形状上相同或相近似，不同之处仅在于单一色彩的改变上，则只申请一件是否可达到排除仅作单一色彩变换的自己或者他人的类似外观设计专利权的目的。即对于形状相同或相近似而色彩不同的同一申请人的多件外观设计，按《专利法（2001）》的规定，只申请的其中一件肯定不能保护不同色彩的其他相近似外观设计产品的效果。

《专利审查指南》第一部分第三章9.1.2规定，在相似外观设计判断中，仅色彩要素变化的，通常认为其他外观设计与指定的基本外观设计相似，可以合案申请，解决了上述难题。

2. 关于同一申请人多件相近似外观设计申请的合理保护问题

从目前外观设计申请的实际状况来看，不少企业为使自己的产品不断更新、变换，以吸引消费者的注意，往往从色彩改变或色彩组合搭配上变化，而在形状上往往较难改变，如包装类的产品的外观设计。另外，为了防止他人侵权和有利于保护自己的产品，专利申请人往往要申请色彩不同、多件类似的专利才觉得放心，而按现行外观设计专利审查制度，同一申请人在相同申请日所申请的多个相近似的外观设计不能合案申请，但一般又都能被授权。上述问题，并不局限在形状相同或相近似的外观设计产品申请中，还往往出现在整体产品形状大体一致而仅有局部不同的多件防御性的外观设计产品的保护中，如果按照禁止重复授权的基本原则或《专利法》第23条的规定，修订前的《专利法》无法起到对申请人自己的相似外观设计产品的保护作用。这使许多申请人、权利人不能理解，同时，也造成同一申请在申请审查阶段、无效宣告阶段乃至侵权判定阶段适用的标准不一致的问题，这是一个亟待解决的现实问题。[1]

因此，《专利法》对《专利法（2001）》第31条第2款进行了相应修改，增加了"同一产品的两项以上的相似外观设计"可作为一件申请提出的新规定，以解决《专利法》修订前存在的上述问题。

3. 关于与他人在先取得的合法权利相冲突的问题

按照《专利法（2001）》第23条的规定，凡是以与他人在先取得的合法权利相冲突作为无效宣告请求理由的，应该按照《专利法实施细则（2001）》第65条第3款的规定，向专利复审委员会提交已生效的能够证明外观设计专利权与商标权、著作权等在先权利相冲突的处理决定或者判决。而本案中请求人提交的附件2和附件3尚处在商标评审委员会的评审过程中，其商标权自身地位尚未确定，所以，不能作为有效的证据来使用。即使商标评审委员会作出决定，如果双方当事人要向人民法院起诉，则还要等到原被告双方期满未上诉或上诉后仍维持原判决的终局决定作出后，才能真正作为与在先权利相冲突的证据来使用。

所以，合议组认为，请求人所提交的附件2和附件3尚处在商标争议的审查程序中，其商标权地位尚未确定。因此，附件2和附件3在本案中不能作为"与他人在先取得的合法权利相冲突"的证据来使用。

4. 新法实施后对本案例中所涉及的相关无效条款的影响

（1）在外观设计确权中引入创造性标准。

在本案例中，请求人是以该外观设计专利权的授予不符合《专利法》第23条的规定为由提出无效宣告请求，并提出了附件1-1和附件4两项在先设计，专利复审委员会是以附件4所示在先设计与本外观设计专利相近似为由宣告本外观设计专利权无效的，其采用的是单独对比原则。

由于《专利法》第23条的修改中引入了"授予专利权的外观设计与现有设计或者现有设计特征的组合相比，应当具有明显区别"这一类似创造性对比原则，因此如果以修订后的《专利法》审理本案，则请求人可将附件1-1和附件4两项在先设计特征组合起来与本外观设计专利相比较，只要比较后本外观

---

[1] 国家知识产权局条法司编：《〈专利法〉及〈专利法实施细则〉第三次修改专题研究报告（上卷）》，知识产权出版社2006年版，第347~348页。

设计还存在明显区别才能维持其专利权有效。这种原则性的改变，不仅使授权标准大幅提升，而且使已授予专利权的外观设计专利被无效的几率增加，能有效提高今后外观设计专利的授权质量。

（2）关于在先合法权利相冲突问题。

在本案例中，无效宣告请求人在提出无效宣告请求时，还提交了附件2和附件3，以试图说明该外观设计与在先取得的某商标权相冲突，但专利复审委员会以附件2和附件3只能证明该商标正处于异议阶段，其在先权利没有被最终确定为由，按照《专利法实施细则（2001）》第65条第3款关于"未能提交生效的能够证明权利冲突的处理决定或者判决"的规定为法律依据，未予采信两证据。

实际上，由于《专利法实施细则（2001）》第65条第3款的规定在审查实践中较难得到满足（原因在于绝大部分的处理决定或者判决书都是针对某一权利自身的确权，而不可能是针对该权利与其他权利冲突所作出的裁定）。因此，修订后的《专利法实施细则》第66条第3款规定"以不符合专利法第二十三条第三款的规定为理由请求宣告外观设计专利权无效，但是未提交证明权利冲突的证据的，专利复审委员会不予受理。"目前，还没有适用该条款作出的无效宣告请求审查决定的案例。

下面仅以依据《专利实施细则（2001）》第65条第3款所作出的无效宣告审查决定举例说明。

专利复审委员会第13487号和第13488号无效宣告审查决定以《专利法》第23条第3款的规定为无效宣告理由，采用《专利法实施细则（2001）》第65条第3款所述的证明权利冲突的处理决定为依据，对200730054319.3号和200730002648.3号外观设计专利权作出了无效宣告审查决定。

上述审查决定的理由如下：

汕头市工商行政管理局2007年6月29日作出的"汕工商支处字【2007】36号行政处罚决定书"中查明的事实是：投诉人安利（中国）日用品有限公司的"Amway"商标系美国安利有限公司2004年经国家工商总局核准注册、并许可安利（中国）日用品有限公司使用的商标，注册证号第3242951号，核定使用在第3类护发素、洗发水等商品上。认定标注有"Amway"标识的洗发护发系列产品与安利公司的"Amway"注册商标相同，……构成侵犯他人注册商标专用权的行为；附件4第2页照片中所示产品为汕头市工商行政管理局2007年6月29日作出"汕工商支处字【2007】36号行政处罚决定书"所指的商品。参照2001年6月19日的《最高人民法院关于审理专利纠纷案件适用法律问题的若干规定》中的第16条的规定：专利法第23条第3款所称的在先取得的合法权利包括："商标权、著作权、企业名称权、肖像权、知名商品特有包装或者装潢使用权等"，因此，上述证据可以作为认定本专利是否符合专利法第23条第3款规定的依据。

本专利包装瓶正面，主要部位的矩形框内上方为"Amway"文字设计，其与附件4现场被查扣产品外观设计相同,由于本专利与在先注册商标均用于洗涤用品上,在先生效处理决定已经认定:"与本专利相同的外观设计侵犯了在先的第3242951号注册商标权",故应当认定本专利与在先第3242951号商标权相冲突,本专利的授予不符合专利法第23条的规定。

《专利法》第66条第3款中所述的证据,既包括生效的处理决定,也包括可以证明在先权利存在的其他证据,例如,本案例中所述的附件2和附件3。所以,提交证明权利冲突的证据要比提交能够证明权利冲突的处理决定或者判断容易得多。相信不久的将来会有此方面的实际案例出现。

三、涉及《专利法》第9条的无效案例

【案例3-5】

案情介绍

本案涉及发明名称为"冰箱"的外观设计专利,2004年5月20日,请求人向专利复审委员会提出无效宣告请求,无效宣告请求人的证据为第02303612.5号的在先外观设计,无效宣告理由是本专利与在先设计属于相同的发明创造,不符合《专利法》第9条和《专利法实施细则》第13条第1款的规定。专利复审委员会经审理根据请求人提供的证据和理由,宣告本外观设计专利权无效。本案适用《审查指南(2001)》。

案例相关资料

(1) 外观设计及对比文件1附图(参见图3-6和图3-7)。
(2) 专利复审委员会第7299号无效宣告决定摘录。

1. 证据的认定

对比文件是一篇中国外观设计专利,申请日为2002年1月31日,优先权日为2001年8月24日,授权公告日为2002年11月6日。本专利的申请日为2002年10月11日。对比文件1的申请日和优先权日均早于本专利的申请日并且在本专利申请日后获得授权,对比文件1中公开的外观设计属于本专利的在先设计。

2. 无效法律依据

如果一项外观设计专利中保护的外观设计属于单纯形状的设计,则当该外观设计与他人申请在先、公布在后的另一外观设计专利保护的在先设计的形状相同或相近似时,二者属于同样的发明创造,依据《专利法》第9条的规定"两个以上的申请人分别就同样的发明创造申请专利的,专利权授予最先申请的人。"因此,该专利权应予以无效。该无效理由属于《专利法》第9条第2款。

3. 具体对比分析

经比较可知,本专利和对比文件1均要求保护冰箱,它们属于相同种类的产品,两者的整体形状、部件形状和布局、各部分的尺寸比例基本相同。二者

第三章 外观设计专利申请的复审和外观设计专利的无效宣告案例分析

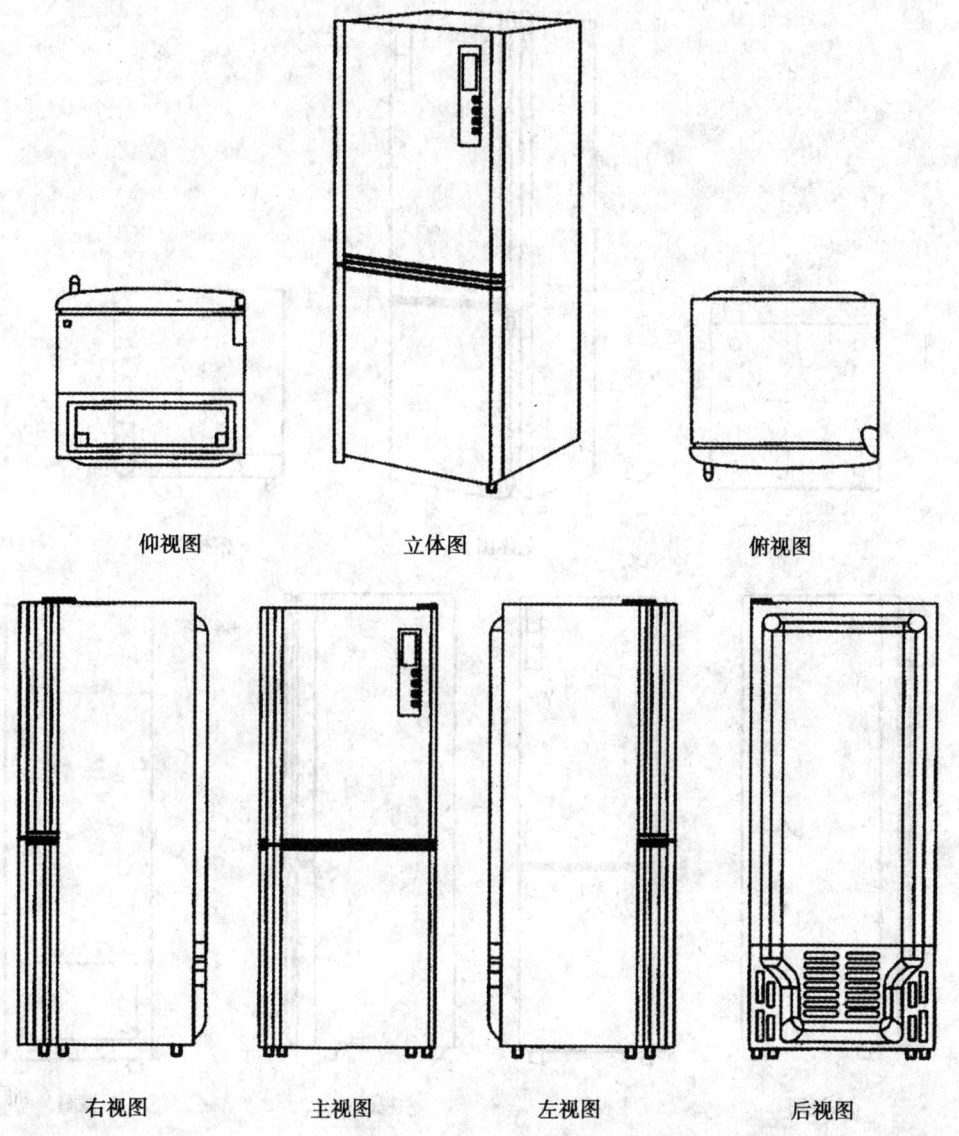

图3-6 本专利附图

的区别在于：①两个冰箱底面不同；本专利仰视图中冰箱下部具有一个长方形，对比文件1中没有。②冰箱的背面不同；对比左右视图可见，本专利的背面具有纵向梯形凸起，而对比文件1的背面为直线。此外，本专利后视图中冰箱背面上部具有数个长方形轮廓线，下部为近似倒置梯形的图案，梯形内部和外部具有多个条形，但对比文件1的冰箱背面仅在下部有一长方形。

合议组进一步分析两者的区别后认为：由于冰箱在使用状态下是以特定的方向朝向使用者的产品，一般消费者在购买和使用冰箱时，通常不会关注冰箱的背面和底面，而本专利与在先设计（对比文件1）的不同点①和②均处于冰箱的背面和底面，而且从本专利的整体外观设计可以发现，本专利冰箱的整体外形及其比例、冰箱门的轮廓尺寸和布局、冰箱部件如把手和显示

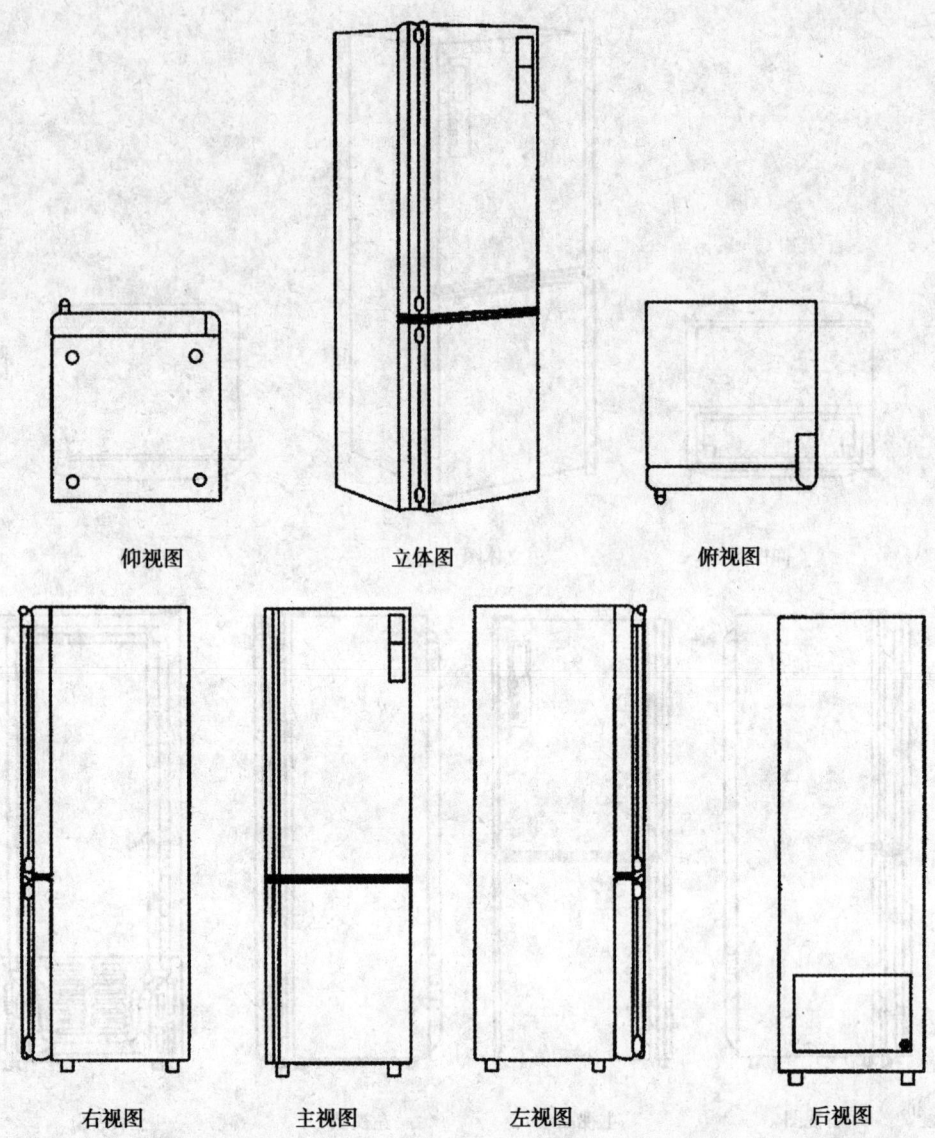

图 3-7 对比文件 1 附图

板的位置和尺寸与在先设计专利基本相同，本专利冰箱底面和背面的区别属于局部变化并且位于使用时不容易看到的部位。由此可见，不同点①和②并未构成对两个外观设计之间整体形状的显著影响，一般消费者容易误认混同，本专利与对比文件 1 的外观设计属于相近似的外观设计。所以，本专利与对比文件 1 的外观设计属于"同样的发明创造"，宣告第 02342355.2 号外观设计专利权无效。

案例思考

1. 如何依据证据确定无效宣告请求的理由

从第 7299 号无效宣告审查决定对于证据的认定可知，本案中的在先设计（对比文件1）是一件他人申请在先、公布在后的专利。按照《审查指南（2001）》第四部分第六章3.2的规定，以申请在先的专利已经公开或者属于他人申请在先、公开在后的专利宣告外观设计专利无效的，专利复审委员会可以按照《专利法》第23条或者《专利法》第9条的规定进行审查。本案情况适用后者。

如按照《专利法》第23条第1款的规定，该对比文件1则属于"在先申请、在后公开的专利文件"，同样是破坏该涉案专利的新颖性，专利复审委员会可以依据《专利法》第23条第1款规定进行审查。

2. 同样的发明创造的定义

按照《专利法》第9条以及《专利法实施细则（2001）》第13条第1款（现已并入《专利法》第9条第1款）对同样发明创造的定义的规定，"同样的发明创造只能被授予一项专利"，对于外观设计而言，是指"外观设计相同或者相近似"，而本案的在先设计（对比文件1）与本专利正符合此种情况和《审查指南（2001）》的上述相关规定。

3. 如何进行形状上相同或者相近似的具体对比

通过本案无效宣告审查决定中对在先与在后两专利的逐一评述和对相对应部分（部件）——说明和对比，可以了解到在外观设计专利进行相同或相近似对比时，一般易采取以下方式。

（1）判断两对比产品是否属于相同种类的产品。

按照外观设计单独对比的判断方式，要将两个客体进行类别的判断，如果属于同类产品或用途相同，则具有可比性；反之，则不具有可比性。

（2）从主要视图入手进行整体形状和部件形状、位置关系的比较。

例如，从本专利的主视图和立体图中可看到本专利所示冰箱的整体形状是由上下两个冰箱门构成，上冰箱门是什么形状，其上有什么形状的什么部件等。同理，从相应视图入手对对比文件1中所示的冰箱的整体形状和部件形状、位置关系入手进行相同的归纳和形状界定，然后对其他视图上所反映的具体形状作相同的分析和界定。

（3）将两个冰箱的相同视图上所体现的上述单独对比结果进行一一对应，找出其相同部分或相近似的部分以及不相近似的部分。

（4）判断不相近似的部分导致的差异在隔离对比时是否给一般消费者视觉造成混同。如果造成混同，则应该认为是相同或相近似的外观设计。参见《审查指南（2001）》第四部分第五章4及6.4的相关规定。

（5）对于隔离对比后不易造成视觉混同的部分的形状还需要进行进一步判断，最后确定是否相同或相近似。如果经过第（4）步的比较后，还存在一些不易导致一般消费者混同的部分，即两个冰箱还存在区别，即两个冰箱之间有可能不相同或不相近似。此时，则还需要对对比文件1所示的冰箱与本专利所示的冰箱之间再作进一步的判断，例如，判断不易造成混同的部分是不为一般消费者不太关注的背面、底面等，不易造成混用的部分是不是由色彩和图案等要素造成的。

(6) 对比较后所存在的区别再进行是否属于要部的判断。

例如，本案中两冰箱对比后还存在两点不同，即两个冰箱的底部不同、冰箱的背面不同，对于此两点不同，合议组认为："冰箱在使用状态下是以特定朝向使用的产品，一般消费者在购买和使用冰箱时，通常不会关注冰箱的背面和底面，而本专利与在先设计（对比文件1）的两个不同点均处于冰箱的背面和底面，且这些区别属于局部变化并位于使用时不易看到的部位，具体规定参见《审查指南（2001）》第四部分第五章6.7，因此，不同点未构成对两个外观设计之间整体形状的显著影响，一般消费者容易误认混同，本专利与对比文件1的外观设计属于相近似的外观设计，所以属于'同样的发明创造'，本专利的授权不符合《专利法》第9条的规定。"

由此可见，上述判断过程、对比方式不仅适合大部分对于外观设计是否相同或相近似的判断。而且，专利复审委员会上述分析中的对比步骤及判断方式同样可作为专利代理人进行外观案复审和无效宣告请求书撰写或权利方代理人进行复审和无效宣告答辩时的参考，也适用于口头审理中对是否相同或相近似的对比论述。

4. 如何进行图案和色彩方面的对比判断

上述分析对比方式仅列举了在只有单纯形状设计而没有图案和色彩设计情况下的对比判断方式。在实际的外观设计专利无效宣告请求中，往往还要对图案和色彩方面的设计要素进行对比。对于立体产品的外观设计，一般情况下，不论其是否有图案、色彩，也不管其是简单图案还是复杂图案，或者是单一色彩还是多种色彩的组合，除了考虑产品用途和分类是否具有可比性后，要先进行外观设计形状上的对比。如果先后两设计的形状相同，则接下来再比较图案部分是否相同或相近似；如果先后两设计的形状不相近似，则即使图案相近似，也视两设计不相近似。

对于具有形状、图案和色彩结合的外观设计，如果仅具有单一色彩，且其前两要素相近似，则应认定为仍属于相近似的设计；如果不是单一色彩，而是多种色彩的组合搭配，则多种色彩的组合本身所形成的就是一种图案，此时，色彩的综合结果应该按图案进行对比。

四、涉及《专利法》第23条的无效案例

【案例3-6】

案情介绍

该案涉及名称为"硅硐密封胶包装塑料筒"、专利号为第200430029691.5号的外观设计专利。某材料有限公司于2005年对其提出无效宣告请求，请求理由为《专利法》第23条，其无效宣告证据为第00332085.5号在先设计专利，先后两设计用途、形状相同，不同之处是两筒体外周表面图形文字布局方

式不同。第9237号无效决定认为:"面对纵横布局和图形文字完全不同的外观设计产品,布局和图形文字的完全不同对产品的整体视觉效果具有显著影响,本专利与对比文件外观设计依整体观察,综合判断来看属于不相近似的外观设计,维持该专利有效。"该案适用的是《审查指南(2006)》。

案例相关资料

(1)案例附图。

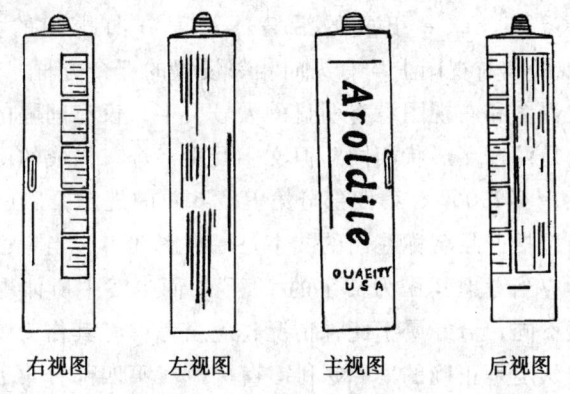

右视图　　左视图　　主视图　　后视图

图3-8　本专利附图

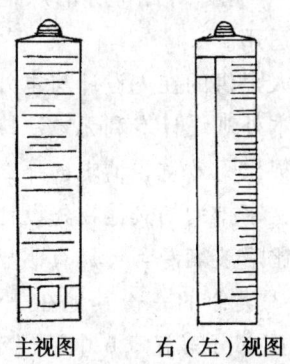

主视图　　右(左)视图

图3-9　对比文件附图

(2)专利复审委员会第9237号无效宣告决定摘录。

现将本专利与对比文件(简称在先设计)对比如下。本专利主视图、后视图、左视图、右视图和俯视图外形与对比文件(简称在先设计)塑料筒相应附图的外形完全相同,本专利与在先设计的区别在于塑料筒表面文字、图形不同,本专利主视图标有大号外文名称"Aroldite",后视图和右视图可见纵向排列五个小方格图形,在先设计外观设计没有上述相应的文字和图形;本专利文字和图形都是纵向排列的,而在先设计的文字和图形是横向排列的,视觉效果明显不同。

合议组认为,面对纵横布局和图形文字完全不同的外观设计产品,一般消费者很容易区分,不易造成混淆,布局和图形文字的完全不同对产品的整体视觉效果具有显著影响,本专利与在先设计外观设计依整体观察、综合判断来看不会使一般消费者产生混淆,二者属于不相近似的外观设计。

案例思考

从本案案情及无效宣告审查决定明显看出,涉案专利与在先设计的外观设计相比,不仅功能、用途、分类相同,而且形状完全相同,所不同的是产品外表面上的文字及文字说明构成的文字排布方式,例如涉案专利的主视图有由字母A、r、o、l、d、i、t、e组成的沿筒体长度方向排列的大号外文名称"Aroldite",后视图和右视图上均有纵向相邻设置的五个方框,方框内有文字,而在先设计的主视图和右视图没有明显的大号文字,仅有间隔的文字显示。此时,出现的情况是两产品形状相同,但文字及文字排布构成的图案部分不相近似。按《审查指南(2006)》第四部分第五章6.4的规定,"在相近似判断中,产品外表出现的包括产品名称在内的文字是一种图案,应当考虑其作为图案的装饰作用,而不应当考虑其作为文字的字意"。而本案中所体现的文字不同及文字构成的图案不同,恰好属于此种情况,应当考虑将其作为图案。因此,专利复审委员会的认定是正确的。《专利审查指南》第四部分第五章5.2.6.2规定"产品外表出现的包括产品名称在内的文字和数字应当作为图案予以考虑,而不应当考虑字音、字意",因此,对此部分的规定此次专利法修改前后基本没有变化,今后该规定仍然适用。

由于本案无效宣告请求人提供的在先设计与本外观设计专利上的文字、图形及排列形式不同而未能使本外观设计专利无效。按现行专利法相关规定,如果请求人要对外观设计专利提出无效宣告请求,那么除提供附件3外,其还可提供一份能够公开其图形、文字排列的其他在先设计与附件3的组合来跟涉案专利进行对比,如果组合对比后涉案专利不具有明显区别,则其就不具有专利性。当然,也可只用与附件3类似的一份其他在先设计与该外观设计单独对比,按《专利审查指南》第四部分第五章6中所规定的"是否具有明显区别"这一标准进行判断,其结果就有可能与本案例的无效宣告审查决定结果相反。

第三节 新法中的驳回理由和无效宣告理由的尝试性举例分析

一、相似外观设计驳回及无效宣告理由的尝试性举例分析

《专利法》第31条第2款中的"相似外观设计可以进行合案申请"是《专利法》修订后新增加的内容,其立法目的是改变以前"同一产品的多项系列的、相似的外观设计不能合案申请,但在无效宣告阶段却能够相互否定其专利性"的不合理现象,以更好地保护广大申请人或者专利权人的权益。对于如何把握相似、何种情况下才能进行合案申请,目前尚无实际案例可供参考,也无成熟经验可供借鉴,无论是申请人还是专利代理人都感觉没有把握,尤其是

第三章 外观设计专利申请的复审和外观设计专利的无效宣告案例分析

在日后碰到此类驳回决定时,如何进行复审答辩则更不清楚。

下面仅就此类申请可能遇到的因与现有设计,他人在先申请、在后公告的专利文件,或同案申请的其他外观设计与基本设计不相似而不允许进行合案申请的驳回,以及驳回后如何进行复审请求,作如下尝试性举例分析。该举例分析的方法及理由同样也适用于无效宣告请求程序中相似或者实质相同的判断。

【案例 3-7】

使用外观设计的产品名称:马桶盖挂钩等 3 件

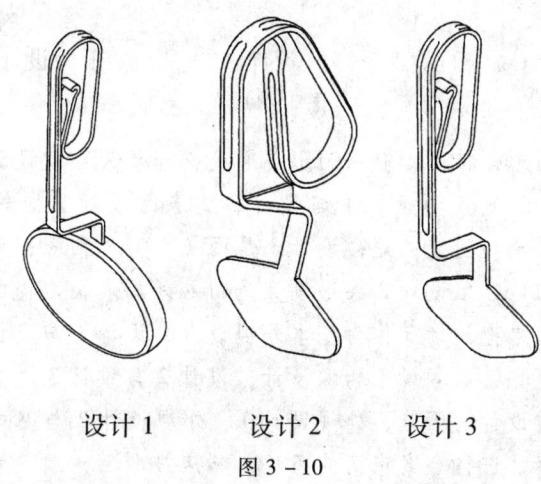

设计 1　　设计 2　　设计 3

图 3-10

初步审查部门认为外观设计 1、外观设计 2 与指定的基本外观设计 3 不相似,不符合合案申请的条件,而申请人又坚持不分案,导致审查员按《专利法实施细则》第 44 条第 2 款的规定对该申请予以驳回。

申请人对驳回决定不服提出复审请求的,其在复审请求可作如下陈述:

按照《专利审查指南》第一部分第三章 9.1.2 的相应规定,设计 1 和设计 2 与基本外观设计 3 之间有相同或相似的设计特征,即该组中的三项外观设计的上半部均有一卷曲的挂钩,其下半部是与挂钩为一体的下延伸的固定部,设计 1 与设计 3 挂钩部分相同,下半部分形状上有所区别,但均是一板状体,设计 2 与设计 3 下半部分相同而上半部分不相同。

进一步整体观察判断上述两点区别,设计 1 和设计 3 下半部分的区别点属于该类产品的惯常设计,而仅是局部的不同,设计 2 与设计 3 上半部分的不同也属于局部的卷曲程度的不同,属于该类产品的惯常设计,因此,属于可以进行合案申请的情形,请前置审查员和专利复审委员会撤销原驳回决定。

【案例 3-8】

使用外观设计的产品名称:手电钻帽等 3 件

初步审查部门认为外观设计 1、外观设计 2 与基本外观设计 3 设计不相似,不能合案申请,申请人不同意分案而导致该申请被驳回。

申请人对驳回决定不服提出复审请求的,其可在复审理由中作如下陈述:

该组的三项设计均属于相同产品,具有相同或相似的设计特征,即其整体

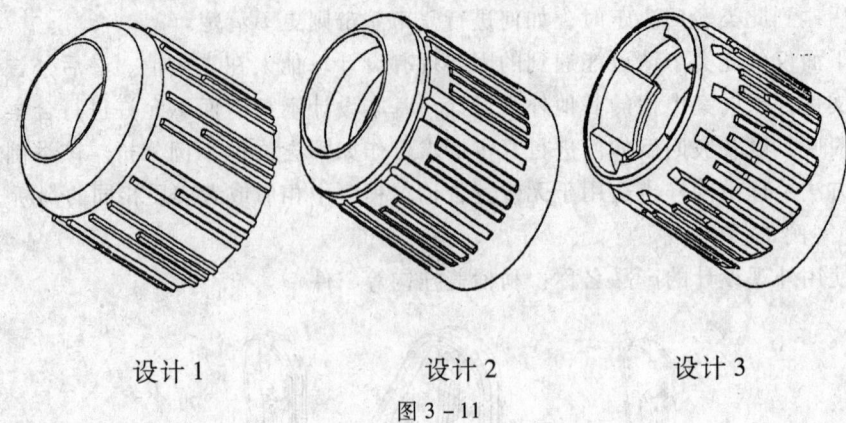

设计1　　　　　　　　设计2　　　　　　　　设计3

图 3-11

外形均为中空的圆形，其中心有一圆形贯通孔，外周表面均设计有间隔且竖向分布的条形设计，区别点为设计1与设计3的条形设计呈向外凸起的条形排列，即设计1为两长之间夹一短，设计3是两长之间夹两短；设计2的条形排列方式与设计3相似，但设计2条形设计是凹入外周表面之内的，两长条形设计间隔比较大，如果把设计3作为基本外观设计，设计1与设计3之间的区别点属于局部细微变化，两者属于相似设计；设计2与设计3之间的凹凸设计属于该类产品的惯常设计，因此，外观设计1、外观设计2与基本外观设计3相似，符合整体观察后进行合案申请的条件，不应被驳回，请前置审查员和专利复审委员会撤销原驳回决定。

【案例 3-9】

使用外观设计的产品名称：包装袋（排骨味）、包装袋（肉味）

专　利　号：200530082506.3、200530082507.8　　主分类号：09-05

设计1　　　　　　　　　　　　　　　　设计2

图 3-12

初步审查部门认为该两项外观设计不相似，不符合合案申请的条件，对合案申请予以驳回。

申请人对驳回决定不服提出复审的，其可在复审理由中作如下分析：

该组的两项外观设计为相同产品，且其主视图中有相似的外观设计特征，该相似的设计特征包括其主视图下半部分所设计的图案"碗"，碗正上方的装饰性字体及背衬图案，以及后视图中上半部分表示其内装物的图案及文字设计，其区别点仅为主视图、后视图中内装物的文字名称不同，该区别属于局部细微变化，不会导致整体视觉效果上的不同；另外，该组产品虽然有色彩、色度上的不同，但由于其未要求保护色彩，色彩部分的区别不予考虑。综合分析判断，该组两项产品的外观设计属于相似外观设计，符合合案申请的条件，不应被驳回，请前置审查员和专利复审委员会撤销原驳回决定。

二、主要起标识性作用的平面印刷品的驳回及无效宣告理由的尝试性举例分析

《专利法》第 25 条第 1 款 （6） 项是修订后新增加的不授权客体条款，该条款既是驳回理由，也是无效理由，该条款规定"对平面印刷品的图案、色彩或二者的结合作出的主要起标识作用的'设计'不授予专利权"。也就是说，平面印刷品的外观设计在新法实施后不可能都能获得专利保护，主要起标识作用的平面印刷品的专利申请有可能被驳回；即使其被授予外观设计专利权，也会被他人提出无效宣告请求。在遇到此类情况时如何考虑和处理，如何进行复审、无效宣告请求或者答辩，目前暂无相关实际案例可借鉴，现仅举例进行尝试性分析。

在举例分析前，首先对相关法律条款进行介绍。

（一）法律条款方面的理解

1. 平面印刷品的解释

平面印刷品主要指平面包装袋、瓶贴、标贴、包装纸等，它们是用于装入被销售的商品或者用于附贴于其他被销售的产品之上的、不单独向消费者出售的二维印刷品。

2. 主要起标识作用的解释

主要起识别作用是指二维印刷品的图案、色彩或者二者的结合，主要是用于让消费者识别被装入的商品或者被附着的产品的来源或者生产者，而不是用于使被装入的商品的外观或者被附着的产品外观本身"富有美感"而吸引消费者。

如果一个外观设计产品同时具备上述两点，则属于该条款所述的不授权客体。

判断是否属于可授权客体，还要从一般消费者的角度考虑二维印刷品的图案、色彩或二者的结合是否主要体现的是产品的来源、名称、产品标记，以及与商标、著作权类设计相似的内容。如果是，则属于不授权客体；如果此部分内容只占整体设计的一小部分且不占主导地位，而大部分或主要部分的设计具有装饰性、增加美感的作用，则属于可申请并被授予专利权的情形。

（二）举例分析

【案例 3-10】

使用外观设计的产品名称：标贴（佰年青岛纪念啤酒）

专　利　号：200530014732.8　　　主分类号：19-08

假设，审查员或无效宣告请求人认为该标贴属于平面印刷品，且主要起表示被装入的啤酒名称和来源的作用，即指明了其内装物的啤酒名称为"佰年"

图 3-13

纪念，产品来源为"青岛"，其标贴上部又有商标标记，除此之外，无其他显著装饰性设计，其属于主要起标识作用的、应被驳回或予以无效的不授予专利权的保护客体。

此时，复审请求人或专利权人应按照上述法律的规定并结合该外观设计图片的实际情况进行意见陈述。其主要理由应集中在"该外观设计中不同颜色的三个椭圆环和中心椭圆部分整体构成了一种富有美感的装饰图案"，而搭置于环状图案之间有前凸立体感的彩带，也构成了一种图案，而表明内装物"啤酒"在整体外观设计图案中并不突出，也不明显，其正上方的商标标记只占整个外观设计的一小部分，不易被公众作为标识来关注，因此，本标贴不属于主要起标识作用的平面印刷品，属于可授权的客体，不属于《专利法》第 25 条第 1 款第（6）项所规定的情形。

【案例 3-11】

使用外观设计的产品名称：包装纸（二）

专 利 号：200730107869.7　　主分类号：05-06

图 3-14

假设，审查员或无效宣告请求人认为该包装纸属于平面印刷品，因为其扇形形状及外凸的插舌的结构及功能在进行该条款规定的判断时不予考虑，而其上中文"晶喜冰淇淋"主要起到对被包装产品的名称和品牌的标识作用，属于不授权客体。

对此，复审请求人或专利权人应从其不属于主要起标识作用的平面印刷品的角度去进行意见陈述，对于本案而言，争辩重点放在其不属于平面印刷品，而属于外包装纸板。另外，该外观设计上的"晶喜"及"晶喜"右上侧的英文字母及其下的彩条，形成了一种主要起美感装饰作用的图案，按照《专利审查指南》第四部分第五章5.2.6.2的规定，不应仅考虑字音、字意，其字体本身及其书写形状以及字体的组合也形成了一种图案。经整体观察，该外观设计并非主要起标识作用，体现了美感装饰作用，应属于可授予专利权的保护客体。

三、以《专利法》第23条第2款为无效理由时的尝试性举例分析

【案例3-12】

案情介绍

在第7414号无效宣告请求审查决定中，无效宣告请求人提供了两份名称为"笔"的01306466.5号（对比文件1）和02371094.2号（对比文件2）在先设计证据，对名称为"笔"的200330106960.9号外观设计专利权提出无效宣告请求。

经审理，专利复审委员会对事实进行了认定，认为："将对比文件于本专利相对比，二者上部、上端按钮和笔芯夹持部分相同，区别在于本专利'笔'的下笔套上装饰有3个椭圆形的装饰块，而对比文件没有。因此，这种区别使本专利'笔'的整体形状带来了显著的变化，使本专利相对对比文件1整体视觉上有显著的区别。而对比文件2的下笔套上虽饰有3个椭圆形的装饰块，但二者整体结构和造型不同，因此，在整体视觉效果上仍然有显著的不同。"

综上所述，合议组认定，请求人关于与本专利相同或者相似的外观设计在申请日之前已公开的主张没有得到证据的支持，本专利符合《专利法》第23条的规定，对其专利权予以维持。

相关附图参见图3-15、图3-16及图3-17。

案例思考

在新法实施后，如果仍采用第7414号审查决定中所使用的对比文件1和对比文件2对200330106960.9号涉案专利进行审查，则可采用《专利法》第23条第2款的规定作为无效宣告理由，即不符合"授予专利权的外观设计与现有设计或现有设计的特征组合相比，应当具有明显的区别"的规定。

按照《专利法》第23条第2款及《专利审查指南》第四部分第五章6的规定，可以将对比文件1和对比文件2组合后与涉案专利相比，也可以将对比

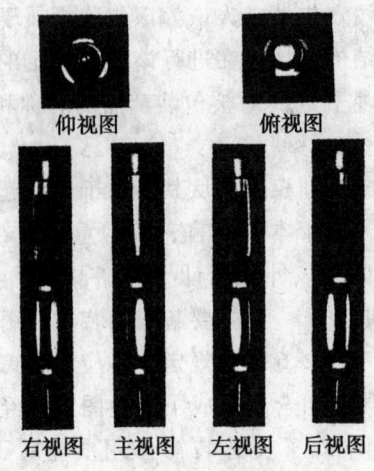

图 3-15 本专利

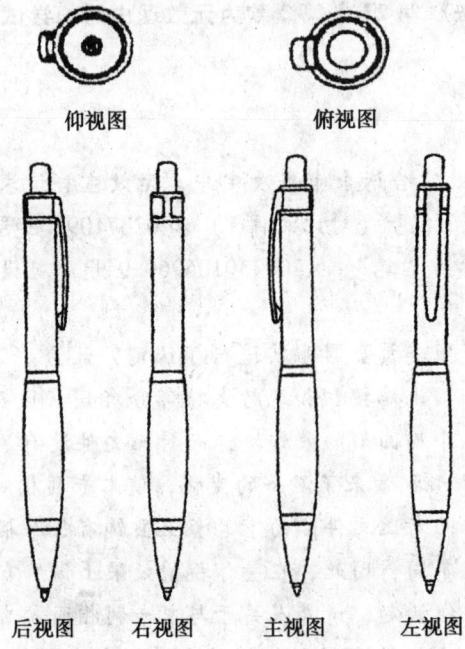

图 3-16 对比文件 1

文件 1 和对比文件 2 中的下笔套上的 3 个椭圆形装饰块（现有设计的特征）组合后与涉案专利相比。由于对比文件 1 与涉案专利惟一的区别是下笔帽上的 3 个椭圆形装饰块，而该椭圆形装饰块在对比文件 2 中的下笔帽上已经存在，因此，相对于该两现有设计的组合，涉案专利很有可能以不符合《专利法》第 23 条第 2 款的规定为理由被宣告无效。

需要注意的是，在利用该条款作为无效宣告理由时，最好能寻找或检索到能够证明这种组合手法在相同或相近种类产品的现有设计中存在启示的证据，例如，在书写工具上嵌装有其他物品证据，这样，会有更强的说服力。

第三章 外观设计专利申请的复审和外观设计专利的无效宣告案例分析

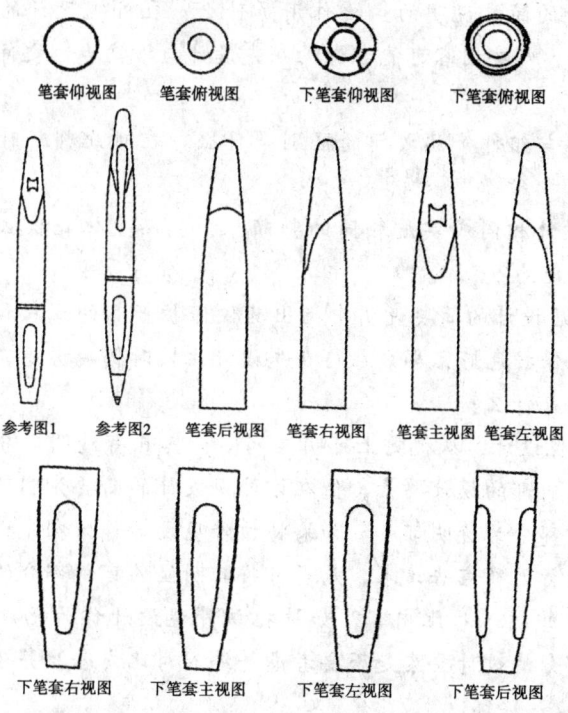

图3-17 对比文件2

 练习思考题

1. 在外观设计专利的复审中，驳回涉及哪几项主要法律条款，其是否涉及因申请文件存在的形式缺陷被驳回的情况？在涉及实质性缺陷的驳回复审中，较为常见的实质性的缺陷又涉及哪几项法律条款？

2. 当驳回复审涉及《专利法》第2条第4款规定的不是"新设计"的驳回理由时，原审查部门是否需要提供不是"新设计"的驳回依据（即不属于新设计的证据），其需要提供或不需要提供的理由是什么？

3. 在外观设计专利的无效宣告请求中，《专利法》第9条适用于哪几种情况？其对无效宣告请求的证据有何不同的要求？

4. 用一份实用新型专利文件作为证据否定一件在后外观设计专利权是否可以？如可以，在先专利文件应满足哪几个最基本的条件才能使在后外观设计专利权无效？

5. 在外观设计专利的无效中，常采用将在先设计与涉案专利的附图或照片进行对比的方式，以判断两者是否不相同或不相似。请问对比时是否要将先后设计的所有附图或照片上反映的所有设计要素进行一一对比呢？如果不需要一一对比，则对比时应主要考虑哪些问题？

6. 外观设计分类在外观设计相同或实质相同的判断中有没有作用，有何作用？

7. 外观设计的简要说明的主要作用是什么？在外观设计的简要说明可描述的主要内容中，哪些内容可能会影响在先设计与涉案专利之间相同或相似的判断？

8. 成套产品与组件产品之间的区别是什么？在对此判断时主要考虑的认定原则是什么？

9. 在外观设计相同或实质相同的判断中，判断主体指什么？判断主体应具备哪些知识和能力？

10. 如果在后设计的简要说明中指出其仅保护产品的形状和图案，虽然其有色彩但不要求保护色彩，那么在与在先设计比较时仍要考虑其色彩的说法是否正确？其理由是什么？

11. 一件外观设计，从视觉上可明显判断，其具有透明部分，且通过该透明部分可看到其内部的设计要素，但在该外观设计的简要说明及附图中，均未指明或标示出该部分为透明部分。如果将该外观设计作为在先设计并以其对另一件涉案专利进行无效宣告请求，是否可将其明显的可视部分的设计要素作为公开要素来考虑并纳入对比内容？如果把该外观设计作为无效宣告请求的对象，其上可视部分的设计要素是否要考虑并纳入对比内容？并分别说明其考虑的依据和理由。

12. 《专利法》在涉及外观设计专利无效的理由的条款方面作了哪些修改？

13. 在进行不符合《专利法》第23条第2款规定的判断时，不具明显区别包括哪几种情形？

14. 《专利法》第9条与《专利法》第23条第1款在具体判断标准上有无相同之处？如有，请说明相同之处包括的具体内容。

15. 在以《专利法》第25条第1款第（6）项为无效宣告理由时，其判断的主要标准是什么？

第四章
以专利复审委员会为被告的专利行政诉讼

 本章学习要点

　　按照《专利法》第41条第2款和《专利法》第46条第2款的规定，对专利复审委员会的复审决定和无效宣告请求审查决定不服的（宣告专利权无效或维持专利权有效的），可以自收到该通知之日起3个月内向人民法院起诉，请求人民法院对上述行政行为进行司法审查。

　　人民法院在审查中主要是针对专利复审委员会作出的上述决定适用法律、法规是否正确，在其审理中有无违反法定程序、有无超越职权。对于行政决定未涉及的问题，人民法院一般情况下不予审理。

　　本章仅就此类专利行政诉讼状的撰写、行政诉讼的庭审及相关注意事项以及行政诉讼案例进行说明，以使相关当事人及其代理人了解行政诉讼的基本程序，初步掌握如何进行起诉状的撰写、怎样参加庭审审理，并对人民法院对专利行政诉讼案的审理和判决原则有所了解。

第一节 专利行政诉讼概述

专利行政诉讼是人民法院为保障公民、法人和其他组织的合法权益不受行政违法行为的侵犯，保证行政机关依法有效地行使其行政职权，保障相关法律正确实施的一种司法程序。专利行政诉讼包括以国家知识产权局为被告、以各地方知识产权管理部门为被告及以专利复审委员会为被告的三种情况。但由于专利行政诉讼与其他行政诉讼的客体、案件性质、受理管辖法院及专业性和技术性不同，专利行政诉讼案件同其他行政诉讼相比有着自身的特点。

本节仅就以专利复审委员会为被告的专利行政诉讼的特点、审理内容、委托手续、举证责任和起诉条件等进行简要介绍。

一、专利行政诉讼的特点[※]

（一）专利行政诉讼的管辖具有确定性

一般行政诉讼的被告可以是全国各级行政管理机关，受理此类行政诉讼的人民法院可以是各级人民法院，而针对复审和无效宣告决定不服而提出的专利行政诉讼的初审管辖法院是专利复审委员会所在地的北京市第一中级人民法院，二审法院为北京市高级人民法院，其他地区人民法院对此类专利行政案件不具有管辖权。

（二）专利行政诉讼具有交叉性

在以专利复审委员会为被告的专利行政诉讼中，请求宣告专利权无效的请求人和专利权人对专利复审委员会宣告专利权无效或者维持专利权有效的决定不服，向北京市第一中级人民法院起诉的专利行政案件，大多数是因专利侵权人在专利侵权诉讼中提出专利权无效的反诉而形成的，因此形成了交叉诉讼。

交叉诉讼是指在专利侵权诉讼中，一旦被告提出宣告该专利权无效的请求，专利复审委员会就会应请求人的请求启动专利行政审查程序，同时，专利侵权诉讼可能会中止审理。如果专利权人或无效宣告请求人对无效宣告决定不服并提起专利行政诉讼，则需等到由北京市第一中级人民法院或北京市高级人民法院作出的该专利权有效或无效的判决发生法律效力后，专利侵权诉讼才重新恢复审理。

（三）专利行政诉讼不适用调解[※※]

按照《行政诉讼法》第 50 条的规定，人民法院对专利行政案件不能采用调解方式结案，这与专利侵权诉讼等民事诉讼案件不同，其原因是行政诉讼双方当事人处于不平等的地位，而人民法院不能要求专利复审委员会就自己的行

[※] 李国光主编：《知识产权诉讼》，人民法院出版社 1999 年版，第 471 页。
[※※] 同上书，第 486 页。

政权作出让步，人民法院只能就具体的行政行为是否符合事实、是否合法作出判决。

（四）举证责任倒置

根据《行政诉讼法》第32条的规定，专利行政诉讼案件的举证责任由被告承担，也称举证责任倒置，这不同于专利侵权等民事诉讼中由原告承担举证责任的规定。其原因是，只有被告才能提供作出某一具体行政行为所使用的证据、所依据的相关事实和法律依据。原告在提出专利行政诉讼时只需要提交起诉状，并在起诉状中陈述具体的诉讼主张、支持其诉讼主张的意见及想要达到的起诉目的即可，一般不需要提供证据。但在某些情况下或者认为必要时，原告为维护其自身合法权益，可以提交一些证明其诉讼主张成立的证据材料。例如，能够证明被告采信的证据不符合法律规定的反证或者一些公知常识性证据，有时为说明某些技术问题，也可请专家出庭作证。证据具体是否采信应由法院经质证后决定，即使法院不予采信，对原告也没有不利后果。另根据《行政诉讼法》第34条的规定，原告及其代理人在诉讼过程中还可以主动或者应法院要求在规定的举证时限内补充一些证据，以进一步证明案件事实，协助法院尽快查清事实。

（五）专利行政诉讼中的第三人

按照《行政诉讼法》第27条的规定，同提起诉讼的具体行政行为有利害关系的其他公民、法人或其他组织，可以作为第三人申请参加诉讼，或者由人民法院通知参加诉讼。在对专利复审委员会所作复审决定不服而提起的专利行政诉讼中，只有原告专利申请人和被告专利复审委员会参加诉讼；在对无效宣告审查决定不服而提起的专利行政诉讼中有第三人，此时参加行政诉讼的第三人一般情况下是对无效宣告审查决定持赞同态度的一方当事人，他们是无效宣告请求人或者是专利权人。第三人的诉讼地位决定了其应该和被告站在同样的立场上，支持被告所作出的具体行政行为。第三人是否参加诉讼虽不影响案件的正常审理，但会影响第三人的利益。但由于专利行政诉讼中的第三人具有独立的诉讼地位，因此在某些特殊情况下，例如专利权被部分维持有效，无效宣告请求人和专利权人对该无效宣告审查决定都有意见，而且都提出了专利行政诉讼请求，此时就会有两个原告，而没有第三人。

二、专利行政诉讼的起诉条件及专利行政诉讼案件的审理

（一）专利行政诉讼案件的起诉条件

按照《行政诉讼法》第41条的规定，提起行政诉讼应当符合以下条件。

1. 原告是认为具体行政行为侵犯其合法权益的公民、法人或者其他组织

对专利复审委员会作出的具体行政行为不服而提起专利行政诉讼的原告应当是复审请求人（即应当是专利申请被驳回的专利申请人）和无效宣告请求人或专利权人。同时，这些原告还应当是具备民事诉讼主体资格的单位或者

个人。

2. 原告应当有具体的诉讼请求和事实根据

原告在针对专利复审委员会的行政行为提起专利行政诉讼时，必须对具体行政行为如何侵犯其合法权益进行具体说明，即说明复审决定或无效决定是适用法律、法规错误，还是违反了法定审理程序，超越职权或证据不足。同时应提出具体明确的诉讼请求，即要求人民法院撤销原决定或维持原决定。

3. 有明确的被告

有明确的被告是指原告要提供准确无误的被告名称、地址等具体信息。

4. 属于人民法院的受理范围并由受诉人民法院管辖

属于人民法院的受案范围，是指依照《专利法》第41条第2款和《专利法》第46条第2款的规定，对专利复审委员会所作出的复审决定和无效宣告请求审查决定不服而提起的行政诉讼的受诉人民法院是北京市第一中级人民法院。

（二）专利行政诉讼案件的审理内容具有针对性

原告依据《行政诉讼法》第41条的规定提出专利行政诉讼后，北京市第一中级人民法院在审理专利复审委员会作出的这些行政决定是否正确时，应审查该行政决定的作出有无事实根据，适用法律、法规是否正确，有无违反法定程序，有无超越职权。对行政决定未涉及的问题，一般不作出判决。专利行政案件的审理内容是专利行政诉讼审理的重点，是提出专利行政诉讼的具体事实和依据，也是庭审的辩论内容，原告及其代理人应对此部分内容给予足够的重视。

1. 有关事实的审理

例如，专利局以某项发明专利申请不符合《专利法》第26条第3款的规定为理由驳回该申请，申请人不服驳回决定向专利复审委员会提出了复审请求，专利复审委员会经合议审理后认为原驳回决定是正确的并作出维持原驳回决定的复审决定，复审请求人不服复审决定又向人民法院提起专利行政诉讼，此时人民法院只能围绕专利复审委员会作出的维持原驳回决定的复审决定是否正确进行审查。如果法院经审理认为该专利申请是符合《专利法》第26条第3款的规定，而实际上该专利申请应属于《专利法》第25条第1款第（2）项所规定的不授予专利权的客体，那么虽然该专利最后的结果也是不能被授予专利权，但是此时人民法院也不能以该申请不符合《专利法》第25条第1款第（2）项的规定为由认定专利复审委员会作出的复审决定正确而判决维持该复审决定，而仍应当认定专利复审委员会作出的复审决定错误而撤销该复审决定。这是因为，在专利复审委员会所作出的复审决定中，只涉及《专利法》第26条第3款规定的公开不充分的问题，并未涉及《专利法》第25条规定的问题，所以，人民法院只能围绕《专利法》第26条第3款进行审理。

2. 有关证据的审理

按照《最高人民法院关于行政诉讼证据若干问题的规定》第60条第（1）

项、第（3）项规定，被告及其诉讼代理人在作出具体行政行为后或者在诉讼程序中自行收集的证据，以及原告或第三人在诉讼程序中提供的、被告在具体行政行为中未作为具体行政行为依据的证据不能作为认定案件事实的依据。

例如，在一项专利无效宣告请求审查决定中，宣告该专利权全部无效的理由是权利要求1~5均不具备创造性，所使用的证据是对比文件1~2，而请求人在无效宣告请求中一共提供了4份证据，即对比文件1~3和公知常识性证据4。专利权人对该无效宣告决定不服，提出了专利行政诉讼，认为该行政决定的作出证据不足，即认为对比文件1和对比文件2的结合不能将该专利全部无效，只能部分无效。人民法院经审理后认为，对比文件1和对比文件2的结合确实只能否定该专利权利要求1~3的创造性，而权利要求4~5相对于对比文件1和对比文件2的结合具有创造性，而实际上要想把该专利全部权利要求1~5无效，应该采用对比文件1和证据4的结合才最为恰当。但此时，人民法院也不能以对比文件1和证据4的结合能够全部无效该专利权为理由认为专利复审委员会的决定是正确的而维持该行政决定，而仍应当认定该行政决定是错误的并予以撤销。因为，该无效决定的作出并未使用证据4，虽然证据4已提交并作过相关评述，但证据4属于该无效决定中未涉及的证据。即使该问题是有明显的错误，也不能作为专利行政诉讼中认定案件事实的依据。

同理，被告在行政诉讼程序中也不能提出新的、在行政决定中未采用的证据。

3. 对违反决定程序的审理

人民法院不是行政机关，人民法院本身在专利行政案件的审理中不能决定是否授予专利权，或者对无效宣告请求直接作出有效或无效或部分无效的决定。人民法院的主要任务是审查专利复审委员会所作的决定是否查清了事实，是否准确地适用了法律，是否违反了法定程序和审查原则。

例如，在一件无效案的审查决定中，请求人始终以不能被认定为有效证据的证据1为最接近的对比文件，并以证据1结合证据12否定涉案专利的创造性，专利复审委员会依职权采用了请求人没有提及的证据10与证据7进行结合而作出了无效宣告请求审查决定，在作出决定前也没有给专利权人一次符合听证原则的陈述意见的机会，则其行为属于违反请求原则和听证原则的行政行为。

4. 对适用法律、法规的审理

在针对专利复审委员会所作行政决定而提出的专利行政诉讼中，该行政决定中是否具有法律、法规上的适用不当也是一项重要的审查内容。

例如，请求人在规定的举证期限内未提供外文证据的中文译文。按照《专利法实施细则》第3条的规定，该外文证据应当视为未提交，如果专利复审委员会在无效决定中采用该外文证据，则属于适用法律、法规的错误，人民法院则会予以纠正。

（三）注意所诉被告行政行为不同而导致程序及举证审理上的不同

1. 对复审决定不服而提起的专利行政诉讼

因不服专利复审委员会作出的复审决定而提起的专利行政诉讼，一般没有第三人参加，只有原告和被告，通常被告所出示的证据基本上都是审查过程中使用的对比文件。因此，以对比文件为证据的案件基本上都关系到发明专利申请是否符合新颖性和创造性的授权条件。

当然，也有一些涉及其他驳回理由的复审案。比如涉及《专利法》第25条、第26条第3款等不需要对比文件支持的专利行政诉讼案件。

因此，对复审决定提起的专利行政诉讼案，相对有第三人参加的不服无效宣告请求审查决定的专利行政案件而言，在法律关系、程序上都要简单些，其行政诉讼的审理由北京市第一中级人民法院的知识产权庭负责。

2. 对无效宣告请求审查决定不服而提起的专利行政诉讼

对无效宣告请求审查决定不服提出的专利行政诉讼比对复审决定不服提出的专利行政诉讼更为复杂，因为其有第三人的参加，证据也较为复杂多变。例如，国内使用公开或者以其他方式公开的证据的使用和证人出席等情况在复审程序一般不会出现。

另外，按照《专利法实施细则》第72条的规定，在无效宣告阶段，请求人主动撤回无效宣告请求或有时因双方和解需要请求方撤回无效宣告请求时，专利复审委员会在已进行的审查工作的基础上，认为专利权可以全部或部分无效的，可以不终止审理。

在对无效宣告请求审查决定不服的专利行政诉讼中，有一部分案件在提出专利行政诉讼前已有专利侵权诉讼，所以，应特别注意专利行政诉讼中的言行对未审结的专利侵权诉讼的影响。

三、专利行政诉讼案的委托手续及立案

（一）委托手续

1. 委托人是个人

其委托手续包括向人民法院提供委托人的身份证件、一审委托书、受托人的身份或代理证件、委托代理机构公函、尚未审结的专利民事纠纷案情况说明。

委托人为外国人或中国台湾、香港、澳门地区人的，其身份证件和委托书要办理相应的公证认证手续，或者根据所在国或地区与中国之间的有关规定办理相关手续。

有特别授权的，应当写入委托书，例如，代为变更、承认、放弃请求，代为调解等。

上述文件为外文的，应当同时准备由法院认可的翻译机构翻译的中文

译文。

2. 委托人是单位

其委托手续包括向人民法院提供委托人的营业执照、法定代表人身份证明、一审委托书、受托人的身份或代理证件、委托代理机构公函、尚未审结的专利民事纠纷案情况说明。

委托人为外国单位或中国台湾、香港、澳门地区法人单位的，其营业执照、法定代表人的身份证明和委托书要办理相应的公证手续，或根据所在国或地区与中国之间的有关规定办理相关手续。许多国家和地区的单位没有营业执照，可以采用其在本国登记的工商资料作为证明。

有特别授权的，应当写入委托书，例如，代为变更、承认、放弃请求，代为和解等。

上述文件为外文的，应当同时准备由法院认可的翻译机构翻译的中文译文。

实践中，有些案件的委托人通常在快要到诉讼绝限时才提出委托要求，造成在法定时限内不可能办理完委托手续。实务操作中可以采取的方法是让委托人在起诉绝限前直接从所在国或地区将起诉文件以挂号方式先行邮寄给管辖案件的人民法院，然后再尽快将相关文件邮寄给代理人，由其送交人民法院。

（二）立案

上述材料准备完成后，委托人或代理人可以携带起诉状等资料到法院立案。

起诉书及相关证据等资料的份数通常为被告人数的基础上再加上2份，最好事先多准备几份，以备不时之需。

当事人或代理人最好将自己的具体联系方式写在起诉状、委托书或公函中，以方便法院及时联系。

立案后，当事人会在一定时间内接到法院发来的文件（也有可能法院会通知当事人去法院领取），此时，如果需要补充证据、申请调查取证、申请证人出庭作证、申请鉴定人鉴定或申请专家出庭，应当根据《民事诉讼法》关于证据规则的有关规定进行，或者在法院限定的日期内进行，千万不要错过，以免造成对当事人利益的损害。代理人收到任何法院方面的通知或文件，都要及时告知委托人，以便相互沟通来决定下一步工作。

（三）二审行政诉讼程序

二审行政诉讼是一审行政诉讼的当事人对一审行政判决书不服而提出的上诉。主要关注以下事项。

1. 上诉期限

其他国家或地区的委托人不服一审判决的上诉期限为自接到一审判决书之日起30日内；在中国，委托人不服一审判决的上诉期限为自接到一审判决书之日起15日内。

由于上诉期限比一审起诉期限短得多，所以，当事人要尽快作出是否上诉的决定，代理人则要尽快通知当事人以求得尽量多的作业时间。

2. 委托手续

无论在一审诉讼中递交的委托书内容是否有二审申诉的授权内容，二审法院通常也要求当事人再提交一份关于二审的授权委托书，如需要办理公证认证手续，还需要再办理一次公证认证手续。

四、新法实施后对专利行政诉讼的影响

由于《专利法》及《专利法实施条例》的修订，使《专利法（2001）》及《专利法实施细则（2001）》的某些条款内容及条款顺序发生了一些改变，使不授予专利权的客体内容有所增加。例如《专利法》第5条中对"利用遗传资源，并依赖该遗传资源完成的发明创造"不授予专利权，以及《专利法》第25条第1款第（6）项"对平面印刷品的图案、色彩或者二者的结合作出的主要起标识作用的设计"不授予专利权的新规定。同时，新法的实施还使实用新型、外观设计专利申请的一些初审授权标准和发明专利申请实质审查中的某些授权标准发生变化。例如《专利法》第22～23条中对新颖性标准的修改，对授予专利权的外观设计与现有设计或者现有设计特征的组合相比，应当具有明显区别这一创造性标准的增加，将导致相应专利申请授权条款内容的变化和授权标准的提高，使无效宣告请求中可选择的无效理由增加，可用证据选择范围变大。另外，《专利法》第20条第1款、《专利法》第26条及《专利法实施细则》第72条第2款的修改等，都将导致《专利法（2001）》第41条所针对的某些事实和法律依据发生变化，同理也会使《专利法实施细则（2001）》第65条第2款所规定的某些无效宣告请求理由发生某些变化，这些变化最后会导致对此类审查决定不服而提出的专利行政诉讼中有关事实、证据及适用法律、法规的变化。

第二节 专利行政诉讼状的撰写

专利行政诉讼为二审制，对专利复审委员会作出的复审决定或无效决定不服向北京市第一中级人民法院提起的专利行政诉讼为一审诉讼。对北京市第一中级人民法院所作判决不服的，可在判决送达之日起15日或30日内向北京市高级人民法院上诉。对北京市高级人民法院终审决定不服的，可以向最高人民法院进行申诉（也称再审请求），但在申诉期间并不影响终审判决的执行。

下面将对起诉、上诉阶段的行政诉讼状撰写进行简单介绍。

一、一审起诉状的撰写

（一）一审起诉状的撰写要求和基本内容

对专利复审委员会复审决定或无效宣告请求审查决定不服提出专利行政诉

讼时，首先涉及起诉状的撰写。起诉状中除了注明原被告、第三人相关信息外，还要提出明确的诉讼请求，提出这些诉讼请求的具体理由和事实。在进行具体理由和事实陈述时，必须针对专利复审委员会所作出的复审决定或无效宣告请求审查决定中所涉及的驳回理由、无效宣告理由、证据和所作出的决定正确与否进行，而不能脱离决定所涉及的证据和事实去讨论决定的作出是否正确。下面推荐一份一审起诉状的撰写样页以供参考。

起 诉 书

原　　　告：××××股份有限公司
地　　　址：××××××××××号
法定代表人：×××　　董事长
诉讼代理人：×××　　××××律师事务所专利代理人
电　　　话：×××××××
诉讼代理人：×××　　××××律师事务所律师
电　　　话：×××××××
被　　　告：国家知识产权局专利复审委员会
地　　　址：北京市海淀区蓟门桥西土城路六号
邮　　　编：100088
法定代表人：×××
第　三　人：××××电器厂
地　　　址：××省××市××区××村
邮　　　编：××××××
案　　　由：不服专利权无效宣告请求审查决定

诉讼请求：

1. 撤销国家知识产权局专利复审委员会的第××××号无效宣告请求审查决定，并判决被告重新作出无效宣告请求审查决定。

2. 判决被告承担本案的诉讼费用。

事实与理由：

原告××××股份有限公司因不服被告国家知识产权局专利复审委员会的第××××号无效宣告请求审查决定（以下简称第　　　号决定）而提起诉讼。

第××××号决定涉及国家知识产权局于2002年5月29日授权公告的、专利号为××××××××.×的发明专利（以下简称本专利），该项发明专利的申请日为1999年3月25日，名称为"××××装置"，专利权人为本案原告××××股份有限公司。

第××××号决定所依据的对比文件包括：

1. 《通风机械与泵的设计》，××××出版社；
2. 美国专利说明书US×××××××；

3. 美国专利说明书US××××××××；
4. 美国专利说明书US××××××××。

专利复审委员会在第×××号决定中认为，本案原告在无效宣告程序中对权利要求书的修改符合《专利法实施细则》和《审查指南》的相关规定，因此是允许的，但又认定该修改后的独立权利要求1和从属权利要求2至5相对于对比文件2不具备《专利法》第22条第3款规定的创造性，从而宣告本专利的专利权无效。

原告认为被告作出的第×××号决定对事实认定不正确，从而得出本专利修改后的权利要求1至5不具备创造性的结论是错误的。此外，本无效宣告请求决定的作出在程序上也不符合《审查指南》的有关规定，因而应当撤销第××××号无效宣告请求审查决定。

具体理由如下：

一、第×××号决定对事实认定不正确。

第×××号决定在得出独立权利要求1不具备创造性的结论时首先以对比文件2美国专利说明书US××.×××××作为本发明的最接近对比文件，并在分析时采用了这样一种推断："关于权利要求1中的'静叶、形状近似动叶'这一结构特征，虽然对比文件2中的'静叶'与'动叶'之间在形状上的区别大于上述本专利图5中的'静叶'与'动叶'之间在形状上的区别，但其原因是由于对比文件2中的'动叶'的形状是按照其所执行的双向送气的功能而设计的，本专业的技术人员了解在一般的只需'动叶'单向送气的场合中，依据气流动力学的原理所设计出的'动叶'的形状应当是与对比文件2图1（a）中相应于'静叶'的部件的形状相近似的。"

在第×××号决定作出的上述结论以及所作的分析存在着以下几个方面的错误。

二、原告在无效宣告请求程序中修改后的独立权利要求1及其从属权利要求2至5符合《专利法》第22条第3款有关创造性的规定。

三、第×××号无效宣告请求决定的作出在程序上不符合《审查指南》的规定。

按照《审查指南》第四部分第八章2.2.1的规定，当事人提交外文证据的，应当在提交该外文证据的同时提交所使用部分的中文译文。最高人民法院法释（2001）第33号《最高人民法院关于民事诉讼证据的若干规定》第12条同样规定了当事人提交外文证据应当附有中文译文。本案所涉及的无效宣告程序中请求人在提交外文证据后所补交的中文译文只是部分译文，因而就这些对比文件而言，其可用作证据的也仅限于所提交的中文译文的部分。

此外，专利复审委员会在得出权利要求1相对于对比文件2不具有创造性时引入了"本专业的技术人员了解在一般的只需动叶单向送气的场合中，依据气流动力学的原理所设计出的动叶的形状应当是与对比文件2图1静叶的部件的形状相近似的"为公知常识的推断，而没有给予当事人对此表示不同意见的机会，不符合《审查指南》第4部分第一章2.5中有"听证原则"的规定。

因此，该无效宣告请求决定的作出在程序上不符合《审查指南》的有关规定。

综上所述，本专利相对于对比文件1至4具有创造性，本专利符合《专利法》第22条第3款的规定，应当维持专利权有效。被告国家知识产权局专利复审委员会作出的宣告本专利无效的第××× 号无效宣告请求审查决定对事实认定不正确，从而得出本专利修改后的权利要求1至5不具创造性的结论是错误的，即适用法律错误，违反了《专利法》、《专利法实施细则》和《审查指南》的规定。恳请法院查清事实，支持原告的诉讼请求。

此致
北京市第一中级人民法院

原告：××××股份有限公司
诉讼代理人：×××
诉讼代理人：×××
××××年××月××日

附：起诉书副本3份

（二）一审答辩状的撰写

在此举例对专利复审委员会的答辩状进行说明，目的是希望专利代理人能够从其中学习一些专业的答辩状的撰写方式、思路。另一方面是第三人一定要和被告的观点、意见相一致，共同承担起对原告的答辩工作。

一审答辩状是被告（专利复审委员会）对原告起诉状的答辩，其答辩的重点是反驳原告起诉状的主张，坚持和陈述原行政决定的作出是符合法律规定的、是正确的，具体格式如下。❶

行政答辩状

答　辩　人：国家知识产权局专利复审委员会

法定代理人：×××　国家知识产权局专利复审委员会主任

诉讼代理人：×××

国家知识产权局专利复审委员会物理申诉处审查员　电话：×××××××

诉讼代理人：×××

国家知识产权局专利复审委员会物理申诉处审查员　电话：×××××××

鉴于原告××××股份有限公司不服国家知识产权局专利复审委员会作出

---

❶ 摘自专利复审委员会在针对第5828号无效宣告请求审查决定而提起的行政诉讼中的答辩状内容。

的第××××号无效宣告请求审查决定书,并已向北京市第一中级人民法院提起专利行政诉讼,专利复审委员会收到原告的起诉状副本后,仔细查阅了卷宗,现将我委答辩意见陈述如下。

一、按气流动力学的原理。

本专业技术人员可以很方便地将对比文件2图1(a)中所示的"动叶"除去一半(上一半或下一半)的方式将该图中的双向送气的风扇变换成单向送气的风扇,此时该单向送气的风扇的"动叶"的形状与对比文件2图1(a)中相应于静叶的部件的形状是相近似的。

二、我方仍然坚持在第××××号决定中对权利要求1-5不具备创造性的评述。

三、第××××号决定所涉及的无效宣告请求的范围、理由与证据均在无效宣告请求程序中由××××电器厂在无效宣告请求书中提出,并在作出决定前通知××××股份有限公司,××××股份有限公司也获得了包括对证据进行质证在内的陈述意见的机会,气流动力学作为常识是本领域技术人员公知的,因此,第××××号决定的作出符合"请求原则"和"听证原则"。

综上所述,第××××号决定认定事实清楚,适用法律正确,审理程序合法,请求人民法院驳回××××股份有限公司的诉讼请求,维持第××××号决定。

(三)一审第三人的意见陈述

一审专利行政诉讼的原告一般是对专利复审委员会作出的无效宣告请求审查决定不服的一方当事人,被告是作出无效宣告决定的专利复审委员会,而另一方当事人在一审中作为第三人参加。虽然看起来第三人不是被告,但实际上第三人应坚定地与被告站在一起,积极参与诉讼。因为,一旦被告败诉,则意味着第三人(专利权人或者原无效宣告请求人)的权益要受到直接损害,其利于己方的无效宣告请求审查决定就会被维持或撤销。

作为第三人参加一审审理,除了坚决支持被告专利复审委员会所作出的无效宣告请求审查决定外,还要积极支持被告的答辩意见和观点。充分发表自己的意见和观点,尤其要从技术的角度简单明了地进行意见陈述,使其意见陈述能更进一步地支持无效宣告请求审查决定的理由,支持被告的答辩观点,同时要有理、有据、有节地反驳原告的观点。第三人绝不能仅以帮衬的角色出现,在进行意见陈述时,第三人要注意自己的意见陈述与被告的答辩、被告所作出的行政决定之间的一致性,对于专利复审委员会的行政行为适用程序是否合法的问题,应该由被告去证明,第三人不必将责任揽到自己身上,也没有必要为此向法院提供新的证据。

二、二审上诉状的撰写

二审是因对一审判决不服而提出的上诉审理程序。此时,上诉人可以是专利复审委员会和一审时的第三人,也可以是一审时的原告。如果是前一种情况,则同时存在两个上诉人,此时的答辩人应对两上诉人上诉状中所陈述的理由分别进行答辩。而作为上诉人,除了针对一审判决发表自己不同的观点外,还要更进一步地从深层次角度对一审审理中所涉及的要点重新作出说明,以便二审法院能全面了解情况,作出新的合理判决。下面就二审上诉状格式和内容作一简单介绍。

(一)二审上诉状的格式及内容

行政上诉状

上诉人:××××电器厂,住所地××省××市××区××村,邮编×××××,电话××××××××

法定代表人:×××,住所地××省××市××区××村,邮编×××××,电话××××××××

被上诉人:××××股份有限公司,住所地××××××××××号,邮编××××××,电话××××××××

法定代表人:×××,职务:董事长

上诉人因专利行政确权纠纷一案,不服北京市第一中级人民法院作出的一中行初字第×××号行政判决,现依法提出上诉。

事实和理由:

上诉人认为,一审判决认定的事实部分不清楚,导致适用法律不当,具体分析如下。

1. 一审法院在认定气流动力学原理属于公知常识,并且上诉人与被上诉人对此予以认同的情况下,却要求专利复审委员会(一审被告)提供相应证据没有法律依据。

2. 被上诉人(一审原告)已经认可动、静叶形状设计的公知性,即根据产品性能来设计动、静叶的形状是本领域技术人员公知的常识,故根据气流动力学原理可以设计出包括相同、不同、相近似形状的动、静叶是无须付出创造性劳动的。

3. 对比文件技术内容已经揭示了涉案专利动、静叶形状相近似的技术特征,而对此一审法院没有予以认定。

4. 专利复审委员会(一审被告)得出的动、静叶形状"应当"相近似的结论并不影响涉案专利不具有创造性的最终结果。

综上所述,上诉人认为,一审判决对涉案专利无效决定实质内容的认定存在错误,故请求北京市高级人民法院撤销一审判决,予以直接改判。

此致
北京市高级人民法院

上诉人:××××电器厂
×××年××月××日

（二）二审答辩状的格式及内容※

下面向大家推荐一份被上诉人的二审答辩状

答 辩 状

答 辩 人：××××股份有限公司

住 所 地：住所地××××××××××号

法定代表人：×××，职务：董事长

诉讼代理人：×××　××××律师事务所，职务：专利代理人

地　　　址：××市××区××路8号，邮编××××××，电话××××××××

诉讼代理人：×××　××××律师事务所，职务：专利代理人

答辩人于××××年××月××日收到由北京市第一中级人民法院送达的一审第三人××××电器厂和一审被告专利复审委员会不服北京市第一中级人民法院（2004）一中行初字第×××号行政判决书（以下简称第×××号行政判决），分别于2005年1月5日和2005年1月7日所提交的上诉状。经过对该第×××号行政判决和这两份上诉状的研究分析，现依法作出如下答辩意见。

答辩人认为，作为上诉人的一审第三人，在上诉状中针对"一审判决认定的事实部分不清楚，导致适用法律不当"所陈述的理由以及作为上诉人的一审被告在上诉状中针对"一审判决认定事实有误"所陈述的理由根本不能成立。因此，北京市第一中级人民法院作出的第×××号行政判决书中所认定的"第××××号决定中关于静叶和动叶根据气流动力学原理必然会设计成相近似形状的认定证据不足，事实不清"的结论是正确的。为此，答辩人请求北京市高级人民法院就该结论而言，维持第×××号行政判决，并由上诉人承担两审费用。

下面针对两份上诉状中具体陈述的理由进行答辩。

1. 作为本案上诉人的一审第三人在上诉状中认为：一审法院已认定气流动力学原理属于公知常识，且上诉人与被上诉人对此予以认同的情况下，却要求专利复审委员会提供相应证据没有法律依据。

作为上诉人的一审被告专利复审委员会在上诉状中对其在第×××号无效宣告请求审查决定第5页中所写明的内容说明了其"在该决定中所主张的是：本专业的技术人员……（见上诉人专利复审委员会的答辩状第1页最后一行至第2页第11行）……无疑是最容易想到的。"

※ 摘自吴观乐老师在不服第5828号无效宣告请求审查决定而提出的行政诉讼中的答辩状内容。

综上所述，答辩人认为一审判决的事实清楚，适用法律正确，应当予以维持。因此，请求北京市高级人民法院在维持一审判决的同时，进一步明确判定专利复审委员会在第×××号决定中所认定的"本专利权利要求1相对于对比文件无创造性的结论"是错误的。

此致

北京市高级人民法院

被上诉人：××××股份有限公司

代　理　人：×××

诉讼代理人：×××

××××年××月××日

三、再审请求

当事人对已经发生法律效力的判决、裁定，认为有错误的，可以向上一级人民法院申请再审，但不停止原判决、裁定的执行。

当事人申请再审的，应当提交再审申请书等材料。人民法院收到再审申请书之后将再审申请书副本发送对方当事人。对方当事人应当自收到再审申请书副本之后，在规定的期限内提交书面意见；不提交书面意见的，不影响人民法院审查。人民法院可以要求申请人和对方当事人补充有关材料，询问有关事项。

由于再审请求受理条件高、难度大、审理时间长，一般再审请求人应有耐心。再审请求理由充分，事实十分清楚的，再审案才能立案。

近一年来，再审请求的限制已经放宽，只要有合理的诉求，一般都会受理其请求。

再审案正式立案之前，有时会有约见询问再审申请人和/或被请求人的情况，其目的是听取再审申请人和/或被请求人的观点意见，以便决定是否正式立案。该询问约见是一种案情的了解或者类似一种小范围的预先开庭，形式比较灵活，有时，也有合议组成员和书记员记录，上述当事人既可发表意见，也可进行实物演示或者技术分析及现场辩论。

第三节　专利行政诉讼的庭审及案例介绍

专利行政诉讼的庭审与专利复审委员会举行的口头审理有许多相近之处，例如，开庭准备、参加人员的介绍、有无回避请求、法庭调查、休庭、核对庭审笔录、重新开庭等。但法院的庭审与专利复审委员会的口头审理又有不同。

一、法院的庭审与专利复审委员会口头审理的不同之处

（1）法院的庭审是针对双方当事人对专利复审委员会所作出的专利行政决定正确与否来听取双方当事人的观点，凡是专利行政决定中未涉及的理由、证

据、事实一般不予采纳并不纳入庭审的范围，其情况类似专利复审委员会对不服驳回决定而提出的复审请求的审理，即只针对驳回决定所涉及的问题进行审理。

（2）不同于专利复审委员会口头审理，法院的庭审不适合采用长篇大论的论述和具体对比，也不适于对纯技术问题进行过度的技术性讨论以及法律条款的解释评述，法院的庭审适合直接切入无效宣告或复审决定所谓不公正、不合法之处的具体叙述和辩论，即采用通俗易懂的语言表达方式把问题讲清楚即可。

（3）法院的法庭辩论一般在庭审调查阶段就一并进行，因此有些观点、意见在庭审调查阶段就可以发表，而不必非等到辩论阶段。

（4）在针对专利无效宣告请求审查决定不服的行政诉讼中，第三人始终应与专利复审委员会站在同一立场上去参加诉讼、发表意见，而不能与专利复审委员会产生不和谐或相矛盾的说法。

二、专利行政诉讼的审理要点

（一）专利行政诉讼的法律依据

按照《行政诉讼法》第53条的规定，人民法院审理行政案件，参照国务院部、委根据法律和国务院的行政法规、决定、命令制定、发布的规章等。人民法院在审理因不服专利复审委员会的复审决定和无效宣告审查决定而产生的专利行政案件时，其依据的法律是《专利法》《行政诉讼法》，其参照的是《专利法实施细则》《专利审查指南》以及最高人民法院所作出的相关司法解释、规定等。

（二）专利行政诉讼的审理重心[※]

人民法院并不是行政机关，它本身不能决定是否对专利申请予以授权或不予以授权，或者对无效宣告请求直接作出决定。人民法院的任务是审查专利复审委员会在作出上述决定时是否查清了事实、是否准确适用了法律。如果事实已经查明，适用法律无误，则专利复审委员会的行政行为就会得到法院的支持；反之，则其行政行为就会被法院撤销并可能同时被判令作出新的行政行为。正是基于这样的司法审查功能，以专利复审委员会为被告的专利行政诉讼案件的焦点并不是请求法院直接依据《专利法》的有关规定对专利申请的内容或已经授权的专利进行审查，而是对专利复审委员会的行政审查行为的合法性进行审查。因此，原告不能要求法院直接认定原告的申请是否符合授予专利权的条件或是否符合维持专利权有效的条件，如果原告提出这样的请求，一般不会得到法院的支持。

（三）专利代理人在专利行政诉讼中的工作要点

原告的专利代理人可以在诉讼中请求法院着重对复审程序或无效宣告审查

[※] 吴观乐主编：《专利代理实务》，知识产权出版社2007年版，第548页。

程序中不合法的地方进行重点审查，这就要求其对于上述重点审查之处要有所准备，准备越充分越好。代理人对于程序的合法性质疑可以围绕以下问题进行：对该决定不利方当事人是否给予一次符合听证原则的陈述意见的机会、是否应当通知当事人出庭口头审理而没有通知、是否应当回避的合议组成员没有回避、是否一方当事人对于对方出庭人员有异议而没有被专利复审委员会接受等问题进行。

对于实体问题的质疑则主要针对以下问题进行：证据的采信是否违反法律对于证据的一般规则或特别规则的规定，对于证据的不予采信是否违反法律的有关规定，适用法律是否超出了无效宣告请求的理由、范围，对事实的认定是否正确。只要在上述方面能够找出任何一点有关被告行为的不合法性的缺陷，就有可能促使人民法院作出要求专利复审委员会重新审查的决定。因此，专利代理人的工作重点不是泛泛地谈合法性问题，而是要从专利复审委员会所作出行政行为的过程中找到程序上和实体上的具体缺陷，即从复审决定或无效宣告请求审查决定的字里行间找到不符合法律的具体描述，并对其进行深入细致的针对性分析，从而使法院能够接受自己的观点和意见。

三、专利行政诉讼案例介绍

为了使大家对法院审理专利行政诉讼案的审理原则和审理重心有所了解，下面通过【案例 4-1】作进一步说明。

【案例 4-1】

案情介绍

该案是一件涉及实际问题较多的专利行政诉讼案，其不仅涉及适用法律、法规是否正确，还涉及有无违反法定审理程序及审理原则、对证据的认定等问题。

该案涉及一件名称为"改良助行车装置"的实用新型专利，无效宣告请求的理由是该专利不符合新颖性、创造性，无效请求人先后分 3 次提交了 18 份证据，专利复审委员会最后以证据 10 结合证据 7 宣告该专利权全部无效。专利行政权人对无效宣告决定不服，提出了专利行政诉讼，一审法院撤销了无效审查决定，二审法院又维持了一审法院的判决，专利复审委员会在发回重审后又重新作出了无效宣告请求审查决定。

案例相关资料

1. 请求人提交的证据如下

（1）请求人提出无效宣告请求时提供的证据。

证据 1：××××医疗运动器材有限公司 2000 年 5 月印刷的产品目录原件及第 11 页译文；目录制作发票和支出证明单复印件；

……

证据 5：国家知识产权局于 2002 年 8 月 8 日为本专利所出具的检索报告；

证据6："bantex"的产品目录原件。

（2）请求人第二次（提交无效请求日起1个月内）提交的证据。

证据7：公告号为CN××××××的实用新型专利说明书，授权公告日为2000年8月16日；

……

证据11："MADA"产品目录5-7页及译文。

（3）请求人第三次（无效请求日起1个月后）提交的证据。

证据12：公开号为US5168947的美国专利说明书，公开日为1992年10月8日；

……

证据18："FM"产品目录。

2. 无效宣告审查决定对证据的认定

（1）证据2~4、证据6及证据11是在中华人民共和国领域外形成的证据，根据《最高人民法院关于行政诉讼证据若干问题的规定》第16条的规定：当事人提供域外形成的证据时，应当说明该证据来源，经所在国公证机关的证明，并经中华人民共和国驻该国使领馆认证，或者履行中华人民共和国与证据所在国订立的有关条约中规定的证明手续。请求人在提交上述证据时，没有提交相关的公证认证，因而对于上述证据合议组不予考虑。

（2）证据18是请求人在提出无效宣告请求之日起1个月之后提出的证据，根据《专利法实施细则》第66条的规定，对于该证据合议组不予考虑。证据12~17虽然是在提出无效宣告请求之日起1个月之后提交的证据，但这些专利文件都记载在证据5中，且在证据5中有过相关评述，因而可以接受。

（3）证据1是请求人自己的产品目录，该目录没有制作时间，而仅从请求人提供的目录制作发票和支出证明单复印件也不能说明其上所记载的"目录"就是证据1，因而证据1的公开日期不能确定，不能成为本专利的现有技术。

（4）证据5是国家知识产权局针对本专利作出的检索报告，其只能作为评价本专利新颖性、创造性的佐证，对于该检索报告中的意见合议组仅作为参考。

（5）证据7~10、证据12~17都是本专利申请日前公开的专利文献，可以作为本专利的现有技术。但是证据8、证据12~17均为外国专利文献，根据《审查指南》第四部分第一章的规定，当事人在提交外文证据时，应当提交所使用部分的中文译文，提交外文证据的当事人未提交中文译文的，该外文证据视为未提交。因而，对于附件8、附件12~17合议组只考虑其中的附图部分。

3. (2005) 高经字第39号判决摘录

本院认为，双方当事人在一审中争议的焦点在于：①专利复审委员会在第×××号决定中使用证据8、12、17的附图是否符合《专利法实施细则》的相关规定;②专利复审委员会在第×××号无效决定中使用证据7作为评价本专利最接近的现有技术,并将证据7和证据10结合评价本专利权利要求1的创造性,该行为是否违反了请求原则和听证原则。

(1) 关于专利复审委员会在第×××号决定中使用证据8、12、17的附图是否符合《专利法实施细则》的相关规定。

根据《专利法实施细则》及《审查指南》的相关规定,依照《专利法》和《专利法实施细则》规定提交的各种文件应当使用中文,当事人提交外文证据的,应当在提交外文证据的同时提交所使用部分的中文译文。提交外交证据的当事人未提交中文译文的,该外文证据视为未提交。就本案而言,××××公司在无效宣告程序中所提交的证据8、12、17都是外国专利文献,且未提交中文译文,因此,依照上述规定,证据8、12、17应当视为未提交。从专利复审委员会第×××号决定可以看出,其已将上述证据视为未提交,但在上述证据整体被视为未提交的情况下,专利复审委员会却又采信了上述证据的附图部分,其本身就是矛盾的。

况且在无效程序中,××××公司作为请求人并未提出仅用上述证据的附图与其他证据结合来评价本专利权利要求1和权利要求2的创造性。因此,专利复审委员会在××××公司未提交证据8、12、17的中文译文的情况下,却在第×××号决定中使用上述证据的附图部分,其行为违反了《专利法实施细则》及《审查指南》的相关规定,一审判决对此予以纠正是正确的。

(2) 关于专利复审委员会在第×××号决定中使用证据7作为评价本专利最接近的现有技术,并将证据7和证据10结合评价本专利权利要求1的创造性,该行为是否违反了请求原则和听证原则。

根据《审查指南》的规定,在无效宣告程序中,专利复审委员会通常仅针对当事人提出的无效宣告请求的范围、理由和提交的证据进行审查,不承担全面审查专利有效性的义务。

《审查指南》还规定,请求人递交的对比文件有多篇的,应当指明与请求宣告无效的专利最接近的对比文件,指明是单独对比还是结合对比。专利复审委员会应当考虑请求人所指明的对比方式和结合方式以及最接近的对比文件,在作出审查决定之前,应当给予承受不利后果的一方当事人陈述意见的机会。结合本案情况,××××公司在无效程序中明确提出用证据1作为评价本专利最接近的现有技术,用证据1和证据12结合评价权利要求1的创造性。

专利复审委员会在证据1的公开日期不能确定,不能作为本专利的现有技术;证据12为外国专利文献,由于没有提交中文译文,该证据亦不能采信,在两证据的结合成为不可能的情况下,却选择将××××公司提交的证据7作为评价本专利最接近的现有技术,并将证据7和证据10结合评价本专利权利要求1的创造性是完全可以的,但问题是专利复审委员会在选择这一新的结合方式后,应当让请求人和被请求人知道其对证据的组合,并给予承受不利后果的一方当事人××××公司陈述意见的机会。由于专利复审委员会没有给××××公司提供陈述意见的机会，致使××××公司对这种新的结合方式不能够充分陈述自己的意见。因此，一审判决认定专利复审委员会的上述行为违反了请求原则和听证原则并无不当。

案例分析

无效宣告程序是基于请求人的请求而启动的，既然请求人请求宣告某一专利权无效，就应该做好准备，负起责任，按照无效宣告请求的审查原则和规定，提交符合证据要求的证据，在规定的期限内提供证据和中文译文，并承担因举证不到位而导致的不利后果。

对于此案中无效请求人不按时、不按规定提交相应证据，无效审查决定对证据轻率的认定，以及一审、二审法院对无效宣告请求审查决定中证据认定错误的纠正，笔者认为，在无效宣告请求证据的选择和使用中，应关注以下几点。

1. 域外形成的证据一定要进行公证和认证

此案中的证据 2~4、证据 6 及附件 11 都是试图证明在拟无效专利申请日之前已产生了销售行为，授权专利已不符合新颖性规定。而专利复审委员会认为其未予公证和认证，不符合证据的形式要件，因而未予采信。

2. 外文证据的翻译

按照《专利法实施细则（2001）》第 4 条（现已修订为《专利法实施细则》第 3 条）以及前述提到外文证据应该提供中文译文的规定，证据 8、证据 12~17 为外国专利文献，应该提供中文译文，由于请求人未提交上述证据的中文译文，因而这些证据视为未提交。

对此，一审、二审法院均认为，没有提交中文译文的证据不能被采信。

3. 证据提交期限

按照《专利法实施细则（2001）》第 66 条（现已修订为《专利法实施细则》第 67 条）有关证据提交期限的规定，证据 18 是在提出无效宣告请求日之日起 1 个月后提交的证据，合议组不予考虑。因此，专利代理人在提出无效宣告请求之前，一定要做好证据的选择及翻译工作，同时注意无效理由和证据的补交期限。如果外文证据比较多，应当进行筛选后再行翻译，这样既经济又省事，还能加快无效宣告请求准备工作的进程。

4. 有关证据中的证据的采信

本案中，证据 5 是国家知识产权局出具的一个针对拟无效专利的检索报告，在该报告中提到了证据 12~17，而证据 12~17 又是在无效宣告提出 1 个月之后递交的，而且也没有提交相应中文译文，但由于证据 12~17 在证据 5 中作过简单评价，因此合议组在无效宣告请求宣查决定中认为，证据 5 虽不是一份直接证据，其只能作为评价新颖性、创造性的佐证，检索报告中的意见仅作参考；但由于证据 12~17 在证据 5 中出现过，且作过相关评述，而证据 5

是在提交无效宣告请求时提交的，因而在期限内提交的证据5中的证据12~17也应视为是在期限内提交的，因此，可以接受证据12~17为有效证据使用。

既然合议组已将证据5本身作为一个佐证，其检索报告中的意见又仅供合议组参考，为什么合议组又将一个不能作为直接证据使用的证据认定为有效证据，其本身就是矛盾的。因此，一审、二审法院认为，专利复审委员会对证据12~17的认定违反了《专利法实施细则》第4条的规定，一审、二审法院对此均给予了纠正。

5. 证据的整体性不可分割

专利文献类证据一般都作为一种符合证据认定的五个方面要求的一个直接证据来使用，直接证据本身是一个独立的不可分割的整体，是一个不能分割的反映记载有技术内容的载体。此案在证据12~17未提交中文译文、认定该证据视为未提交的情况下，该无效宣告请求审查决定却认为，证据12~17及证据8仅考虑其附图部分，因为附图部分没有中文译文的问题。显然这种对证据的认定是前后矛盾的。

对此，二审法院给予了纠正。二审法院认为，既然合议组已认定了证据8、证据12~17整体被视为未提交，却又采信了其附图部分，其行为违反了《专利法实施细则（2001）》第4条及《审查指南（2006）》第四部分第八章2.2.1的规定。

6. 有关证据1的使用

此案中的证据1是请求人自己的一个产品目录，该目录没有制作时间，为了证明其制作时间，请求人出具了目录制作的费用支出发票和支出证明作为佐证。实际上，请求人试图以产品目录的制作印刷来说明在本专利申请日之前其产品已经制造并销售了，因而该专利丧失了新颖性。

在口头审理时，合议组已明确告知证据1作为最接近的对比文件有问题，而请求方代理人却还是坚持以证据1为最接近的对比文件使用，理应承担当事人处置不当的责任。经审查后合议组认为，证据1没有制作时间，而仅从请求人提供的目录制作发票和支出证明单复印件上也不能说明其上所记载的"目录"就是附件1，因而附件1的公开日期不能确定，不能成为破坏本专利的现有技术。

对此，二审法院认为，在无效宣告程序中，专利复审委员会通常仅针对当事人提出的无效宣告请求的范围、理由和提交的证据进行审查，不承担全面审查专利有效性的义务。专利复审委员会应当考虑请求人所指明的对比方式和结合方式，以及最接近的对比文件的选用。

7. 无效宣告审理中各审查原则之间的关系

在此案审理中，合议组在评价专利的创造性时指出，虽然请求人指明证据1作为评价本专利最接近的现有技术，但是基于前述证据1不能作为现有技术来评价新颖性的原因，合议组把证据7作为本专利最接近的现有技术，并用证据7结合证据10来评价本专利的创造性。这显然是改变了请求人坚持以证据1

为本专利最接近的对比文件的请求,此种做法是否违背复审委员会的中立原则和当事人的请求原则?

按照《专利审查指南》第四部分第三章4.1的规定,在专利权存在请求人未提及的缺陷而导致无法针对请求人提出的无效宣告请求理由进行审查的,专利复审委员会可以依职权针对专利权的上述缺陷引入相关无效宣告请求理由进行审查。

另外,无效宣告请求程序中所设置的依职权审查原则,是对那些不符合授权条件而被授权专利的一种纠正错误的行政决定的行为,因此,在请求原则和依职权审查存在冲突,合议组确定无效宣告请求人选用证据或理由不正确,而又有其他理由或证据可作选用替代的情况下,合议组依职权进行审查也是一种履行职责的体现,应该是合法的。

就本案而言,人民法院认为,合议组将不能作为有效证据使用的证据1摒弃而依职权选择证据7作为本专利最接近的对比文件本身无可非议,在无效宣告程序中,专利复审委员会通常仅针对当事人提出的无效宣告请求的范围、理由和提交的证据进行审查,不承担全面审查专利有效性的义务,但如果依职权进行了不同于请求人选择证据和理由的审查,在作出审查决定之前,应当给予承受不利后果的一方当事人陈述意见的机会,否则,就违反了听证原则。

8. 有关对比方式

在无效宣告请求中,专利代理人一定要对证据的结合使用情况进行明确的说明,而不能只作简单的介绍,未履行请求人应承担的请求启动无效宣告程序的责任。对此,二审法院也给予了评判。二审法院认为,请求人递交的对比文件有多篇的,应当指明与请求宣告无效的专利最接近的对比文件,并且应当指明其对比方式,指明是单独对比还是结合对比。

 练习思考题

1. 对专利复审委员会复审决定和无效决定不服而提出专利行政诉讼的法律依据是什么?主要起诉条件是什么?什么叫交叉诉讼,针对专利复审委员会提出的专利行政诉讼是否都存在交叉诉讼?

2. 在提出专利行政诉讼前已发生过侵权事宜的,原告在提出专利行政诉讼时应向人民法院提供哪些材料?提供这些材料有何作用?

3. 原告提出专利行政诉讼办理相关手续时应该向人民法院提供哪些材料?办理什么手续?(针对无效决定)

4. 在针对无效决定不服提出专利行政诉讼的审理中,什么样的证据可以作为认定案件事实的依据?什么样的证据不能作为认定案件事实的依据,为什么?

5. 针对专利复审委员会所作出的部分无效决定不服的,无效宣告请求人和专利权人是否都可以向人民法院提出专利行政诉讼?此种情况下,原告是谁？是否还存在第三人？是合案审理还是分案审理？

6. 在一驳回复审案中，原驳回决定的依据是《专利法》第26条第4款，专利复审委员会经复审而维持了原驳回决定，复审请求人不服复审决定而向人民法院提出了起诉，法院经审理后认为该申请实际上不符合《专利法实施细则》第20条第2款的要求而不能被授权。此时，人民法院是作出撤销该复审决定，还是维持该复审决定呢？其理由是什么？

7. 被告在专利行政诉讼程序中能否提出新的、在无效决定中未采用的证据？其采用或不采用的理由是什么？

8. 法院经审理认定某一无效决定在作出前未给承受不利后果的一方当事人一次意见听证机会，而撤销了该无效决定并发回重审，请问此问题是属于违反法定审理程序的问题，还是属于实体问题？发回重审的结果是有利于原告，还是有利于被告？

9. 如果题8中问题属于程序问题，但该程序实际涉及合议组对证据应用及组合方式作了改变而未给专利权人一次意见陈述的机会就直接作出了无效决定，则重新审理的结果将有利于专利权人的说法是否正确，其理由是什么？

10. 法院经审理认为，某一无效决定的作出缺乏证据的支持，而撤销了该无效决定，请问该请求人是否可再次向专利复审委员会提出新的无效宣告请求？新的无效宣告请求能否受理？能否与原发回重审案合案审理？简述其理由。

下编

专利行政复议
及以专利行政部门
为被告的诉讼

第五章
专利行政复议制度

 本章学习要点

　　我国的专利行政复议制度并不是《专利法》《专利法实施细则》或《专利审查指南》中规定的制度，亦不是我国1985年专利制度建立时就创设的制度，而是在1990年后追加的一个审查流程以外的"专利审查制度"。专利行政复议的受案范围是国家知识产权局作出的除驳回决定以外的具体行政行为。国家知识产权局的具体行政行为，包括涉及专利管理方面、专利裁决方面以及专利审查方面的具体行政行为。国家知识产权局所作的专利管理和专利审查方面的具体行政行为，通常一旦作出即产生公定力，其生效的时间可能是登记的时间，但大多在送达时生效。具体行政行为一经作出，非经法定程序不得变更。具体行政行为作出且后续程序结束后，即产生不可争的确定的法律效力。复议决定一经作出亦产生先定的法律效力，诉讼不停止复议决定的执行。复议审查包括合法性审查，还包括合理性审查。在复议审查程序中，必要时，要在允许的范围内，对法律、法规和规章作出解释，使规范性文件的适用更符合实际情况。在复议审查中，还可以对规章以下的抽象行政行为进行审查，但规章以下的抽象行政行为仍不属于复议的客体。

　　本章既包括专利行政复议实务性的内容，还涉及与行政复议不可分的法学理论上的内容，而这些法学理论上的内容不仅有助于专利代理人对专利行政复议制度的了解，还有助于具有理工科背景的专利代理人从行政法学的视角理解整个专利审查制度，而后者的意义甚至应当超越前者。

第一节 专利行政复议制度概述

《国家知识产权局行政复议规程》是《行政复议法》的下位规章，其目的是为行政相对人提供便捷的行政救济程序。

由于《专利法》和《专利法实施细则》并没有规定专利行政复议制度，专利行政复议在程序上直接适用《行政复议法》。因此，在了解专利行政复议制度时，有必要对我国行政复议制度有一个大体的了解。在大陆法系国家，通常情况下行政复议法与行政诉讼法是一对姊妹法，有的国家这两部法同时颁布、同时生效。但由于我国改革开放后立法任务繁重，《行政诉讼法》是在1989年颁布，于1990年生效。为了与《行政诉讼法》配套，国务院于1990年颁布了《行政复议条例》，该条例于1991年生效实施。直到1999年国家才正式颁布《行政复议法》。2007年5月国务院发布《行政复议法实施条例》，该条例于2007年8月生效。我国专利制度是1985年正式运行的，基于国家的行政复议制度滞后于专利制度，专利行政复议制度的建立亦相应滞后于专利制度的建立。

一、专利行政复议制度的目的

要把握专利行政复议制度的目的，首先要了解行政复议的立法宗旨。行政复议制度的立法宗旨，概括的讲，就是为行政相对人提供一个行政救济程序。公民或法人受到侵害，无非来自两个方面。一方面来自私主体的侵害，即民事侵权，受侵害的主体可以通过民事诉讼程序来获得救济；另一方面来自公权力的侵害，受侵害的主体当然仍可以通过司法途径获得救济，即通过行政诉讼程序。但是，各国除了对行政相对人提供司法途径进行救济以外，通常还要提供更为便捷的程序，即行政复议程序来进行救济（各国对行政复议制度的称谓不尽相同）。区别仅在于有的国家实行行政程序穷尽原则，即行政救济程序未"走完"之前，不能进入司法救济程序，如美国；但亦有更多的国家采取行政救济程序与司法救济程序并行的做法，如日本规定行政相对人的合法权益受到公权力的侵害后，可以直接向法院起诉，也可以先行提出复议程序来获得救济。我国采取的是后者，即行政救济和司法救济由当事人选择的制度。故我国《行政复议法》第1条明确规定了宗旨，即"防止和纠正违法或者不当的具体行政行为，保护公民、法人和其他组织的合法权益，保障和监督行政机关依法行使职权"。

专利行政复议制度的目的显然是纠正国家知识产权局的工作失误，维护相对人的合法权益。专利行政复议每年立案处理的案件并不多，多则一百多件，少则几十件。但一个制度存在的价值并不能以其受理的案件多少来衡量，当事人提出复议的原因有时是基于个案，但亦有许多情况是基于共性的问题，即有时看起来处理的是一件案件，但对审查流程或审查标准的影响要超过个案。

二、专利行政复议制度适用的原则

通常来讲，人们常说行政程序的价值取向倾向于效率，而司法程序的价值取向倾向于公平，这无疑是正确的。但行政复议并不是通常的行政程序，而是行政救济程序，其价值取向应当比普通的行政程序更倾向于公平。故我国行政复议制度的原则应当是"合法、公正、公开、及时、便民和合法性与合理性审查原则"，专利复议制度适用的原则亦应当如此。

第二节 专利行政复议的含义和外国立法体例

专利行政复议制度是除复审和无效宣告程序以外，为相对人提供的行政救济程序。国外有将该制度放在专利审查流程内的，也有放在专利审查流程以外的。无论放在流程内还是流程外，其均是专利审查制度的重要组成部分。

一、专利行政复议的概念

专利行政复议，可以概括为除复审和无效程序以外的，为相对人提供的行政救济程序。何为"行政救济"？行政救济就是相对人对行政行为不服时，由行政机关而不是司法机关进行再次审查的程序。而一说起行政行为，人们通常想到的是工商机关、公安机关等直接对社会进行管理的行为。专利申请的驳回、授权等行为并不是对社会直接进行管理的行为，是不是行政行为？该怎样理解？这是应当首先明确的问题。

行政机关基于其职能的不同，可以进行不同的分类。以是否直接对社会进行管理可以分为内部行政机关和外部行政机关。如国务院机关事务管理局就属于内部行政机关，而工商行政管理局则属于外部行政机关。行政机关大部分为对外进行管理活动的机关，但也有些行政机关虽然也对外行使职权，但并不属于行政管理机关。如国家知识产权局虽然也面对公众行使职权，但其行使的职权并不是管理职权，而是行政审查和行政授权。国家知识产权局虽然也进行行政执法（广义的执法，主要执行《专利法》），但所执的法并不是直接对社会进行管理的法。国家知识产权局拥有几千名审查员，他们并不对社会进行管理，而是从事专利审查工作。即应当将国家知识产权局归于行政授权机关，而不能归于行政管理机关（尽管国家知识产权局亦有少量的管理职能）。怎样理解这里所说的行政授权机关，其授予的是何种权利呢？当然是专利权（含布图设计权），即财产权。

通常，人们在法律上将财产权的取得区分为"原始取得"和"传来取得"。庄稼是从地里长出来的，苹果是树上结出来的，电视机是工厂生产的。农民取得庄稼和苹果的所有权、工厂取得电视机的所有权，即是原始取得。而城里人从粮店买到粮食，从商店买到电视机，他们取得这些财产在法律上属于传来取得。而专利权既不是地里生长的，也不是工厂车间里生产的，是由国家知识产权局代表国家审查后授予的。对于专利申请人来讲，国家知识产权局授予其专利权，就是该项无形财产的原始取得方式（商标权也属于这种性质）。因此，国家知识产权局没有工商管理局、公安局或者税务局等直接对社会管理的权力，但却有通过自己的行政行为，产生大量财产权的权力。这些行为仍然属于行政行为，每年国家知识产权局受理专利申请几十万件，授权十几万件。

国家知识产权局最为重要的行政行为就是在发现驳回理由的情况下，作出驳回专利申请的行为；在没有发现驳回理由的情况下，作出授予专利权的行为。如果这两项行政行为做错了，给予公众以何种救济程序呢？是不是可以根据我国行政诉讼法的规定直接向法院起诉呢？答案是不可以，对此，《专利法》"剥夺"了法院直接受理此种行政纠纷的权利，主要是考虑到对驳回专利申请和对授权行为的再次审查，既涉及法律上的问题，更涉及技术上的问题。为了提高效率，《专利法》专门规定了成立专利复审委员会来"前置"处理此类纠纷，发挥国家知识产权局的技术优势。对专利复审委员会作出的维持驳回专利申请的决定不服，或者对专利权是否有效的决定不服的，才可以向法院提起诉讼。需要提及的是，申请人对驳回专利申请的决定不服时，复审程序是对申请人提供的一种行政救济，对此大家很容易理解。

从行政法学的角度讲，只有对相对人带来"不利益"的具体行政行为，才谈得上救济。而授权行为并没有给申请人带来"不利益"，如何解释无效宣告程序也是行政救济程序呢？问题应当这样看待，从行政行为的分类来讲，授权行为对专利申请人属于"授益性"行政行为，不存在救济问题。但授权行为却可能为利害关系人、为第三人带来"不利益"。即对申请人来讲属于行政法学上的"授益性"行政行为，而对利害关系人则可能属于行政法学上的"负担性"行政行为。为了对这些利害关系人提供行政救济，各国均设立了授权后的无效宣告或者相当于无效宣告的程序。对授权行为进行再次审查，看授权是否正确，如果正确就予以维持，如果不正确就宣告无效或者部分无效，以对利害关系人（往往是被控侵权人）提供行政救济。因此，无效宣告程序也属于行政救济的一种形式，只是其特殊一些，发生了"双方当事人"的程序。但并不能因为发生了"双方当事人"的程序就否定其本质上是一种行政救济程序。正因为专利无效制度的特殊性，无法直接适用国家的《行政复议法》。因此，各国专利无效程序均不适用本国的行政复议法律规范，而是在专利法中规定专门的无效程序。尽管无效程序不适用《行政复议法》，但无效程序仍是行政救济程序。考虑到复审程序亦有其特殊性，各国的专利复审程序亦均不适用行政复议法律规范，而是直接适用《专利法》。因此，《专利法》中关于复审和无效宣告的规定，相对于《行政复议法》和《行政诉讼法》来讲，属于"特别法"和"一般法"的关系。在适用法律的规则上，当"特别法"有规定的时候，应当适用"特别法"。因此，对驳回和授权这两个最重要行为的再次审查程序，适用《专利法》的复审和无效宣告程序。但国家知识产权局除上述两个最为主要的行政行为以外，还要作出许多其他"处分"相对人权利的行政行为，如专利申请不予受理行为、专利申请视为撤回行为、专利权终止行为等，这些行为也影响到相对人的合法权益，亦应当给相对人提供一个行政救济程序。而专利行政复议制度就是这样一个补充《专利法》规定的救济制度。即对于这些行为，如果相对人认为国家知识产权局有错误，虽然不能通过《专利法》规定的复审和无效宣告程序来获得救济，但可以通过行政复议程序来获得救济。因此，行政复议制度是除复审和无效宣告程序以外，为相对人提供的一种行政救济制度。

二、专利复议制度的外国立法体例

考察外国的专利复议制度，可以帮助我们更好地理解我国的专利复议制度。国外的立法例有一个共同的特点，即对专利局作出的包括驳回和授权行为在内的所有行政行为均提供全面的行政救济，这也是现代法治社会的要求。所不同的是，对驳回和授权以外的行政行为的救济途径是各不相同的。大体上有以下两种立法体例。

（一）放在专利审批流程之内

如德国，在德国有专门的专利法院，原德国专利局亦设有申诉委员会（1961年以前），相当于我国的专利复审委员会，后取消了申诉委员会，将申诉委员会改为联邦专利法院。联邦专利法院的法官由两种学历的法官组成，一种是纯学法律的法学法官，一种是具有技术背景的技术法官。而技术法官在技术申诉室（相当于我国专利复审委员会的各专业技术申诉室）工作，法学法官则在法律申诉室工作。法学法官除与技术法官共同参加复审和无效宣告合议庭的审理以外，还要处理相当于我国行政复议的案件。对这些案件作出判决，当事人不服的，可以像不服复审判决或无效宣告判决一样，向联邦最高法院提起上诉。因此，在德国，专利行政复议程序实际上与复审和无效宣告程序一样，放入了专利审批流程（专利法院是专利审批流程的一部分）。还有欧洲专利局也有类似的制度设计，即欧洲专利局设立申诉委员会，该申诉委员会受理的案件包括：受理处所作出的涉及受理的决定、法律部所作出的涉及登记的决定、审查部作出的涉及驳回的决定、异议部作出的涉及是否有效的决定。由此看来，欧洲专利局申诉委员会并不限于受理复审或专利权是否有效的案件，还受理相当于我国复议程序所受理的案件。从欧洲专利局的案例汇编中看，也不限于复审和无效宣告的案例。因此，按欧洲专利制度的规定，复议程序实质上也放入了专利审批的流程之内。

（二）放在专利审批流程之外

将行政复议制度放在专利审批流程以外，是以日本为代表的国家的做法。根据日本专利法的规定，审判部（相当于我国的专利复审委员会）仅受理对实审驳回不服的复审案件，以及无效宣告案件，并不受理复议案件。但日本特许厅在负责初审的部门设立行政不服审查班，该班有四五名具有法律资质的人员，负责依据日本行政不服审查法，对审判部管辖以外的行为进行救济。日本专利行政复议制度有几个特点：一是日本专利法明确规定专利复议为前置程序。通常，按日本行政诉讼法的规定，行政机关所作的行政行为当事人可以选择救济途径，或者直接起诉到法院，或者进行复议，但该规定不适用于专利复议制度。对日本特许厅作出的复审和无效宣告决定以外的决定不服的，不能直接向法院起诉，而是必须先行向行政不服审查班提起行政不服审查请求。二是由于日本审判部并不像我国专利复审委员会一样以自己的名义作出决定和出庭应诉，而是以特许厅的名义作出决定。所以，对于审判部本身程序上的一些决定，当事人不服的，也可以向行政不服审查班提出行政不服。三是对三种专利初审驳回不服的，依据日本专利法的规定，不能向审判部提起复审，而只能向行政不服审查班提起行政不服。四是对行政不服审查班所作决定不服的，不是像不服审判部决定一样向东京高等法院提起诉讼，而是向东京地方法院（相当于北京中级人民法院）提起诉讼。原因是审判部相当于一级法院，节约了一个司法审级，而行政不服并不相当于一个审级。

综上所述，可以得出这样的结论，即无论专利行政复议制度是放入专利审批流程之内，还是在专利审批流程之外，专利行政复议制度均是专利审查制度的一个重要的不可缺少的组成部分。如果从后一种立法例来考察，可以将行政复议制度比喻为专利审查制度中的"小复审"，而我国行政复议制度采取的立法体例与日本的更为接近。

第三节 我国专利行政复议制度的建立

在我国，专利行政复议制度是后追加的制度。1990年开始筹建复议制度，1991年在法律部成立行政复议处，1998年改名为法律事务处成建制到专利局办公室，2005年成建制到审查业务管理部。专利局第一部复议规程于1992年生效，现在执行的复议规程是2002年9月1日生效的规程。

我国专利制度的建立是和改革开放同步的，1985年第一部《专利法》生效时，我国法制建设也处在刚刚起步的阶段。当时我国还没有行政诉讼制度，更没有行政复议制度，加之当时我国对外国专利制度的借鉴也集中在主要制度的层面上。所以，专利复议制度在《专利法（1985）》实施时并没有引入。但是，随着专利制度的实施，逐渐出现相对人与国家专利局的有些纠纷没有程序处理的局面，即发生了制度建设的实际需要；加之我国在1989年制定了《行政诉讼法》，在1990年制定了《行政复议条例》，在宏观制度的建设上为专利行政复议制度建立提供了可能。国家专利局在1990年开始筹建专利复议制度，1991年在当时的法律部正式设立了行政复议处，并同时制定了第一部专利局的行政复议规程。第一部专利复议规程是试行的，因为当时对该制度的认识仍是较模糊的。总之，我国专利行政复议制度的建立和发展，可以概括为三句话：一是实践的需要，二是时机的成熟，三是成功的尝试。从1992年开始受理复议案件，实践不断地证明了该制度在我国的必要性和可行性。

一、国家专利局复议机构的设置

1985~1998年，国家知识产权局这一称谓还没有使用。1991年在当时的国家专利局法律部设立了行政复议处，到1998年该处人员一直保持在3~4人，其中最多时3人具有律师资格。到1998年专利局分成两局，即分成国家知识产权局和专利局时，行政复议处已经正式处理了423件复议案件，及几十件以专利局为被告的行政诉讼案件，发挥了专利复议制度的作用，及时纠正了国家专利局的工作失误，相对人获得了及时的救济。同时，亦通过办理复议案件发现国家专利局流程制度上存在的问题，为修订审查指南提供了案例上的支持。1998年以后，法律部改为条法司。由于国家知识产权局的编制及其他需要，行政复议处放到了专利局办公室（需要提及的是，分为两局后，对外作出决定均是国家知识产权局的名义，而接收专利申请等仍是以专利局的名义），改为法律事务处，仍然承担行政复议案件的处理和以国家知识产权局为被告的行政应诉工作，同时还承担财产保全、因公调查等法律事务。到2005年，法律事务处成建制调到专利局审查业务管理部。到2010年2月，法律事务处一共正式受理和处理复议案件1320件，行政应诉案件175件。处理的案件主要来自初审及流程管理部、实用新型审查部和外观设计审查部。涉及的问题主要是流程中的问题，也包括少量初审中的问题。无论是在专利局时称为行政复议处，还是后来称为法律事务处，该处均是以"专利局行政复议处"或者"国家知识产权局法律事务处"的名义对外接收复议申请及处理其他事务，原因亦在于该处直接对局领导负责，作出的决定代表机关首长的意志，而不是部门首长的意志。在国家知识产权局行政复议规程中，其称谓亦是"国家专利局行政复议处"或"国家知识产权局法律事务处"。

二、国家专利局复议规程的制定

由于我国专利复议制度的体例与日本相类似，没有将专利复议制度放入专利审查流程，《专利法》和《专利法实施细则》均没有规定专利复议的程序。因此，专利行政复议程序是直接依据国家的复议法规进行的。但是，国家的复议法规是针对全国行政机关的共性情况制定的，而专利局又有自己特有的情况，非常需要制定一部专利局的复议规程来落实国家的复议法规。故在专利复议工作开始时，就制定了《国家专利局行政复议规程（试行）》。其中主要规定了行政复议的受案范围，受理和处理复议案件的机构，以方便相对人，也方便专利局自己处理复议案件。当然，专利局的复议规程均是对国家复议法规的细化，并且不能与国家的复议法规相抵触，但又要体现专利行政复议的特点，所以制定专利复议规程也是一项重要的工作。在复议规程中既不能机械地照搬复议法规的规定，又不能不考虑复议法规的规定而自己另行制定与复议法规相冲突的规定。1991年国家专利局发布第一部《中华人民共和国专利局行政复议规程（试行）》，1995年2月，第二部复议规程生效，名称为《中华人民共和国专利局行政复议规程》，去掉了后面的"试行"二字，因为通过几年的实践，证明该制度是成功的制度。修改复议规程的原因主要是对应于《专利法》的第一次修改。2002年9月第三部复议规程生效，名称为《国家知识产权局行政复议规程》。第三部复议规程发布原因有三个：一是第二次修改《专利法》的需要，二是《行政复议法》在1999年10月生效，三是国家专利局名称已经改为国家知识产权局。而随着《行政复议法实施条例》于2007年8月1日生效，国家知识产权局的复议规程是否需要修改被提到日程中。但考虑到该条例新增的内容大多是针对通常具有对外行政管理职能的机关，并非针对像国家知识产权局这样的行政授权机关，且国家知识产权局现行复议规程并没有与实施条例相抵触的地方。比如，实施条例针对征地补偿等行为新增规定了"行政调解"结案的方式，该种结案方式在国家知识产权局是不适用的，因为国家知识产权局是行政授权机关，授权与否、权利的得失均有明确的规定，不能与当事人之间通过协商调解确定。又如，实施条例规定了作出不利于相对人的具体行政行为时，应当告知后续的复议程序。但在国家知识产权局复议受案范围中，直接不利于当事人的具体行政行为并不多。如专利申请视为撤回是一个具体行政行为，但大多数情况下是相对人以自己不缴费或者不答复通知书的方式来处分自己权利的行为，是有利于相对人自己的行为。只有在国家知识产权局出现错误的情况下，才不利于相对人，相对人才有必要提出复议。而对于哪一件专利申请视为撤回通知是不利于当事人的，国家知识产权局无法事先预见。所以，《行政复议法实施条例》发布后，国家知识产权局并没有立即修改复议规程，而是考虑在必要的情况下再行修改。

第四节 国家知识产权局的外部行政行为

要了解专利行政复议的受案范围，就必须了解国家知识产权局都有哪些外部行政行为，以及其特征。国家知识产权局的外部行政行为主要有：行政指导行为和执行专利法的行政执法行为（包括抽象行政行为和具体行政行为）。

国家知识产权局作为国家的行政机关，既有对外的行政行为，也有对内的行政行为。但根据我国《行政复议法》的规定，对内的行政行为不属于行政复议的受案范围。如国家知识产权局对自己员工的行政处分，在有些国家属于行政复议或行政诉讼的受案范围，但在我国不属于复议或诉讼的受案范围。复议范围仅限于外部行政行为。国家知识产权局的外部行政行为大体上可以分为两类：一是行政指导行为，二是行政执法行为（这里的"执法"是广义的，狭义的"执法"通常指行政处罚），包括以抽象行政行为的方式执行专利法和以具体行政行为的方式执行专利法。而根据国家《行政复议法》的规定，仅其中的具体行政行为属于复议的客体。但要了解具体行政行为，也需要先行了解什么是行政指导行为和什么是抽象行政行为。

一、行政指导行为及其特征

人们常说"行政职权法定",即行政机关的职权必须由法律明文规定,法律没有规定的权能,行政机关自己不能行使,否则就是行政越权。如一专利权的继承人没有在专利局审查员指定的期限内办理继承手续,专利局审查员作出将该专利权"收归国有"的决定,该决定就是行政越权。当事人不服提出复议,专利局作出复议决定撤销了该错误的具体行政行为。

但是行政指导行为是否必须要由法律明文规定呢?回答是否定的,行政指导行为主要的表现形式是向公众提供本行政机关管理事务的相关信息,向公众发布合理性的建议以及政策性指导等。如国家知识产权局向公众提供的电话咨询、在线咨询等,均属于行政指导行为的范畴。这些工作无论在《专利法》或《专利法实施细则》中是否有规定,均应当认为是专利局或国家知识产权局当然负有的职责。行政指导行为是行政机关职能中的"题中应有之意",无须法律规定,各国行政机关概莫能外。

行政指导行为有两个特征:一是行政机关无偿的行为,如电话或在线咨询;二是对公众没有强制执行的法律效力,如国家知识产权局根据自己掌握的技术信息,对企业专利工作发布的各种建设性意见,这些意见对企业并没有直接的强制的法律效力。当然,如果是国务院具体委托国家知识产权局发布某一规定,该规定由于是基于国务院的具体的行政授权,应当在全国具有强制的法律效力,此时国家知识产权局制订的该规定不再属于行政指导行为。但对于仅是专利法中概括性地规定国家知识产权局负责的全国专利事务,该管理工作仍应当属于行政指导行为,或者说是政策性指导行为。

行政指导行为如果发生失误,如专利局受理大厅的服务人员接受申请人的咨询后,发生咨询回答不很准确的失误,对此知识产权局是否承担责任?应当认为,国家知识产权局是在为公众提供无偿的服务,并没有接受相对人法律上的委托,也没有接受相对人的报酬。而专利代理机构是有偿地提供服务,发生失误后承担责任的性质是不同的。代理机构所代理的事务发生失误,造成客户损失的,应当承担民事责任,严重的还要承担民事赔偿责任。但国家知识产权局咨询失误造成相对人损失的,国家知识产权局当然会以恢复权利等形式为当事人挽回损失,但这种责任仍然不属于行政违法或赔偿责任。另外,基于行政指导行为并不属于具体行政行为的范畴,严格来讲,亦不属于复议、行政诉讼、行政赔偿的受案范围。当然,基于复议范围有不断扩大的趋势,亦曾出现过这样一些情形,即专利局咨询失误,造成相对人权利丧失,当事人提出复议,在有证据可以认定咨询失误的情况下,复议决定恢复了相对人的权利。

二、抽象行政行为及其特征

行政机关要完成其行政职能,光靠政策指导是不可能的,还需要进行行政执法行为。如何进行行政执法呢?无非是两种方式,一是以抽象行政行为的方式进行执法，二是以具体行政行为的方式进行执法。比如工商行政管理机关对违法商贩进行处罚，就是以具体行政行为的形式进行执法；工商行政管理机关发布企业登记办法，就是以抽象行政行为的形式进行执法。具体到国家知识产权局而言，也是采取两种方式执行《专利法》和《专利法实施细则》，一是就具体的专利申请进行审查，作出相应的处理决定，包括驳回和授权；二是采取发布规章的形式执行《专利法》和《专利法实施细则》，如国家知识产权局发布《专利审查指南》，发布《费用减缓办法》等，均是落实《专利法》及《专利法实施细则》的行政执法行为。

抽象行政行为有以下几个特点。

一是其适用的对象不特定，如国家知识产权局发布的《专利审查指南》，并不针对某个专利申请人，而是针对所有专利申请人、专利权人、专利代理人，甚至包括专利局的审查员在内。而具体行政行为总是特定的，如驳回张三的专利申请，对李四的专利申请授予专利权，均是针对特定的相对人作出的。

二是抽象行政行为可以反复适用，而不像具体行政行为只一次有效。驳回专利申请，该决定只生效一次。而《专利审查指南》则在生效期间，只要没有修改，就可以反复适用。

三是效力的后及性，即通常人们所说的法律不溯及既往。通常情况下，抽象行政行为仅对其发布以后的事项有效，对发布以前的事项，只有在更为有利于相对人的情况下才有效。

四是具有"规范性的结构"，所谓具有规范性的结构，是指条文之间具有"行为模式"和"法律后果"这样的逻辑关系。如《专利审查指南》规定了著录项目变更应当由申请人签章，该规定就是"行为模式"，如果申请人没有签章，国家知识产权局就要发出补正通知或视为未提出通知书，而后者就是"法律后果"。再如，没有发现驳回理由，就应当授予专利权，"没有发现驳回理由"就是行为模式，"授予专利权"就是法律后果。当然，抽象行政行为在个别的情况下，也可能出现仅有行为模式而没有法律后果的情况。如在有些法规、规章中亦有政策性条款，如笼统地号召人们保护发明创造，但并没有实际的标准和后果。这样的条款尽管有时是必要的，但基于其缺乏操作性，只是在例外的情况下才会出现，最典型的是《科学技术进步法》。

五是公示性，即抽象行政行为必须向公众以某种形式公布，方才生效，公众亦才能得知并予以履行。在国家知识产权局，抽象行政行为的公示目前仍限于纸件形式。即纸件为具有法律效力的文本，后续上网的电子文本只是纸件文本的扩张，如果与纸件文本不一致，仍以纸件为准。应当认为，有了网上公布，可以为公众提供极大的便利。抽象行政行为的公示性，还意味着抽象行政行为不必送达每个行政相对人。如专利费用调整后，尽管费用的调整关系到每个专利申请人或专利权人的利益，但国家知识产权局没有义务将调整后的标准一一送达到每个申请人的手中。因为相对人可以通过国家知识产权局纸件的、网上的或其他各种公开形式的文本得知费用调整信息。相反，具体行政行为必须以书面形式送达具体相对人，否则无效。

需要提及的是，在行政机关，包括在国家知识产权局，还可以将抽象行政行为区分为外部抽象行政行为和内部抽象行政行为。如《专利审查指南》属于外部抽象行政行为；而国家知识产权局以前各部门的办事规程和目前的操作规程，则属于内部抽象行政行为。内部抽象行政行为与外部抽象行政行为亦有近似的特点，即适用对象的不特定性、效力的后及性、反复适用性、公示性（内部）。内部和外部抽象行政行为均是执法手段，其区别在于内部规程不需要外部相对人知晓，因为其内容仅为国家知识产权局内部操作使用，其没有为外部相对人设定任何义务或权利，也没有为外部相对人设定任何标准。但无须外部相对人知晓不等于保密，国家知识产权局的操作规程制定并对内发布后，尽管在作出具体行政行为时，内部操作规程不得对外作为依据引用，但如果有关具体行政行为涉及诉讼，则根据行政诉讼法的规定，国家知识产权局仍要向法院提供作出相关具体行政行为所依据的内部操作规程，即法院仍要对国家知识产权局操作规程进行审查。当然，如果法院认为国家知识产权局操作规程有问题，也如同对《专利审查指南》的审查一样，法院只有不适用的权力，并没有撤销国家知识产权局内部操作规程的权力。

三、具体行政行为及其特征

通常情况下，具体行政行为是行政机关进行执法活动的主要形式。就国家知识产权局来讲，每年要受理几十万件专利申请，要对数万件专利申请进行授权，也要对数以万计的申请作出各种形式的处分，包括专利申请视为撤回、著录项目变更行为等，上述行为均是具体行政行为。如果对具体行政行为的概念作一个概括，可以大体概括为：行政机关针对相对人作出的、对相对人程序上或者实体上的权利和义务进行处分的行为，包括不作为。具体行政行为具有如下特点。

（一）是针对特定相对人作出的行为

如驳回张三的专利申请，对李四的申请授予专利权。

（二）是对相对人实体上或者程序上的权利义务进行设定或者处分的行为

有些行为虽然也是针对相对人作出的，如国家知识产权局发出补正通知书，但该通知书仅是指出申请文件中的缺陷，指定期限要求申请人进行补正。并没有实际对申请人的权利进行处分，只是指出如果逾期不补正，将要"处分"，即视为撤回专利申请，而并没有实际处分相对人的权利，故此种行为在行政法学的分类上，只能作为行政告知行为，行政告知行为还不构成具体行政行为。当然，有些行为具有双重的性质。如国家知识产权局发出的缴费通知书，该通知书具有行政告知的性质，但又具有行政"处罚"的性质。因为发出缴费通知书后，申请人很可能还要缴滞纳金，而滞纳金在行政处罚的分类上属于"执行罚"，即边执行边罚。因此，如果专利权人认为处以滞纳金不正确，可以针对该通知书提出复议，但还要有一个条件，即该专利权尚未由于未缴费而终止，如果已经终止，则只能通过对终止决定不服，来间接的审查处以滞纳金是否正确。

（三）通常情况下，要以法定形式送达相对人

就国家知识产权局所作通知来讲，均要求以书面形式送达相对人，特殊情况下才可以公告形式送达。如驳回专利申请，国家知识产权局要作出驳回决定，该驳回决定送达申请人后并不立即发生确定的法律效力，而要等3个月后申请人不提出复审才发生确定的法律效力。同样，国家知识产权局作出专利申请视为撤回通知等，均要以书面形式送达相对人才能发生法律效力（只是在生效时间上与驳回决定有区别）。

（四）要具有可诉性（相对终局性）

可诉性，即行政行为产生的具有一定结论性的法律效力，或者说具有相对的终局性。如上述国家知识产权局所发的缴费通知书有滞纳金即"执行罚"的性质。但如果国家知识产权局已经对该专利权作出终止的处分，则相对人只能针对终止决定提出复议。因为终止决定具有相对的终局性，而缴费通知书这一行为，在终止决定作出的情况下，已经不能独立存在了。当然，如果国家知识产权局尚未作出专利权终止决定，相对人可以对处以滞纳金提出复议，因为此时该处罚仍具有相对的独立性或终局性。在复议程序中，必要的情况下，法律事务处可以要求流程管理部门暂停发出专利权终止决定。

另外，从具体行政行为的性质上仍可以进行分类，即分为为相对人带来利益的行政行为和为相对人带来不利益的行政行为，行政法学中通常称其为"受益性"具体行政行为和"负担性"具体行政行为。如驳回专利申请是"负担性"具体行政行为，而授予专利权是"受益性"具体行政行为。作这样的划分主要目的在于区别后续的救济程序。通常情况下，只有"负担性"具体行政行为才可以进行复议或者行政诉讼。但这种划分并不是绝对的，有时就某个具体行政行为而言，对相对人来讲可能是"受益性"的，但对于第三人来讲，可能带来不利益。如授予专利权的行为，对于专利申请人来讲，无疑是好消息，但对于"侵权人"来讲，却是个坏消息。"侵权人"为了避免承担侵权责任，通常情况下要想办法找到使该专利权无效的证据。如果其找到了这样的证据，如找到了破坏专利性的对比文件，则按专利法的规定要给第三人针对给其带来不利益的授权行为的一个行政救济程序，这一程序就是无效宣告程序。就国家知识产权局程序上的决定来讲，亦不能单纯从形式和称谓上划分何种是"受益性"行为、何种是"负担性"行为，而要看该行为实质上是否符合相对人的利益。如专利权终止行为，看起来是对权利人不利益的一种具体行政行为，但专利权终止大多是符合专利权人意愿的。很多专利权人是通过不缴纳年费来放

弃其已经不需要的专利权，此时显然没有给权利人带来不利益。因此，国家知识产权局在专利权终止通知书中，仅告知恢复程序，而并不告知复议程序，原因就在于此。专利申请的视为撤回等具体行政行为，也是如此性质的行为。当然，亦有国家知识产权局作出的专利权终止决定或专利申请视为撤回决定发生错误的情形，但毕竟这种错误的比率是相当低的，因此，不能断言此类行为的性质属于不利益行为。

第五节 国家知识产权局具体行政行为的分类

专利行政复议的受案范围限于具体行政行为，但并不是所有具体行政行为均属于复议的受案范围。因此，有必要了解国家知识产权局具体行政行为的分类。国家知识产权局具体行政行为可以分为三大类，即专利管理方面的具体行政行为、专利裁决方面的具体行政行为和专利审查方面的具体行政行为。同时，亦应当了解这些具体行政行为的特征。

国家知识产权局具体行政行为大体上可以分为三大类：一为专利管理方面的具体行政行为，二为专利裁决方面的具体行政行为，三为专利审查方面的具体行政行为。

一、专利管理方面的具体行政行为

行政职权法定，虽然国家知识产权局的主要职能在于行政授权，对外部直接管理的具体行政行为并不多，但根据《专利法》和其他法律法规的规定，国家知识产权局仍然具有一些外部直接管理的职能。专利管理方面的具体行政行为主要有：

（一）强制实施许可决定

根据《专利法（2001）》的规定，强制许可有三种类型，一是商业性的强制实施许可，二是出现紧急情况下的强制实施许可，三是从属专利性质的强制实施许可。根据2009年第三次修改后的《专利法》的规定，增加了反垄断的强制许可和药品出口的强制许可。强制实施许可决定，其本质属于国家的"公"权力对"私"权利的适度的干预。在专利权人滥用其专利权，对社会或公众造成损害时，应相对人的请求，国家知识产权局可以作出是否给予强制实施许可的决定。基于此种决定的性质属于国家对专利市场进行的适度干预，该种行为的性质应当属于国家知识产权局对外的行政管理行为。

（二）终止强制实施许可决定

《专利法》规定，当强制实施许可的条件不存在的情况下，专利权人可以要求解除强制实施许可。显然，该种行为也属于国家知识产权局的行政管理行为。

（三）布图设计非自愿许可决定

由于对布图设计的审查和授权也是由国家知识产权局进行的，在布图设计制度中，与专利强制实施许可制度对应的是布图设计的强制实施许可制度。因此，针对布图设计权作出的强制实施许可决定也是国家知识产权局的外部行政管理行为。

（四）对侵犯布图设计专有权所作行政处罚决定

国家知识产权局本身是一个行政授权机关，除了专利和布图设计的强制实施许可以外，基本上没有对于侵权行为的行政处罚权，但布图设计领域除外。《布图设计条例》规定，如果发生布图设计的侵权行为，当事人可以向法院提起民事诉讼救济程序，还可以向国家知识产权局请求进行处理。根据《布图设计条例》第31条的规定，由国家知识产权局处理的有两种情况。一种是居间对侵权纠纷进行认定，并且可以决定侵权人停止侵权生产。尽管《布图设计条例》规定了当事人不服的，可以依据《行政诉讼法》的规定提起行政诉讼，但基于纠纷的性质仍是双方当事人之间的民事纠纷，上述两种决定仍然应当属于行政机关裁决民事纠纷的行为，而不是行政处罚行为，所依据的程序不是国家的《行政处罚法》规定的程序，而是国家知识产权局专门制定的程序。在《布图设计条例》第31条中还规定了另外一种性质的行为，即行政处罚行为。其规定国家知识产权局可以"没收、销毁侵权产品或者物品"，该种行为则属于行政处罚行为，处罚应当依据国家的《行政处罚法》规定的程序进行。对此种行为，应当认为是国家知识产权局的外部行政管理行为。

（五）对专利代理人和代理机构的处罚

根据《专利代理条例》的规定，如果专利代理人作出违反《专利代理条例》的行为，国家知识产权局可以给予相对人行政处罚。当然，对专利代理人作出行政处罚还需要通过处罚委员会的决定，但最后给予处分的权力，仍是由国家知识产权局来行使的。毫无疑问，对代理人的处罚可以说是典型的行政管理行为。依同样的道理，依据《专利代理条例》的规定，对代理机构的处罚，也是国家知识产权局的行政管理行为。

二、专利裁决方面的具体行政行为

所谓专利（含布图设计）裁决，顾名思义，就是国家知识产权局作为国家的行政机关，居间对民事纠纷进行裁决的行为。大体上有下述几种行为。

（一）对专利强制许可使用费的裁决行为

在国家知识产权局作出强制实施许可的决定以后，专利权人与强制实施许可请求人不能就许可费达成协议的情况下，国家知识产权局可以依一方当事人请求进行许可费数额的裁决。裁决民事纠纷本不是行政机关的职能，但基于某些行政行为是由行政机关作出的，后续引来的民事纠纷该行政机关更为熟悉，因此，法律总是规定此种类型的民事纠纷可以由原行政机关来裁决，以便于快速和公正地解决纠纷。如土地征用是行政权的行使，但征用土地这一行政行为总是与补偿原居民补偿费的纠纷联系在一起，所以，立法规定行政机关可以对补偿费进行裁决。依同样的道理,法律亦规定了国家知识产权局作出强制实施许可决定以后,可以对许可费数额的纠纷进行裁决。对国家知识产权局该裁决不服的,当事人仍可以向法院起诉。因此,上述行为应当属于国家知识产权局居间裁决民事纠纷的具体行政行为。

(二) 对布图设计权非自愿许可使用费的裁决行为

和专利强制实施许可费的裁决一样,国家知识产权局对布图设计权非自愿许可使用费的裁决行为,也是居间对民事纠纷进行裁决的行为。

需要提及的是,对上述两种行为不服的,向法院提起诉讼,对于该诉讼的性质是行政诉讼还是民事诉讼,现行法律、法规和最高人民法院的解释均不很明确。从1985年最早的最高人民法院的司法解释来看,当事人一方不服的,应当由双方当事人作为原被告到法院进行民事诉讼。但根据最高人民法院对《行政诉讼法》的司法解释来看,其并未排除国家知识产权局作为被告的可能。无论如何,这样的纠纷仅具有逻辑上发生的可能性,事实上专利制度建立20多年来,尚未发生一件关于强制实施许可的案件,更没有发生许可费数额的民事纠纷,故对该后续程序规定的空缺,仅仅是一个理论上的空缺,并不是实践中迫切需要解决的问题。

(三) 对布图设计侵权纠纷所作处理决定

从《布图设计条例》第31条的规定来看,其与《专利法》第57条的规定在表述方法和内容上均大体相同。首先规定了当事人可以向法院提起民事诉讼解决侵权纠纷,也可以请求国家知识产权局对布图设计侵权纠纷进行处理。国家知识产权局具有是否构成侵权的认定权和要求立即停止侵权的决定权,但没有赔偿损失的决定权。因此,这两种决定权仍应当属于行政机关裁决布图设计侵权民事纠纷的行为,即属于行政机关居间裁决民事纠纷的行为。其次,该条还规定了国家知识产权局对布图设计的行政处罚权,即"没收、销毁侵权产品或者物品"的行政处罚。故在布图设计的问题上,与专利制度相似,行政机关既有居间处理民事纠纷的权力,也有行政处罚权。区别仅在于专利制度处理纠纷是由地方知识产权局进行,而布图设计侵权纠纷直接由国家知识产权局进行。另外,对专利的行政处罚有明确的称谓,即假冒他人或冒充专利,第三次修改《专利法》统称为假冒专利;而对布图设计的行政处罚没有明确的构成。对上述居间裁决布图设计侵权纠纷的决定不服的,《布图设计条例》明确规定,要根据《行政诉讼法》的规定提起行政诉讼。

三、专利审查方面作出的具体行政行为

基于国家知识产权局属于行政授权机关,其主要行政活动就是接收专利申请,对专利申请进行审查,决定进行驳回或者授权。因此,国家知识产权局的主要具体行政行为集中在专利审查方面,既包括复审委员会作出的复审决定和无效宣告决定;也包括国家知识产权局在初审中及其他程序中作出的诸多具体行政行为，如专利申请视为撤回行为、著录项目变更行为等。如果将国家知识产权局作出的专利审查行为进行分类，可以依据不同的标准进行不同的分类。

（一）以主体不同的划分

以主体不同进行划分，可以分为以国家知识产权局名义作出的具体行政行为和以专利复审委员会名义作出的具体行政行为。根据《专利法》的规定，专利复审委员会作出决定并不是以国家知识产权局的名义，而是以自己的名义。尽管《专利法》规定专利复审委员会是由国家知识产权局设立，但在专利审查的法律地位上，专利复审委员会要高于国家知识产权局。各国对复审机构的地位规定不尽相同，如日本的审判部（相当于我国的专利复审委员会），就是以特许厅的名义作出复审和无效宣告决定，并不以自己的名义。

（二）以客体不同的划分

以客体不同，可以分为实体上的具体行政行为和程序上的具体行政行为。如驳回是实体上的具体行政行为，而专利申请不予受理等属于程序上的具体行政行为。

（三）以审查阶段不同的划分

以审查阶段不同的划分，可以分为初审中的具体行政行为、实审中的具体行政行为、复审中的具体行政行为、无效宣告程序中的具体行政行为。

除上述划分以外，还可以不同的标准进行不同的划分。对专利审查方面的具体行政行为进行分类，有利于国家知识产权局对行政授权工作进行不同角度的管理和监控，提高整体工作质量。

另外，除了上面所述的三种类型的具体行政行为以外，根据国家《行政诉讼法》和《行政复议法》的规定，"不作为"也属于一种具体行政行为，对于国家知识产权局来讲也不例外。如《专利法实施细则》规定，专利权人逾期缴纳年费的，应当发出缴费通知书，即国家知识产权局有这样的法定义务。如果国家知识产权局没有在规定的期限内发出缴费通知书，就属于典型的行政不作为。为何其也是一种具体行政行为呢？因为不作为必然影响到相对人的权益，会给相对人带来损害。所以，《行政复议法》和《行政诉讼法》均规定不作为也是一种可以复议和诉讼的具体行政行为。即具体行政行为表现为两种形式，一种为积极的"作为"，一种为消极的"不作为"。

第六节　专利行政复议受案范围的概括

专利行政复议受案范围仅限于具体行政行为，而且是专利复审委员会管辖以外的以国家知识产权局名义作出的具体行政行为，包括不作为。

一、原则上限于具体行政行为

这是基于国家《行政复议法》和《行政诉讼法》规定的客体而决定的。

我国《行政诉讼法》规定只有具体行政行为才可以作为诉讼的客体，所以，行政复议的范围也只能限定于具体行政行为，否则两部法律将无法衔接和配套。从国外的立法例来讲，行政诉讼或行政复议的受案范围当然包括具体行政行为，但不限于具体行政行为。有些抽象行政行为、事实行为或内部行政行为也可能作为行政诉讼或复议的客体。就我国国家知识产权局的情况来讲，当然一般而言只能将复议的客体限于具体行政行为，但个别的情况下，也可能包括事实行为，如对专利公报未公告联系人不服，未公告联系人是一个事实行为，不是国家知识产权局的具体行政行为。但是，如果国家知识产权局的公告确有问题，仍是可以作为复议案件受理的。

二、复审委员会管辖以外的具体行政行为

因为《专利法》已经就国家知识产权局两项最为重要的具体行政行为规定由专利复审委员会管辖，故自然这两种具体行政行为不应受复议管辖。这两种行为就是专利申请的驳回行为和专利申请的授权行为。对驳回专利申请不服的，只能向专利复审委员会提出复审；对授权行为不服的，即第三人认为知识产权局授予的专利权不符合专利法规定的条件的，也只能向专利复审委员会提出无效宣告请求，要求再次审查国家知识产权局的授权行为，而不能提出复议。

三、以国家知识产权局名义作出的具体行政行为

如前所述，我国的专利制度中，以两个主体的名义作出决定，一是以国家知识产权局的名义，二是以专利复审委员会的名义。复审决定和无效宣告决定的作出，均是以专利复审委员会的名义。既然是两个机关，国家知识产权局的复议机构只能就国家知识产权局的具体行政行为进行复议，不能就专利复审委员会的具体行政行为进行复议。当然，《专利法》已经非常明确地规定，对专利复审委员会作出的维持驳回决定的复审决定及宣告专利权是否有效的决定不服的，当事人可以在法定期限内向法院提起诉讼。但是，专利复审委员会除了这两种决定以外，还要作出其他不少程序上的决定，如不予受理复审请求的决定，不予受理无效宣告请求的决定，无效宣告请求视为撤回的决定等。对这些程序上的决定，理论上应当有一个行政救济的程序。如日本特许厅的审判部相当于我国的专利复审委员会，该审判部所作上述程序上的处分，均是由行政不服审查班来受理，即对审判部程序上的行为是可以进行复议的。但这在日本是行得通的事，在我国是行不通的。因为日本审判部作出复审或无效宣告决定均是以日本特许厅的名义，并不是以自己审判部名义，所以日本的行政复议可以受理审判部程序上的处分。而且根据日本专利法的规定，行政不服是前置程序，即如果当事人对审判部所作程序上的处分不服，是不能直接向法院起诉的，必须先向行政不服审查班提出行政不服。我国专利复审委员会与日本审判部在作出决定的主体名义上的不同，决定了对于我国专利复审委员会所作程序

上的处分,是不能提起复议的,只能直接向法院提起诉讼。

四、包括不作为

如前所述,既然行政机关的不作为也是一种具体行政行为。故在国家知识产权局存在不作为情况时,也可以对其提起复议。不作为可以分为三种情况:一是有法定要求的不作为。如《专利法实施细则》规定专利权人逾期缴费的,国家知识产权局要发出缴费通知书,如果没有发出,就属于违反法定程序的不作为。二是有规章要求的。如《专利法》和《专利法实施细则》均没有规定实审到期之前要发出届满前通知书,但《专利审查指南》中规定了该程序。如果没有发出,属于违反规章的不作为。三是超过合理期限的不作为,如专利审查对外并没有审限上的规定,但如果没有正当理由,长期将案件搁置,也属于不作为。如专利局曾发生出于审查员的过错,长期未处理申请人的专利申请,当事人提出复议要求确认该行为违法。经复议审查,专利局作出第 137 号复议决定,确认该不作为构成违法。

第七节 专利行政复议案件范围的列举

穷尽列举专利复议受案范围是困难的,因此,国家知识产权局行政复议规程对专利行政复议案件的受案范围采取了列举式和概括式相结合的表述方式。

由于国家知识产权局的专利审查程序是相当复杂的程序,而几乎在每个具体的程序上均可以发生损害相对人利益的具体行政行为,故用列举的方式穷尽复议受案范围是不可能的,但可以列举出复议的主要受案范围:

(1) 对专利申请不予受理不服的;
(2) 对申请日的确定有争议的;
(3) 对按保密专利申请处理或者不按保密专利申请处理不服的;
(4) 对专利申请视为撤回不服的;
(5) 对视为放弃取得专利权的权利不服的;
(6) 对专利权终止不服的;
(7) 对权利丧失要求恢复而不予恢复不服的;
(8) 对分案申请视为未提出不服的;
(9) 对优先权请求视为未提出不服的;
(10) 对不予减缓费用不服的;
(11) 对中止程序不服的;
(12) 对著录项目变更登记不服的;
(13) 对实施强制许可决定不服的;
(14) 对终止实施强制许可决定不服的;
(15) 对不予受理布图设计申请不服的;
(16) 对布图设计申请视为撤回不服的;

（17）对布图设计专有权终止决定不服的；

（18）对布图设计非自愿许可决定不服的；

（19）对侵犯布图设计专有权所作行政处罚决定不服的；

（20）PCT申请人对依《专利法实施细则》终止其国际专利申请效力不服的；

（21）对撤销专利代理机构处罚决定不服的；

（22）对吊销专利代理人资格证书处罚决定不服的。

上述列举的第（1）~（20）项属于涉及专利审查程序的案件，最后两项涉及对撤销专利代理机构的处罚决定不服和对吊销专利代理人资格证书处罚不服的情形，不涉及专利审查程序，但属于前述的国家知识产权局的行政管理行为，当然也属于复议的范围。

第八节 不能提起复议的情况

对国家知识产权局居间裁决民事纠纷所作决定不能提起复议，对国家知识产权局在PCT国际阶段所作决定不能提起复议，对专利复审委员会管辖或所作决定不能提起复议。

不能提起复议的情况大体上包括如下四种情况。

一、专利权人或实施强制许可的被许可人对实施强制许可使用费裁决不服的

因为该行为是国家知识产权局作为行政机关居间裁决民事纠纷的行为，根据《行政复议法》的规定，对于行政机关居间裁决民事纠纷的行为是不能提起复议的。

二、布图设计权利人、非自愿许可取得人对非自愿许可报酬的裁决不服的

与前述理由相同。

三、对国家知识产权局对布图设计侵权纠纷所作处理决定不服的

如前所述，国家知识产权局对布图设计侵权纠纷可以进行处理，包括认定是否构成侵权，也包括决定停止侵权，但不包括决定赔偿损失。基于该种决定解决的仍是当事人之间的私的纠纷，故根据《行政复议法》的规定，对其是不能提起复议的。当然，对国家知识产权局对涉及布图设计侵权中的行政处罚（类似于对假冒专利的行政处罚），如"没收、销毁侵权产品或者物品"，当然是可以进行复议的。

四、国家知识产权局作为受理局、检索单位和初审单位，在国际阶段作出的决定

这是因为国家知识产权局作为这三个主体所作决定并不是国家行为，而是受世界知识产权组织国际局委托的行为。故不仅不能进行复议，也不能进行行政诉讼。行政诉讼或复议的客体是国家行政机关代表国家所作的具体行政行为。但是，国家知识产权局作为受理局、检索单位和国际初审单位，如果做错什么事情，相对人是否就没有救济的途径？回答当然是肯定的，只是救济的途径不一样。通常情况下，如果在国际阶段国家知识产权局有错误，相对人完全可以通过向国家知识产权局直接提出来纠正失误。就像国际局自己有失误一样，只要是可以且应当纠正的，均不必通过其他程序来纠正。问题是出现赔偿请求时怎么办？即国家知识产权局作为受理局、国际检索单位或国际初审单位，出现重大失误，造成当事人的损失的，怎么办？如果真出现这样的情况，亦不能通过复议程序或者按照《国家赔偿法》的规定要求赔偿，而只能通过民事赔偿程序要求赔偿损失。因为国家知识产权局在国际阶段发生重大失误，给相对人造成损失，应当属于没有正确履行与国际局签订的协议，相对人可以向我国法院提起民事赔偿请求。且相对人提起民事诉讼比较提起行政赔偿诉讼，逻辑上获得赔偿的几率更大。因为依据《国家赔偿法》的规定，对无形财产造成的损失，只赔偿直接损失，而不赔偿间接损失，而对国家知识产权造成的损失，往往是间接损失，少有直接损失；而民事赔偿则不仅赔偿直接损失，而且包括一定范围内的间接损失。

五、专利复审委员会管辖的案件及其具体行政行为

对专利复审委员会管辖的案件和专利复审委员会所作的复审决定和无效宣告决定，显然不能提出复议。但复审委员会除了这两种决定以外，还要作出其他的具体行政行为，如对复审请求或无效宣告请求不予受理的具体行政行为。如前所述，基于这样的具体行政行为是以专利复审委员会的名义作出的，对其也不能提起行政复议。

第九节 提出复议申请的主体

提出复议申请的主体包括专利申请人、专利权人，也包括利害关系人。但利害关系人必须是作出具体行政行为时，该具体行政行为与其有利害关系的人。

提出复议的主体分为两种，一种是专利审查程序中的当事人，即专利申请人、专利权人；另一种不是专利审查程序中的当事人，而是与国家知识产权局所作处分有利害关系的第三人。如专利权的恢复决定是一个具体行政行为，如果该具体行政行为错了，即国家知识产权局恢复了不该恢复的专利权，那么谁

有权提出复议申请呢？这时的利害关系人是谁呢？应当认为这时的利害关系人是被控侵权人。因为国家知识产权局假如不恢复该专利权，被控侵权人的行为就不构成侵权；而一旦恢复，则被控侵权人的继续实施行为将构成侵权，要赔偿专利权人。所以，这种情况下被控侵权人可以提出复议申请。但是，根据《国家知识产权局行政复议规程》的规定，构成此种资格的条件必须是国家知识产权局具体行政行为作出时具有利害关系的人。如国家知识产权局恢复某一专利权的时候，该专利权人已经对第三人提起侵权诉讼，此时该第三人属于具有利害关系的第三人。而如果在国家知识产权局恢复专利权时，该专利权人尚未指控他人侵权，而是在恢复权利后才指控他人侵权，则该他人不属于具有利害关系的第三人。如恢复权利3年以后，该专利权人才对第三人提起侵权诉讼，而该被控第三人得知专利权人在3年前曾办理过权利恢复手续，那么尽管专利权人针对该第三人提出侵权诉讼时，第三人与权利的恢复有利害关系，但在权利3年前恢复的那一时刻，第三人并没有利害关系。所以，此种情况下，被控第三人不能以利害关系人的身份提出复议申请，否则，将会"架空"复议制度和诉讼时效制度，对已经稳定的社会经济关系造成破坏。又如，在专利权无效宣告程序中，无效宣告请求人可以是任何人。如果无效宣告请求人发现国家知识产权局以前作出的针对该专利的某一具体行政行为有问题，那么其是否可以作为复议申请人提出复议申请呢？显然是不行的。因为无效宣告程序中的无效宣告请求人可以是任何人，但复议申请人并不是任何人。具有了无效宣告请求人的主体资格，不等于自然具有了复议申请人的主体资格。实践中，时有发生无效宣告请求人以利害关系人的身份提出复议申请的情况，此时就要具体分析该无效宣告请求人是否真正有利害关系，而并非当然具有利害关系。对不符合利害关系条件的无效宣告请求人提出的复议申请，均要作出不予受理通知书。

  当涉及权利共有时，提出复议申请的主体如何确定，是否必须共有人全部提出复议？如果从《行政复议法》的规定来看，并没有这样的规定。国家知识产权局原复议规程也允许一部分共有人提出复议，但后来修改复议规程时，考虑到在主体问题上尽量和复审程序相一致，即既然复审程序要由共同权利人提出，那么复议程序也应当由共同权利人提出，该意见被现行复议规程所采纳，现行复议规程规定提出必须由全体共有人提出复议。但需要明确的是，毕竟《行政复议法》没有这样的规定，尽管实践中还没有出现其他共有人坚持不参加复议的情况，但如果真出现这样的情况，应当将共有人追加为复议程序中的第三人。因为国家知识产权局制定的专利复议规程是国家《行政复议法》的下位规定，并不是《专利法》或《专利法实施细则》的下位规定。《专利法》中关于复审和无效宣告的规定相对于《行政复议法》来讲，是"特别法"与"普通法"的关系。但《国家知识产权局行政复议规程》和《行政复议法》之间并不是"特别法"与"普通法"的关系，而是上位法与下位规定的关系，即《国家知识产权局行政复议规程》不能与《行政复议法》相抵触。

第十节　提出复议申请的期限

尽管《行政复议法》明确规定提起复议的期限是从得知具体行政行为之日起 60 天，但鉴于专利行政复议的特殊性，通常情况下复议期限的掌握较为宽松。超过复议期限受理复议申请并纠正国家知识产权局自己的工作失误，并不属于违反《行政复议法》规定的行为。

按《行政复议法》的规定，复议申请的期限是从得知具体行政行为之日起 60 天。但《行政复议法实施条例》有新的规定，即要求行政机关作出对当事人不利的具体行政行为时，应当告知复议期限。如果没有告知，怎么办？《行政复议法实施条例》没有规定后果。但我国复议和诉讼是选择性程序，即当事人对行政机关的具体行政行为不服的，可以不经复议直接向法院提起诉讼。而根据最高人民法院关于行政诉讼的司法解释，如果行政机关没有告知后续诉讼程序的，相对人可以在得知具体行政行为之日起 2 年内提出行政诉讼。而国务院法制办出版的关于《行政复议法实施条例》的解释一书中，对该问题的意见是参照最高人民法院的上述司法解释处理，即如果没有告知后续的复议程序，相对人可以在收到通知之日起 2 年内提起复议。虽然国家知识产权局作出的具体行政行为大部分看起来是对当事人不利的，如专利权终止行为、专利申请视为撤回行为等，但事实上绝大多数专利权终止行为和专利申请视为撤回行为均是符合权利人意愿的，因为大多数情况下，权利人是通过不缴纳年费这一"不作为"来放弃其已有的权利，或者是通过不完成指定的行为来放弃自己的专利申请。因此，国家知识产权局作出的大部分专利权终止决定和专利申请视为撤回决定，对当事人来讲均是有利的。而有利的具体行政行为，根据《行政复议法实施条例》的规定，是不需要告知后续复议程序的。但毕竟国家知识产权局作出的专利权终止通知和专利申请视为撤回通知中，亦有一部分可能发生失误。对这部分发生失误的决定来讲，没有告知后续的复议程序不太合理，但又不能因这一部分特殊的案件而在所有的终止通知或视撤通知后均加上复议程序和诉讼程序的告知。故对于国家知识产权局作出的具体行政行为，由于没有告知后续的复议程序，在实践中是适当放宽复议期限的，原则上只要国家知识产权局作出的具体行政行为可能发生失误，并且当事人一直没有放弃自己的权利，即使超过法律规定的 60 天复议期限，仍是可以作为复议案件受理的。

提出行政复议的期限还有一个特殊情况的处理，即根据《行政复议法》的规定，发生不可抗力或者有其他正当理由的，在障碍消除后，复议期限可以继续计算。这一规定也是合理的。期限或者时效的目的在于促使权利人尽快行使权利，以稳定社会关系。但考虑社会公众利益的同时，也要考虑权利人的利益。如果权利人基于不可抗力或者有其他正当理由，即使超过复议期限，也应当可以提出复议。出于平衡权利人利益和公众利益的考虑，《行政复议法》与《民法通则》上的诉讼时效一样，规定了继续计算的制度。与民法上的时效不同的是，《行政复议法》没有规定时效的中止和中断问题。原因在于复议程序中的时效相对于《民法通则》中规定的诉讼时效，是一个较小的时效制度，没有必要规定得那样复杂。另外，行政程序亦不存在民事诉讼时效中断的情况。总之，如果行政相对人提出复议超过时效，但是有正当理由的，国家知识产权局仍然可以受理其复议申请。

从另一个角度讲，如果国家知识产权局发现自己的行为确有错误，在当事人超过复议期限的情况下受理了相对人提出的复议申请，是否构成违法？显然不能这样理解。《行政复议法》规定的期限是行政机关必须遵守的最低标准，即如果在该期限内相对人提出复议申请，则复议机关必须受理。但超过该期限行政机关纠正自己的工作失误也不能认为是错误的。如曾发生这样一件案例：国家知识产权局一项著录项目变更发生错误，相对人提出复议申请，超过了几天复议期限，但国家知识产权局仍予以受理并撤销了错误的变更行为。另一方不服起诉到法院，以国家知识产权局超过复议期限仍受理复议申请违反《行政复议法》的规定为理由，要求法院撤销该复议决定，对该诉讼请求法院没有支持。当然，所谓超过复议期限，也是相对的。如果超过的期限太长，以至于时过境迁仍要"算老账"，亦会损害公众利益，破坏已经稳定的社会经济关系。因此，超过期限是否可以受理的问题，仍需要按具体情况具体分析和处理。

第十一节　提出复议申请的形式

提出专利复议申请不收取费用，也不必须使用国家知识产权局制定的标准表格，可以向法律事务处直接提交，而不必向受理处提交。但建议使用从国家知识产权局网站上下载的表格，直接向法律事务处提交，包括寄交。

根据《行政复议法》的规定，提出复议申请不限于书面形式，还包括口头形式，当然，行政机关要当面记载相对人的口头复议请求。《行政复议法》这样规定是考虑到中国的国情，我国仍有相当数量的人文化水平较低。为了维护相对人的合法权益，《行政复议法》规定口头形式无疑是正确的。但专利制度不存在上述的情况，因为申请专利的人均是文化水平相对较高的人，申请专利均要有书面形式。故根据《国家知识产权局行政复议规程》的规定，应当采取书面形式提交复议申请，而不能采取口头形式。那么，《国家知识产权局行政复议规程》与《行政复议法》在这个问题上是否冲突呢？国家知识产权局下位的复议规程是否"违法"呢？回答应该是否定的。原因仍在于专利复议不存在口头复议的需要，且如果允许口头形式，反而会损害相对人的利益，增加复议制度程序上的复杂性，加大复议申请人的复议成本。因此，《国家知识产权局行政复议规程》规定要求书面形式在实质上并不与《行政复议法》相冲突。国家知识产权局虽然要求提出复议申请必须采取书面形式，但并未像申请专利一样，要求必须使用专利局的标准表格。因为专利申请文件需要出版公布，而复议不存在出版公布的问题，故只要是书面形式就符合要求。当然，还是推荐使用国家知识产权局网站上的标准表格,使用标准表格可以节约相对人的时间,还可以更准确地确定复议请求和理由。

根据《行政复议法实施条例》的规定,提出复议增加了一种新的形式,即传真形式。对于该种形式《国家知识产权局行政复议规程》并没有作出规定,但没有规定亦不意味着不接受以传真形式。在实际操作中,国家知识产权局是接受传真形式提出的复议申请的,即国家知识产权局收到传真件的时间,即是相对人提出复议申请的时间。但是,该复议申请的成立,仍要求相对人随后提交经签章的书面原件。《行政复议法实施条例》还提出了有条件的单位还可以实施以电子邮件的形式提出复议申请,显然该种形式亦是知识产权局将来可以考虑的。但就目前来看,国家知识产权局尚未考虑实行此种形式,如果采取此种形式,仍要求相对人随后寄交书面纸件,因为涉及签章的法律效力问题。

关于提出复议申请是否收费的问题,根据《行政复议法》的规定,是不收取费用的。原因在于复议审查的客体均为行政机关的具体行政行为,而如果行政机关的行政行为违法或失当,均要承担相应的责任,不能让相对人花钱纠正行政机关的错误。所以,从各国立法例来讲,大多规定复议不收取费用;只有极少数国家规定要收取费用,但如果复议的结果是基于行政机关的问题时,仍要退回当事人预交的费用。需要提及的是,各国专利局与一般的行政机关不同,其作出的具体行政行为有其特殊性,其责任承担问题通常存在两种情况:一种是需要承担行政责任的问题。如程序上发生的错误,属于能够避免而没有避免的失误。如由于费用计算发生错误,造成专利权终止的,专利局应当承担行政失当责任,严重的情况下,还可能构成行政违法责任。另一种是实体审查中发生的问题,如新颖性检索的漏检、创造性判断的失误。后一种失误是技术上难以避免的问题,所以,有的国家专利法规定对于这样的"失误"专利局不承担行政违法责任,也不承担行政赔偿责任。对此没有规定的国家,专利局对此类失误事实上也不承担行政违法或行政赔偿责任。如我国《专利法》规定,没有发现驳回理由的,授予专利权。但在无效宣告程序中,请求人出示的证据足以证明该专利权不应当授予的情况下,专利复审委员会将会宣告该专利权无效。尽管无效宣告请求人胜诉了,无效宣告请求人缴纳的无效宣告请求费也不退还请求人。被无效的专利权人也不能要求国家知识产权局承担授权错误的责任,甚至是行政赔偿责任。尽管事实上确有个别的专利权人不懂该道理,要求国家知识产权局承担赔偿责任。对这样的诉讼请求,法院亦是不予支持的。包括复审请求人"胜诉",其复审请求费也不退还。原因即在于技术问题不属于行政责任,既然不属于行政责任,复审请求人或无效宣告请求人为了自己的利益,"动用"了国家的审查资源,需要因此付出代价。当然,实践中亦有发生复审案件涉及程序上的责任或问题的情况。如曾有过实审员将审查文本弄错,而将不该驳回的申请驳回的情形,这种错误就不属于技术问题,而属于完全可以避免而没有避免的错误。因此,本案中复审撤销原驳回决定后,申请人要求退回复审费的请求是合理的。尽管在制度上国家知识产权局还没有这样的规定,但从法理上讲,退回复审费的请求应当得到支持。同样的情况在欧洲专利局的申诉程序中就有明确的规定,即如果是基于程序上的原因,驳回决定被撤销了,欧洲专利局将退还复审费。

第十二节 复议申请的立案、审理和决定

法律事务处收到复议申请后,要在5日内决定是否立案。符合立案条件的,发出受理通知书;不符合立案条件的,发出不予受理通知书。原审查部门要在收到受理通知书后10日内向法律事务处提交书面意见。复议案件的审理原则采取书面形式,只有在必要的情况下听取当事人的口头意见。

一、复议申请的接收

由于复议程序是直接依据《行政复议法》进行的程序,所以,提出复议申请应当向国家知识产权局的复议机构即国家知识产权局法律事务处提交,包括面交、邮寄、电传。为何不向专利局的受理处提交?原因是如果通过受理处提交,将会耽误申请人的时间。因为受理处每天收到的文件有数千件,这些文件需要"穿日期孔"以确定收到日,还要进行分类,然后才可以转到法律事务处。如果通过受理处提交,至少要晚到数天。当然,如果复议申请人通过受理处提交了复议申请,法律事务处收到后亦具有法律效力,复议申请日亦以其提交日(寄出日或面交日)为准。

二、复议申请的立案审查

法律事务处收到复议申请后,要进行形式上及实体上立案条件的审查,如审查是否有明确的复议请求,签章是否符合规定,是否属于受案范围等。在收到复议申请书后的5日之内,法律事务处要根据情况作出三种处理:一是符合受理条件的,向复议申请人发出受理通知书。二是不符合受理条件的,向复议申请人发出不予受理通知书。三是需要补正才可以受理的,向复议申请人发出补正通知书,指定期限要求复议申请人进行补正。如果复议申请人按时提交了补正,则再发出受理通知书;如果没有按时补正,法律事务处将发出复议申请视为未提出通知书。

三、复议申请的立案

法律事务处设有纸件的立案登记簿,受理后要在立案登记簿进行登记,按顺序编号。复议案件的对外编号采取的是大流水形式,原因是每年受理的案件平均有百余件,鉴于数量不多,如果以年度编号反而混乱。从1992年受理第一件复议申请到2010年2月,复议案件的编号已经到第1320号,也就是已经受理了1 320件复议申请。在法律事务处收到复议申请书后的5日之内,承办人要向复议申请人发送受理通知书;在法律事务处收到复议申请

书后 7 日之内，还要向有关审查部门，主要是初审及流程管理部、实用新型审查部和外观设计审查部，发送受理通知书，并附有复议申请书副本，有关审查部门要在收到受理通知书之日起 10 个工作日内向法律事务处提交书面的答复意见，并移交纸件的专利文档。鉴于目前实用新型和外观设计审查部的流程管理处室已经统一划归初审及流程管理部，故如果不是基于初审中发生的问题，法律事务处均向初审及流程管理部发出受理通知书。审查部门向法律事务处回复的书面意见应当有审查员、处长及部领导的意见。这一程序在国家知识产权局新的无纸化系统实施后，将大为简化。法律事务处将向审查部门发送电子件形式的受理通知书，当事人的复议申请书亦为扫描件。届时纸件专利文档将被电子件形式的专利文档所取代，审查部门亦不必向法律事务处送交纸件专利文档，法律事务处可以直接从总数据库看到涉案的电子专利文档，行政复议的效率将大为提高。

四、复议案件的审理方式

法律事务处承办人收到审查部门的答复意见及纸件专利文档后，开始进行复议审查。根据《行政复议法》的规定，复议审查原则上采取书面审的方式，即不要求复议申请人来国家知识产权局进行口头审理。但在特殊的情况下，如有第三人参加，且双方均愿意参加口头审理，法律事务处亦可以要求双方同时到国家知识产权局，听取双方当事人的意见。由于复议程序原则上是"关起门"来审查自己有没有工作失误的程序，故口头听取双方当事人意见的情况很少，大多在双方当事人均提出要求的情况下才发生。法律事务处审理复议案件亦有独立于专利文档的复议卷宗，该卷宗内容要记载和反映复议申请、复议审理全部过程。故凡是认为属于作出复议决定的证据，均要复制放入复议卷宗。复议案件的证据大多在专利文档中有记载，承办人只要复制文档中的相关材料就可以了。但必要的情况下，也要调取或制作文档以外的证据。如涉及某些程序《专利审查指南》中没有规定，就要电话询问相关审查员，了解实际中的做法，且要将该实际做法制作成工作笔录，作为间接证据放入复议卷宗。另外，如果涉及当事人是否收到国家知识产权局的通知书的问题，还需要对局发文进行查询，甚至由局发文部门向邮局进行查询，查询回来的结果，要放入复议卷宗作为证据。

另外，本来行政复议不应当停止原具体行政行为的执行，但根据《行政复议法》的规定，必要的时候，可以停止原具体行政行为的执行。尽管这种情况不多见，但在程序上仍是存在发生的可能。如按正常的情况某一申请应当进入授权公告程序，但为了避免损失的扩大，在可能的情况下，法律事务处可以发出暂停程序通知单，通知有关部门暂停、中止某一程序，在作出复议决定后，再根据复议决定的内容启动后续程序。

第十三节 复议决定的类型

行政复议决定分为四种类型：一是维持或者撤销决定，二是变更决定，三是确认决定，四是履行决定。

根据国家《行政复议法》的规定，行政复议决定的类型大体上有以下四种。

一、维持或者撤销决定

（一）维持决定

即经复议审查，认为国家知识产权局所作具体行政行为不存在违法或者失当的情况下，即作出维持原具体行政行为的决定。如复议申请人认为国家知识产权局所作专利权终止决定错误，经复议审查，认为所作决定正确的，即作出维持专利权终止的复议决定。

（二）撤销决定

即经复议审查，认为国家知识产权局所作具体行政行为存在违法或不适当的情况下，决定撤销原具体行政行为。如复议申请人按时向国家知识产权局寄交了申请费，但由于邮局的原因申请费没有寄到专利局，在申请人提交了邮局的证明后，复议决定撤销专利申请视为撤回通知，恢复该专利申请。

二、变更决定

即经复议审查，认为原具体行政行为违法或不适当的，但为了节约程序，不再由原部门重新作出，而是在复议决定中撤销原具体行政行为的同时，直接作出一个变更原行为的具体行政行为。如涉及优先权视为未提出的复议申请案中，相对人要求撤销在后申请视为未要求在先申请优先权通知书，同时还要求确认该在后申请享有在先申请的优先权日。如果经复议审查，认为国家知识产权局拒绝承认在后申请享有在先申请优先权日是错误的，则复议决定往往在撤销视为未要求优先权通知书的同时，在复议决定中确认在后申请享有在先申请的优先权日。如一申请人向国家知识产权局提出一件外观设计申请，要求美国的实用专利的优先权，外观设计审查部门认为根据《巴黎公约》的规定，作为优先权基础的在先申请可以是外观设计申请，也可以是实用新型申请，但美国的实用专利并不属于《巴黎公约》规定的实用新型，作出了拒绝承认优先权的通知，相对人不服提出复议。经复议审查，考虑到美国并没有实用新型制度，实用新型所保护的小发明在美国也是通过发明专利这种形式进行保护的，《巴黎公约》所述的实用新型可以作为外观设计优先权的基础是否适用美国的实用专利（发明专利）是一个有争议的问题。故根据《专利审查指南》"初步审查中，对于在先申请是否是《巴黎公约》定义的第一次申请不予审查"的规定，复议认为在初审中,如果对在先申请是否为巴黎公约意义上的第一次申请有疑义时,初审将不予审查,该问题留待无效宣告程序解决。从而作出第1014号复议决定撤销了优先权视为未提出通知书,同时为了节约程序,直接确认该外观设计申请在初审中可以享在先美国申请的优先权日。并且在决定中说明该优先权是否成立的核实工作应当在无效宣告程序中完成,并指出初审中其优先权请求没有被拒绝,不等于我国承认美国的发明专利申请可以作为外观设计申请的优先权基础,只是该问题留待无效程序中才进行最后决定。该复议决定即为"变更决定"。

需要说明的是,行政救济相对于司法救济有一个优势,即司法机关在认为行政决定错误的情况下,通常只能行使撤销权,而不能行使变更权。如果上述情况发生在司法程序中,法院只能撤销国家知识产权局所作在后申请视为未要求在先申请优先权通知书,但不能直接确认在后申请享有在先申请的优称权日,只能在撤销后由国家知识产权局再作出在后申请享有在先申请优先权日的决定。这是由司法权不能替代行政权这一法理原则所决定的,而复议决定仍是行政决定,当然可以变更具体行政行为。

三、确认决定

有时国家知识产权局所作决定已经不具有法律效力,即已经在法律上不存在,但该不存在的决定是否正确对相对人来讲还是很重要的。此时,相对人往往要求作出一个确认性质的复议决定。如国家知识产权局作出专利权终止决定,专利权人认为是国家知识产权局工作失误造成的。但考虑到恢复期限只有2个月,如果不进行恢复,而仅针对专利权终止提出复议,万一复议决定维持了终止决定,再恢复时期限已经过了。专利权人为了保险起见,先通过恢复程序恢复了该专利权,同时,提出复议要求确认终止决定是错误的,并要求退回所缴的恢复费。此时,基于该专利权已经通过恢复程序得到恢复,专利权终止决定的法律效力已经不存在,不存在撤销该终止决定的可能和必要了,法律事务处如果认为专利权终止决定是错误的,就作出一个确认终止决定错误的复议决定,同时决定退回相对人缴纳的恢复费。又如一项专利申请发生专利权人变更的情况,变更权利人后,审查部门应当在数据库中删除原费用减缓的标志而没有删除,并且按减缓后的标准通知新权利人缴费。后审查部门发现该问题后删除了减缓标志,但未及时通知权利人,造成专利权终止。专利权人为了保险起见,先行缴纳1 000元恢复费恢复了该专利权。同时,提出复议申请,要求确认终止决定是错误的,要求退回所缴1 000元恢复费,对此国家知识产权局作出第995号复议决定,首先确认终止决定是错误的,同时决定退还权利人所缴恢复费,该决定即为确认决定。

四、履行决定

有时国家知识产权局在程序上有所缺陷,而该缺陷又造成了相对人权利的丧失。如国家知识产权局发出的补正通知书被邮局退回的，根据《专利审查指南》的规定还应当再发一次该通知书，而审查员没有发，造成专利申请视为撤回。相对人不服提出复议，法律事务处经审查认为确实应当再发一次补正通知，即在作出撤销专利申请视为撤回通知书的同时，决定原部门在指定的期限内，再向申请人发送一次补正通知书，该决定就属于"履行决定"。

需要说明的，上述四种决定类型不仅在国家知识产权局存在，而且也是大多数行政机关经常作出的复议决定类型。

第十四节 复议决定作出的责任形式

要了解专利行政复议作出决定的责任形式，首先要了解国家知识产权局所作各种审查决定的三种责任形式类型：独任制、合议制和行政首长负责制。专利行政复议决定的责任形式采取行政首长负责制。

一、国家知识产权局作出决定的责任形式类型

作出复议决定的责任形式，是说复议决定是怎样决策作出的，是个人"说了算"作出的，还是集体"说了算"作出的，还是级别高的"说了算"作出的。理解复议决定作出的责任形式，首先要对国家知识产权局所有决定作出的责任形式有一个大体的了解。国家知识产权局在作出行政决定的责任形式上，在不同的程序中，存在不同的决策责任形式，概括来讲，存在以下三种决策责任形式。

（一）独任制

该种决策形式主要是指实审员作出决定时的责任形式，当然也包括初审中的审查员。为何实审员所作决定采取个人负责制呢？一个原因是实审员所作决定均是针对技术性很强的专业问题作出的。一个审查部要分许多专业，每个审查员均有自己审查的特定技术领域。俗话常说，隔行如隔山，一个部门的领导也不可能样样均懂。另一个原因是专利审查实施的虽然是书面原则，但在对专利申请审查过程中，审查员往往要与申请人多次书面甚至电话或口头交换意见，而这些直接的交流，均是领导所没有参与的。基于上述原因，各国专利制度均是采取审查员独任制来作出是否授予专利权的决定、是否驳回专利申请的决定。当然，一个实审员并不是一开始就可以独立上岗的，在开始工作的时候，需要老审查员的传、帮、带，甚至在作出决定时，要领导帮助"把一下关"，甚至需要领导签署意见，但这些均不影响实审和初审决策形式属于独任制。初审相对实审来讲，技术审查的深度浅一些，但仍然需要技术上专业的分工。所以，初审也采用独任制。

（二）合议制

合议制主要指专利复审委员会的决策责任形式。根据《专利法》的规定，

专利复审委员会审理复审案件和无效宣告案件，均采取合议组的形式。"委员会"这一称谓也可以说明这一责任形式。虽然根据《专利审查指南》的规定，有些案件需要专利复审委员会主任的审批，但当主任与合议组意见不一致时，仍要由扩大的合议组来决定，即主任不能一人决定复审或者无效宣告案件的最终结论。人们常说，行政程序的价值取向在于效率，而司法程序的价值取向在于公平。专利复审委员会是介于行政与司法之间的准司法程序。因此，其价值取向既要考虑效率，更要考虑公平。因此其采取了和司法机关审查案件类似的合议制，以保证其决定更为公正。在其他国家的复审和无效宣告程序中，无论其申诉部门的称谓如何，均是采取合议制来处理复审和无效宣告案件。

（三）行政首长负责制

所谓行政首长负责制，是指就作出行政决定时，由职务高的人"说了算"。或者说下级服从上级。那么在国家知识产权局哪些案件采取行政首长负责制呢？通常来讲，流程管理采取行政首长负责制。为何流程管理采取行政首长负责制呢？因为流程管理不涉及具体的技术分工问题，且流程应当是统一的，不能张三一个解释、李四一个解释。在其他国家的专利制度中也是这样的，如日本专利法规定流程上的"处分"是特许厅长官作出的。当然不可能特许厅长官亲自处理流程上的事务，而是说流程上的工作人员作出的决定，均是受特许厅长官的委托或授权而作出的，视为局长自己作出的决定。在我国没有这样的明文规定，但在理论上也应当具有这样的逻辑关系。事实上也是如此，如在流程上发生某一没有明文规定的事务，在《专利审查指南》和操作规程中找不到现成的答案，这时流程管理人员就不能自行做主，而要请示领导；在处领导自己也拿不定主意的情况下，还要请示部领导。这样的程序就是行政首长负责制，同时也意味着，谁决策，谁负责。

二、复议采取行政首长负责制

在国家知识产权局，除了流程管理实行行政首长负责制以外，行政复议制度也实行行政首长负责制。为何行政复议制度不采取独任制或者合议制呢？这是由复议案件的性质所决定的。行政复议案件大部分均不涉及技术问题，个别涉及技术问题的时候，亦是明显的技术问题，即不需要本专业人员来判断的技术问题。如在初审中判断在后申请是否可以享受在先申请优先权的标准是先后申请的主题是否不相干。如前一个申请主题是电冰箱，后一个申请的主题是洗衣机，这一判断内容虽然也是技术问题，但这样的技术问题不需要一个专业技术人员来判断，是非常明显的技术问题。所以，行政复议可以、也应当采取行政首长负责制。而为何不采取合议制呢？行政复议决定的问题虽然有时也涉及比较复杂的法律上的判断，但这些问题大多涉及标准的统一，而采取行政首长负责制便于标准的统一。还有行政复议的期限的限制，要求比较快捷地作出决定，采取合议制将不利于快捷地处理复议案件。当然，从国家《行政复议法》

和《行政复议法实施条例》的规定来看，并没有强行规定复议决定的作出只能实行行政首长负责制，但考虑到专利制度的特殊性，专利行政复议决定选择了行政首长负责制这一责任形式。

第十五节　行政复议决定的审批程序

复议决定首先由承办人提出处理意见，并起草复议决定，交处长审批。如果复议决定与审查部门意见不一致，要报部领导进行决定。部领导由于是受局领导的委托进行的审批，故部领导的意见应当代表机关首长的意志。

虽然复议决定采取行政首长负责制，但每一件复议案件仍需要具体的承办人来审理。如果承办人经过审理，形成了自己的处理意见，就可以起草复议决定。承办人应当将起草的复议决定正文连同纸件文档、复议卷宗一并送交处长审批。如果处长同意承办人的意见，并且承办人的意见和审查部门的意见一致，则处长批准后承办人就可以直接制作复议决定，并发送给当事人和审查部门。如果法律事务处的意见和审查部门的意见不一致，通常情况下承办人事先已经和审查部门协调好，或者在审批程序中，由处长与审查部门进行沟通。往往是在沟通后和审查部门形成一致的意见，才发送复议决定。如果遇到审查部门坚持自己的意见，而法律事务处亦坚持自己的不同意见，则该复议案件将报审查业务管理部主管复议的部长审批。基于局长不可能亲自处理复议案件，部长的意见应当认为代表了局长的意见。故尽管在意见不一致的情况下，部长签发的复议决定，审查部门有不同意见也必须执行。当然，实践中审查业务管理部主管复议的部长总是要与审查部门的领导进行沟通后，再作出决定。总之，复议决定无论是谁审批通过的，均代表了国家知识产权局机关首长的意志，而并不是部门首长的意思。当然，在极特殊的情况下，也可能需要报主管局长审批，比如涉及赔偿和补偿因国家知识产权局的工作失误造成的损失，并且认为应当给予当事人补偿时，应当报主管局长审批。这样做，一来是出于财务制度的需要，二来涉及赔偿或补偿当事人的案件，通常是出现了重大工作失误的情况，在这种情况下，亦应当通过审批的形式向主管局长汇报。

第十六节　复议案件的合法性和合理性审查

合法性审查是指对具体行政行为是否违反法律规定的审查，而合理性审查是指审查在不违反法律规定的情况下，有两种以上结果可供选择时，是否选择了最为合理的处理方式。但在实践中，合法性与合理性的界限有时是很难划分的。

一、区分合法性审查与合理性审查的必要性

行政复议审查范围其实包括两个范围，一是"面"上的范围，即受案范

围，指的是"广度"。二是"点"上的范围，指除审查合法性外，还审查合理性的问题，指的是"深度"。于是便出现一系列问题，即合法性审查与合理性审查怎样区别，界线在哪里，在专利制度中如何界定合法性审查与合理性审查。这些问题可以从两个角度回答。从纯理论的角度来回答，合法性审查是审查具体行政行为是否合法，而合理性审查则是在具体行政行为不违法的前提下，审查哪一种做法更为合理。根据我国《行政诉讼法》的规定，法院仅进行合法性的审查，并不进行合理性的审查。而复议程序不仅进行合法性审查，还要进行合理性审查，即在审查的深度上要深于诉讼程序。但从实务角度回答，由于合法性与合理性的界限往往很难划分，且各国的合法性审查均有逐渐向合理性审查扩张的趋势。在涉及专利案件的实际操作中更难以划分该界限，或者说合法性审查与合理性审查仅在有限的范围内才有区分的意义。另外还有一个原因，即基于专利复审、无效宣告及其诉讼是《专利法》中规定的程序，其相对《行政诉讼法》属于特别法。因此，在复审、无效宣告及其诉讼中通常不再区分合法性审查与合理性审查的问题。因为复审、无效宣告程序中审查的是专利申请是否应当驳回、专利权是否有效的实体问题。而"专利性"是从技术问题入手得出法律上的结论，很难区分合法性与合理性，但涉及复审、无效宣告程序上的问题时，亦不能完全排除区分合法性与合理性的必要性。由于复议程序直接适用《行政复议法》和《行政诉讼法》，在程序上有可能发生在不违法的前提下，仍有哪一种做法更为适当及合理的问题，所以仍有必要在有限的范围内区分合法性与合理性。

二、合法性审查的标准

既然在专利制度中仍存在有限范围内区分合法性审查与合理性审查的必要性，那么，该问题不仅是一个理论问题，仍是实践中不能回避的问题。那么，什么是"合法性"中的"法"？根据我国《行政诉讼法》的规定，合法性中的"法"，是指法官必须执行的依据。因此，在我国是指宪法、法律和行政法规（在有些国家不包括行政法规，行政机关颁发的法规对法官没有约束力，而是法官审查的对象，只在经审查法官认为合法的情况下，才可作为法官的依据）。顾名思义，合法性审查就是看具体行政行为是否违反了上述"法"的规定。如何判断"违反"呢？大多以是否"抵触"为标准，包括与法律原则、法律逻辑是否抵触。有时法律对某一问题没有明确规定，但从法律逻辑上可以推导出行政机关应当进行的行为。如包括我国《专利法》在内的各国专利法均没有规定审限，但不规定审限不等于可以任意拖延审查。在专利局曾经发生过这样一件事情，即实用新型专利申请超过5年还没有审结，而根据当时的法律规定，实用新型的保护期限是5年（可以再续展3年），当时审查员认为不违法，因为法律没有规定审限。显然，该机械的认识是错误的，虽然法律对审限没有明确规定，但没有正当理由超过5年才审结是与法律逻辑要求相抵触的，应当认为是违法的。

三、合理性审查的标准

(一) 抽象的裁量行为

合理性的范围何在呢？由于"法"大多是上位的、抽象的规定，许多法条行政机关必须将其细化才能执行，细化就是行政机关根据自己对"法"的理解，采取的最佳实施方法。而采取最佳实施方法的过程，就是行政机关行使自由裁量权的过程。行政机关行使自由裁量权有两种方式，其中一种是抽象行政行为的方式。如国家知识产权局制定《专利审查指南》以落实和补充《专利法》和《专利法实施细则》，如《专利法》和《专利法实施细则》均没有规定实审届满前的通知义务，但《专利审查指南》规定了这一程序，抽象的裁量行为也存在是否适当或合理的问题。《专利审查指南》规定实审届满前发出届满前通知的程序显然是为申请人带来好处的裁量行为，显然是合理与适当的。但之前的《审查指南》曾经规定过转让专利权必须均进行公证，该规定当然也是专利局对《专利法》第10条规定的细化和理解，但该规定超越了《专利法》第10条所能容纳的范围，相当于修改《专利法》第10条了，因为《专利法》第10条仅规定了转让专利权要以书面形式，并没有将公证作为一个形式要件，《审查指南》增加了该要件实质上是对《专利法》的修改，就像从属权利要求超出独立权利要求所允许的范围一样。该问题曾引发纠纷，在后来修改《审查指南》时取消了这一条款，但仍保留了必要时要进行公证的规定，而必要时进行公证就是合理与适当的抽象裁量行为。除程序上的问题以外，《审查指南》还对实体问题作出过合理性裁量，如为落实早期《专利法实施细则》第13条关于禁止重复授权的规定，《审查指南（2001）》规定了"衔接性"放弃的重复授权的处理方法，而在《审查指南（2006）》中，则修订为"自申请日开始的放弃"。显然，上述两种"放弃"均不违反细则的规定。当然，2009年生效的《专利法》将《专利法实施细则（2001）》第13条规定作为《专利法》中的内容，并且明确将新的"衔接性"放弃内容写入了《专利法》，这样，避免了在如此重大问题上由国家知识产权局自己进行合理性裁量。

(二) 具体的裁量行为

行政机关除以抽象行政行为行使自由裁量权以外，还要以具体行政行为行使自由裁量权。尽管国家知识产权局应当尽量减少具体的自由裁量行为，但避免是不可能的，只能因事利导，使该种裁量程序化、统一化，以保证质量。因为现实生活是丰富多彩和复杂多变的，《专利审查指南》本质上也是"上位"的规定，相对于实际情况是"固定"的。出现《专利审查指南》没有规定的情况，或者规定不符合实际情况时怎么办？就需要审查部门进行自由裁量来处理。如《专利法》《专利法实施细则》和《专利审查指南》均没有规定签订专利权转让合同后多长时间来变更，实践中曾发生签订转让合同3年后才来变更的情况。审查员批准后，权利人提出复议，以该合同有问题且并不体现其当前本意为理由，要求撤销该变更登记。国家知识产权局作出第 756 号复议决定撤销了该变更行为，理由是应当对《专利法》第 10 条作出正确的理解，不能机械地理解为签订合同后任何时间均可以到知识产权局进行变更登记，而应当理解为当事人到国家知识产权局进行变更登记时，双方当事人有真实的转让权利的意思，而不是 3 年前。故从合理性角度出发，应当要求现专利权人对该转让协议进行确认，无误后再行批准登记。而审查部门没有这样做，是欠缺合理的，因此复议决定撤销了变更行为。再如法院的生效判决的执行也一样，生效法律文书中确定的权利人应当在多长时间内来国家知识产权局变更，均没有规定。如果生效判决超过 6 个月或 1 年当事人再来变更，实践中审查部门应当要求相关法院出具协助执行通知书才更为适当。这些带有"标准性"的裁量，在成熟的情况下，亦应当写入操作规程，甚至于将来还可以写入《专利审查指南》。同样，《专利审查指南》中对《专利法》和《专利法实施细则》补充的部分，亦有可能将来上升为《专利法》和《专利法实施细则》的内容，如可将实审届满前的通知程序等写入《专利法》或《专利法实施细则》。

另外，还有另一类不带有"标准性"的自由裁量行为，如审查员根据个案情况作出的选择，某一专利申请存在缺陷而补正的次数，限定申请人补正的时间期限等，这类自由裁量不可能统一上升到操作规程或《专利审查指南》中，只能是在《专利审查指南》规定的范围内由审查员个人根据具体情况进行裁量。还有如公证问题，《专利审查指南》虽然规定了一部分应当公证的情况，但并未穷尽所有情况。怎样的情况下需要进行公证，也是需要根据个案进行判断的。审查员进行的具体裁量行为也可能出现虽然不违法、但仍不尽合理的问题。如《专利审查指南》规定邮局退信后无法再次送达的，可以公告送达，并且规定了公告送达的情况，但现实生活仍可能发生规定范围外的情况。例如，一申请人在请求书中填写了联系人地址，同时亦填写了申请人地址和电话，包括手机和座机。由于联系人地址有问题，邮局没有送达，将通知书退回，该地址亦不可能再用来送达文件。如果按《专利审查指南》的字面规定，审查员可以进行公告送达。本案审查员即进行了公告送达，基于公告送达仅是国家知识产权局免除责任的一种法律手续，相对人极少有从公告送达中得知相关信息的。该专利申请被视为撤回，申请人不服提出复议，认为其联系人地址固然有问题，但其还填写了申请人地址、申请人电话（申请人和联系人为同一人）。如审查员按申请人地址再发一次通知或者打个电话，就可以避免权利的丧失，认为国家知识产权局的该公告送达是不当的。复议决定接受了申请人的意见，认为审查员虽然并未违反《专利审查指南》的字面规定，但对申请人来讲不是合理的。《专利审查指南》相关规定的本意，应当理解为是在不得已的情况下才进行公告送达，而本案并非是不得已的情况。国家知识产权局请求书栏目中有申请人电话，固然《专利审查指南》没有规定使用电话的时机，但显然本案发生的情况是最需要使用电话的时机。国家知识产权局第 1090 号复议决定认为，无论采取何种方式确定发送地址，本案均应当再试图发送一次通知，而没有这样做是不合理的，故撤销了专利申请视为撤回通知。当然，本案反映的情况亦可以通过进一步修改《专利审查指南》的表述来避免。但无论如何表述，仍不可能穷尽所有可能发生的情况，仍需要审查员进行积极主动的判断，在出现《专利审查指南》规定外的新情况时，应当选择最为合理的方式进行操作。

（三）合法性审查与合理性审查的"冲突"

假设上述案例发生在法院，法院可能采取两种做法：一是严格按合法性审查标准进行审理，基于法律条款并未规定何种情况下公告送达，而联系人地址有问题亦是申请人一方自己的责任。尽管国家知识产权局再送达一次通知或者进行电话联系更为适当，但毕竟没有违反法律的规定，法院可以作出维持专利申请视为撤回通知书的判决。二是法院认为本案存在合理性问题，并认为是明显不合理。但是法院又不能以不合理为由撤销国家知识产权局的决定，因为法院不进行合理性审查。只能"套用"合法性条款来处理，即以不合法为理由撤销国家知识产权局的决定。对法院类似的第二种做法，已经有多起判决，国家知识产权局往往对判决的结果是接受的。但问题是如果接受这种结果，必然还要在逻辑上接受行政违法的责任，而这种责任是国家知识产权局不能接受的。如果出现此种现象（此种情况多有发生），国家知识产权局只能以不接受判决、不承担违法责任为理由提出上诉。这亦凸显在必要的情况下，区分合法性审查与合理性审查的必要性。因为如果国家知识产权局承担违法责任，不仅不符合实际情况，且对国家知识产权局作为国家机关的声誉造成不好影响，还可能承担行政赔偿责任。

合理性问题不仅可能发生在审查程序中，也可能发生在复议程序中。如有第三人凭仲裁机关的函来国家知识产权局进行权利人变更，审查部门给予变更是错误的。因为该函是对仲裁决定漏裁事项的补充，而根据《仲裁法》的规定，补充漏裁事项应当作出决定书发给双方当事人后有效，不能向国家知识产权局来一个函补充。国家知识产权局依据该函变更权利人后，原权利人不服提出复议，但复议期间是否进行口头审理、是否通知第三人要其陈述意见，均应当属于行政机关自由裁量的范围。本案中，基于防止拖延造成更大损失，复议程序没有通知第三人陈述意见，而是按惯例在复议决定中将专利权人追加为第三人。同时撤销错误的变更行为，及时恢复了原法律状态。权利人以复议程序违法为理由起诉到法院，国家知识产权局即以复议中是否需要通知第三人进行口审、是否需要通知第三人陈述意见均属于行政机关在合理性范围内的自由裁量权为理由进行抗辩，本案亦说明明确合法性审查与合理性审查界限的必要性。

第十七节 复议审查中适用"法律解释"的主要方法

无论是行政的还是司法的办案人员在具体处理案件时，对上位的法律规定进行解释,并在解释后再适用该法律,是题中应有之意。法律解释学是一门专门的法律学科,法律解释亦有许多方法或技巧。行政复议中使用最多的法律解释方法是立法性解释、限缩性解释、扩大性解释等。

法律解释分为两种形式:一种是以抽象行为进行的法律解释,如立法解释、最高人民法院的司法解释等;另一种是以具体形式,即在处理具体案件中对适用的法律进行的解释。第二种解释是在行政执法或司法活动中不可避免的解释,是执法或司法活动的题中应有之意。复议案件的审查过程中,相对于初审和流程来讲,会更多地遇到法律解释的情况。当然,这里所述的"法律"是广义的,包括《专利法》《专利法实施细则》和《专利审查指南》等审理复议案件所适用的规范性文件。如果将《专利法》某一条款比喻为一项独立权利要求,《专利法实施细则》和《专利审查指南》中对应的下位条款就是从属权利要求。法官在判断专利侵权时要以说明书和附图来解释权利要求,且还要涉及如"中心限定说""周边限定说""等同替代""禁反言"等方法和技巧。而法律规范相对于权利要求来讲更为上位,在针对具体案件适用法律规范时,不可避免地要发生解释的必要。法律解释学作为一门法学学科,亦同样涉及各种学说、方法和技巧。就专利复议案件的处理来讲,主要适用的是"立法解释"的方法。所谓立法解释,就是在适用法条时,出现字面规定与现实需要不相适应的情况,如果机械地按法条字面规定处理案件,将会有悖于公正和合理,甚至会出现荒唐的结果。此时就需要从立法目上对法条进行解释,或者扩大、或者缩小字面的规定,使其符合现实生活的需要。立法解释在法解释学上,也叫做目的性解释,分为法条文义范围内的解释和法条文义范围外的解释。

一、法条文义范围内的解释

法条文义范围内的解释,既可以是扩大性的解释,也可以是限缩性的解释。在复议中更多使用的是限缩性的解释方法。限缩性解释是适用法律中经常使用的一种解释方法,如《婚姻法》规定"子女对父母有赡养扶助的义务",从该法条字面文义的范围来讲,"子女"当然也包括未成年子女,还包括有病的成年子女,甚至还包括被关押服刑的子女。显然立法本意是不包括刚出生或未成年的子女,但对于是否包括有病的子女,是否包括服刑的子女,立法不可能穷尽规定现实生活中每一个"子女"。所以,需要执法时进行限缩性的解释,即将"子女"限缩到"有能力的子女"。而在复议中也同样会出现这种解释的需要。又如《专利法实施细则》第33条规定"已经要求过外国或者本国优先权"的在先申请不得作为优先权的基础。某申请人的在先发明专利申请要求过实用新型申请的优先权,但该发明专利申请因未缴申请费被视为撤回。该发明专利申请事实上并未享有在先实用新型的优先权,国家知识产权局亦未批准其享有在先实用新型的优先权。后该申请人又提出另一项发明专利申请,要求该视为撤回发明申请的优先权,审查部门以该视为撤回的发明专利申请"要求过"在先实用新型的优先权,而拒绝其优先权请求,申请人不服提出复议。法律事务处认为,《专利法实施细则》第 33 条的立法本意是：如果在先申请享有优先权,仍作为在后申请优先权的基础,将会发生"接力棒"现象,即实际享有优先权的期限将超过 12 个月。如果在先是国际申请,将违反《巴黎公约》的规定；如果在先是国内申请,将违反国内法的规定。而本案虽然形式上"要求过",即落入第 33 条的字面规定,但基于事实上其并未享有在先实用新型的优先权,故应当对第 33 条中的"要求过"作文义范围内的限缩性解释,即"要求过"不包括形式上要求过、但事实上未享有优先权的情况。利用该解释方法,法律事务处作出第 506 号复议决定,撤销了不允许享有在先申请优先权的决定。该案例为后来修订《审查指南（2006）》提供了支持,《审查指南（2006）》在有关本国优先权的条件的规定中,特意增加了一句"或者虽然要求过外国优先权或者本国优先权,但未享有优先权"。但该修改后的条款是否就不需要解释了？回答是否定的,如果出现在先申请享有优先权后又将优先权放弃,放弃后的不带有优先权的申请当然仍可以作为在后申请优先权的基础。是不是《专利审查指南》要将现实生活中的每一种情况、包括可能发生的情况均应当规定下来呢？显然没有必要,同时亦很难穷尽所有情况。所以,在复议执法中使用正确的解释方法,对法条进行正确的解释,无疑是正确执法的保证。

二、法条文义范围外的解释

适用该种解释方式大多发生在法律规定有"漏洞"的情况下,或者说,该种解释是"填补法律漏洞"的一种方法。该种方法的适用应十分慎重,只应当在不得已情况下,在按法条字面文义执行将显失公平的情况下才予以适用。如《专利法实施细则（1993）》第 7 条只规定在发生不可抗力的情况下专利权终止才可以进行恢复,从该条的字面规定来看,排除了基于其他原因进行恢复的可能。但 1993 年后由于邮局和银行实行电子联网操作,时常将申请人缴费时填写的专利号丢失,有时,一次就造成几十件专利权终止的情况。许多权利人提出复议,要求通过复议程序恢复其专利权。当时专利局领导亦非常重视,但是依《专利法实施细则》第 7 条的规定是无法进行恢复的,因为邮局或银行的原因不属于不可抗力。于是,当时的行政复议处对《专利法实施细则（1993）》第 7 条的制定过程和立法考虑进行了调查,发现《专利法实施细则（1993）》之所以规定只有不可抗力才可以恢复,是因为认为已经给了专利权人 6 个月的滞纳期,再给恢复的机会没有必要了。制定《专利法实施细则（1993）》时并未考虑到我国电子化的进程,更未考虑到电子化进程中发生如此之多的权利丧失情况。如果当时考虑到这些情况,必然会增添恢复的理由。基于这一调查,行政复议处认为,从《专利法实施细则（1993）》第 7 条的立法目的上并不存在排除此种情况进行恢复的意图。即对《专利法实施细则（1993）》第 7 条进行解释时引进了法条文义之外的内容,即引进了法条文义之外的立法目的。在排除《专利法实施细则（1993）》第 7 条对该种情况恢复的

"法律障碍"后，行政复议处作出大量的复议决定，依据《专利局复议规程》中"出现相反证据，撤销或者变更原具体行政行为更为合理的"的条款，在专利局领导的批准下，所有这类案件均给予了恢复，同时又避免了行政违法的可能。在后续的几件诉讼中，法院均支持了该种解释和决定。当然，在2001年修订《专利法》及《专利法实施细则》时，放宽了恢复的条件。虽然现在已经不存在本案所述的情况，但仍会存在包括《专利审查指南》的规定有漏洞或者字面规定不符合立法本意在内的情况，即仍然存在适用此种法律解释技术进行正确执法的需要。

第十八节 行政复议程序的代理

专利行政复议未放入专利审查流程，申请专利时签订的委托合同不能直接适用于复议程序。在提出复议申请时，应当重新提交授权委托书。复议程序中的代理人，不限于专利代理人。没有固定居所或营业所的外国人、港澳台法人或自然人提出复议时，必须要有代理人。

一、复议程序代理人的范围

由于复议程序并没有被《专利法》或《专利法实施细则》放入专利审查流程，且复议程序是与诉讼程序相衔接的程序，直接适用国家的《行政复议法》，故在代理的问题上，不能适用申请专利中的规定。即当事人提出复议申请，委托代理人时，不限于专利代理人，可以是具有行为能力、未被剥夺政治权利的任何人，当然亦包括不具有专利代理人资格的律师。如上所述，由于复议案件的审理不需要具有专业技术背景的人，所以，由非专利代理人代理复议程序是允许和可行的。

二、复议程序的授权委托书

由于复议程序是相对独立的一个程序，并未放入专利审查流程，故申请人在申请专利时填写的授权委托书，不能自然延续到复议程序。即使申请人意图委托其在申请专利程序的专利代理人进行复议，也要另行提交授权委托书。

三、涉及港、澳、台和外国申请人时的委托代理

如果提出复议主体是港、澳、台或外国申请人，则应当有代理人（除非其在大陆有固定的居所或真实有效的经营场所）。但代理人并不限于专利代理人，可以是律师，也可以是普通的中国公民。通常情况下，这些申请人均委托专利申请程序中的专利代理人进行复议，虽然也要重新提交授权委托书，但基于申请专利程序中的代理人的资格已经被国家知识产权局确认。所以，不必按诉讼法的规定，提交经所在国公证且经我国领使馆认证的手续。但是，如果这些申请人在复议程序中不委托申请专利程序中的专利代理人，而另行委托其他人，

如委托律师等，且委托人为外国人，则必须进行上述的公证和认证手续，实践中亦时常发生这样的情况。

第十九节 不服复议决定的后续救济程序

不服复议决定的，可以在收到复议决定书之日起15日内向北京市第一中级法院提起诉讼；不服一审法院判决的，还可以在收到一审判决书之日起10日内向北京市高级人民法院提起上诉。对复议决定不服的，当事人还可以选择直接向国务院法制办提出终局裁决的程序。

根据《行政复议法》的规定，当事人不服行政机关作出的复议决定的，有以下两种救济程序。

一、向人民法院提起诉讼

由于国家知识产权局属于国务院部委一级的行政机关，涉及其的案件应当由中级法院管辖，又基于国家知识产权局的地址处于北京市的中轴线以西，故该类案件归属北京市第一中级法院管辖。即复议申请人或复议程序中的第三人不服国家知识产权局的复议决定的，可以在收到复议决定书15天内，向北京市第一中级法院提起行政诉讼。但复议决定的法律效力并不因当事人提起行政诉讼而中止。这一点与专利复审委员会所作的复审决定或无效宣告决定不同，这是由行政行为的"先定力"所决定的。基于专利复审委员会已经被法律拟制为一个司法审级，当事人对其作出的决定不服而起诉到法院后，该决定并不产生确定的法律效力。

二、向国务院提出终局的裁决

这是《行政复议法》的规定，即当事人如果不服国务院部委一级所作复议决定时，或者不服省一级政府所作复议决定时，除了选择向法院起诉以外，还可以选择向国务院提出终局的裁决。虽然法律作出这样的规定，但实际生活中，少有当事人不服国家知识产权局的复议决定而向国务院提出终局裁决的。原因有三个方面：一是向国务院提出的是终局裁决，如果国务院维持了复议决定，当事人再没有救济程序了。二是国务院作出的裁决为终局的，而国务院仍属于行政机关，即属于行政机关作出的终局裁决，而根据《与贸易有关的知识产权协议》的规定，应当理解为，涉及知识产权的得失的时候，行政程序结束后，还应当提供后续的司法救济，行政机关不能作出的终局裁决。且依据法治原则，非知识产权案件也应当提供司法救济，故有学者认为应当修改《行政复议法》中的该规定。三是国务院受理该案件的部门为法制办，即法制办代表国务院作出终局的裁决。而如果没有后续的司法救济程序，法制办作出的裁决是终局的，当事人不服怎么办？且法制办亦不能保证自己作出的决定百分之百的正确，为了避免这样的被动局面，多年来法制办较少作出这样的终局裁决。当然，近年来国务院法制办行政复议司采取灵活的结案方式，处理了大量的不服省级政府或部委所作复议决定的纠纷。有学者提出可以学习韩国的做法，即中央最高行政机关作出复议决定后，如果当事人不服，虽然不能针对中央最高行政机关提起诉讼，但仍可以针对原行政机关提出诉讼，即仍然给予当事人最后的司法救济程序，只是被告人不同而已。

第二十节　行政复议案件的审理期限

复议程序由于不涉及技术问题，故可以规定确定的审理时间。根据《行政复议法》的规定，收到复议申请书之日起60日内应当作出复议决定，但在特殊情况下，可以延长复议期限。

行政复议案件的审理期限，即从收到当事人提交的复议申请日起，要多长时间作出复议决定的期限。法律规定是60天。为何复审、无效宣告程序中没有审限，而复议案件有审限呢？原因在于复议案件不涉及技术问题，不需要在复议期间就技术问题与当事人进行往复的意见交换。复议程序是审查行政机关作出具体行政行为是否违法或者是否失当的程序，是"关起门"自己审查自己的程序，故完全可以在60天内审结。但在特殊情况下可以延长复议期限。如案件特别复杂时，或者涉及第三方的利益，需要第三方参加口头审理，或者需要进行鉴定时，在60天内就不能审结，应当允许延长复议期限。虽然《行政复议法》仅规定了延长期限为1个月，但实践中可能发生超过1个月的情况，故《行政复议法实施条例》对此作出更为弹性的规定，即特殊情况下，可以超过1个月。在国家知识产权局复议程序中亦时常发生延长复议期限的情况，多数涉及需要查询邮路的情形。如当事人不服其专利权终止的决定，但原因可能是当事人没有收到国家知识产权局通过邮局发出的缴费通知书，而对于邮局是否正确进行了送达，需要向邮局进行邮路查询，而邮路查询虽然目前已经快捷了许多，但亦往往超过复议期限，需要延长。

第二十一节　行政复议与行政赔偿程序

在提起行政复议申请的同时，当事人可以一并提起行政赔偿请求，即行政复议程序与行政赔偿程序可以同时进行。如果当事人在提出复议时没有提出赔偿请求，也可以在不服复议决定而起诉时向法院提出行政赔偿请求。

行政赔偿与行政复议程序存在交叉的情况，行政赔偿是根据《国家赔偿法》进行的程序。按《国家赔偿法》的规定，在行政机关复议程序中，或当事人提出复议时，可以一并对其损失提出赔偿请求。所以，复议申请有时会伴随赔偿请求。在这种情况下，法律事务处应当就两个问题作出复议决定：一是就当事人不服的具体行政行为作出是否正确、撤销与维持的决定；二是就当事人提出的赔偿请求是否应当满足而作出的决定。当事人不服的，可以向法院提起诉讼，在诉讼中可以就该两个问题或其中的任一个要求法院进行裁决。另外，如果当事人在复议程序中没有提出行政赔偿请求，且其对复议决定不服的，也可以在不服复议决定的而提起的行政诉讼中，提出行政赔偿请求。

需要说明的是，由于我国为发展中国家，我国《国家赔偿法》规定的赔偿范围相对较窄。就知识产权所引起的损失来讲，规定了仅赔偿直接损失而不赔偿间接损失的原则。而知识产权所引起的损失，大多为可得利益的减少，即间接损失，而少有直接损失。所以，按现行《国家赔偿法》的规定，即使国家知识产权局的行为构成行政违法，但如果当事人没有直接损失，则亦不能获得赔偿。对于该标准是否在以后会扩大，学术界有不同的观点，但毕竟这是由立法机关决定的。在实际操作中，法院时常将当事人事后发生的"车马费"判决由国家知识产权局承担。严格来讲，当事人为纠正国家知识产权局的失误而起诉到法院、来北京处理相关事务的花费，既不属于《国家赔偿法》规定的直接损失，也不属于《国家赔偿法》规定的间接损失。该类费用各国大都归入诉讼费的范围，但基于我国诉讼法规定的诉讼费范围与其他国家相比较窄，没有将合理的"车马费"包括在诉讼费之内。这样法院有时只得将该笔费用放入赔偿费由国家知识产权局承担。放入赔偿费由国家知识产权局承担亦不适当，因为有时国家知识产权局的错误仅属于失当而不属于行政违法，由国家知识产权局在诉讼费的范围内承担合理的"车马费"是可以接受的，但无论放入赔偿费的数额为多少，在法律上均意味国家知识产权局的行为构成行政违法。所以，该问题应当通过将来修改诉讼法来解决，而不宜放入赔偿费由国家知识产权局承担。

第二十二节 规章以下抽象行政行为属于复议审查范围

规章以下的抽象行政行为属于复议审查的范围，但不属于复议的客体。对规章以下抽象行政行为的审查，一是由当事人启动，二是依职权启动。基于规章以下抽象行政行为属于复议审查的对象，但又不属于复议客体，故复议决定中并不直接对审查的抽象行政行为；作出撤销或维持的决定。但可以在复议决定中对其进行评价，并有权决定是否适用。

根据《行政复议法》的规定，行政机关在复议程序中，可以对规章以下的抽象行政行为进行审查，如果发现该抽象行政行为违法或者不适当，可以撤销该抽象行政行为，但受审查的抽象行政行为，仍不能作为复议客体。为了准确理解何为部门规章以下的抽象行政行为，有必要对我国规范性文件的层级关系进行了解。

一、我国规范性文件的层级关系

我国规范性文件的层级关系从高向低的顺序如下。

（一）宪法

宪法是由特别程序制定的国家根本大法，宪法所规定的内容具有最高的法律效力，一切与宪法相违背的法律、法规、规章均应当被撤销。宪法不仅具有最高的法律效力，而且应当具有作为司法裁判依据的性质。

（二）基本法律

即由全国人民代表大会所通过的事关国家基本制度的法律。全国人民代表大会指我国每年3月在北京召开的全国人民代表大会。基本法律不包括休会期间由全国人民代表大会常务委员会通过的法律。由于每年全国人民代表大会只召开一次，且时间亦只有十几天，故只有最为基本的法律要由全国人民代表大会通过，如《民法》《刑法》《民事诉讼法》《刑事诉讼法》《物权法》等。该级别法律的效力，位于宪法之下，高于其他法律。

（三）基本法律以外的法律

即在全国人民代表大会闭会期间，由全国人民代表大会常务委员会通过的法律。这部分法律的数量占了我国法律数量的大多数。由于全国人民代表大会常务委员会委员数量相对较少，每年开会的时间亦较多，因此，除上述基本法律以外的法律，均由全国人大常委会通过。如《专利法》《商标法》等法律，就属于这一层级。该级别法律的效力，低于基本法律，但高于国务院制定的行政法规。

（四）行政法规

即国务院所制定并发布的规范性文件。如《专利法实施细则》《商标法实施条例》等，该级别的规范处于第四个等级。需要注意的是，以国务院名义发布的规范性文件，与以国务院某部门发布的文件的效力还有区别的。如国务院办公厅发布的文件，效力低于以国务院名义发布的规范性文件。

（五）地方性法规和行政规章

第五个层级的规范性文件包括两个部分：

1. 省级地方人大通过的地方性法规

其效力低于国务院的行政法规，但仍然是法院执行的司法依据，不过其适用范围仅限于本地方的事务，省级地方不允许制定涉及全国性事务的规范。如省级人大可以制定涉及本省自然环境保护的规范性文件，如江苏省人大显然可以制定关于太湖自然保护的法规，但不能制定全国所有湖泊自然保护的法规。地方性法规的特点是虽然其仅限于地方，但其仍是地方各级人民法院在司法程序中必须执行的规范性文件。

2. 国务院直属机关发布的行政规章

由于国家知识产权局属于国务院的直属机关，故也属于这一层级的机关。该层级机关发布的规范性文件称为部门规章，如国家知识产权局发布的《专利审查指南》。这一层级发布的部门规章的特点是，其内容涉及全国性的事务，即在范围上要大于省级地方人大制定的地方性法规，但在法律效力上对法院没有必须执行的法律效力,所以,地方性法规和部门规章各有"长短",应当属于同一层级的规范性文件。

（六）部门规章以下的抽象行政行为

这部分规定不一定仅限于国务院所属的直属机关,还包括国务院自己的部门发布的规定。上述机关或部门所发布的规定,通常情况下属于部门规章一级,但有时也制定或发布一些部门规章以下级别的规定。而这部分部门规章以下的规定,或者说抽象行政行为,即属于复议程序中审查的范围。在国家知识产权局,这类抽象行政行为并不多,但仍有一些属于这一范围。如国家知识产权局制定的操作规程、某些规定专门问题的文件（如有关财产保全的规定等）,均属于部门规章以下的抽象行政行为。另外,由于国家知识产权局对外发出的涉及专利的通知书均是由计算机系统统一作出的,而计算机系统又是基于操作规程编制的。其中有操作规程中规定的内容,亦可能有操作规程中没有规定的内容,对于没有在操作规程中规定而计算机系统统一处理的问题,亦应当按部门规章以下的抽象行政行为来处理。当然,此种情况在国家知识产权局统一发布操作规程,且新系统上马后,可能会很少发生,但就旧系统来讲,是存在这样的情况的。

二、复议中对部门规章以下抽象行政行为的审查

在复议程序中,对部门规章以下抽象行政行为的审查,包括审查的启动、审查后的处理。

（一）依申请人请求启动

即相对人提出复议时,认为国家知识产权局所依据的部门规章以下的规定有问题的,直接提出要求在复议程序中确认其正确与否,或者同时要求撤销该抽象行政行为。这时,显然应当依当事人的请求对所述的抽象行政行为进行审查。

（二）依职权启动

但如果基于复议申请人认识能力所限,并未发现国家知识产权局作出具体行政行为所依据的部门规章以下的抽象行政行为存在问题,而复议程序中法律事务处发现所依据的规定可能有问题,则法律事务处可以主动对该抽象行政行为进行审查,并在复议决定中评述审查的结果。

（三）对抽象行政行为审查后的处理

如果经审查,认为有关抽象行政行为存在问题,此时,法律事务处亦有两种选择:一是请示领导,在作出复议决定前由领导决定撤销该失当的抽象行政行为;二是请示领导后,并不撤销失当的抽象行政行为,而是在复议决定中指出抽象行政行为存在的问题,并明确不适用失当的抽象行政行为。如法律事务处曾经处理过这样一件案子:当事人要求在无效宣告程序中被追加为共有人之一,该当事人也知道该专利处于无效宣告程序中,但其相信该专利权不会被宣

告无效,愿意作为该专利权的共有人之一,并提交了完备的经双方事人签章的转让协议。但专利局初审部门依据当时(专利局)办公室发布的一个文件的规定,不允许在无效宣告程序中转让权利,认为追加共有人也是转让的一种形式,故不允许追加。转让的双方当事人不服提出复议,认为该规定是不适当的。法律事务处在复议中对该文件进行了审查,认为该文件规定在无效宣告程序中拒绝追加共有权利人是有问题的。问题有二:一是该规定是专利局办公室所制定的,并不是以专利局的名义规定的。以专利局名义作出的规定属于机关的规定,专利局办公室作出的规定属于机关部门的规定。而只有机关名义作出的规定才对外部当事人具有法律效力,即该规范性文件的主体存在问题。二是该文件并没有对外公告,从行政法学的角度来讲,要求外部当事人遵守的规则,必须让外部当事人知晓,应当对外进行公告。行政机关适用的规则不能临时从"抽屉"里拿出来,而应当事先告知当事人。基于上述理由,法律事务处经请示领导,考虑到该文件中的其他规定还是适当的,且复议期限就只有 2 个月的时间,就该文件是否撤销的问题在复议期限内很难作出决策。因此,采取了在复议决定中不适用该文件中相关规定的方式,即在第 530 号复议决定中指出该文件所述无效宣告程序期间不允许转让专利权的规定,在形式上存在重大缺陷,没有以专利局的名义发布,也没有对外公告,认为内部文件对外部当事人不能设定权利和义务,故该文件中的规定不能作为处理本案的依据。从而撤销了审查部门发出的不允许转让的通知书,同意当事人办理追加为共有人的手续。当然,就本案来讲,法律事务处并没有在复议决定中对在无效宣告程序期间是否应当允许转让权利人进行直接的表态,因为该问题并不是法律事务处所能决定的问题。法律事务处仅是认为,如果专利局认为在无效宣告程序中不允许转让专利权或追加专利权人,应当通过修改《专利法》或者《专利法实施细则》,至少也要以专利局名义作出规定,如通过修改《专利审查指南》来实现。否则,不能禁止当事人转让权利。在该问题上,法律事务处倾向于应当允许当事人在无效宣告程序中转让专利权。因为如果不允许,就可能发生当事人借无效宣告程序阻碍权利人通过转让权利来实施其专利技术,不利于将专利权由潜在的生产力转化为现实的生产力,因为无效宣告程序逻辑上可能贯穿于专利权有效的全部期间。当然,无效宣告程序中变更权利人会给无效宣告程序带来一定的影响,但与诉讼中变更权利人一样,这种影响是可以通过制定相关的规则来解决的,如规定"前手"的行为对"后手"具有溯及力等。

(四) 抽象行政行为并不是复议的客体

尽管《行政复议法》规定复议机关可以对部门规章以下的抽象行政行为进行审查,但毕竟复议客体仍是当事人所指向的具体行政行为,而不是抽象行政行为。行政机关可以借助复议程序纠正部门规章以下的抽象行政行为,但是,如果行政机关认为是正确的,当事人不能对该抽象行政行为提起诉讼,而只能针对具体行政行为提起诉讼。在法院诉讼过程中,按《行政诉讼法》的规定,法院也不能直接撤销行政机关的抽象行政行为，但可以审查该抽象行政行为是否违法或失当。如果法院认为行政机关所依据的抽象行政行为违法或不适当，法院仍不能撤销该抽象行政行为，但可以不适用该抽象行政行为，直接适用上位的行政法规或者法律，并作出不同于抽象行政行为规定的判决。法院这一做法，不仅适用于部门规章以下的抽象行政行为，同时也适用于部门规章一级的规范性文件，如国家知识产权局发布的《专利审查指南》。

如果在复议期间，法律事务处发现所依据的部门规章有问题，如发现《专利审查指南》的某个具体规定有问题，应采取向领导汇报的形式决定是否执行指南的相关规定。如果领导也认为有问题，可以就具体的个案不适用《专利审查指南》的字面规定，并考虑该具体的个案是否可以作为后续修改《专利审查指南》的案例支持，必要时对《专利审查指南》进行修改，以便统一操作标准，以实现"法律"的普遍的安全性（可预见性）与具体的正义性（适用具体案件的公平性）的平衡。

第二十三节　国家知识产权局具体行政行为的法律效力

行政复议的客体是具体行政行为，除驳回决定以外的具体行政行为大多作出后即产生法律效力，而具体的生效的时间要具体分析。具体行政行为一旦作出，非经法定程序不得改变。具体行政行为作出后，当事人未启动后续程序的情况下，或虽然启动后续救济程序，但后续程序均已经走完的情况下，该具体行政行为产生不可争的法律效力。

基于复议审查的客体为具体行政行为，故应当对具体行政行为相关的特点进行了解。包括具体行政行为一旦作出后的法律效力、生效的时间点、在什么情况下可以变更等问题。

一、具体行政行为的公定力

这涉及行政机关作出具体行政行为后，是否马上生效的问题。回答是肯定的，即基于行政活动的价值取向更多考虑的是效率，行政机关的具体行政行为一旦作出通常情况下立即生效。这也是任何国家进行行政管理活动所需要的。但在国家知识产权局的程序中，是否所有具体行政行为一旦作出均立即生效呢？并不是，因为国家知识产权局属于行政授权机关，而不是一般的行政管理机关，其具体行政行为的法律效力不同于一般的行政管理机关，即有其本身的特点。这些不同的特点在《专利法》中有明确的规定。那么，《专利法》中的行政法规范与普通行政法规范、原则的关系如何呢？《专利法》中的行政法规范，相对于普通行政法规范、原则来讲，应当属于"特别法"与"普通法"的关系。即在《专利法》中有规定时，应当适用《专利法》的规定。只有在《专利法》中没有规定时，才适用普通行政法及其原则。基于专利制度的特点，各国专利法均规定驳回专利申请这一具体行政行为一经作出，并不立即产生确定的法律效力，而还需要等一定的时间（各国规定的期限不一样，我国是3个月）。在该期限内如果申请人没有提出复审，该驳回决定才产生确定的法律效力。当然，驳回决定没有产生确定的法律效力，不等于驳回决定没有任何法律效力。如驳回后，原来存在逐年缴纳维持费的义务，应当免除在复审期间缴纳维持费的义务，在复审决定撤销驳回决定后，再补缴维持费。后来，维持费缴纳时间作出修改，在授权时一并缴纳。根据2010年生效的《专利法实施细则》的规定，维持费已被取消。即按现行规定，该问题已经不存在了，但在以前是存在的。另外，驳回后，当事人亦不能再以该主题提出专利申请。即驳回决定还要产生"一事不再理"的法律效力，就像法院的一审判决，在上诉期间内也不是没有任何法律效力，亦同样产生"一事不再理"的法律效力。即原告人不能在此期间再提起同样的诉讼，否则，法院将会从程序上驳回原告人的起诉。

但在国家知识产权局的程序中，除了驳回决定不立即生效以外，其他具体行政行为均应当理解为一经作出即发生法律效力（具体的时间点当然还有区别，参见下述），如国家知识产权局一旦作出并送达专利申请视为撤回通知书，该通知书就发生法律效力。当事人可以在收到通知后2个月内恢复权利，亦正是印证了当事人收到专利申请视为撤回通知后，该专利申请就已经不存在了，只有经恢复才能再次存在。即行政机关作出的决定，法律推定其是正确的，只有在有证据显示有问题的情况下，才可以通过法定程序撤销已经生效的决定或通知。如当事人对专利申请视为撤回或者专利权终止决定不服的，可以通过复议程序或者直接通过诉讼程序来撤销已经生效的专利申请视为撤回或专利权终止决定，恢复权利。当然，前提是确实属于国家知识产权局或者邮局的问题。也就是说，行政机关的决定一旦作出，无论是否正确，均推定其是正确的，多数情况下立即产生法律效力。如果行政机关的决定确有错误，也要通过法定程序来重新作出决定，撤销原来的错误决定。这就是具体行政行为的公定力，理解了它，就可以理解一系列国家知识产权局所作决定的法律效力及其后续程序。

二、具体行政行为生效的时间点

公定力解决的是是否生效的问题，而某一个具体行政行为生效的时间点，亦有其本身的特点。如转让专利权时，双方当事人向国家知识产权局提交著录项目变更请求，并附有双方签订的转让权利合同，如果经国家知识产权局审查，其手续均符合规定，国家知识产权局应当对该转让合同进行登记。而根据《专利法》第10条的规定，专利权所有权的转移，从登记时生效。登记后，国家知识产权局还要给双方当事人发一个手续合格通知书。这一过程涉及的问题是哪一个行为是国家知识产权局的具体行政行为，是国家知识产权局的手续合格通知书，还是登记行为。应当认为，登记行为是具体行政行为，无论从《专利法》第10条的规定来看，还是从各国的行政法学实践和理论来看都是如此。无论是不动产的登记，还是无形财产的登记，登记是公认的具体行政行为，是可诉的。但登记是在国家知识产权局的电子登记簿上进行的,登记那一刻当事人并不知道。所以,为了让当事人知道其转让已经登记生效,国家知识产权局还要发一个手续合格通知书告知当事人。而手续合格通知书只能认为是登记行为的延伸,是给具体行政行为"画上句号"。就是说,如果仅仅进行了登记,没有向当事人发手续合格通知书,不能说该登记行为已经做完了。但无论如何,该具体行政行为生效的时间点是登记之日,而不是手续合格通知书送达之日。但换一个具体行政行为,可能情况又不一样了,如专利权的终止。当事人没有按时缴纳年费,国家知识产权局发出专利权终止通知书,告知当事人该专利权已经终止。显然,该专利权终止通知书是国家知识产权局所作出的具体行政行为。其生效的时间点在何时?应当认为是终止通知书法定送达之日。为何为终止通知书送达之日,通知书发出登记之日不行吗?这涉及专利权终止生效的形式要件,对此各国的立法例是不同的。有的国家没有规定发送专利权终止通知书这一形式要件,而是规定在专利年度期限届满之日如果没有缴纳年费,该专利权自然终止,如英国(参见英国专利法第28条)、瑞士(参见瑞士专利法第46条)就是如此。但我国规定了必须要发出专利权终止通知书这一形式要件,所以,在我国应当是该形式要件满足后才生效,即应当是在专利权终止通知书送达后才生效。当然,专利权终止通知书合法送达之日为生效之日,并不意味着当事人亲自收到的那一天,而是说当事人能够看到的那一天。还需要提及的是,专利权终止通知书的生效时间和专利权终止时间亦是两个问题。通知生效后,专利权自届满之日起终止,即终止通知书的效力向前追溯到年费期限届满日。只有正确把握了具体行政行为生效的时间点,在复议程序中才可以正确处理涉及的具体行政行为。

三、具体行政行为的不可变更力

不可变更力不是指行政机关做错了事不能变,而是可以变,但必须符合规定的程序和形式上的要件,是说不能随便想变就变。在国家知识产权局的程序中,由于每年发出的通知逾百万件,难免有通知书发错的情况。审查员发现后应当及时进行变更和纠正,目前国家知识产权局均使用规范的"变更处分决定通知书",上面加盖有印章,并且有规范性的用语。但在以前没有该通知书时,就出现过审查员手写一个通知,盖上章纠正的做法。显然该做法是不规范的,违反了具体行政行为的不可变更力。依据行政法学的基本理论要求,变更原具体行政行为时,其形式要件不能低于所变更的行为。即如果专利权终止通知书是打印件,且加盖有印章,那么纠正它的通知也必须是打印件,并加盖印章。如果只加盖印章但是手工书写,或者虽然打印但未加盖印章,均不符合变更的要件,均违反具体行政行为的不可变更力。还有这样的情况,即专利权不应当终止或专利申请不应当视为撤回的,审查员作出了终止通知或视为撤回通知。当事人来陈述意见,审查员发现确属于失误,就在计算机系统上将相关数据一改了事,什么通知也不发,这种"短路"的做法显然违反了具体行政行为的不可变更力。即产生当事人手中的专利权终止通知并未被撤销,但事实上专利权已经恢复的矛盾状态。经如此"程序"恢复的权利,对专利权人是一个非常大的隐患,即一旦专利权人指控他人侵权,被控侵权的第三人将可能以该专利权尚在终止期间为理由来抗辩不侵权,那时,国家知识产权局将会非常被动。

四、具体行政行为的不可争力

任何事情都有始有终。当事人不服驳回决定,可以提出复审;专利复审委员会作出维持驳回决定的复审决定,当事人可以提起诉讼;一审法院判决维持的,当事人还可以上诉到北京市高级人民法院;但北京市高级人民法院维持一审判决后,该驳回决定就具有了不可争的法律效力。如果用诉讼法上的语言来说,就产生了"既判力"。一事不再理不等于既判力,但既判力当然包括一事不再理,还包括"前诉"约束"后诉"及执行的时间和事务的范围等内容。国家知识产权局所作驳回决定,3个月内虽然也产生一事不再理的法律效力,但该驳回决定不产生"不可争力"的法律效力,即该驳回决定没有发生"确定"的效力。如果从法律效力的精确表述上考虑,将驳回决定说成未生效是不适当的,因为驳回决定仍产生一事不再理等法律效力,当然说生效更不合适。用效力是否确定来表述更为科学,如日本专利法就以效力是否"确定"来表述我们通常所说的"生效"。当然,既判力亦不是绝对的,亦有例外的情况,如法院对生效判决的再审,撤销了在先已经生效的判决,此时,已经确定的判决或者国家知识产权局的驳回决定仍有可能重新变更。但这种情况是极少的,在无效宣告程序中曾经发生过这种情况,但在复议程序及随后的行政诉讼中,尚未发生过此种情况。因此,在制度设计上国家知识产权局或专利复审委员会虽然仍不得不考虑此种情况的发生,但基于其发生的几率极小,故在国家知识产权局程序的设计中只是留有后续"缺口"就足以应付了。可以认为,在国家知识产权局程序或后续的司法程序中,在行政程序走完而当事人没有再启动司法程序的情况下,国家知识产权局所作决定将产生不可争的法律效力。或者是当事人将司法程序走完,而司法机关维持了知识产权局的决定,则国家知识产权局的决定亦发生不可争的法律效力,审查员应当可以放心地进行后续程序的处理了。明确具体行政行为的不可争力(类似于法院判决的既判力),可以帮助我们把握所争议的具体行政行为所处的法律阶段,也便于我们把握该具体行政行为的后续救济程序。

第二十四节 复议和复审、无效宣告程序的异同

复审和无效宣告程序是特殊的复议程序,但在专利法中没有规定的情况下,复审或无效宣告程序仍要适用复议法的规定。专利复审委员会相当于一个司法审级,故其所作决定并不立即生效,而要像法院一样等3个月才生效;但

复议决定一旦作出将立即生效。

人们常说，要想了解某一事物，必须了解该事物与其他事物的区别。用在复议制度上，就要了解复议制度与复审、无效宣告制度的相同点和不同点，才能更好地了解复议制度。

一、相同点

（一）复审和无效宣告程序也是特殊的复议程序

为何说复审和无效宣告也是特殊的复议程序呢？复审很容易理解，就是对驳回决定的再次审查，再次审查就是广义的复议。那么无效宣告程序为何也说是广义的复议呢？无效宣告程序是双方当事人的程序，怎么说是再次审查呢？这是因为，复审是对驳回这一具体行政行为的再次审查，而无效宣告是对授权行为的再次审查，看授予的专利权是正确还是不正确。如果不正确，就宣告其无效或部分无效。只是这种再次审查不是由国家知识产权局启动的，而是由具有利害关系的第三人，往往是侵权程序中的被控侵权人启动的。正是由于专利权无效宣告程序与普通的复议或复审程序有重大的不同，多出现了一方当事人，因此，《专利法》将其称为无效宣告程序。在各国的专利制度中，均有授权后对授予的专利权进行再次审查制度，只是叫法可能不太一样，有的国家叫撤销程序，有的叫无效宣告程序。但无论叫什么，其本质均是对授权行为的再次审查，即审查的客体是专利局的授权行为，而不是当事人之间的侵权纠纷。因此，即使出现了第三方当事人，仍不能认为是民事程序，而仍应当认为是行政程序。在日本的专利法教程中，将无效宣告程序叫做"无效的复审"，而将复审叫做"驳回的复审"，亦是有道理的。因此，尽管无效宣告程序出现了第三方当事人这种现象，但仍应当认为其是对授权行为的再次审查，即仍是广义的复议。

（二）复议决定、复审决定和无效宣告决定均要接受司法审查

即三种决定均是行政决定，且均不是终局的行政决定。现代法治国家中，要求行政机关所作的重要的决定，均应当有后续的司法机关进行审查的机会，以保障公民、法人或其他主体的合法权益不受行政机关错误行为的损害。因为，行政活动通常的价值取向是效率优先，而司法机关的价值取向更为倾向于公平。所以，行政机关很快做出的事情，到了法院那里有时要进行漫长的诉讼。当事人不服复议决定，可以在收到决定之日后的15天内向北京市第一中级人民法院提起诉讼；不服北京市第一中级人民法院判决的，还可以向北京市高级人民法院上诉。而不服复审委员会维持驳回的复审决定，或者宣告专利权是否有效的决定的，当事人均可以在收到决定3个月内向北京第一中级人民法院提起诉讼；不服一审法院判决的，还可以向北京市高级人民法院进行上诉。所以，在接受法院司法审查这一点上，三种程序是相同的。

（三）复审和无效宣告程序在特殊情况下也要适用行政复议法

这是基于复审和无效宣告程序相对于国家复议制度来讲，是一种特殊的复议制度。专利复审和无效宣告制度是由《专利法》及《专利法实施细则》所规定的，因此，在程序上并不直接适用《行政复议法》。正因为如此，专利法中有关复审和无效宣告制度的规定，相对于《行政复议法》的规定来讲，应当属于"特别法"和"普通法"的关系。根据适用法律的规则，当"特别法"和"普通法"都有明确规定的时候，应当优先适用"特别法"；当"特别法"没有明确规定的时候，仍应当适用"普通法"。《专利法》及《专利法实施细则》对复审或无效宣告程序没有规定的情形，仍要适用《行政复议法》。复审或无效宣告程序并不是一个自给自足的封闭程序。如《专利法》并没有规定对复审请求不予受理时，对申请人提供何种救济程序；或者当无效宣告请求不予受理时，对无效宣告请求人提供何种救济程序。但《行政复议法》第19条规定："法律、法规规定应当先向行政复议机关申请行政复议，对行政复议决定不服再向人民法院提起行政诉讼的，行政复议机关决定不予受理或者受理后超过行政复议期限不作答复的，公民、法人或者其他组织可以自收到不予受理决定书之日起或者行政复议期满之日起十五日内，依法向人民法院提起行政诉讼。"该条规定了两种情况下可以提起行政诉讼，其中之一就是"行政前置"的情况，即不允许直接向法院起诉，必须先行提出复议的情况。复审和无效宣告即属于此种前置程序，不经专利复审委员会的审查，不能直接向法院起诉。在这种情况下，如果复议机关作出不予受理决定，如专利复审委员会作出不予受理复审或无效宣告请求的决定的，当事人可以在15天内向法院提起行政诉讼。《行政复议法》这样规定的目的，即在于防止复议机关借程序上的理由剥夺当事人实体上的权利。故《行政复议法》规定了此种情况下可以获得司法救济。事实上，多年来专利复审委员会因此出庭应诉的情况亦不少见。因此，特殊情况下，复审和无效宣告程序也要适用《行政复议法》的规定。

（四）复议程序也是专利审查制度的一部分

复审和无效宣告程序是专利审查流程的一部分，这是《专利法》《专利法实施细则》以及《专利审查指南》中明确规定的，均不会有异议。复议制度虽然没有进入流程，但行政复议程序是不是专利审查制度的一部分？《专利法》《专利法实施细则》《专利审查指南》对此均没有规定。但没有规定并不等于复议制度不是专利审查制度的一部分。专利制度不是一个封闭的自给自足的制度，《专利法》和《专利法实施细则》不可能将所有涉及专利的制度均规定穷尽。应当认为，国家知识产权局专利复议制度虽然放在了专利审查流程之外，但仍然是专利审查制度中的一个有机的组成部分。国家知识产权局正在制定的专利审查优化系统，把复议作为了一个子系统就证明了这一点。我国的制度与日本的制度相似，日本在专利法中只有三个条款涉及复议制度，日本的复议制度显然是介入专利审查程序的。所以，在中日两国，行政复议（日本叫行政不服）制度均相当于初审和流程的"小复审"。日本的更为明显。即按日本专利法的规定，初审中的驳回不进入复审，而是进入复议。因此，应当认为复议程序与复审和无效宣告程序一样，是专利审查制度中的一个重要的救济程序。另外，复议案件的审理也要适用《专利法》《专利法实施细则》及《专利审查指南》的规定。其与复审、无效宣告在适用法律上的区别仅在于适用条款往往不一样。由于复审和无效宣告涉及的大多是专利申请的实体问题，故所适用的往往是涉及专利性的条款；而复议大多处理的是程序上的问题，所适用的法条大多是程序上的法条。因此，专利复议制度也是专利审查制度的一个重要的组成部分。

二、不同点

（一）设立的法律根据不同

复审和无效宣告制度是在《专利法》《专利法实施细则》及《专利审查指南》中规定的程序，即专利复审和无效宣告制度是根据《专利法》设立的，或者说专利复审和无效宣告程序并不直接适用《行政复议法》。固然复审及无效宣告也是广义的复议制度，但其相对于《行政复议法》来讲，是"特别法"与"普通法"的关系，在适用法律的顺序上，采取优先适用《专利法》《专利法实施细则》及《专利审查指南》的规定。而专利复议制度并不是根据《专利法》及《专利法实施细则》设立的，而是根据《行政复议法》设立的，故在程序法的适用上，直接适用《行政复议法》。即两者在设立的法律根据上是不同的，在程序上适用的法律和顺序是不相同的。

（二）审理案件的技术含量不同

这是显而易见的，由于复审是对驳回决定的再次审查，除初审中的驳回以外，必然要涉及十分专业的技术问题，必然要由有技术背景的专门复审员来处理复审案件，无效宣告案件也是同样的道理。但复议案件由于处理的大多为程序上的问题，即使涉及实体问题，也是十分明显的实体问题，并不需要专门的技术人员来审理。

（三）主体的名义不同

根据《专利法》的规定，专利复审委员会是由国家知识产权局设立的，但在专利审查业务的法律地位上，专利复审委员会是高于国家知识产权局的。即国家知识产权局作出的驳回决定，要由专利复审委来进行再次审查（复审程序）；国家知识产权局作出的授权决定，也要由专利复审委进行再次审查（无效宣告程序）。从《专利法（1985）》开始实施时起，我国就规定了专利复审委员会在两个问题上以机关法人的名义进行活动：一是作出复审和无效宣告决定，二是出庭应诉，都是以专利复审委员会自己的名义进行。况且，现在专利复审委员会已经在民事主体上也是一个机关法人了。所以其作出决定，当然是以自己的名义。而复议程序则不同，法律事务处是国家知识产权局的一个处室，不可能以自己的名义作出复议决定，而只能以国家知识产权局的名义作出复议决定；在出庭应诉程序上，也是以国家知识产权局的名义出庭应诉。

（四）承担责任的形式不同

复审或无效宣告决定所审查的内容是国家知识产权局的驳回行为或授权行为，而这两项行为基于是技术性的判断作出的决定。因此，如果发生撤销驳回决定，或者宣告专利权无效，国家知识产权局并不承担驳回错误或者授权错误的"行政违法"责任，更不承担行政赔偿责任，这是世界各国的共同做法。区别仅在于有的国家在专利法中有规定，而有的国家则没有规定。如我国就没有明确规定，但没有明确规定，从逻辑上应当可以推导出不应当承担行政违法或行政赔偿责任。而且，尽管专利复审委员会撤销了驳回决定，或者宣告了专利权无效，证明了原驳回决定或授权行为是错误的，当事人仍要缴纳复审费或无效宣告请求费，并不因为国家知识产权局在该问题上"败诉"，复审费或无效宣告请求费就要退回当事人。原因在于专利权本身是一种推定有效的财产权，尤其是实用新型和外观设计专利权，本身并未经过实质审查。就算是对于经实审的发明专利，审查员的新颖性检索不可能周延，创造性判断亦是一个动态的过程，在该问题上出现"差错"是不可能避免的，所以，国家知识产权局不应当承担责任。且由于专利复审委员会代表国家在技术和法律判断上进行了大量劳动，该支出由请求人负担是合理的。但复议程序则不同，复议程序审查的问题大多是可以避免或应当避免的错误，如果出现了这样的错误，国家知识产权局很可能构成行政失当，甚至构成行政违法。

（五）专利复审委员会相当于一个司法审级

所谓审级，就是说相当于一级法院的意思。基于司法的价值取向要更多地考虑公平，所以在程序设置上比较复杂，设立了一系列的规则和制度，以保证实现公平的最大化，如公开原则、听证原则、合议制度、回避制度等。这些制度上的特征均是行政程序所不具有的，也是行政程序不可能具有的。但《专利法》规定的专利复审委员会处理复审或无效宣告案件，均不同程度地具有这样的程序特征。而《专利法》还规定复审和无效宣告决定作出后并不立即产生确定的法律效力，还有3个月的起诉期限，过了该期限决定方才产生确定的效力。这些特征，均可以表明是法律将专利复审委员会拟制为一个司法审级。该特征在日本就更为明显，日本在诉讼上是三审终审制，通常情况下，按日本行政诉讼法的规定，不服行政官厅决定的，应当由相当于我国的中级人民法院的司法机构来进行管辖。即在东京，应当由东京地方法院来管辖；不服东京地方法院一审判决的，可以上诉到东京高等法院；不服高等法院二审判决的，如果出现重大法律问题，当事人可以向最高法院提起上诉，日本最高法院可以启动第三审程序。但对日本特许厅审判部代表特许厅所作的复审或无效宣告决定不服的，并不是向东京地方法院提起诉讼，而是直接向东京高等法院提起诉讼；再不服的，如果出现重大法律问题，还可以向最高法院上诉。由此看来，日本将审判部当做了一级法院,节约了东京地方法院这一司法审级。而对日本行政不服审查班代表特许厅所作的复议决定,当事人不服的,则不能直接向东京高等法院起诉,而必须首先向东京地方法院起诉;不服的,再向高等法院上诉;再不服的,遇有重大法律问题,还可以向最高法院上诉。即日本的复议程序并不相当于一个司法审级,即并没有因复议程序而节约一个司法审级。由于我国实行两审终审制,因此而节约一个司法审级是较为困难的事情。当然,亦有学者提出当事人不服专利复审委员会决定的,应当直接向北京市高级人民法院起诉,且高级人民法院的判决应当是终局的(亦有学说认为应当直接向北京市高级人民法院起诉,但不服北京高级人民法院判决的,还可以向最高人民法院上诉)。这些学说的前提即是将专利复审委员会作为了一个司法审级来对待,而且是当做中级人民法院一级,尽管这些观点不一定会被采纳,但亦说明了复议程序与复审、无效宣告程序的重大区别。

第二十五节 专利代理人在复议程序中应当注意的问题

专利代理人或代理机构要以客户的名义提出复议,通常情况下不能以自己的名义提出复议。专利代理人在提出复议申请时,可以事先通过电话与法律事务处进行沟通,以尽快解决问题和保证复议申请的质量。

回顾专利行政复议制度建立以来的复议代理工作,需要注意如下问题。

一、通常情况下,专利代理机构不能作为复议主体

在实践中,时有发生专利代理机构不以客户的名义,而是以自己的名义,向国家知识产权局提出复议的情况,这是不允许的。当发生这种情况时,法律事务处会发出不予受理通知书。在复议程序中,专利代理人自己没有独立的法律地位,专利代理人的行为就是客户的行为。因此,如果提出专利行政复议申请,必须要以客户的名义,而不能以专利代理机构或专利代理人的名义提出。出现这种情况的原因是多方面的:一是专利代理人对复议程序中的代理不了解;二是出现由专利代理机构失误造成的问题时,专利代理人不想让客户知悉,想通过复议程序自己克服掉,这也是不对的。即使专利代理人的失误给客户造成损失,也应当通知客户,以客户的名义提出复议。但是,专利代理人或专利代理机构不能以自己名义提出复议的情况不是绝对的。在专利代理人或专利代理机构自己就是行政相对人的情况下,当然可以自己的名义提出复议。如专利代理机构受到撤销代理机构的处罚,当然要以自己的名义提出行政复议。

二、代理客户提出复议申请时,应当有授权委托书

基于客户已经在申请专利时提交了委托书,有些专利代理人认为该授权委托书可以自动延续到复议程序。该认识是错误的,由于复议是相对独立的程序,申请专利时的授权委托书不能延续到复议程序。无论是代理国内客户申请

复议还是代理国外客户申请复议，均应当重新提交独立的授权委托书。区别仅在于，如果是涉外代理，该重新提交的授权委托书不必经所在国公证机关公证及经我国驻该国使领馆的认证。但基于复议审查的方式主要是书面审，通常情况下不需要专利代理人来国家知识产权局进行口头审理，通常情况下也不需要代理人再提交意见陈述书。因为，为了节约程序，在缺少授权委托书的情况下，如果代理机构没有补正委托书，则法律事务处将会以该代理机构作为收件人来对待。即复议决定书仍然寄交专利代理人，但在复议决定代理事项中将不再填写专利代理机构。建议专利代理机构在代理复议申请时，提交复议程序的授权委托书。这样不仅可以规范复议程序中的代理，还可以据以确认专利代理机构为客户利益付出的劳动。

三、应当了解复议申请的受案范围

在复议程序中，时常发生专利代理人对复议申请的受案范围不清楚的情况。如法律事务处时常收到专利代理人代理客户提出的复议申请，但是针对的是专利复审委员会所作的程序上的行为，如无效宣告请求不予受理通知书，这说明专利代理人对复议的范围仍不太熟悉。尽管专利法没有规定专利复审委员会程序上的决定由谁进行救济，但基于专利复审委员无论是实体上的决定还是程序上的决定，均是以自己的名义作出，而不是以国家知识产权局的名义作出，所以不能对其提出复议程序。可以要求专利复审委员会再次审查，对其审查决定仍不服的，可以起诉到北京市第一中级法院。

四、保持和法律事务处业务上的沟通

对于专利代理人来讲，相对于专利复审或无效宣告程序，行政复议程序事实上的利用率并不高，专利代理人对复议制度不很熟悉是正常的。有些专利代理人碰到程序上的麻烦，能及时来电话与法律事务处进行沟通。通过沟通很可能问题不需要复议就解决了，如果需要进入复议程序，也可以通过电话了解到提出复议时需要注意的事项。所以，强烈建议专利代理人遇到程序上的麻烦时，在提出复议申请前，通过电话与法律事务处进行沟通。如果是国家知识产权局的明显错误，法律事务处会直接介入流程进行更正，不必通过复议程序。即使需要提出复议，也可以保证复议申请的质量，更好地维护客户的利益。

第二十六节 复议案例评析

本节通过实际案例使读者对专利复议制度增强感性认识，了解具体案例对成文法进行补充的作用，了解专利行政复议案例的基本类型。

一、"纠错型"案例

"纠错型"案例涉及《专利法》《专利法实施细则》或《专利审查指南》

的规定很明确,但在操作上违反了该规定而发生的错误。本案(复字第930号)涉及的问题是:国家知识产权局可否强行依职权修改。

(一)案情介绍

某外国公司向国家知识产权局提出名称为"离合器(CLUTCH)的簧片和带有簧片的组件"的外观设计申请。审查员发出依职权修改通知书,指出该外观设计名称具有明显错误,产品名称应当改为"带有簧片的离合器组件",并指定1个月的期限让申请人提出意见。审查员没有等申请人回复意见,就使该申请案进入了授权的出版印刷程序。然后申请人提出书面意见不同意修改,对此审查员发出维持依职权修改的通知,该专利申请依审查员的修改意见进行了授权。当事人不服提出复议,在复议中提出了新的修改意见,要求按其意见修改。法律事务处作出第930号复议决定,内容有三点:一是撤销维持依职权修改的通知;二是要求外观设计审查部门在尊重申请人意见的基础上,在外观设计专利保护范围内确定名称;三是驳回申请人在行政复议程序中提出的新的修改方案。

(二)评析

(1)《专利法实施细则》第51条第4款规定,"国务院专利行政部门可以自行修改专利申请文件中文字和符号的明显错误。国务院专利行政部门自行修改的,应当通知申请人"。《专利审查指南》对该款规定作了扩大的解释性规定,即规定可以对"明显的产品名称错误"进行依职权修改。该扩大的解释是必要的,但在执行时仍不能脱离细则的规定。

(2)《专利法实施细则》第51条规定,依职权修改程序,仍是专利审查中的修改程序,只是为了简化和节约程序,不再事先通知申请人,而由审查员直接对明显的错误进行修改,事后通知申请人。该修改仍应当认为是申请人自己的修改,强行依职权修改是违反《专利法实施细则》第51条规定的。

(3)本案中依职权修改名称并非是由于该名称中的错别字或者表述上的语法错误,或者是其他从错误中能直接导出正确原意的"错误",而是涉及名称的修改是否符合外观设计申请的单一性问题,该问题并不是《专利法实施细则》和《专利审查指南》规定的依职权修改的范围。

(4)结论:考虑到该申请已经授权,如果该申请不具有单一性,也不可能再进行分案,而不符合单一性不能作为无效的理由,故只有在现存的保护范围内,在考虑申请人的意见的基础上,由外观设计审查部门重新确定外观设计名称。

附:力凝动力技术有限公司不服依职权修改的复议决定(原文)。

力凝动力技术有限公司于2005年3月22日向我局提出名称为"离合器(CLUTCH)的簧片和带有簧片的组件"的外观设计专利申请。申请有七幅视图,包括:离合器簧片的主视图、离合器簧片的后视图、离合器簧片的左视图，还包括带有簧片的离合器组件主视图、带有簧片的离合器组件后视图、带有簧片的离合器组件右视图和带有簧片的离合器组件仰视图。经审查，我局于2005年7月27日向力凝动力技术有限公司发出"审查员依职权修改通知书"，在该通知书中指出该外观设计名称具有明显错误，产品名称应当改为"带有簧片的离合器组件"，同时也指出其他错误，如视图称谓的错误。在该通知书后，亦注明了申请人如果对依职权修改有不同意见，应当在收到通知之日起1个月内向专利局提出书面意见。该依职权修改通知书发出后，我局于2005年8月10日对该申请发出了授权通知书。力凝动力技术有限公司于2005年9月2日向我局提交了其不同意修改外观设计名称的意见，认为该外观设计名称应当修改为"离合器组件及其簧片"，理由是其申请的视图具有两个部分，即离合器组件和其簧片。我局于2005年11月30日向力凝动力技术有限公司发出通知，该通知认为"一件外观设计申请应当限于一种产品所使用的一项外观设计。代理人建议修改的产品名称'离合器组件及其簧片'明显表现的是两种产品的两项外观设计，属于不规范的产品名称，因此，审查员维持原依职权修改的产品名称不变"。该专利申请于2006年1月4日被我局授予专利权（专利号：200530009235.9）。力凝动力技术有限公司于2006年1月24日向我局提出复议申请，认为我局依职权修改不符合专利法实施细则第51条和审查指南的规定，要求通过复议将该外观设计的名称修改为"用于离合器组件的簧片"。

经复议审查，我局认为：专利法实施细则第51条第1款、第2款和第3款是关于申请人主动修改申请文件的规定，而该条第4款是关于我局依职权修改申请文件的规定。该款规定"国务院专利行政部门可以自行修改专利申请文件中文字和符号的明显错误。国务院专利行政部门自行修改的，应当通知申请人"。我局审查指南对该款规定作了扩大的解释，即在第1部分第3章第4.3.3节中规定，在外观设计申请的初审中，可以对"明显的产品名称错误"进行依职权修改。审查指南该扩大的解释是必要的，但在执行时仍不能脱离细则第51条的规定。应当认为，细则第51条规定依职权修改程序，仍是专利审查中的修改程序，而非细则第57条的更正程序。只是为了简化和节约程序，不再事先通知申请人，而由审查员直接对明显的错误进行修改，事后通知申请人，该修改仍应当认为是申请人自己的修改。因此，当申请人不同意我局依职权修改时，往往修改的内容已经超出了"文字和符号的明显错误"，在这种情况下，即使我局依职权修改的方案更为合理，也要与申请人协商并取得申请人的同意。本案我局在依职权作出修改后，给予申请人以发表意见的机会是正确的。但在申请人不接受我局修改方案时，强行依职权修改是不适当的。而本案发明名称是否错误的问题，事实上已经超出了依职权修改的范围。本案依职权修改名称并非是由于该名称中的错别字或者表述上的语法错误，或者是其他从错误中能直接导出正确原意的"错误"。而是涉及名称的修改是否符合外观设计申请的单一性问题，该问题并不是《专利法实施细则》和《审查指南》规定的依职权修改的范围。

综上所述，应当认为我局在本案申请人不同意依职权修改的情况下，仍坚持依职权修改的做法是不正确的。鉴于该专利申请已经授权，应当允许申请人在本专利的保护范围内确定其外观设计名称。另外，复议申请人在复议申请中提出了新的修改方案，由于复议程序并不能替代审查员进行修改，故复议申请人该要求不能满足。

根据《中华人民共和国行政复议法》第28条第1款第3项第5目的规定以及《中华人民共和国专利法实施细则》第51条第4款和《国家知识产权局专利审查指南》第1部分第3章第4.3.3节的规定，决定：1. 撤销我局于2005年11月30日作出的维持原依职权修改产品名称的通知；2. 外观设计审查部应当在考虑和尊重申请人意见的基础上，在本专利的保护范围内重新确定该外观设计的名称；3. 驳回复议申请人要求在复议程序中将该外观设计名称修改为"用于离合器组件的簧片"的复议请求。

二、"澄清型"案例

"澄清型"案例，涉及《专利审查指南》虽有规定但不明确，而复议决定"澄清"了《专利审查指南》规定不清楚的地方。本案（复字第706号）涉及的问题是：在先申请一部分人转让优先权，能否成立。

（一）案情介绍

O2米罗克公司向国家知识产权局提出发明专利申请B，同时要求在美国的在先申请A（临时申请）的优先权，A申请有5个申请人，在优先权转让证明上只有2个人申请人签字，但申请人并未声明其他3个申请人不是在后B申请的发明人。国家知识产权局以没有全体在先申请人签章为理由拒绝承认优先权。当事人不服提出复议，并在复议中说明其他3人并不是在后B申请的发明人，并提交了该3人的声明。法律事务处作出第706号复议决定，撤销了原决定。

（二）评析

（1）要求优先权的客体是在先申请中的技术方案，当在先申请有数个技术方案时，可能将一部分技术方案作为在后申请优先权的基础。

（2）要求在先申请的一部分技术方案优先权时，可能发生在后申请人是在先申请部分的申请人的情况。

（3）当在后申请人是在先申请部分的申请人时，该部分申请人有权转让优先权，其他在先申请人无权转让。

（4）虽然《专利审查指南》规定"要求优先权的后一申请的申请人与在先申请文件副本中记载的申请人应当一致，或者是在先申请的申请人之一"，但在签章问题上仍统一要求全体签章，没有考虑到本案发生的情况。

（5）在案件落入没有明确规定的情况下，复议决定可以根据《专利审查指南》规定的原则和逻辑进行"澄清性"的弥补。

(6) 结论：考虑到申请人在一开始并未说明在先申请中只有 2 个人是本申请的发明人，国家知识产权局在不知情的情况下，作出优先权视为未提出的决定是正确的。但在行政复议程序中，当事人提交了其他在先申请人的声明后，应当实事求是地允许在后申请享有在先申请优先权。

附：O2 米克罗公司不服不予恢复其优先权的复议决定（原文）。

复议申请人 O2 米克罗公司委托中国国际贸易促进委员会专利商标事务所于 2002 年 8 月 21 日向我局提出名称为"可重新配置的闪速媒体读取器系统"的发明专利申请（专利申请号：02152905.1），同时要求分别于 2001 年 8 月 21 日和 2001 年 11 月 30 日在美国提出的两项在先申请的优先权（申请号分别为：60/314，107 和 09/998，437）。经我局初步审查，发现该两件在先申请文件副本中的权利人和该专利申请的申请人记载不一致，根据专利法实施细则第 32 条第 2 款的规定，我局于 2003 年 1 月 10 日向复议申请人发出视为未要求外国优先权通知书，并在通知后告知恢复优先权的期限和手续。2003 年 1 月 29 日，复议申请人向我局提出了恢复优先权请求，同时附有优先权转让证明。我局对该恢复权利请求及附件进行了审查，以所提交的转让证明生效日在申请日之后为理由，于 2003 年 2 月 28 日向复议申请人发出办理恢复手续补正通知书，要求复议申请人在收到通知之日起一个月内纠正该缺陷。复议申请人于 2003 年 4 月 9 日向我局补交了新的权利转让证明。我局于 2003 年 6 月 13 日分别作出两件优先权恢复请求审批决定书，一是决定恢复该专利申请享有在先第 09/998，437 号申请的优先权，二是不同意恢复该专利申请享有在先第 60/314，107 号申请的优先权，理由是该优先权转让证明未经全体在先权利人签章。复议申请人 O2 米克罗公司对此不服，于 2003 年 8 月 27 日向我局提出复议申请，以我局审查指南与专利法及其实施细则的相关规定相违背、该发明专利申请只是要求在先第 60/314，107 申请中的"相同主题"的优先权、而且"相同主题"的发明人仅为韩庆勇和罗金仁，该在先第 60/314，107 申请的其他三个权利人不应当签字。该发明的权利要求与第 09/998，437 号申请权利要求完全相同，且第 60/314，107 申请为第 09/998，437 号申请的临时申请，要求我局同意恢复该发明专利申请享有第 60/314，107 号申请的外国优先权。同时，复议申请人向我局提交了第 60/314，107 号申请其他三个发明人确认其并非本发明专利申请的发明人的声明原件。

经复议审查，我局认为：根据我国专利法第 29 条、专利法实施细则第 32 条和第 33 条的规定，在后申请只能对在先申请中的相同主题要求优先权。如果在先申请具有一个以上主题（一个以上技术方案）的情况下，在后申请可以就其中一部分主题（一部分技术方案）要求优先权。我局专利审查指南第 1 部分第 3.2.1.4 节亦明确规定"要求优先权的后一申请的申请人与在先申请文件副本中记载的申请人应当一致，或者是在先申请的申请人之一"。即当在先申请为多个申请人的情况下，如果在后申请仅要求在先申请一部分主题（一部分技术方案）的优先权时，在后申请的申请人可以是在先申请的申请人中的一部分。在发生优先权转让的情况下，当然仅该部分申请人有权签署优先权转让证明，而其他在先申请人无权签署优先权转让证明。显然，我局审查指南该节规定是对专利法和细则规定的细化，是符合专利法第29条、细则第32条和第33条规定的。复议申请人O2米克罗公司认为我局审查指南该节规定不符合专利法及其实施细则的规定，该认识是错误的。

从美国专利与商标局向我局出示的证明及第60/314,107号专利申请文件副本中可以认定，该申请为在美国的临时申请，而第09/998,437号申请为在美国的正式申请。而本案发明专利申请要求的第60/314,107号在先申请有5个申请人，而仅韩庆勇和罗金仁两个申请人在优先权转让协议上签字。虽然复议申请人提出恢复该优先权请求时，并未向我局说明该在先申请其他三个申请人并不是本专利申请的发明人。只是在复议过程中，复议申请人进一步说明了该问题，并向我局提交了该在先申请另外三个申请人声明原件，声明该三人并不是在我国提出的该发明专利申请的发明人。但该转让协议并不能因为复议申请人在恢复优先权时没有说明其他三个申请人没有签署协议的权利而失去法律效力。根据我国专利法实施细则第32条的规定"在先申请人的姓名或者名称与在后申请人姓名或者名称不一致的，应当提交优先权转让证明材料"，复议申请人提供的优先权转让证明应当认为是符合上述规定的。当出现在先申请有多个申请人，而签署优先权转让协议仅其中一部分人时，相对人应当向我局予以解释。而我局在必要时亦应进一步了解其余申请人是否为要求优先权专利申请的发明人。本案由于复议申请人在恢复权利时并未向我局说明，我局发明初步审查部门亦未再进一步了解、误以为该在先申请的五个发明人均是本发明专利申请的发明人，故于2003年6月13日作出优先权恢复请求审批决定书、拒绝恢复该专利申请享有在先第60/314,107号申请的优先权。无论如何，由于复议申请人提供的优先权转让协议是符合专利法实施细则第32条规定的，是具有法律效力的协议，我局应当根据该协议确认本发明专利申请可以享有在先第60/314,107号申请的优先权。由于发明专利申请的初步审查不可能对优先权进行实质性的核实工作，故在初审中不可能对本发明的主题与在先两个申请的主题的同一性作出结论。如果在实质审查过程中，经对优先权的核实，认为本发明与第60/314,107号申请的主题并不相同，本发明专利申请优先权的享有，则应以实质审查时的核实为准。

综上所述，根据《中华人民共和国专利法》第29条，《中华人民共和国专利法实施细则》第32条、第33条，《国家知识产权局专利审查指南》第1部分第3.2.1.4节和《中华人民共和国行政复议法》第28条第1款第（3）项第1目的规定，决定撤销我局于2003年6月13日作出不予恢复该发明专利申请享有第60/314,107号申请优先权的审批决定书。

三、"补漏型"案例

"补漏型"案例是指案件发生的情况《专利法》《专利法实施细则》及《专利审查指南》均没有规定，而通过复议决定来补充这一"立法漏洞"的案例。本案（复字第756号）涉及的问题是：2000年签订的转让合同，到2003年还能否作为转让的依据。

（一）案情介绍

某专利在国家知识产权局登记的专利权人为金某，2003年12月迈进公司持2000年5月与金某签订的权利转让合同进行变更，审查部门批准了变更。金某不服提出复议，以其未签订过该合同为理由，要求撤销该变更行为，法律事务处作出第756号复议决定撤销了变更行为，恢复了金某专利权人的地位。

（二）评析

（1）《专利法》第10条规定，"转让专利申请权或者专利权的，当事人应当订立书面合同，并向国务院专利行政部门登记"。

（2）《专利法实施细则》和《专利审查指南》均没有规定合同签订后多长时间内进行登记。

（3）无论如何，签订合同3年后再来登记，从合理性角度出发，应当让双方当事人重新确认，否则不能作为依据。

（4）合同签订仅产生"成立"的法律效力，并不当然具有强制性登记的效力。合同的成立是指合同签订后产生的对双方当事人的约束效力，当合同的成立和合同的生效不同步时，合同成立形成的债不具有强制执行的法律效力（如双方当事人签订了房屋买卖合同，但到过户时卖方反悔，买方不能要求法院强制执行，但卖方事先支付的定金归买方）。专利权转让合同签订后，一方反悔不到国家知识产权局登记，另一方不能要求法院强行登记，因为合同并未"生效"，但违约方应当向对方承担违约责任，专利权转让合同相当于合同法中的"要物合同"或"实践性合同"。

（5）专利权转让合同只有经登记才生效。通常一般性的合同成立时即生效（如"一手交钱，一手交货"和定期付货的买卖合同），但规定登记为生效要件的情况下，登记后生效。专利权转让合同即属于后者，还有房屋买卖合同等。另外，"成立"与"生效"不同时发生的合同以及附条件或附期限的合同，在条件或者期限成就后生效。登记生效的合同，其所有权转移在登记时发生，即合同登记后，原合同中的债权人转为专利所有权人。

（6）结论：有的国家专利法中有合同等行为登记的时间规定，如美国专利法第261条规定为3个月，英国专利法第68条规定为6个月。我国目前尚没有这样的规定，如果作这样的规定，亦应当放在《专利法》中规定为妥，而不宜放在《专利审查指南》中规定，因为该问题仍属于合同生效形式要件的组成部分。当然，《专利审查指南》可以换个角度规定，即规定超过3个月的，应当要求双方当事人重新确认；经确认无误后，再行登记，即仍承认该合同的法律效力；经确认有一方反悔或发生其他纠纷的，即不予登记。修改《专利审查指南》之前，审查部门应当亦可以这样操作，并写入操作规程。要求当事人确认一下，对双方当事人均是有益的。

附：金钟仙不服著录项目变更的复议决定（原文）。

复议申请人金钟仙于1999年4月6日提出名称为"防止下水道倒流的设备"的国际申请，国际申请号为：PCT/kr99/00182。该国际申请于2000年6月5日进入中国国家阶段，专利代理机构为上海专利商标事务所，代理人为吴明华。该申请经我局审查，于2003年3月5日授予专利权（专利号：99801762.0），专利权人为金钟仙。专利代理机构仍为上海专利商标事务所，代理人仍为吴明华。2003年12月16日，我局收到本案第三人韩国迈进（MAGIC KOREA）株式会社委托北京金之桥知识产权代理有限公司提交的著录项目变更申报书，要求将该专利权人由金钟仙变更为韩国迈进（MAGIC KOREA）株式会社。并附有金钟仙和韩国迈进（MAGIC KOREA）株式会社于2000年5月签订的专利权转让协议（韩文），同时附有翻译成中文的"专利权转让和许可实施合同书"，在该译文中，有"转让ZL99801762.0号中国发明专利权"的内容，但该译文没有金钟仙的签章。同时，还附有北京金之桥知识产权代理有限公司代为办理权利转让事宜的委托书。2003年12月18日，我局收到北京金之桥知识产权代理有限公司提交的意见陈述书和"解除委托声明"（该声明为中文），该声明称"金钟仙为ZL99801762.0号、名称为防止下水道倒流的设备的专利权人，现解除对原代理机构上海专利商标事务所的委托，特此证明"，该声明中有金钟仙的签字，声明的签署时间是2003年12月9日。2003年12月22日，我局收到了北京金之桥知识产权代理有限公司再次提交的意见陈述书和著录项目变更申报书，要求将专利权人金钟仙变更为韩国迈进（MAGIC KOREA）株式会社。我局于2004年1月2日作出视为未提出通知书，以该著录项目变更"新权利人签章的代理人委托书中仅指明代理变更转让事宜，不符合《专利法》第19条第1款的规定"等为理由，拒绝了该变更请求。2004年1月6日，北京金之桥知识产权代理有限公司向我局补交了专利代理委托书，明确北京金之桥知识产权代理有限公司为新的权利人的"全程专利代理人"。2004年2月6日，我局再次发出视为未提出通知书，以专利权转让协议翻译件中的新的权利人名称与著录项目变更申报书中的名称不一致为理由，拒绝了上述变更请求。2004年2月3日，我局收到北京金之桥知识产权代理有限公司修改后的翻译文本，该文本上的新的权利人名称与著录项目变更请求书中的名称相一致。我局于2004年2月27日向上海专利商标事务所专利代理人吴明华发出手续合格通知书，告知金钟仙该专利权人变更为韩国迈进（MAGIC KOREA）株式会社。而专利代理机构变更为北京金之桥知识产权代理有限公司。同时，亦向北京金之桥知识产权代理有限公司的专利代理人发送了该通知。2004年9月14日，我局收到了金钟仙委托北京市德琦知识产权代理有限公司提出的复议申请书，以其从未向韩国迈进（MAGIC KOREA）株式会社转让过该专利权为理由，要求我局撤销该专利权的变更行为。在提出复议申请书的同时，还向我局提交了经韩国公证部门出具的公证书和我国驻韩国大使馆领事部的认证书。以证明其委托北京市德琦知识产权代理有限公司向我局提出复议申请。

经复议审查，我局认为：我国《专利法》第10条规定："转让专利申请权或者专利权的，当事人应当订立书面合同，并向国务院专利行政部门登记。"该规定不仅应当理解为相关权利的转让必须向我局提交转让的书面合同，而且还应当理解为该书面合同体现了转让双方当事人向我局提出转让时的真实意思。而本案新权利人韩国迈进（MAGIC KOREA）株式会社向我局提交的转让合同，是双方当事人于2000年5月签订的，而向我局提交的时间是2003年12月16日，时间已经过了3年多。我局如果依据该合同变更权利人，应当通知原权利人金钟仙确认该合同的真实性及该合同是否代表其当前的意思。即我局只有在该合同代表金仲仙真实意思的情况下，才应当批准权利的转让，在没有弄清该3年前的合同是否代表金仲仙当前真实意思的情况下，我局即批准了变更是不当的，故我局应当将该专利权的所有人恢复为金仲仙。

综上所述，根据《中华人民共和国行政复议法》第28条第1款第（3）项第2目、及《中华人民共和国专利法》第10条的规定，决定撤销我局于2004年2月27日作出的批准该专利权人变更的手续合格通知书，确认在我局登记的专利权人为金仲仙。

专利行政复议部分结束语

专利行政复议制度是我国在建立专利制度以后，根据实际需要及参照其他国家的立法，"追加"的一个没有进入流程的专利审查制度。其相当于三种专利的初审和流程管理程序的"小复审"。对内来讲，如果说专利质检制度是对审查质量的主动控制，那么，专利复审、专利无效宣告以及专利复议制度则是对审查质量的被动控制。对外来讲，专利复议是对行政相对人追加的除复审和无效宣告制度以外的行政救济制度。

 练习思考题

1. 《专利法》中没有规定专利行政复议制度，为何该制度也是专利审查制度的一部分？
2. 《国家知识产权局行政复议规程》与《行政复议法》是"下位法"与"上位法"的关系，还是"特别法"与"普通法"的关系？

3. 为什么说专利复议的受案范围是专利复审委员会管辖以外的国家知识产权局作出的具体行政行为？

4. 专利行政复议制度是"选择"程序还是"前置"程序，即提出行政诉讼是否必须先经复议？

5. 对《专利审查指南》有意见能否提出行政复议？

6. 对国家知识产权局的操作规程能否提出行政复议？

7. 对补正通知书有意见能否提出行政复议？

8. 提出复议申请的同时，能否提出行政赔偿请求？

9. 国家知识产权局恢复一项专利权的，在该专利权终止时，被控侵权人能否针对恢复行为提出复议申请？

10. 国家知识产权局审理复议案件是否必须进行口头审理？

11. 能不能对实用新型和外观设计专利性评价报告提出复议申请？

12. 对专利复审委员会的无效宣告请求不予受理通知书能否提起行政复议？

第六章

以国家知识产权局为被告的行政诉讼

 本章学习要点

专利制度不是一个自给自足的封闭体系,《专利法》《专利法实施细则》中有规定的固然属于专利制度的一部分,但《专利法》《专利法实施细则》中没有规定的制度亦可能属于专利制度的一部分。《专利法》《专利法实施细则》中仅规定以专利复审委员会为被告的复审和无效宣告诉讼,并没有规定以国家知识产权局为被告的行政诉讼。但依据国家《行政诉讼法》的规定,行政机关作出的具体行政行为通常情况均是可诉的,国家知识产权局作出涉及审查的具体行政行为,除驳回决定以外,均可能直接接受司法审查,法院对这部分具体行政行为的审查,也是专利制度的重要组成部分。法院对国家知识产权局具体行政行为的司法审查,仅限于合法性审查,原则上不包括合理性审查。国家知识产权局在应诉中,对积极的事实行为负有举证责任,对消极的事实不负有举证责任,但对规章以下的规范性文件负有举证责任。法院针对国家知识产权局的判决,分为撤销、变更、履行和确认四种类型。法院判决生效后,应当产生既判力,国家知识产权局应以事实行为、具体行政行为执行法院判决。

尽管以国家知识产权局为被告的诉讼每年仅10件左右,专利代理人代理客户参加该诉讼的几率并不高,但无论是否实际代理客户参加这类诉讼,全面和系统地了解以国家知识产权局为被告的诉讼制度,其意义应当超过参加诉讼本身。从我国行政诉讼法的视角了解涉及国家知识产权局的行政诉讼,还可以从侧面加深对复审和无效宣告诉讼的理解,从而对涉及专利审查的司法救济制度有一个全面的把握。

第一节 以国家知识产权局为被告的诉讼类型

广义的以国家知识产权局为被告的诉讼还包括以专利复审委员会为被告的诉讼，狭义的以国家知识产权局为被告的诉讼不涉及专利复审委员会，指相对人不服国家知识产权局所作决定直接起诉到法院的情况，还指相对人不服复议决定再起诉到法院的情况。另外，行政赔偿诉讼也属于以国家知识产权局为被告的行政诉讼。

以国家知识产权局为被告的行政诉讼类型，从不同的角度划分，可以作出不同的分类。

一、广义和狭义的行政诉讼

以主体来划分，可以分为以国家知识产权局为被告的行政诉讼和以专利复审委员会为被告的行政诉讼，即广义和狭义之分。广义的行政诉讼不仅包括以国家知识产权局为被告的行政诉讼，还包括以专利复审委员会为被告的行政诉讼。狭义的仅指以国家知识产权局为被告的诉讼。本章所述的行政诉讼主要指狭义的行政诉讼，如果涉及以专利复审委员会为被告的问题，亦仅限于程序。

二、未经复议和经过复议的行政诉讼

以是否经复议为标准，又可以分为两种情况：一种情况是当事人没有经过复议，直接起诉到人民法院的诉讼；另一种情况是当事人经过复议程序，对复议决定不服再起诉到人民法院的诉讼。根据我国《行政诉讼法》的规定，除法律另有明确规定必须进行"复议前置"的（如复审和无效宣告程序）以外，当事人均可以采取选择的方式，既可以直接针对行政机关作出的具体行政行为起诉到人民法院，也可以先行向行政机关提出复议程序；对复议决定不服的，再起诉到人民法院。由于我国《专利法》中没有对专利行政复议制度规定"复议前置"，所以，当事人对国家知识产权局作出的具体行政行为既可以先行提出复议，对复议决定不服的再起诉；也可以不经复议程序，直接向人民法院提起行政诉讼。但在有些国家则不同，如日本，虽然日本行政审判法（相当于我国的《行政诉讼法》）和我国一样规定，当事人对一般行政官厅的行为均可以进行救济程序的选择，或者先行复议，或者直接起诉到法院。但日本专利法明确规定了专利行政不服案件（相当于我国的行政复议）必须先行进行行政不服审查，否则不能起诉到法院。基于日本行政不服审查的范围还包括日本特许厅审判部（相当于我国的专利复审委员会）除驳回和无效宣告决定以外的具体行政行为，规定"复议前置"显然可以使审判部将应诉范围集中到复审和无效宣告诉讼案件中来。而当事人与审判部程序上的纠纷，可以通过行政不服程序来解决。即使当事人不服行政不服决定，审判部也不出庭应诉，而由行政不服审查班代表特许厅出庭应诉。而我国行政复议范围并不包括专利复审委员会程

序上的行为，所以，目前看来并没有特别的必要将复议程序规定为"前置"。但这客观上增加了专利复审委员会出庭应诉案件的范围，即专利复审委员会不仅会因复审和无效宣告诉讼出庭应诉，有时亦会因为程序上的行为，如复审请求不予受理或无效宣告请求不予受理这些行为而出庭应诉，一定程度上分散了专利复审委员会的审查力量，目前专利复审委员会正力图通过制度上的调整来解决该问题。

三、行政赔偿案件也属于行政诉讼

行政赔偿案件是一种特殊类型的行政诉讼案件，在实体内容上赔偿案件适用《国家赔偿法》的规定。但在赔偿程序上，尤其是涉及赔偿诉讼的程序上，根据特别法优先适用于普通法的原则，首先适用《国家赔偿法》的规定；《国家赔偿法》没有规定时，才适用《行政诉讼法》的规定，因为《国家赔偿法》相对于《行政诉讼法》来讲属于特别法。根据《国家赔偿法》规定的程序，行政赔偿请求人既可以在向法院提起行政诉讼的同时提出赔偿诉讼，也可以在提出复议时提出赔偿请求，并可在对复议决定不服时，一并向法院提出赔偿请求。除了针对国家知识产权局提出行政赔偿请求以外，还存在针对专利复审委员会提出行政赔偿请求的情况。专利复审委员会的实体审查是免责的，即对专利性的判断即使发生失误，也不承担行政失当或违法的责任，更不承担行政赔偿的责任。但专利复审委员会在程序上失当或违法，且造成相对人损失的，并不能完全排除承担赔偿责任的可能。故针对专利复审委员会提出的赔偿请求仅限于复审和无效宣告程序中发生的问题，尽管发生这样的情况很少，但毕竟专利复审委员会在法律上是一个独立的机关法人，不仅在理论上存在行政赔偿的可能，在实践中亦发生过以专利复审委员会为主体的行政赔偿诉讼。

第二节 以国家知识产权局为被告的司法管辖

我国司法体制为"四级两审"制，从级别管辖的角度讲，以国家知识产权局为被告的诉讼应当由中级人民法院管辖；从地域管辖的角度讲，应当由北京市第一中级人民法院管辖；在我国，以国家知识产权局为被告的诉讼和以专利复审委员会为被告的诉讼，在司法管辖上是相同的。

在谈到对国家知识产权局具体行政行为的司法管辖时，应当对我国的司法制度有一个简要的了解。

一、我国司法体制简述

概括来讲，我国司法体制可以用"四级两审"这一句话来概括。"四级"是说在我国法院分为四个级别，而且这四个级别分别对应于自己的行政区划。如一个人民县设立一个县人民法院，一个地区设立一个中级人民法院，一个省设立一个高级人民法院，全国设立最高人民法院。"两审"是指一件诉讼案件两审终审，如果一审法院是县人民法院，中级人民法院就是终审法院；如果一审法院是中级人民法院，高级人民法院就是终审法院。该特点决定了我国终审级别较低，大多数案件不出省就终审了。而实行三审终审的国家，大多终审权在最高法院。而且我国法院与行政区划——对应，而国外一审法院与行政区划相对应的较多，而二审往往就不对应了。即司法辖区与行政辖区是脱钩的，便于法院排除行政权的干预。同时，在案件管辖数量上也与法院的实际力量相对应，这些问题正是我国司法改革正在寻求解决的问题。

二、对国家知识产权局的级别管辖

根据我国《行政诉讼法》的规定，法院的管辖分为级别管辖和地域管辖，级别管辖是上下级法院对一审案件在管辖上的分工，地域管辖是同级法院对一审案件在地域上的管辖分工。根据《行政诉讼法》的规定，国务院直属部门（机关）作出的具体行政行为，由中级人民法院管辖。因此，在级别上，国家知识产权局作出的具体行政行为必须由中级人民法院进行管辖，而不能由区、县一级或者高级人民法院管辖。即以国家知识产权局为被告的案件应当由北京市第一中级人民法院管辖。我国的管辖情况与日本的管辖有相同点又有不同点，在日本，对特许厅行政不服决定（复议决定）提起诉讼的管辖法院是东京地方法院（相当于北京的中级人民法院）；但对特许厅审判部所作复审和无效宣告决定不服的，不到东京地方法院起诉，而是直接起诉到东京高等法院。原因是日本审判部的复审和无效宣告程序相当于一个司法审级，故节约了东京地方法院这一司法审级。不服东京高等法院判决的，在一定条件下可以上诉到日本最高法院。基于日本实行三审终审制，可以节约一个司法审级，我国由于实行两审终审制，所以目前还不能做到"节约"一个审级，即不服复议、复审、无效宣告决定的，均到北京市第一中级人民法院起诉；对一审判决不服的，可以上诉到北京市高级人民法院，北京市高级人民法院的判决是终审判决。

三、对国家知识产权局的地域管辖

北京市属于直辖市，但直辖市有一个特点，即虽然属于省一级，但缺少省所有的地区一级，理论上也缺少与该级对应的中级人民法院。但直辖市又不能只设对应于区的区县人民法院和对应于市的高级人民法院，于是北京市最开始就只有一个中级人民法院，仍是对应于"市"。但由于诉讼案件的增加，后来分为了两个中级人民法院，即第一中级人民法院和第二中级人民法院，我国其他直辖市也有类似的情况。可以说，直辖市的中级人民法院在我国是少有的没有和行政区划——对应的法院，或者说是从司法辖区、地域上来管辖案件的法院。既然北京市存在两个没有和行政区划对应的中级人民法院，就存在划分这两个法院的司法辖区的标准问题。这两个法院的司法辖区大体是上以北京市"中轴线"为标准进行划分，中轴线以西的归第一中级人民法院管辖，包括西城区、宣武区、海淀区等；以东的归第二中级人民法院管辖，包括东城区、崇文区、朝阳区等；但由最高人民法院、北京市高级人民法院指定的案件除外。涉及国家知识产权局和专利复审委员会的案件归第一中级人民法院管辖，一方面是这两个机关均在海淀区，另一方面也是北京市高级人民法院对两个中级人民法院在知识产权案件管辖上的分工。在许多大陆法系国家，如法国、德国等，均有专门的行政法院来管辖行政诉讼案件。但在我国没有专门的行政法院，只是在普通法院中设立行政审判法庭，但仍然依据行政诉讼法来处理行政案件。我国的情况与日本的情况相似，日本在第二次世界大战前有专门的行政法院，但战后由美国占领，美国属于"英美法系"，按美国人的观点，一切案件均要由同一种法院来处理。所以日本在战后取消了行政法院，而由普通法院适用《行政审判法》处理行政诉讼案件。我国由于法制建设与改革开放同步，1989年才建立起行政诉讼制度，当时无论是从经济上考虑，还是从行政法学研究的成熟程度考虑，均不可能建立行政法院。将来我国是否建立行政法院，亦处于学术研究阶段。根据最高人民法院的规定，对专利行政诉讼案件法院的内部管辖分工分为三个阶段：一是从专利制度建立到2002年，不服复审和无效宣告决定的案件由法院的知识产权庭管辖，不服复议决定和直接起诉到法院的，由行政庭管辖；二是从2002年到2009年，不服复审和无效宣告决定的案件由两个庭共同管辖；三是从2009年7月1日起，均由知识产权庭管辖。

第三节 以国家知识产权局为被告的案件类型

以国家知识产权局为被告的诉讼案件类型与行政复议案件的受理范围是基本相同的，主要仍在于专利审查中的具体行政行为，包括初审期间所作程序上的处分和个别实体上的处分、实审期间所作程序上的处分、权利维持期间所作程序上的处分。

根据《行政诉讼法》和《行政复议法》的规定，对行政机关作出的具体行政行为，相对人可以选择行政诉讼，也可以选择行政复议。因此，以国家知识产权局为被告的案件类型，原则上应当与上一章行政复议的受案范围相同。为避免与复议受案范围的简单重复，笔者想借此机会将国家知识产权局的具体行政行为进一步展开，以便于专利代理人在理解行政诉讼的受案范围的同时，更多地了解国家知识产权局的具体行政行为，尤其是审查程序中的具体行政行为。

一、不服专利管理方面的具体行政行为

国家知识产权局的职能主要是行政授权职能，但仍有一些属于外部行政管理方面的职能（这里所说的"专利管理方面"还包括布图设计），虽然这些职权很少或没有行使过，但评价一个制度的价值，不能看是否行使过权力。如有了强制许可制度，而人们通常很少感觉到该制度的存在；但如果一旦没有它，就一定会感觉它不存在带来的坏处。所以，仍有必要重视和进行列举。

(一) 强制实施许可决定

由于知识产权属于一种特殊的私有财产权，一般的私权不行使不会影响公众的利益，如家里的电冰箱用不用国家均不会干预。但专利权基于其具有并不限于特定财产的属性，它是一个抽象的排他性的技术方案，如果专利权人在社会需要的时候不允许他人实施，就可能构成滥用私权，公权力基于社会的利益就可能进行干预。专利强制实施许可就是公权力对私权利滥用的一种干预形式。而《专利法》规定由国家知识产权局代表国家行使这种权力，因此，这也是一种管理性的具体行政行为，尽管没有发生过，但如果发生，当事人不服仍可以起诉到法院，其诉讼性质仍属于行政诉讼。

(二) 终止强制实施许可决定

公权力对私权的滥用固然可以干预，但干预亦要有一定限度。如果私权的行使已经满足社会的需要，公权力应当解除对私权的干预，恢复私权的圆满状态，即国家知识产权局要代表国家作出是否终止强制实施许可的决定，对该决定不服的，相对人仍可以向法院提起行政诉讼。

(三) 布图设计非自愿许可决定

由于国家知识产权局行政授权或登记的客体不限于专利，还包括布图设计权的登记。所以，与专利对应的，逻辑上也存在对布图设计的非自愿许可的决定，相当于专利权的强制实施许可决定，故也存在起诉到法院的可能。

(四) 终止布图设计非自愿许可决定

道理同上。

(五) 对侵犯布图设计权所作行政处罚决定

国家知识产权局对外管理行为中，过去没有对侵权纠纷的处理职能，但在《布图设计条例》中规定了国家知识产权局依当事人的请求，可以对布图设计侵权行为是否构成进行认定，并可以在当事人的请求下作出停止侵权行为的决定，并可以没收、销毁侵权产品或者物品。当事人不服的，可以依行政诉讼法向法院起诉。该种行为的性质应当"一分为二"进行理解。

一种情况是依当事人的请求确认是否侵权和在确认侵权后依当事人的请求决定停止侵权，该种行为本质上属于"不告不理"的居间裁决民事纠纷的行为。但考虑到多年来地方专利管理部门对专利侵权民事纠纷进行居间裁决，而当事人不服的均是以地方专利管理机关为被告。所以，《布图设计条例》也规定了不服该种裁决的，要提起行政诉讼。但这样规定并不意味着当事人不服的，不可以再提起民事诉讼。因为根据最高人民法院对审理专利案件的司法解释的规定来看，人民法院受理专利侵权纠纷案件后，如果该纠纷已经由地方知识产权局处理过，法院将不受地方知识产权局处理决定的影响，即法院要重新作出是否构成侵权的判决。以该规定的逻辑来适用国家知识产权局所作布图设计是否侵权的决定，应当认为，国家知识产权局作出是否构成侵犯布图设计权的决定后，或者进一步作出停止侵权的决定后，该决定并不立即生效，不具有通常行政行为的"先定力"。当事人可以国家知识产权局为被告提起行政诉讼，甚至还可以对方当事人为被告提起侵犯（或不侵犯）布图设计权的民事诉讼。等法院判决生效后，如果判决的结果和国家知识产权局的决定一致，则国家知识产权局可以申请法院强制执行；如果法院判决结果与国家知识产权局的处理决定不一致，要以法院的行政判决或民事判决为准，国家知识产权局所作决定将失去法律效力。如果法院判决不侵权，国家知识产权局通常情况下仅承担败诉的诉讼费（行政诉讼），而不承担行政赔偿的费用（因为当事人不服起诉到法院时，国家知识产权局的决定并未执行，不会给当事人造成损失）。

另一种情况是行政处罚，即国家知识产权局所作的"没收、销毁侵权产品或者物品"的决定，应当认为是行政处罚决定，而不是居间裁决民事纠纷的行为，适用《行政处罚法》进行处罚。基于《布图设计条例》并没有像《专利法》一样明确行政处罚的类型（类似于专利制度中的假冒专利），但基于法理原则，应当认为只有在侵权人的行为侵害了"公"的管理秩序时，才应当给予上述行政处罚。如果仅仅是双方当事人之间"私"的争议，应当适用"私法自治"的原则，公权力不去干预。即应当理解为只有侵权人的行为不仅侵犯了"私"的权利，而且同时还有假冒行为时，国家知识产权局才可以作出"没收"的处罚，且要将没收的东西上缴国家。

所以，尽管《布图设计条例》在该问题上规定得很模糊，但我们在逻辑上仍要分清两种不同性质的决定。因此，只有上述国家知识产权局所作行政处罚的行为，才属于管理方面的具体行政行为。

（六）对专利代理人或代理机构的处罚

该种处罚是根据《专利代理条例》而实施的，即专利代理人或代理机构违反《专利代理条例》的规定，情节严重的，国家知识产权局可以根据惩戒委员会的意见，作出撤销专利代理机构或吊销专利代理人执照的处罚，被处罚的机构或人员可以向法院起诉。国家专利局曾经处理过一件这样的案件，即某一专利代理机构未经许可，在我国台湾地区开设办事处，该代理机构被国家专利局撤销，当事人不服提出复议，复议决定维持了原撤销决定；当事人不服复议决定起诉到法院，后当事人撤回了诉讼。

二、不服居间裁决方面的具体行政行为

居间裁决行为是否属于行政诉讼管辖，目前是个多少有些含糊的问题，但亦有必要介绍清楚。

（一）对专利强制许可使用费的裁决行为

即在国家知识产权局已经作出强制许可决定后，双方当事人就实施费达不成协议。此时，法律规定国家知识产权局可以居间裁决该费用，对裁决不服的，根据1985年最高人民法院的司法解释，应当由双方当事人作为原被告到法院进行诉讼（当时我国《行政诉讼法》还没有颁布），国家专利局并不作为被告。但根据后来最高人民法院关于行政诉讼的司法解释的规定，并没有排除行政机关因居间裁决民事纠纷而成为被告的可能。1985年的规定虽然早，但规定明确。后来的规定效力虽然高于在先的，但规定得不明确。所以，到底执行哪一个是个问题。目前来讲，这仅仅是一个纯粹的理论问题，实践中并没有这样的案件。但就过去地方知识产权局裁决专利侵权纠纷仍要当被告这一情形来看，如果发生这样的案件，亦可能由国家知识产权局当被告。

（二）对布图设计权非自愿许可使用费的裁决行为

道理同上。

（三）对布图设计侵权纠纷的裁决行为

如上所述，根据《布图设计条例》的规定，国家知识产权局还有依请求对侵犯布图设计的纠纷进行认定和决定停止侵权的权能。该种处理行为应当理解为行政机关居间裁决民事纠纷的行为，只是《布图设计条例》明确规定了当事人不服的，要依《行政诉讼法》提起行政诉讼。但该种"行政诉讼"并不是《行政诉讼法》中规定的通常意义上的行政诉讼，而是一种特殊类型的行政诉讼，是《布图设计条例》规定的行政诉讼。对于上述国家知识产权局对专利强制实施许可使用费的裁决，如果由国家知识产权局当被告进行行政诉讼，涉及原行政行为的"先定力"等问题，不能按普通行政诉讼来对待。

三、不服专利和布图设计审查中的具体行政行为

以国家知识产权局为被告的诉讼，集中在专利审查中的处分（含对布图设计所作决定），包括实体上的处分和程序上的处分。但基于《专利法》已经对驳回这一处分的救济程序作了明确规定，即无论是在初审中的驳回，还是在实审中的驳回，无论是初审中基于实体问题的驳回，还是初审中基于程序问题的驳回，均不能直接向法院起诉，而只能向专利复审委员会提出复审；对复审决定不服的，才能起诉到法院。以下述及的"程序上的处分"和"实体上的处分"均不包括驳回这一处分形式，当然也不包括对授权行为的再次审查，即无效宣告程序。

（一）初审期间的处分

1. 初审期间程序上的处分

在初审期间，国家知识产权局根据不同情况，可能对申请人发出不同的带有处分性质的通知书，这些通知书大多是基于程序上的原因作出的。比如，由于申请人没有在指定期限内答复或补正，或者没有在规定的期限内缴纳费用，审查员就要发出专利申请视为撤回通知书，该通知书即为程序上的处分。再如，初审期间发现在先本国申请已经授权，对在后的分案申请就要发出分案申请视为未提出通知书。还有如果超过申请日才提出要求优先权的请求，审查员就要发出视为未要求优先权通知书，从程序上拒绝其优先权请求。如果当事人认为上述通知发错了，可以提出复议申请，也可以直接向法院提起诉讼，尽管

大多数均是通过复议程序来解决，但亦有个别的通过诉讼程序解决。如果通过诉讼程序解决，法院是立案的。

初审期间可以提起诉讼的程序上的具体行政行为主要有：(1) 专利申请不予受理；(2) 专利申请日的确定；(3) 专利申请是否保密的确定；(4) 专利申请视为撤回；(5) 分案申请视为撤回；(6) 分案申请视为未提出；(7) 视为未要求本国或外国优先权；(8) 生物材料样品视为未保藏；(9) 视为未要求不丧失新颖性的宽限期；(10) 著录项目变更请求视为未提出（包括申请权转让、发明人变更等）；(11) 相关权利不予恢复；(12) 中止或结束中止（不包括法院的财产保全）。另外，根据 2009 年 10 月 1 日生效的新修订的《专利法》的规定，在中国完成的发明或实用新型，向外国申请专利的，应当事先报国家知识产权局进行保密审查。《专利法》中虽然没有规定具体的审查标准和程序，但包含这样的逻辑，即要作出审查决定。因此，国家知识产权局将增加一项具体行政行为，即对该种发明创造进行保密审查，并作出保密审查决定。该种审查虽然不属于专利审查程序，但为了节约审查资源，实际操作中仍放在初审部门进行，即和专利申请的保密审查放在一起。显然，依据《行政诉讼法》的规定，对此种保密审查决定不服的，是可以提起行政诉讼的，当然，也应当可以提起行政复议。因为，此种保密审查的相对人是有诉讼利益的，即一旦确认为属于保密的发明创造，相对人就不能再向外国申请专利了；或者如果私下里向外国申请了专利，再回到中国将不予专利保护。

2. 初审期间实体上的处分

在初审期间，国家知识产权局对申请人权利的处分大部分为程序上的处分，当然亦有初审中因明显实质性缺陷从实体上驳回的处分。但如前所述，对驳回决定不服的，不能直接去法院诉讼，而必须先行向专利复审委员会提出复审。但除了驳回这一处分以外，在初审中的个别情况下，还可能发生其他类型的实体上的处分。如在初审中，发现要求优先权的在后申请与在先申请主题明显不相干。比如，在先申请是一个机械挂钟，在后申请是一个电子手表，权利要求保护范围在于机芯部分。虽然先后申请均是涉及钟表的发明，但显然先后申请的主题明显不相干。初审部门可以发出视为未要求优先权通知书，该处分即属于实体上的处分，因为先后申请主题是否相同，涉及的后果是新颖性或创造性是否成立的实体问题。如果申请人对该处分不服，可以申请复议，也可以直接向法院提起诉讼。

那么，如何区分程序上的处分与实体上的处分？标准何在？区分程序上的处分和实体上的处分，不能简单地从通知书的名称上来区分，而应当从其处分的原因上来划分。如前面提到的视为未要求优先权通知书，超过申请日再要求优先权的，审查员也会发出视为未要求优先权通知书，这时的通知书就属于程序上的处分。再如，初审中的驳回决定亦有两种：一种是基于明显实质性缺陷而驳回的，当然该驳回属于实体上的处分。另一种是基于涉外代理机构的问题而驳回的，即驳回原因属于程序上、形式上的问题，则该驳回决定应当属于程序上的处分。那么，不服初审程序上的驳回为何要由专利复审委员会来管辖呢？这是基于我国《专利法》的规定，我国复审的范围较其他国家为宽，故初审中的驳回无论是基于何种原因，均可以对其提出复审。日本初审中的"驳回"（在日本被称为手续上的驳回），是不能提起复审的，只能提起行政不服，即提出复议。区分实体上的处分与程序上的处分，可以帮助我们更好地理解该处分的后果及其后续的救济程序。

初审中作出的除驳回以外的实体上的处分，目前仅有因主题不相干而作出的优先权视为未要求通知书，尚没有其他形式的处分。

（二）实审期间的处分

1. 实审期间程序上的处分

实审期间如果审查员认为某一申请不符合授予专利权的条件，其要作出驳回决定，该驳回决定当然是实体上的处分，不存在初审中因程序理由而被驳回的情况，对此只能先行向专利复审委员会提出复审，而不能直接起诉到法院。但实审期间亦有发生程序上处分的情况，如指定期限要求申请人克服申请文件的缺陷的，申请人没有在指定的期限内答复或补正，就视为申请人以不作为的方式放弃其自己的申请权。所以，主管实审流程的部门就要发出专利申请视为撤回通知书，该通知书即为程序上的处分。当事人认为有错误时，既可以选择行政复议程序来救济，也可以直接起诉到法院。再如专利申请被视为撤回时，申请人要求恢复而国家知识产权局没有给予恢复，不予恢复的决定也是一种程序上的处分，当事人亦可以选择司法救济的程序，即去法院起诉。

实审期间可以提起诉讼的程序上的具体行政行为主要有：（1）专利申请视为撤回；（2）著录项目的变更（包括申请人或发明人的变更等）；（3）相关权利不予恢复；（4）中止或结束中止（不包括法院的财产保全）。

由此看来，实审期间作出的程序上的处分种类，要比初审期间少许多，这也是因为实审的主要任务是进行专利性的实体问题的审查，如果审查员认为不符合授予专利权的条件，将作出驳回决定，对驳回决定不服的不能直接去法院起诉。

2. 实审期间实体上的处分

实审期间作出的除驳回决定以外的实体上的处分，根据《审查指南（2006）》的规定，只有一种。即在审查员发出修改文本不予接受通知书后，要求申请人在指定期限内提交符合《专利法实施细则》第51条规定的修改文件，而申请人虽然在规定的期限内提交了修改文本，但仍然未按审查员的要求进行修改。此时，审查员可以根据《专利法》第37条的规定，发出专利申请视为撤回通知书。该视为撤回通知书从形式上看是程序上的处分，但实质上是一种实体上的处分，理论上仍可以对其向法院起诉。但国家知识产权局于2008年11月27日发布了《审查指南修改公报》，将上述规定修改为：如果申请人答复审查意见通知书时提交的修改文本不是按照通知书要求作出的，审查员可以针对修改前的文本继续审查。即针对原文本该驳回的驳回，不再以程序上的处分处理实体问题了，显然该修改理顺了实体问题和程序问题的处分方式，该修改已经生效。《专利审查指南》亦保留了该规定。所以，应当认为，在实审期间只有驳回这一种实体上的处分，不存在驳回以外的其他实体上的处分了，自然也不存在不服实体上的处分直接起诉到法院的情况了。

（三）权利维持期间的处分

权利维持期间的处分是指授权后，国家知识产权局作出的涉及该专利权的处分，显然，在权利维持期间，最为主要的处分就是专利权终止决定。即由于专利权人没有在规定的期限内缴纳年费或者缴费不足，国家知识产权局作出该专利权终止的决定，专利权人如果认为有错误，可以选择复议或者起诉到法院。由于在权利维持期间对实体问题的处分只能发生在无效宣告程序当中，故如果将无效宣告程序除外，则在权利维持期间仅存在程序上的处分，不存在实体上的处分。当然，权利维持期间可诉的具体行政行为还包括专利权终止后要求恢复而不予恢复等。

权利维持期间可以提起诉讼的程序上的具体行政行为主要有：（1）专利权终止；（2）著录项目的变更（包括申请人或发明人的变更等）；（3）专利权不予恢复；（4）中止或结束中止（不包括法院的财产保全）。

以上述及了除复审和无效宣告以外的各个期间可以被直接提起行政诉讼的具体行政行为，所述及或列举的仅仅是国家知识产权局所有可诉具体行政行为中的一部分。除此以外，还包括当事人未直接起诉而先行提出行政复议，后对复议决定不服而起诉的情况。另外，某些可诉的具体行政行为，在初审、实审、权利维持期间均可能出现，甚至也可能出现在复审及无效宣告期间，如中止或结束中止这样的具体行政行为。总之，从国家知识产权局所作具体行政行为的可诉性来看，可以归纳出这样的规律或逻辑：实体上的具体行政行为主要是驳回决定和授权决定，要依专利法的规定，先由专利复审委员会复审或无效宣告请求审查进行"前置"审查，不能直接向法院起诉，即没有直接的可诉性。但程序上的具体行政行为，包括初审、实审、复审、无效宣告及权利维持期间所作的具体行政行为，均可以直接被起诉到法院。原因即在于实体问题涉及专业技术性问题，各国均规定了"前置处理"，而程序问题不涉及技术问题或涉及的是很明显的技术问题，法院可以直接处理。

（四）对布图设计审查期间的处分

根据《布图设计条例》和国家知识产权局发布的《布图设计条例实施细则》的规定，对布图设计的审查也是由国家知识产权局来进行。但基于对布图设计的审查仅限于初审，且布图设计的申请量亦不大，故对布图设计审查规定的程序相对专利审查来讲，要简单一些。涉及布图设计的具体行政行为主要有以下两种。

1. 审查期间的处分

由于对布图设计不进行实质审查，仅进行形式上的审查，故不存在实审期间的处分问题。在初审期间大体上有这样几种处分：（1）从程序上不予受理的行为。如商业利用已经超过 2 年的，不再予以登记，如果当事人不服，逻辑上应当可以提出复议，也可以提出行政诉讼；（2）在初审中要求申请人补正，而没有按时补正，国家知识产权局将作出布图设计申请视为撤回的决定，对该决定应当既可以提出复议，也可以直接提出诉讼；（3）布图设计申请视为撤回后的恢复问题，对不予恢复的，布图设计人可以提出复议，也可以直接诉讼；（4）权利进行转让，对国家知识产权局著录项目变更决定不服的，也可以提出复议或者诉讼。在审查期间，以国家知识产权局为被告的情况大体上是这些类型，尽管从来没有发生过这样的案件。需要提及的是，在初审中对布图设计也可能作出驳回决定，且是基于明显实质性问题，但对驳回的复审仍由专利复审委员会进行。对专利复审委员会维持驳回决定不服的，当事人可以在 3 个月内向法院提起诉讼。即在该问题上，和专利制度相同。

2. 权利维持期间的处分

考虑到布图设计权和专利权一样，亦是推定有效的一种无形财产权，且布图设计并未进行实质审查，故如果在登记后（相当于专利的授权），有人认为不应当登记的，可以向专利复审委员会提出撤销请求（相当于专利的无效宣告程序，只是名称叫撤销）。当事人对撤销决定不服的，可以在 3 个月内向法院提起行政诉讼。该程序和专利无效宣告程序相同，不存在以国家知识产权局为被告的问题。但在权利维持期间，仍会有权利的恢复、著录变更和权利的转让等行为，所以至少在这三种情况下在逻辑上有以国家知识产权局为被告的可能。

第四节　国家知识产权局诉讼客体的构成

被诉客体的构成解决的是什么样的行政行为可以作为诉讼客体的问题，国家知识产权局可以构成被诉客体的行政行为包括终局性的具体行政行为、不作为及某些外部事实行为。

上面谈到的国家知识产权局被诉具体行政行为的范围，是从"外延"的角度分析国家知识产权局都有哪些行为是可以被提起行政诉讼。而国家知识产权局被诉客体的构成，是从"内涵"的角度来分析哪些行政行为可以被提起诉讼。

一、具体行政行为

根据国家《行政诉讼法》的规定，行政诉讼客体限于具体行政行为。即国家知识产权局所发通知书如果构成具体行政行为，是可诉的；如果没有构成具体行政行为，则是不可诉的。构成具体行政行为，是指对相对人的权利进行了处分，如其专利权被终止；或者为其设定某种不利的义务，如处以滞纳金（执行罚）。如果国家知识产权局的通知书既没有对相对人的权利进行处分，也没有设定不利的义务，而仅仅是告知相对人应当做什么，则不属于具体行政行为。比如审查员发出补正通知书，告知相对人在一定期限内克服其申请文件中的缺陷，如果在此期限内没有答复，该专利申请将被视为撤回。该补正通知书在行政法学的分类上就属于行政告知行为，而不属于具体行政行为。因为该补正通知书仅仅是告知申请人其应当做的事情，如果在指定期限内不答复，其专利申请才被视为撤回，才要对其程序上的权利进行处分。如果申请人在指定期限内进行了答复，但未克服存在的缺陷，审查员就可能要驳回该专利申请，驳回专利申请才是对申请人实体权利的处分。因此，国家知识产权局的所有通知书中，行政告知行为是不可诉的。行政告知行为还有如初审合格通知书、实审届满前通知书等。另外，构成具体行政行为的通知还要有一定的终局性。如国家知识产权局在专利权人未缴纳年费的情况下，要发出缴费通知书，而缴费通知书具有双重属性，既有行政告知的属性，又有行政处罚的属性，滞纳金即行政处罚中的执行罚。但如果随后专利权人仍没有缴费，国家知识产权局就要作出专利权终止通知书。而这两个通知书均具有具体行政行为的特征，但由于缴费通知书此时已经不具有终局性，滞纳金效力已经被后续的专利权终止所"吸收"了。所以，此时权利人如果对缴费通知书提出中处以滞纳金有意见，也不能针对缴费通知书提出复议或者诉讼，只能针对专利权终止通知书提出复议或者诉讼。但专利权人可以在针对专利权终止通知书的复议或诉讼中，追诉是否应当处以滞纳金，即间接地审查前一个具体行政行为。如果经复议或诉讼审查，认为不应当缴纳滞纳金，自然缴费通知书是错误的。既然缴费通知书这一行政告知行为和执行罚均错了，后续的专利权终止通知书亦应当是错误的，最后可以撤销专利权终止通知、恢复该专利权的方式来对缴费通知书这一错误进行纠正。

二、不作为

即《专利法》《专利法实施细则》或《专利审查指南》规定国家知识产权局在某一阶段或某一时间应当作出某种行政行为，但国家知识产权局没有作出该行政行为，就属于不作为；或者虽然没有明确规定时间期限，但从法理逻辑上国家知识产权局应当作出而没有作出，也属于不作为，也属于被诉客体。《行政诉讼法》将不作为当做具体行政行为来对待，主要是行政机关的不作为往往要损害相对人的权利或者利益。因此，不作为也是可诉的。如在国家知识产权局审查力量相对不足的时期，时有发生当事人对国家知识产权局迟迟不能审结其发明专利申请提出复议或者诉讼的情形，法院即是以不作为来受理的。

三、某些外部事实行为

我国《行政诉讼法》并没有规定事实行为也是诉讼客体，但由于我国《行政诉讼法》规定的诉讼范围相对其他国家来说窄一些，既不包括抽象行政行为，也不包括事实行政行为。因此，客观上行政机关的事实行为如果发生错误,给相对人带来损害的,法院也会把行政机关的某些外部事实行为作为诉讼客体,只是将其作为具体行政行为来对待。

何为事实行为?事实行为分为内部事实行为和外部事实行为。内部的如部门之间的文件、文档交接,外部的如将专利申请进行公告等。具体行政行为包含了行政机关的意思、意志,如终止某人的专利权。而事实行为不体现或包含这种意思或意志。国家知识产权局对初审合格的发明专利申请自优先权日起满18个月进行公布、印制和出版、发行专利公报等行为,均是事实行为。如果某些外部事实行为发生错误,并可能给相对人带来损害,则涉及其的诉讼法院也是受理的。如在我国专利制度的初期,依据《专利法(1985)》的规定,实用新型专利申请经初审合格后要经公告异议程序,没有异议或异议不成立才能授权,国家专利局在公告前要通知申请人公告的时间。在操作中,由于排版印刷准备工作的需要,国家专利局一般在发出公告通知之日起3个月左右的时间进行公告。但当时国家专利局在给申请人的通知书中尚不能给出确定的时间,只能给出一个大概的时间。例如,某案中国家专利局通知当事人公告的时间是5个月以后,该通知的时间有些偏长,是欠妥的。该案实用新型专利申请的实际公告日比通知的公告日提前了1个月,而正好申请人在该月内就该技术重新提出了发明专利申请,申请人以国家专利局提前公告将破坏其发明专利申请的新颖性为理由,要求国家专利局提前后一发明专利申请的申请日。由于授权前的异议公告制度是《专利法(1985)》规定的制度,专利局在发出通知后3个月左右公告均属正常,是符合《专利法(1985)》规定的。专利局通知的时间偏长,但只是影响了申请人提出后一发明专利申请的计划,申请人以此要求提前后一发明专利申请的申请日是不符合法律规定的。当事人提出复议,要求提前后一发明专利申请的申请日,以避免其在后发明专利申请因国家专利局提前公告其在先实用新型而丧失新颖性。国家专利局作出第11号复议决定没有满足其请求,其向法院提出诉讼,法院受理了此案。法院受理此案即是将国家专利局的外部事实行为也作为了诉讼客体,法院这样做是正确的,并不违反《行政诉讼法》的规定,只是以司法判例的形式,对行政诉讼法的受案范围进行了补充。此案法院在判决中指出了国家专利局存在的问题,但认为该问题并没有构成违法,而申请人后一发明专利申请是否会因此丧失新颖性是不确定的,只是申请人主观的推测,即法院没有排除在实审过程中,国家专利局以其他理由驳回该申请的可能。所以,法院没有支持申请人的主张。当然,就该案来讲,如果法院认为国家专利局的行为违法,也不会满足申请人要求提前后一申请申请日的主张,但有可能判决国家专利局赔偿申请人的损失。

四、行政赔偿法意义上的事实行为

依据我国《行政诉讼法》的规定,诉讼客体限于具体行政行为,但根据我国《赔偿法》的规定,行政赔偿的范围又不限于具体行政行为,还包括事实行为,即行政赔偿的范围要宽于行政诉讼的范围。如果行政诉讼不包括行政赔偿，则法院应当将客体控制在具体行政行为；如果行政诉讼包括了行政赔偿，或者本身就是行政赔偿诉讼，则该行政诉讼的范围将扩大到事实行为。如在国家专利局亦曾发生过专利局审查员将文档丢失（后来又找到），造成申请案授权拖延的情况。当事人提出复议后，专利局作出第 137 号复议决定确认将文档丢失属于行政违法。后当事人起诉到法院，要求专利局进行赔偿。当事人针对就是专利局将文档丢失的行为，将文档丢失只能是事实行为，不可能属于专利局的具体行政行为，但该丢失行为仍是行政赔偿的客体。最后北京市第一中级人民法院作出（1996）一中行初字第 11 号判决，判决专利局赔偿当事人因此而造成的合理损失，专利局依该判决进行了赔偿。所以，行政诉讼的客体还包括进入行政赔偿程序后的事实行为。

第五节　法院对被诉客体的合法性审查

合法性审查，是指审查具体行政行为是否与法律规定相抵触，是否违反法律条款之间的逻辑要求，或者是否与立法宗旨、法律原则相违背。合理性审查是指对于存在两种以上选择且均不违法的情况下，哪一种选择更为合理的审查。法院对行政机关的具体行政行为原则上仅审查其合法性，而不审查其合理性。

根据《行政诉讼法》的规定，法院对行政机关作出的具体行政行为进行的是合法性审查，不进行合理性审查，对国家知识产权局同样亦应当采取该标准。但基于广义的以国家知识产权局为被告的诉讼，还包括复审和无效宣告诉讼，因此，首先要回答是在复审和无效宣告诉讼中，法院是否也采取合法性审查的原则，是否要区分合法性审查与合理性审查。回答是否定的，即在复审和无效宣告诉讼中，法院对实体问题不进行合法性与合理性的区分。为何不区分？因为专利复审和无效宣告诉讼，是《专利法》中规定的特殊的诉讼程序。其相对于《行政诉讼法》来讲属于特别法与普通法的关系，根据适用法律的规则，在特别法有规定时，不再适用普通法。《专利法》没有对复审和无效宣告诉讼作合法性与合理性审查的区分，故应当认为在复审和无效宣告诉讼中，法院并不适用《行政诉讼法》规定的合法性审查原则。专利性的判断有其特殊的规律，有严格的标准，不存在合法性与合理性的区别，或者说进行的均是合法性审查。

但是除复审和无效宣告诉讼以外的以国家知识产权局为被告的行政诉讼中，存在合法性审查与合理性审查的区别，甚至法院对复审与无效宣告的程序上的问题，也存在区分合法性审查与合理性审查的必要性。

何为合法性审查？即审查国家知识产权局的行为是否违法，或者说是否与法律的规定相抵触，或者与法律原则、法理、法律逻辑相抵触。其中的"法律"，包括国务院的行政法规。

合理性审查涉及在不违反法律的大前提下，在有两种以上选择时，行政机关作何选择更为合理的问题。即该问题由行政机关自己决定，法院通常尊重行政机关以抽象行政行为或者具体行政行为进行的合理性裁量。

对合法性审查与合理性审查应当把握两点：一是确有区分的必要性，二是有时事实上很难区分。如根据《专利法实施细则》的规定，如果当事人逾期没有缴纳年费，国家知识产权局有义务通知当事人，如果没有通知当事人，则是行政违法。但如果通知了，而通知的时间不适当，是否属于违法？曾发生过这样一个案例：国家专利局于9月2日发出缴费通知书，要求当事人于9月6日前补缴费用，显然在形式上是通知了，但当事人不可能在发出通知书后3天之内补缴费用。后由于当事人没有按指定时间补缴费用，该专利权被终止。当事人不服起诉到法院，法院作出（1994）中经知初字第166号判决，认为国家专利局违反《专利法实施细则》关于通知当事人缴费的规定，即构成行政违法，撤销了专利权终止通知书。法院的该认定就是正确的，因为《专利法实施细则》规定国家专利局有义务通知当事人，自然包含了应当给当事人充足的时间，如果不给这样的时间，虽然形式上通知了，没有"字面违法"，但实质上违反法律规定的逻辑要求。但反过来讲，国家专利局通知了当事人，到底需要给当事人留有多长的时间来缴费，则是一个合理性的问题。只要国家专利局给当事人留有了合理的时间，如当事人收到缴费通知书后还有1个月的时间进行缴费，而当事人认为专利局留1个月的时间不合理，认为应当留2个月时间，起诉到法院，法院应当会尊重专利局的选择，因为1个月已经足够当事人来缴费了。对于1个月合理还是2个月合理，法院会尊重专利局的选择，不对此进行司法审查，就体现了合法性审查原则。

第六节 针对国家知识产权局的判决类型

法院针对国家知识产权局的判决，通常包括撤销、履行、确认和变更四种类型。其中使用最多的是撤销（包括维持）类型的判决。

根据《行政诉讼法》的规定，如果行政机关的具体行政行为违法，法院判决有如下类型：一是撤销类型的判决，二是变更类型的判决，三是履行类型的判决，四是确认类型的判决。

一、撤销类型的判决

这是各国行政诉讼法均规定的一种判决类型，也是各国法院实施最多的一种判决类型。即法院如果认为行政机关的具体行政行为违反法律，往往只能撤销行政机关的行为。如果需要重新作出，也是由行政机关自己再作出，法院并不替代行政机关作出具体行政行为。这也是司法权不能替代行政权的法理原则的要求，这一逻辑包括复审和无效宣告诉讼案件。但在历史上曾经发生过北京市高级法院直接判决某专利权是否有效的情况，该判决性质上就属于变更判决，是违反行政诉讼法规定的。虽然《专利法》没有明确规定不服复审或无效宣告决定起诉到法院后，法院应当作出何种类型的判决，但是《行政诉讼法》第 14 条明确规定，"确认发明专利权的案件"由中级人民法院管辖。该"确认发明专利权的案件"并非专利权的归属纠纷案件，而是指对于三种专利申请是否应当授予专利权以及授予专利权后是否应当无效宣告的案件。所以，法院如果认为复审或无效宣告决定是错误的，只有依据《行政诉讼法》的规定判决撤销复审或无效决定，由专利复审委员会重新作出，而不能以司法权替代行政权，自己作出专利权是否有效的判决。在以国家知识产权局为被告的诉讼中也是这样，如果法院认为国家知识产权局的某一具体行政行为是错误的，如认为对专利权转让合同不予登记是错误的，法院可以撤销该不予登记的通知书，但不能替代国家知识产权局进行登记。当然，在大多数情况下，法院撤销国家知识产权局的决定后不需要国家知识产权局重新再作出一个决定。即使在这样的情况下，法院的判决仍然是撤销性质的判决。如国家知识产权局终止某一专利权的决定错误了，法院判决撤销了国家知识产权局的该决定，该专利权就自然恢复了，不需要国家知识产权局再作出一个恢复权利的决定。但此种情况下的判决，仍是撤销类型的判决，不属于变更类型的判决。

二、变更类型的判决

《行政诉讼法》只规定了在一种情况下，法院可以行使变更权，即行政机关的"行政处罚显失公正"。如仅应当对相对人进行罚款处罚，但行政机关给予了行政拘留的，法院可以直接撤销行政拘留决定，并同时判决对相对人处以适当数额的罚款。法律赋予法院在该问题上的司法变更权，并非违反司法权不得替代和干预行政权的原则，而是防止行政机关在行政处罚问题上滥用自由裁量权的一种手段。从该规定中可以导出这样的逻辑关系，即法院的合法性审查包括明显不公正的情况，即行政机关的处罚虽然并不违反法律的字面规定，但如果对相对人来讲是明显不公正的，此时，视为违法。但基于国家知识产权局对外行政处罚职能非常有限，仅《布图设计条例》和《专利代理条例》中规定有行政处罚的条款，如对布图设计的侵权人处以没收或销毁侵权物品等。如果国家知识产权局的处罚明显不公正，逻辑上不能排除当事人起诉到法院，并且法院撤销国家知识产权局的处罚决定，同时判决对当事人处以更轻处罚的可能。尽管事实上尚未发生过国家知识产权局对布图设计侵权人进行处罚的情况，但该种判决的类型在理论上仍是存在的。

三、履行类型的判决

即法院判决国家知识产权局于一定期限内履行某种行为的判决。判决国家知识产权局履行的行为大多为程序上的行为，如国家知识产权局通知不当，法院可能判决国家知识产权局重新发出某通知。甚至会包括事实上的行为，例如，根据《专利审查指南》的规定，联系人属于著录项目的范围，而根据《专利法实施细则》的规定，专利公报应当公告联系人这一著录项目，而国家知识产权局对某一权利人的联系人项目没有在专利公报中公告，法院判决国家知识产权局在一定期限内对该联系人事项在专利公报上进行公告，即属于履行类型的判决。

四、确认类型的判决

确认类型的判决往往发生在行政赔偿案件中，因为行政赔偿的前提是国家知识产权局某种行为违法，只有确认某一行为违法后，才可以考虑原告的赔偿请求是否应当满足。确认的客体亦往往是事实行为，例如，国家知识产权局专利登记簿登记发生失误，将专利权人的有效专利登记为"视为撤回"，并且在对外发行的光盘中亦有此记载，造成专利权人的损失。国家知识产权局得知该失误后，立即在数据库的登记中纠正了这一失误，但已经给权利人造成损失。专利权人起诉到法院，要求国家知识产权局进行赔偿。法院（2002）一中行初字第107号判决主文第一项就是"确认"国家知识产权局"法律状态记载行政行为违法"，而第二项才是判决国家知识产权局赔偿专利权人合理的损失。当然，除在赔偿案件中法院适用确认判决以外，在通常案件中法院也可能适用确认类型的判决。如专利权终止后当事人自行恢复了，但当事人认为国家知识产权局的终止决定是错误的，要求法院确认终止行为是错误的，并退回恢复费。此时，专利权终止通知书已经不具有任何法律效力，该通知书在客观上已经没有撤销的必要，法院所作判决只能是确认该通知书是否合法或正确的判决，即确认类型的判决。

需要提到的一个新问题是，《行政复议法实施条例》规定了一个新的结案方法，即行政调解。即在复议机关的主持下，原复议机关可以和相对人进行协商，并进行调解结案。可以肯定的是，这在行政诉讼中是不允许的，因为《行政诉讼法》明确规定了不适用调解这种结案形式。当然，在专利复审委员会的无效宣告程序中，存在合议庭询问无效宣告请求人与专利权人之间是否和解的程序，但即使当事人之间进行了和解，亦是由无效宣告请求人撤回无效宣告请求（条件往往是专利权人撤回侵权指控），不存在专利复审委员会与当事人之间达成协议的结案方式。但有学者提出将来行政诉讼法应当允许调解结案的方式，这属于学术研究的问题。从国外立法例来看，亦有国家规定了行政诉讼中行政机关与当事人之间的和解程序，即不排除以调解书进行结案的方式。但这类案件大都发生在行政机关享有较大行政自由裁量权的情况下。或许将来我国修改《行政诉讼法》时，会允许某些案件以调解形式进行结案，但在以专利复审委员会或国家知识产权局为被告的案件中，亦不会采取这种形式。因为涉及专利的案件无论在实体上还是在程序上，均有相对明确的标准，专利复审委员会或国家知识产权局不可能与当事人之间就是否授予专利权或专利权是否有效达成协议。当然，就行政赔偿案件来讲，在构成行政赔偿的前提下，行政机关就赔偿数额是可以与当事人进行协商的，即行政赔偿案件是可以调解形式结案的。

第七节 国家知识产权局在行政诉讼中的举证责任

国家知识产权局在行政诉讼中的举证责任包括对事实的举证责任，但对消极的事实没有举证责任，对证据转移时具有不完全的举证责任，对法院得不到的部门规章以下的规定具有举证责任。

根据《行政诉讼法》及最高人民法院的司法解释，在行政诉讼中，行政机关要对自己作出的具体行政行为负有举证责任，就国家知识产权局来讲，该举证责任应当包含如下含义。

一、对事实的举证责任

国家知识产权局对事实的举证责任，是指对作出的具体行政行为所根据的事实负有举证责任，但事实又分为积极的事实和消极的事实。

（一）对积极事实负有举证责任

什么是积极事实？什么是消极事实？发生了的事就是积极事实，没有发生的事就是消极事实。如国家知识产权局不予进行专利权转让合同变更登记，理由是当事人在合同中签章有误，在诉讼中，国家知识产权局对该合同原件中的签章有误负有举证责任。专利权转让合同是当事人向国家知识产权局提交的转让依据，是一种发生的客观事实，因此，就该积极的事实，国家知识产权局有义务在诉讼中向法院出示该证据。

（二）对消极事实不负有举证责任

消极事实是没有发生的事。国家知识产权局依据没有发生的事作出的通知很多，如当事人没有在指定的期限内进行补正，没有在规定的期限内缴纳年费，其专利申请就要被视为撤回，专利权就要被终止，国家知识产权局就要发出专利申请视为撤回通知书、专利权终止通知书。如果当事人起诉到法院，国家知识产权局如何进行举证？当事人起诉到法院肯定要主张自己已经进行了补正，或者主张自己已经按时缴纳了年费。这样，就存在一个矛盾，《行政诉讼法》规定行政机关要对自己作出的具体行政行为的事实负有举证的责任。即如果机械地按《行政诉讼法》的字面规定来操作，对于当事人是否进行了补正，或者是否已经缴了费，就要由国家知识产权局来证明，当事人可以免除其证明自己已经补正或已经缴费的举证责任，显然这是不公平的，也是国家知识产权局做不到的事。因此，在这样的情况下，应当以积极事实和消极事实的举证规则来处理，即应当利用前一章谈及的正确的法律解释方法，对《行政诉讼法》规定的举证责任从立法本意上进行限缩性的解释，即限定在积极的事实，而不包括消极的事实。应当由当事人自己对其主张的积极事实——其已经补正或者已经缴费进行举证。如果当事人提交邮局出具的与国家知识产权局交接的证明，证明国家知识产权局已经收到补正或者收到费用，则举证责任应再次转移到国家知识产权局，如果国家知识产权局进一步提供证明，证明虽然已经收到补正或者费用，但当事人将专利号写错，而该补正及费用无法进入专利文档（专利号写错是积极的事实），则举证责任将又转移到当事人一方。上述的过程亦是举证责任的"推进"过程，所以在举证责任的分担上，当原告主张的是积极事实而国家知识产权局主张的是消极事实时，应当适用由主张积极事实一方来承担举证责任的规则，而不能机械地从字面上来理解《行政诉讼法》的规定。事实上，多年来法院也是遵循了这一规则的。但是，国家知识产权局在答辩中称没有收到当事人的补正或费用，该陈述是否也是一种证明形式？回答是否定的，即国家知识产权局的该陈述属于答辩性质的意见，在该意见陈述中，国家知识产权局并没有使用任何证据证明任何事情。

（三）证据转移时负有不完全的举证责任

证据有时并非总在国家知识产权局，如曾发生这样一件诉讼案：国家知识产权局基于当事人没有在规定的期限内补正，作出专利申请视为撤回的决定。当事人不服，起诉到法院，声称其已经按时进行了补正，并提交了邮局与国家知识产权局进行交接的证据。此时举证责任转移到国家知识产权局一方，国家知识产权局再提出证据，说明该补正书没有专利号，依《审查指南（2001）》的规定该没有专利号的补正已经被退回申请人，并向法院出具了与邮局交接退件的交接单。于是，举证责任再次转移到当事人，即当事人应当向法院出具其收到的补正书原件，看是否有专利号。但当事人称没有收到该退件，于是举证责任再次转移到国家知识产权局，国家知识产权局向法院出具了已经通过邮局进行邮路查询的证明，但诉讼中邮局的查询结果尚未回来。由于没有当事人的补正书原件，不能最终确认相对人的补正是否有专利号，因此法院判决对该专利申请进行了恢复。判决后，国家知识产权局收到邮局的查询结果，邮局称由于其自身原因将邮件丢失，并表示愿意按《邮政法》的规定赔偿当事人。基于邮局的原因将退件丢失，没有证据进一步证明到底是谁的问题，国家知识产权局本着将"剩余利益让给当事人"的原则，执行了法院的判决。所谓"剩余利益"，就是裁判最后剩下的利益。证据被邮局弄丢了，行政诉讼中的双方当事人均不再承担举证责任。国家知识产权局接受了法院判决的结果，但不等于说国家知识产权局没有尽到法定的举证责任。应当认为，《行政诉讼法》所述的由被告行政机关承担举证责任，其本意是指行政机关掌握着证据，自然要由行政机关承担举证责任，但在证据已经转移的情况下，国家知识产权局应当仅负有有限的举证责任。考虑到保存证据的需要，《审查指南（2006）》规定对申请人提交的没有专利号等不符合规定的材料，通常情况下不再主动退还给当事人，但当事人要求返还的，国家知识产权局可以返还。

二、证据的形式

国家知识产权局在行政诉讼中向法院提交的证据主要是以专利文档为主的

书面证据，但亦不能排除其他证据形式，尤其是在将来。

（一）纸件原件

主要指专利文档中的材料，但在国家知识产权局的答辩状中所附的证据材料均为复印件，原件要在开庭质证时当庭出示，如当庭向法官出示当事人进行转让专利的合同原件等。

（二）电子数据库相关数据打印件

有些证据在专利文档中并没有记载，但在专利登记簿中有记载，但数据库又不能搬到法庭上。因此，只能将数据库中的相关记载打印下来，在法庭上提交。显然，在法庭上提交的打印件已经不是原件了，但基于不可能提交原件，因此只要当事人不提出质疑，其效力相当于原件。但如果当事人提出质疑，法官可以给当事人在开庭后一定时间内到国家知识产权局进行核对的权利，经核对无误的，法官再进行判决，事实上尚未发生当事人坚持查看数据库的情况。目前，国家知识产权局的专利审查工作正在实现无纸化，随着新的系统上马，向法院提交纸件原件的情况将大为减少（涉及纸件文档库中的证据的，仍有必要提交纸件）。因此，数据库的打印件将是今后向法院提交证据的主要形式。

（三）审查工作人员的书面说明

尽管专利局的各部门原来均有自己的办事规程，但毕竟不可能涵盖所有程序的细节，包括国家知识产权局统一制定的操作规程上马后，亦不可能涵盖所有程序的细节。有时，为了让法院了解国家知识产权局的工作流程，需要相关人员作出纸件的说明，由国家知识产权局的诉讼代理人提交法院作为证据来使用。这种情况大多发生在专利局当被告的初期，法院对专利局的工作流程还不太熟悉，需要审查部门作出操作上的说明。但在今后，也不排除这种证据形式的可能。尤其在纸件和数据库均不能说明问题的情况下，如申请人当面向国家知识产权局受理窗口提交材料，窗口工作人员当面处理的情况，就只能由窗口工作人员进行书面说明。但在以国家知识产权局为被告的诉讼实践中，基本上不存在国家知识产权局工作人员出庭作证的情况，但在理论上并不能排除这种可能性。

三、对规范性文件的举证责任

《行政诉讼法》规定被告行政机关负有举证责任，该举证的范围应当不限于作出具体行政行为所依据的事实，还应当包括法官所不知悉的内部规定，即内部抽象行政行为。主要是指专利局原办事规程等内部文件，目前国家知识产权局的操作规程也包括在内。这些内部规定没有对外部相对人设定任何权利或者义务，但在程序上仍是国家知识产权局操作的依据或内部标准。因此，在诉讼中国家知识产权局有时需要向法院出示这些规定，以让法院判断国家知识产权局所作具体行政行为是不是合法的、是不是符合操作规程的，即是否合理与适当。国家知识产权局的操作规程尽管不对外公开，但也不能认为是保密的。

只是基于该操作规程与外部当事人无关,故没有刻意对外公开的必要(如欧洲专利局的操作规则既不公开,但也不属于秘密)。如果有必要,不仅可以向法院提交,也可以对相对人公开。在过去的诉讼中,专利局向法院提交的内部规定,包括有关部门的办事规程、减缓费用的标准、专利权终止后恢复程序的规定(基于《专利法实施细则(1993)》没有规定专利权终止后的恢复程序,而实践和法理又需要这一程序)等。尽管从今天的角度来看,这些规定中有些应当对外公布,不应当算做内部操作规程,因为这些规定为外部当事人设定了标准或权利义务,如费用减缓的规定,现在已经用公告的形式对外公开了。但在专利制度的历史上,标准的掌握问题,一开始仍是作为内部规定来对待的。这些为外部相对人设定了标准的内部规定,就更应当向法院提供了。

第八节 国家知识产权局对法院判决的执行

法院针对国家知识产权局的判决确定后,将产生"既判力"。国家知识产权局执行法院判决的方式主要是:以事实行为执行法院判决、以具体行政行为执行法院判决。在法院判决生效后,任何一方当事人如果认为法院的判决是错误的,可以提出申诉程序。但申诉程序不停止生效判决的执行。

在述及国家知识产权局执行法院判决的方式时,首先还要述及法院判决的"既判力"问题,只有理解法院判决的"既判力",才能更好地理解国家知识产权局后续执行法院判决的不同方式。

一、法院判决的"既判力"

"既判力"这一概念是诉讼法学中的概念,引入该概念有助于专利代理人更为准确地理解法院判决的法律效力,及如何执行法院的判决。所谓"既判力",就是说法院判决生效后,产生的确定地法律效力。显然,如果北京市第一中级人民法院作出一审判决,该判决在上诉期限内,不产生既判力,即通常我们所说的判决未生效。但如果北京市高级法院维持了一审法院的判决,则一审法院的判决将产生既判力。而既判力的法律效力都体现在什么地方呢?可以简单地概括为以下几个方面。

(1) 对当事人的约束力。即对当事人产生一事不再理的法律效力,判决过的事项,当事人不能再要求法院进行裁决。

(2) 前诉判决对后诉法官的约束力。判决主文中的内容,对后诉法官具有约束力。即意味如果北京市第一中级法院判决确认国家知识产权局终止某项专利权的决定是错误的,后来诉讼的法官在涉及该问题时,不能再判决确认知识产权局终止该专利权的行为是正确的。虽然根据最高人民法院的司法解释,前诉法院在理由部分认定的事实对后诉法院亦有约束的法律效力,但大多数学者认为该效力不具有既判力的法律效力,而仅具有"争点的法律效力"。即如果没有相反证据,前诉法官认定的事实对后诉法官亦有约束力;但如果有相反证据证明前诉认定的事实不真实,则对后诉法官没有约束力。如由于国家知识产权局将没有专利号的补正书退回当事人后,国家知识产权局手中已经没有该补正书,不能向法院证明申请人没有写申请号,而邮局查询结果亦未回来,因此法院认定国家知识产权局负有举证责任,要承担举证不能的后果,即判决撤销该专利申请视为撤回决定。但后来邮局查询结果回来了,说明是邮局将退回的补正书弄丢了。尽管国家知识产权局应当依法院判决恢复该专利申请,但前诉法院在理由部分认定的事实要被后来邮局查询结果所出现的相反证据推翻,即如果再发生涉及该邮路查询结果的诉讼,后诉法院不能认定国家知识产权局举证不能,而应当认定补正书被邮局丢失。

(3) 既判力的效力范围限于判决主文。法院判决书的结构和专利复审委员会的决定有类似的地方。如包括开始的著录项目部分,还有事实部分,还有理由部分,最后有一句:"判决如下",该"判决如下"部分就是判决主文。如"判决如下:撤销国家知识产权局于某年某月某日作出的终止张三某某号专利权的具体行政行为"。该句话就是判决主文。所谓判决主文具有既判力的法律效力,是说国家知识产权局执行的是判决主文的内容,理由部分不是执行的内容。

(4) 判决事项时间范围截止到开庭时。如当事人要求国家知识产权局负担其"车马费",即为诉讼而付出的开销,则当事人只能就截止到开庭前发生的费用要求国家知识产权局承担,而不能就开庭以后发生的费用要国家知识产权局承担。就像专利侵权赔偿范围一样,开庭以后继续侵权的费用是下次判决的范围。

(5) 产生既判决力的法院判决,即使错误也不能改变。这是既判力最为本质的特征,体现了国家意志不能随意改变,也体现了国家诉讼程序的设计已经保证了判决的公正性。如果"应当胜诉"的一方没有胜诉,亦是其在诉讼中没有尽到应有的注意。如将证据丢失,尽管事后找到证据,亦要承担因自己疏忽大意而败诉的后果,而不能要求国家为其个人的失误重新进行审判。除非有影响公正判决的程序上的违法事由,如法官应当回避而没有回避,或者应当听取其意见而没有给这样的机会,且必须是在相对较短的时间内可以提出再审的请求,即"既判力"效力丧失的例外是非常极端的一种现象。当然,这一规则是多数国家对法院判决既判力的理解和规定。而我国由于审级少,即采取两审终审制,且终审级别低,往往一件案子不出地区一级,到不了省一级就终局了,再加之我国司法管辖和行政区划一一对应,容易产生地方保护主义。所以,发生错案的情况较多,申诉难的情况突出,我国的诉讼法因此规定了可以提出再审的条件不限于程序上的问题,对于实体上的错误也可以提出再审,而且时限是2年。我国的上述规定,削弱了生效判决"既判力"的法律效力,造成判决生效后很长时间内仍不能产生最终的确定的法律效力,影响了国家判决的严肃性。且从逻辑上讲,在再审之前,很难判定判决是错误的。但该问题在短时间内尚不能解决,这种特定历史时期的现象,不应当影响我们专利代理人对法院判决"既判力"法律效力的理解。且在知识产权领域,法院判决生效后,很少发生再被撤销的现象。

二、以事实行为执行法院判决

国家知识产权局执行法院判决的方式可以是以事实行为来执行法院判决。如法院判决撤销了国家知识产权局所作的专利权终止通知书,从判决确定之日起该专利权终止通知书失去法律效力,即该专利权被视为从未被终止过。国家知识产权局在法院判决确定后,自己不必再撤销专利权终止通知书,也不必作出其他的具体行政行为,而应当直接依据法院判决变更专利登记簿中该专利的法律状态(数据库中的相关数据),并进行相关的后续程序,如进行公告及通知专利权人缴纳以后年度的年费等。国家知识产权局落实法院判决的行为,如恢复数据库原法律状态、公告等,均属于事实行为。而后续的缴费通知等,也是行政告知行为。在大多数情况下,国家知识产权局执行法院判决均是以该种方式进行的。

三、以具体行政行为执行法院判决

如乙持与专利权人甲签订的专利权转让协议到国家知识产权局进行变更,国家知识产权局依据该合同将专利权人变更为乙。但事后甲起诉到法院,认为转让协议上没有甲的签章,国家知识产权局的变更违法,法院判决撤销了手续合格通知书,即撤销了国家知识产权局的变更登记行为。从该判决确定之日起,甲恢复为专利权人,且该判决具有溯及既往的法律效力,甲作为专利权人的地位将被认为在法律上从来没有中断过,乙也被视为从来没有成为专利权人,就像国家知识产权局从来没有批准过变更一样。此时国家知识产权局除了要更正数据库、恢复原状以外,还要作出一个新的具体行政行为。因为法院只能行使撤销权,不能替代行政机关行使行政权,决定是否准予转让登记,所以国家知识产权局在收到法院判决书后,应当在合理的期限或者法院指定的期限内,再次作出一个新的审批决定。当然,根据《行政诉讼法》的规定,国家知识产权局"不得以同一个事实和理由作出与原具体行政行为基本相同的具体行政行为",在此种情况下往往要作出一个不批准变更的具体行政行为,这与专利复审委员会执行法院的判决有类似的地方。法院撤销专利复审或无效宣告决定后,专利复审委员会不能以相同的事实和理由作出结果相同的复审或无效宣告决定。但如果专利复审委员会换一个理由再作出维持驳回的复审决定或者宣告专利权无效决定,则仍是可以的。所以,在逻辑上亦不排除国家知识产权局重新作出具体行政行为时,仍作出与原具体行政行为相同的行为的可能性,原因就在于国家知识产权局可能以不同的事实和理由重新作出了这一具体行政行为。需要提到的是,如果法院判决撤销国家知识产权局具体行政行为的理由是"程序上违法",则国家知识产权局可以在重新作出具体行政行为时,在克服"违法"这一程序上的问题后,作出与原具体行政行为相同的具体行政行为。

上述国家知识产权局对法院判决书的执行，是指以国家知识产权局为被告的情况下的判决，而不包括其他需要国家知识产权局协助执行的法院判决或其他生效法律文书。

四、申诉不停止执行

生效的法院判决代表了国家的意志，尽管亦有可能出现法院裁判错误的情况，但无论是否错误，国家行政机关均应当作为执行法院判决的模范。如果国家知识产权局认为法院的判决是违法的，可以按法定程序提出申诉，但在申诉期间，不能停止法院生效判决的执行。事实上，国家专利局或者国家知识产权局尚没有提出申诉的案件，尽管有时国家知识产权局并不同意法院的判决，但在不涉及重大原则问题的情况下，国家知识产权局仅仅是保留对判决的意见。需要提及的是，在有些大陆法系国家，在行政法领域却实行英美法系的判例法，如法国，原因是国家从事的行政活动是非常复杂的，一个国家可以制定民法典、刑法典，但几乎没有国家制定统一的行政法典，即使有亦仅限于统一"行政程序法"，不会制定统一的实体行政法典。正因为如此，有些大陆法系国家在行政法领域实行或引入了判例法制度，即像英美法系一样，生效的高一级的法院判决，可以作为以后法院裁判的依据。我国亦有许多行政法学者主张在行政法领域实行判例法制度，但毕竟这属于学术上的观点。尽管我国在行政法领域并未实行判例法制度，即在先生效的法院判决对在后法院判决没有像法律一样的效力，但是国家知识产权局多年来总是力图从法院的判决中吸取正确的东西，以改进自己的工作。

第九节 国家知识产权局的诉讼代理制度

以国家知识产权局为被告的诉讼中，国家知识产权局法律事务处负责应诉工作。应诉工作包括诉讼代理人的确定、诉讼文书的制作、开庭前的准备工作、开庭时的分工、宣判的参加、上诉意见的提出、判决书的执行、后续建议的提出等工作。

专利代理人，在与知识产权局的诉讼法律关系中，只可能代理客户作为原告方的诉讼代理人参与以国家知识产权局为被告的诉讼。因此，专利代理人应当了解国家知识产权局的诉讼代理工作。

一、诉讼代理人的确定和诉讼文书的制作

在以国家知识产权局为被告的诉讼中，应当由国家知识产权局哪一个部门承担出庭应诉的工作呢？在《国家知识产权局行政复议规程》中规定了不服复议决定的应诉工作由专利局审查业务管理部法律事务处承担。但如果当事人没有经过复议而直接起诉到法院，则由哪一个部门承担出庭应诉的工作？根据国家知识产权局操作规程的规定，仍然是由法律事务处承担出庭应诉工作的。

法院通常是通过司法快递的形式，将应诉通知书、合议庭组成人员名单和原告起诉状送达到法律事务处，要求国家知识产权局在收到后10天内提交答辩状。收到法院的应诉通知书后，法律事务处首先进行案件登记和确定案件承办人，即确定2人为国家知识产权局的诉讼代理人。如果是经过复议的，原复议案件承办人为应诉案件的第一诉讼代理人。承办人应当将应诉事项通知审查部门原审查员，并调取专利文档，制作应诉法律文书，包括法定代表人证明、授权委托书、答辩状及证据。制作好应诉文书后，承办人应当将应诉文书及相关文档，涉及复议的还包括复议卷宗，交处、部级领导审批。经审批后，要加盖国家知识产权局印章和局长印章（授权委托书需要局长印章），尽快通过挂号邮寄或者直接送交的方式，将应诉材料提交法院。在制作应诉文书的过程中，承办人可以就此案的情况进一步向审查部门了解情况，征询原审查部门的意见。通常情况下，两名诉讼代理人均由法律事务处工作人员担任，但在案件涉及特殊问题时，如案件涉及PCT程序的时候，亦出现过由PCT处处长作为第二代理人，由法律事务处处长作为第一代理人的情况。

二、开庭前的准备和出庭应诉

在开庭之前，承办人要做如下工作。

（一）诉讼代理人之间的分工

通常情况是第一诉讼代理人主要承担法庭辩论发言工作，第二诉讼代理人主要承担事实部分发言工作。

（二）核对涉案专利的法律状态

基于涉案专利的法律状态及有关事实可能在出庭时发生变化，诉讼代理人必须准确把握此种变化，以避免出庭时的被动。

（三）熟悉案情准备发言提纲

负责事实部分的诉讼代理人要保证在出庭时涉及案件的每一个细节均要考虑到，不能出现当庭不能准确答复的情况。负责法庭辩论的诉讼代理人应当起草发言提纲，内容包括：（1）案件事实及证据支持；（2）争点及逻辑推理；（3）适用的法律、法规、规章及操作规程。

三、出庭应诉和后续程序

（一）开庭中的发言

开庭中的程序主要由两大部分组成，一是法庭调查，二是法庭辩论。在法庭调查部分应当以负责事实部分的诉讼代理人发言为主，以另一诉讼代理人发言为辅；而在法庭辩论部分，则以负责辩论的诉讼代理人发言为主，以另一诉讼代理人为辅。开庭中应当围绕争点进行发言，包括实体上和程序上的争点；同时，还要针对对方当事人就争点所持意见进行针对性的发言。即不仅包括事先准备的发言，也包括即兴发言。法庭辩论后最后陈述意见应当简洁明确。诉讼代理人在发言中要自始至终保持理性，不能有情绪化、非理性化的表现。

（二）书面代理意见的提交

通常情况下负责法庭辩论的诉讼代理人应当在开庭结束后的当天或第二天，起草并向法庭寄交书面的代理意见，该书面代理意见的内容主要是对开庭发言的进一步概括，是对当庭发言的进一步的逻辑化和条理化，便于法官理解事实和国家知识产权局的观点。

（三）参加宣判

参加宣判时，可以只由一名诉讼代理人参加。无论是对一审判决，还是对二审判决，当对判决有不同意见时，诉讼代理人应当向法官表示以下两点：(1) 作为诉讼代理人个人不同意法院该判决；(2) 是否提出上诉或申诉将请示领导后决定。

（四）上诉状的提出

如果诉讼代理人不同意法院的判决，应当在宣判后，尽快提出是否上诉的意见。向领导汇报后确定是否上诉，如果决定上诉，通常情况下一审的诉讼代理人为当然的二审诉讼代理人。诉讼代理人应当负责在上诉期限内起草好上诉状和有关上诉材料，并在提交上诉状后，缴纳上诉费。

（五）上诉期间的监控

如果国家知识产权局同意法院的一审判决，诉讼代理人应当监控判决书上诉期的经过。确认未上诉时，法律事务处应当进行结案登记，必要的情况下，通知审查部门进行下一步的程序。如果一审原告人提出上诉，则一审诉讼代理人应当负责上诉审的诉讼法律文书的准备工作。

（六）法院判决书的执行

由于法院判决书类型分为撤销、确认、履行和变更四种形式，而撤销这种形式还分为需要国家知识产权局重新作出具体行政行为和不需要重新作出具体行政行为两种情况，因此法院判决书的执行是一个需要协助审查部门操作的程序。如果对判决书的执行没有特殊要求时，诉讼代理人可与相关审查员进行电话联系，进行后续程序的确认和沟通。当审查部门的审查员不能从法院的判决书中直接导出执行的方式时，诉讼代理人应当起草后续程序建议书，保证审查部门正确执行判决书，以避免诉讼最后环节出现问题。如果法律事务处认为通过该诉讼案，反映了国家知识产权局审查部门工作中存在的共性问题，可以起草工作建议书，经部领导批准后发送给审查部门。

以国家知识产权局为被告部分结束语

从1992年专利局制定行政复议规程以后，北京市中级人民法院才开始受理以专利局（后改为国家知识产权局）为被告的行政诉讼案件，截止到2010年5月，法院已经正式受理了175件以专利局或国家知识产权局为被告的诉讼案件。在这些案件中，北京市第一中级法院和北京市高级人民法院作出了许多非常好的判决，及时有效地维护了相对人的合法权益。尽管国家知识产权局在某些案件的处理上并不赞同法院的判决，但无论如何，国家知识产权局通过积极地接受法院的司法审查，及时发现和克服了工作中存在的问题，不断改进自己的工作质量。目前，国家知识产权局制定规则、作出决定时，均会很周到地考虑是否会增加相对人的负担，是否会损害相对人的利益。不言而喻，这体现了行政机关以人为本的工作态度，而这种工作态度亦是建立在严格的司法审查制度的基础之上的。

 练习思考题

1. 相对人不服国家知识产权局的具体行政行为起诉到法院，应当由哪一个法院受理？
2. 对国家知识产权局撤销专利代理机构的处罚能否提起行政诉讼？
3. 能不能对不予受理专利申请的行为直接提起行政诉讼？
4. 当事人不服国家知识产权局维持专利权终止通知书的复议决定，向法院提起诉讼的，该专利权终止是否应当停止执行？
5. 对国家知识产权局因为外国申请人没有委托涉外代理机构而作出的驳回专利申请的决定不服，是否可以直接向法院提起诉讼？
6. 对国家知识产权局根据相对人提出的权属纠纷受理通知书而作出的中止决定，可否提起行政诉讼？
7. 法院在审理申请人不服专利申请视为撤回的诉讼中，国家知识产权局可否在法院的主持下与申请人达成协议，决定恢复该专利申请？
8. 当事人认为国家知识产权局的行为违法，并且造成了其直接损失，向法院提起行政赔偿诉讼，该诉讼是否属于行政诉讼？
9. 国家知识产权局依据操作规程作出的决定，在诉讼中国家知识产权局是否可能承担该操作规程的举证责任？
10. 国家知识产权局以未收到申请人的补正书为理由，作出专利申请视为撤回的通知，在不服该专利申请视为撤回通知的诉讼中，是否应当由国家知识产权局证明该补正书申请人未寄出？
11. 北京市高级人民法院作出终审判决后，当事人如果认为该判决是错误的，可以提出申诉，但国家知识产权局如果认为判决是错误的，可否提出申诉？
12. 如果法院判决撤销国家知识产权局所作专利权终止决定，并判决国家知识产权局重新发出补正通知书，当事人可否向法院提出强制执行请求？

第七章

以地方知识产权局为被告的行政诉讼

 本章学习要点

以地方知识产权局为被告的诉讼,在《专利法》和《专利法实施细则》中均有规定,地方知识产权局的具体行政行为不属于专利审查流程的一部分,其构成被诉客体的行为主要是:(1)依当事人请求对是否构成专利侵权进行确认;(2)依当事人请求对构成侵权的行为决定停止侵权;(3)对假冒他人专利的行为进行主动的查处;(4)对冒充专利的行为进行主动的查处;(5)在查处假冒专利的程序中实施的扣押行为;(6)在查处假冒专利的程序中实施的查封行为。对上述6种行为不服而提起的诉讼均是以地方知识产权局为被告的行政诉讼。但其中的前两种情况属于特殊类型的行政诉讼,后四种情况属于典型的行政诉讼。扣押和查封行为于2009年10月1日《专利法》生效时实施。基于前两种情况属于行政机关居间裁决民事纠纷的行为,故与民事诉讼的管辖有冲突和衔接上的复杂关系;而后四种情况不属于民事诉讼的管辖范围,不存在与民事诉讼的管辖冲突或衔接的情况。对上述案件以外的其他纠纷,地方知识产权局有调解权。地方知识产权局的调解协议与法院的调解协议具有不同的法律效力,法院的调解协议与判决书具有同等的法律效力,地方知识产权局主持下签订的调解协议与合同法意义上的合同具有相同的法律效力。

第一节 以地方知识产权局为被告的诉讼的历史沿革

在专利制度的初期,"地方专利管理机关"还包括部委一级专利管理机关,地方专利管理机关对所有专利民事纠纷均可以作出处理决定。但由于法院审判能力的加强、行政机关处理民事纠纷的弱点和制度上的缺陷,目前地方知识产权局能作出处理决定的案件仅限于以下几种:(1)确认是否构成专利侵权的案件;(2)在确认已经构成专利侵权的基础上,决定侵权人停止侵权的案件;(3)对假冒他人专利的行政处罚案件;(4)对冒充专利的行政处罚案件。其中,第1种和第2种属于行政机关居间处理民事纠纷,第3种和第4种属于典型的行政处罚案件。另外,在查处假冒专利中,地方知识产权局可以实施查封、扣押的行政强制措施,当事人对该种行政强制措施不服的,也可以提起行政诉讼。

一、"专利管理机关"主体范围的变化

根据《专利法实施细则(1985)》的规定,"专利管理机关是指国务院有关主管部门和省、自治区、直辖市、开放城市和经济特区人民政府设立的专利管理机关"。即最开始专利管理机关不限于地方,还包括国务院部委设立的专利管理机关。直到《专利法实施细则(2001)》,取消了国务院部委设立的专利管理机关,名称亦改为"管理专利工作的部门"(以下简称地方知识产权局),但是"向下"扩展了范围,规定"专利管理工作量大又有实际处理能力的设区的市人民政府"也可以"设立管理专利工作的部门"。即根据《专利法实施细则》的规定,"地方局"包括两级,即省一级和设区的市(相当于地级市,地级市大多设区)一级。本章所述的地方知识产权局,主要指这两级"地方局"。在实际工作中,地级市知识产权局以下,仍设有知识产权管理机构,但由于没有获得《专利法实施细则》的承认,这些管理机构不能以自己的名义从事活动。它们的行为应当视为受上级地方知识产权局的委托,因此,如果因为它们的行为引起诉讼,应当以上级地方知识产权局为被告。

另外,基于各种原因,各地知识产权局的编制隶属不完全相同。有的地方知识产权局属于行政机关,有的地方知识产权局属于事业单位。但无论编制和待遇如何,由于地方知识产权局的行政职权是法律明文规定的,是法律授权其从事相关的行政活动,故尽管有的地方知识产权局属于事业单位,其行政权的来源亦不能认为是受委托取得的,而仍然是法律直接授权的。事业单位从事法律直接授权的行政活动的,根据《行政诉讼法》的规定,发生诉讼时,要以该单位为被告。

二、地方知识产权局对案件的管辖范围

（一）依据1985年专利法和专利法实施细则的规定

依据《专利法（1985）》和《专利法实施细则（1985）》的规定，地方专利管理机关管辖的案件包括：（1）确认是否构成专利侵权的案件；（2）决定侵权人停止专利侵权的案件；（3）决定专利侵权人进行赔偿的案件（这三种概括为专利侵权纠纷）；（4）发明专利公布后授权前的使用费纠纷案件；（5）职务与非职务发明纠纷；（6）对职务发明是否提出专利申请的争议；（7）对假冒他人专利的处罚。另外，根据1989年专利局发布的《专利管理机关处理专利纠纷办法》的规定，还包括：（8）职务发明报酬的纠纷；（9）专利申请权和专利权归属纠纷。对上述纠纷，地方专利管理机关不仅有调解权，亦均有处理权，即作出决定的权力。

（二）依据1993年专利法和专利法实施细则的规定

依据《专利法（1993）》和《专利法实施细则（1993）》的规定，地方专利管理机关管辖的案件包括：（1）确认是否构成专利侵权的案件；（2）决定侵权人停止专利侵权的案件；（3）决定专利侵权人进行赔偿的案件（这三种概括为专利侵权纠纷）；（4）发明专利公布后授权前的使用费纠纷案件；（5）职务与非职务发明纠纷；（6）对职务发明是否提出专利申请的争议；（7）职务发明报酬的纠纷；（8）对假冒他人专利的处罚；（9）对冒充专利的处罚。另外，根据1989年专利局发布的《专利管理机关处理专利纠纷办法》，还可以处理：（10）专利申请权或专利权归属纠纷。可以看出，《专利法（1993）》和《专利法实施细则（1993）》增加了职务发明报酬纠纷和对冒充专利处罚两种案件。对上述所有案件，地方专利管理机关不仅有调解权，而且有处理决定权，这是地方专利管理机关对案件管辖最宽的时期。

（三）依据2001年专利法和专利法实施细则的规定

依据《专利法（2001）》和《专利法实施细则（2001）》的规定，地方"管理专利工作的部门"（地方知识产权局）管辖的案件包括：（1）确认是否构成专利侵权的案件；（2）责令停止专利侵权的案件；（3）对假冒他人专利的处罚；（4）对冒充专利的处罚；（5）对专利侵权赔偿数额进行调解；（6）对专利申请权和专利权归属纠纷进行调解；（7）对发明人、设计人资格纠纷进行调解；（8）对职务发明的发明人、设计人的奖励和报酬纠纷进行调解；（9）对发明专利公布后授权前的使用费纠纷进行调解。相比之下，在案件的种类上，《专利法（2001）》和《专利法实施细则（2001）》比1985年、1993年的规定，减少了是否提出职务发明的纠纷，这是正确的，因为是否提出职务发明是单位的私事，公权力不应介入；但增加了专利申请权或专利权归属的纠纷，并将职务发明与非职务发明纠纷归入了专利申请权和专利权归属纠纷。

另外，在对案件的处理方式上，有较大的改变。根据《专利法（2001）》、《专利法实施细则（2001）》的规定，能作出处理决定的案件收缩到四种类型，即确认是否构成侵权、决定侵权人停止侵权、对假冒专利处罚和对冒充专利的处罚；而对其他专利纠纷只能进行调解。

（四）依据2009年生效的专利法和2010年生效的专利法实施细则的规定

依据2009年生效的《专利法》和2010年生效的《专利法实施细则》的规定，地方"管理专利工作的部门"（地方知识产权局）能够作出处理决定的案件没有变化，即包括：（1）确认是否构成专利侵权的案件；（2）责令停止专利侵权的案件；（3）对假冒他人专利的处罚；（4）对冒充专利的处罚（《专利法》将"假冒他人专利"和"冒充专利"合并表述为"假冒专利"。该变动并非是对"冒充"专利不再处罚，而是将两种情况在称谓上合称为"假冒专利"。由于实质上的范围没有变化，在本书的表述中，为了方便理解，笔者仍是延用"假冒他人专利"和"冒充专利"。因为毕竟两者在侵犯的客体上是有区别的，即假冒他人专利不仅侵害"公"的管理秩序，而且侵害"私"的权利；而冒充专利侵害的客体是单一的，即仅侵害"公"的管理秩序，且我国《刑法》仍规定有"假冒他人专利罪"）；（5）对专利侵权赔偿纠纷的调解权；（6）专利申请权和专利权归属纠纷的调解；（7）发明人、设计人资格纠纷的调解；（8）职务发明的发明人、设计人的奖励和报酬的纠纷的调解；（9）发明专利权授予前未支付适当费用的纠纷的调解。如果以此来确定管辖案件的范围，应当认为，《专利法》和《专利法实施细则》并没有增加新的案件类型。《专利法》和《专利法实施细则》虽然没有新增案件类型，但增加了行政强制执行措施，即在对假冒专利（含"假冒他人专利"和"冒充专利"）的处罚中，可以采取"查封"和"扣押"的行政强制执行措施。

三、不服地方知识产权局决定的诉讼类型

（一）依据1985年专利法和专利法实施细则规定的诉讼类型

依据《专利法（1985）》和《专利法实施细则（1985）》的规定，地方专利管理机关可以对所有涉及专利的民事纠纷作出"调处"决定，对"调处"决定不服的，根据最高人民法院当时的规定，当事人起诉到法院后，是以纠纷的双方当事人为原被告的民事诉讼，而不是目前以地方知识产权局为被告的行政诉讼。在我国专利制度建立时，我国的《行政诉讼法》还没有颁布，制度上也不存在地方专利管理机关当被告的可能。法院在进行的民事诉讼中不受地方专利管理机关的"调处"决定的影响，独立进行审判，无论判决结果是否与地方专利管理机关"调处"结果相同，均要以法院生效判决为准。地方专利管理机关不承担任何"调处"错误的责任，当然地方专利管理局亦不存在承担"败诉"诉讼费的问题。设立地方专利管理机关，是中国专利制度特有的制度。

地方专利管理机关产生的重要原因,就是在专利制度建立时,人民法院还没有能力处理专利纠纷。从法院的角度讲,希望出现专利纠纷后,由地方专利管理机关先行处理。因此,《专利法(1985)》生效后,地方专利管理机关在处理专利民事纠纷的程序中,起了重大的历史性作用,承担了相当于一级司法机关的角色。当出现专利纠纷时,当事人大多先到地方专利管理机关进行调处,极大地减轻了人民法院专利纠纷审判的压力。

(二)依据1993年专利法和专利法实施细则规定的诉讼类型

如上所述,根据《专利法(1993)》和《专利法实施细则(1993)》的规定,地方专利管理机关能够作出处理决定的案件类型最宽。而1993年以后,我国人民法院对专利纠纷案件的审判能力亦大为改观,已经具有完全独立的处理专利侵权纠纷及其他专利纠纷的能力。而且,经过几年地方专利管理机关"调处"专利纠纷的实践,亦暴露出行政机关居间裁决民事纠纷在制度上的弱点和缺陷。如由于我国没有统一的行政裁决程序法(行政机关裁决民事纠纷的程序法),我国法制建设上亦没有行政机关裁决民事纠纷的传统,且国家也不准备建立全国统一的行政裁判制度,不准备制定全国统一有效的行政机关裁决民事纠纷的程序法,致使地方专利管理机关处理专利纠纷时,只能依据国家专利局制定的《专利管理机关处理专利纠纷办法》,而该办法只是国家专利局发布的部门规章一级的规范性文件,在全国缺乏强制的法律效力。且该处理办法中亦无权设立行政强制措施,如调查权,扣押和查封权等,地方专利管理机关在处理专利纠纷时遇到了重重困难。

另外,我国于1989年制定了《行政诉讼法》,地方专利管理机关处理专利纠纷所作决定是行政诉讼还是民事诉讼的问题提到议事日程。国家专利局主张延续原来的做法,即当事人对处理决定不服的,向法院提起民事诉讼。而法院主张进行行政诉讼,理由主要是:(1)地方专利管理机关属于行政机关,当事人对行政机关所作决定时行政机关就要当被告;(2)地方专利管理机关如果作出构成专利侵权的决定,后续程序假如是民事诉讼,被控侵权人要向法院提起"不侵权诉讼",而"不侵权诉讼"属于"无中生有"的事情,法院不好立案(现在法院已经引入了国外的"不侵权诉讼"制度,承认在有诉讼利益的情况下,可以成立"不侵权诉讼",但当时没有这样高的认识)。当然,最为根本的原因还在于专利纠纷由法院来审理,已经更能保证纠纷处理的质量,从当事人的角度来看,更多的亦首选法院来处理。因此,经一番讨论后,最后改为地方专利管理机关所作处理决定,当事人不服的,由地方专利管理机关作为被告,适用《行政诉讼法》的规定,此后,专利纠纷案件逐渐向法院转移。基于地方专利管理机关居间裁决民事纠纷,本没有自己的利益,但当被告"败诉"后还要承担诉讼费,地方专利管理机关处理的纠纷越多,经济上的付出越大,影响了地方专利管理机关对专利纠纷的处理。当然,对假冒他人专利和冒充专利两种行政处罚决定,当事人不服起诉到法院的,根据《行政诉讼法》的规定,由地方专利管理机关当被告是没有争议的,因为这两类案件属于正常的行政诉讼案件。

(三) 依据2001年专利法和专利法实施细则规定的诉讼类型

考虑到地方知识产权局的上述情况,《专利法(2001)》和《专利法实施细则(2001)》极大地收缩了地方知识产权局能作出处理决定的案件类型,仅保留了两种专利民事纠纷可以作出处理决定:(1) 确认是否构成专利侵权;(2) 确认已经构成专利侵权时,决定停止专利侵权(也可以概括为"专利侵权案件"一种类型)。对于其他专利民事纠纷案件,地方知识产权局仅保留调解的权利。但对地方知识产权局所作认定侵权或停止侵权处理决定不服的,《专利法(2001)》明确规定了根据《行政诉讼法》的规定提起行政诉讼。当然,对假冒他人专利和冒充专利的行政处罚决定不服的,根据《行政处罚法》和《行政诉讼法》的规定,地方知识产权局当然要当被告。保留地方知识产权局对专利侵权构成的认定权和停止专利侵权的决定权,主要是考虑到行政机关具有效率高、快捷的优势,应当发挥这种优势。如果当事人选择了由地方知识产权局要求侵权人立即停止专利侵权,地方知识产权局可以很快地作出决定。当事人不服的,地方知识产权局停止侵权的决定往往并不立即执行,而是由被控侵权人依据《行政诉讼法》的规定提起行政诉讼,由法院的判决来决定是否需要最终执行。这种程序的好处是如果是明显的专利侵权,被控侵权人往往不再提起后续的行政诉讼,节约了程序,提高了处理专利侵权纠纷的效率。尤其是对那些故意仿制专利产品的侵权人,具有极大的威慑和实际处理的效果,帮助和分担了法院对于专利侵权纠纷案件的处理。基于上述原因,地方知识产权局对这类专利侵权案件的处理,具有更多的"行政处罚"色彩;但在性质上,仍然属于行政机关居间裁决民事纠纷的行为。正由于保留了地方知识产权局对部分专利民事纠纷进行裁决的权力,因此留下了与法院的民事诉讼程序存在管辖上冲突和衔接的较为复杂的关系。

(四) 依据2009年专利法和2010年专利法实施细则的诉讼类型

从《专利法》的规定来看,当事人不服地方知识产权局处理决定起诉到法院的,仍是行政诉讼,案件类型也没有变化,即仍包括:(1) 对构成专利侵权认定的决定;(2) 对停止专利侵权的决定;(3) 对假冒他人专利的行政处罚;(4) 对冒充专利的行政处罚。但《专利法》增加了在对假冒专利(含假冒他人专利和冒充专利)处罚程序中的两种行政强制措施,即查封权和扣押权。根据我国《行政诉讼法》的规定,对这两种行政强制措施不服的,当事人仍可以提起行政诉讼,但是,诉讼不停止强制措施的执行。因此,根据《专利法》的规定,地方知识产权局多了两种当被告的情况。

对地方专利管理机关或地方知识产权局处理专利纠纷的回顾,可以帮助专利代理人理解目前地方知识产权局作为行政诉讼被告的特点。

第二节　以地方知识产权局为被告的行政诉讼特点

以地方知识产权局为被告的案件，涉及地方知识产权局所作出的上述四种类型的决定（参见第一节）。对前两种决定不服的，原则上是不能提起行政复议，但可以提起行政诉讼；但对后两种行政处罚决定不服的，相对人可以提出复议，也可以直接提起诉讼。在诉讼期间，对假冒专利和冒充专利的处罚，诉讼不停止处罚的执行；但对"停止专利侵权"的决定，诉讼期间应当停止执行。而 2009 年 10 月 1 日生效的《专利法》规定，在处理假冒专利程序中可以采取扣押和查封这两种行政措施，如果将这两种类型算上，以地方知识产权局为被告的案件类型为六种。对扣押和查封不服提起的诉讼，诉讼期间不停止执行。

一、对居间裁决和行政处罚均可提起行政诉讼

《专利法》第 60 条规定，未经专利权人许可，实施其专利，即侵犯其专利权，引起纠纷的，由当事人协商解决；不愿协商或者协商不成的，专利权人或者利害关系人可以向人民法院起诉，也可以请求管理专利工作的部门处理。管理专利工作的部门处理时，认定侵权行为成立的，可以责令侵权人立即停止侵权行为，当事人不服的，可以自收到处理通知之日起 15 日内依照《行政诉讼法》向人民法院起诉；侵权人期满不起诉又不停止侵权行为的，管理专利工作的部门可以申请人民法院强制执行。进行处理的管理专利工作的部门应当事人的请求，可以就侵犯专利权的赔偿数额进行调解；调解不成的，当事人可以依照《民事诉讼法》向人民法院起诉。

从《专利法》第 60 条的规定来看，当事人可以通过民事诉讼程序来解决专利侵权纠纷，包括确认专利侵权、责令侵权人停止侵权、要求侵权人进行赔偿。即专利侵权纠纷包括上述三部分内容，确认是否构成专利侵权属于"确认之诉"，责令停止侵权则属于原告人行使的"物上请求权"之诉，而要求赔偿则是原告行使的"债上请求权"之诉。在专利侵权诉讼中，有可能原告只要求确认是否构成侵权，剩下的事由双方当事人私下里解决。也有可能原告还要求侵权人停止侵权及赔偿损失，在诉讼中贯彻了当事人处分原则。但是，如果选择地方知识产权局裁决该专利侵权纠纷，原告人只能要求确认侵权及要求当事人停止侵权，而不能要求侵权人进行赔偿。如果这样要求，地方知识产权局也只能就赔偿问题进行调解。尽管《专利法》第 60 条对地方知识产权局确认专利侵权和停止专利侵权的行为使用了"处理""责令"这样的表述，但仍不能认为是行政处罚行为，而是居间对民事纠纷的裁决行为。《专利法》规定了当事人不服的，可以提起行政诉讼，这是延续了前述地方专利管理机关裁决专利侵权纠纷仍要当被告的做法，不能因此而认为其对侵权纠纷的处理决定是行政处罚行为。

行政处罚和居间裁决民事纠纷,有这样几点不同:一是行政处罚的情况属于当事人侵害"公"的秩序的行为,故行政机关要主动进行查处;而民事侵权属于侵害"私"的权利的行为,私人是否追究,取决于当事人,属于"不告不理"。二是在经济上,行政处罚是将罚款上缴国家,而民事纠纷赔偿的损失要给对方当事人。三是行政处罚属于具有"先定力"的具体行政行为,即一旦作出决定立即生效,罚款要缴,如果不服,则缴完罚款再进行后续程序。但行政机关裁决民事纠纷时所作的决定并不立即生效,而要等后续的司法救济程序确认。原因是行政机关裁决的是民事纠纷,对行政机关裁决民事纠纷不服的,总要有后续的救济程序,因为民事纠纷的最终管辖权还是属于法院。四是行政机关作出行政处罚往往可以保证不出差错,因为行政处罚是建立在证据确凿的基础上作出的,行政处罚的证明标准要高于民事裁决的证明标准,即后续程序的可预见性强。但民事裁决则不同,根据最高人民法院关于民事诉讼证据的司法解释,法院在认定证据时,"判断一方提供证据的证明力是否明显大于另一方提供证据的证明力,并对证明力较大的证据予以确认",即采取的是占优势的概然率来认定证据,而何种情况下证据占优势,亦取决于法官的内心确信。行政机关裁决民事侵权,也要采取此种标准。正是基于此,行政机关裁决民事纠纷不能像行政处罚一样保证不出差错。因此,不能实行"诉讼不停止执行"的原则。否则,一旦败诉,将承担行政赔偿责任。五是行政处罚在程序上适用的是《行政处罚法》,而对于行政机关裁决民事纠纷目前国家没有统一的程序法。总之,地方知识产权局对专利侵权纠纷所作处理决定,应当理解为是行政机关居间裁决民事纠纷所作决定,而不是行政处罚性质的决定。

当然,《专利法(2001)》第58条和第59条分别规定了地方知识产权局对假冒他人专利与冒充专利两种行为的行政处罚,该两种处罚一经作出立即生效,当事人不服起诉到法院的,行政诉讼期间并不停止处罚的进行。因为这两种行为是典型的行政处罚行为,具有行政处罚"先定力"的法律效力。而根据《专利法》的规定,地方知识产权局在对假冒专利的查处中,可以采取扣押和查封的强制执行措施,当事人不服的也可以提起行政诉讼。这两种行政诉讼也是典型的行政诉讼,也要实行"诉讼不停止执行"的原则。

以上只是从地方知识产权局所作具体行政行为这一狭义的角度来讲,而地方知识产权局如果严重违法,仍不排除作为行政赔偿被告的可能性。故以地方知识产权局为被告的行政诉讼,广义上还应当包括行政赔偿案件。

二、对地方知识产权局裁决民事纠纷不服的原则上不能提起行政复议

尽管《专利法》第60条规定了不服地方知识产权局处理决定的,当事人可以在15日内提出行政诉讼。但根据我国《行政复议法》第8条的规定,"不服行政机关对民事纠纷作出的调解或者其他处理,依法申请仲裁或者向人民法院提起诉讼",不能提起行政复议。地方知识产权局对专利侵权纠纷所作处理决定,应当认为是该条中的"其他处理",因此,原则上不能提出复议申请,

即行政机关居间裁决民事纠纷的行为不属于行政复议的受案范围。为何说"原则上"呢？因为毕竟没有发生这样的实际案例，而对于《行政复议法》第8条中的"其他处理"是否包括地方知识产权局对专利侵权纠纷所作决定，亦还有解释的余地。从法理上讲，行政复议和行政诉讼的受案范围应当这样理解：行政复议的受案范围宽，而行政诉讼的受案范围相对窄一些，原因是有一部分终局的复议决定不能进入行政诉讼程序。因此，可以这样概括两者之间的关系，即凡是可以行政诉讼的，均应当可以行政复议；但可以行政复议的，不一定可以行政诉讼。如果以该逻辑看地方知识产权局对专利侵权纠纷的处理的，则发现有矛盾了。即该种决定可以提起行政诉讼，而不能提起行政复议；这说明地方知识产权局裁决专利侵权的民事纠纷作为行政诉讼是一种特殊的处理方式，如果在将来改为不服地方知识产权局对专利侵权纠纷的处理的，由双方当事人向法院提起民事诉讼，则会消除目前的矛盾。当然，后续程序采民事诉讼，只是一部分学者的意见，也是过去国家专利局的意见。现行操作仍要以现行《专利法》的规定为准，但现行这种特殊的处理方式，亦引发了后续程序中复杂的法律关系。

三、对地方知识产权局行政处罚不服的，既可行政复议，也可行政诉讼

对地方知识产权局所作对假冒专利行政处罚不服的，当事人可以直接依据《行政诉讼法》和《行政复议法》的规定，选择救济程序。既可以先行复议，也可以直接起诉到法院。如果当事人选择了复议程序，应当向地方知识产权局所在的政府提出，而不能向国家知识产权局提出。原因是国家知识产权局与地方知识产权局的关系仅是行政指导关系，不存在直接的行政隶属或领导关系。对于地区级市所属知识产权局所作行政处罚决定，是否可以由省级政府所属知识产权局来复议？根据《行政复议法》的规定，应当是可以的，因为省级政府主管部门对地区级市政府主管部门应有直接领导的关系。如果当事人不服依据《专利法》规定的行政强制措施，即查封和扣押的，亦可以进行选择，或者直接向法院提起行政诉讼，或者先行提起行政复议，但无论是复议还是诉讼，均不停止强制措施的执行。

四、复议决定维持行政处罚决定时，地方知识产权局为被告

根据《行政诉讼法》的规定，如果当事人不服行政处罚提出行政复议，地方政府作出复议决定维持地方知识产权局所作行政处罚的，当事人不服地方政府所作复议决定时，尽管该复议决定是由地方知识产权局所在一级的政府作出的，但在行政诉讼中仍是以地方知识产权局为被告，而不是由所在地方政府当被告。

五、复议决定改变行政处罚决定时，地方政府为被告

根据《行政诉讼法》的规定，如果复议决定改变了原具体行政行为，当事

人仍不服并起诉到法院的，应当是复议机关当被告。即如果地方政府作出的复议决定改变了地方知识产权局的处罚决定，当事人起诉到法院时，地方知识产权局不再当被告，而应当由地方政府当被告。当然，就行政处罚来讲，根据《行政处罚法》规定的原则，不能因当事人不服申诉等而加重处罚。即如果复议机关改变了原处罚决定，并不意味着加重了原行政处罚决定，但可能意味着处罚的类型有发生变化，或者减少了处罚数额。当然，在减轻的情况下，当事人仍有可能不服并提起后续的行政诉讼程序。

六、诉讼不停止执行和停止执行共存

（一）诉讼不停止执行的情形

根据我国《行政处罚法》第45条的规定，"当事人对行政处罚决定不服申请行政复议或者提起行政诉讼的，行政处罚不停止执行，法律另有规定的除外"。地方知识产权局所作决定分为两种类型，一是居间裁决专利侵权民事纠纷，二是行政处罚（对假冒专利或冒充专利所作处罚决定）。故对第二种决定适用诉讼不停止执行原则，即在被处罚人不服向法院提起行政诉讼时，地方知识产权局仍有权收取罚款，已经收取的罚款，并不因为当事人提起诉讼而退还当事人。当然，目前地方知识产权局尚缺乏自己执行的手段，事实上如果当事人提起诉讼而又不自觉缴纳罚款，地方知识产权局自己执行还有一定困难，但这属于另外的问题。至少在法律上，对这类行政处罚决定提起诉讼，不停止行政处罚的执行，即在行政处罚问题上，体现了行政行为"先定"的法律效力。另外，根据《专利法》的规定，对地方知识产权局在行政处罚程序中所作强制执行措施不服的，诉讼或复议均不停止该强制措施的执行，即扣押的假冒产品并不返还，查封的假冒产品照样继续查封。

（二）诉讼停止执行的情形

根据《专利法》第60条的规定，地方知识产权局对构成专利侵权的当事人可以责令其停止侵权。但该条同时还规定，当事人可以在收到决定之日起15日内向法院提起行政诉讼，如果不提起行政诉讼又不停止侵权行为，地方知识产权局可以申请法院强制执行。从该条的规定来看，应当理解为地方知识产权局停止侵权的决定作出后，并不立即产生执行的法律效力。该规定亦是适当的，因为"停止专利侵权"仍属于行政机关居间裁决民事纠纷的行为，不能"一裁终局"，总要给后续的救济程序，而不论后续的救济程序是行政的，还是民事的。另外，停止侵权意味着停止生产，对于被控侵权人来讲或许是一件关系到企业生死存亡的大事，最后决定权应当属于司法机关。还有，从《专利法》第60条的行文来看，应当理解为当事人不服提起行政诉讼后，只有在法院维持原决定时，地方知识产权局才产生申请法院强制执行的权力，在此之前并不产生这样的权力。除非停止侵权处理决定作出后，当事人认为自己的行为构成了侵权，提起后续的行政诉讼也没有用，不再提起行政诉讼。此时，过了规定的起诉期限，地方知识产权局可以向法院提出强制执行的申请，由法院强制执行。

第三节 管辖的法院和判决的类型

不服地方知识产权局所作决定而提起的行政诉讼由中级人民法院管辖，针对地方知识产权局作出的处罚决定，法院有四种判决类型：一是撤销类型的判决，二是变更类型的判决，三是确认类型的判决，四是履行类型的判决。

一、管辖的法院

根据我国《行政诉讼法》的规定，省级政府（含自治区和直辖市）所作具体行政行为或者国务院部委（含直属局）所作具体行政行为的一审行政诉讼由中级人民法院管辖。而地方知识产权局无论是省级政府设立的，还是省辖市政府设立的，按《行政诉讼法》的规定，与其相关的行政诉讼本应当由基层法院管辖。但是，基于专利案件的特殊性，最高人民法院在关于专利案件适用法律的司法解释中明确规定，包括对地方知识产权局所作决定不服的专利案件，第一审均由中级人民法院管辖，并且由各省、自治区、直辖市人民政府所在地的中级人民法院或最高人民法院指定的中级人民法院管辖。因此，不服地方知识产权局决定的案件应当由上述中级人民法院管辖，而不论该决定的性质是居间裁决专利侵权纠纷，还是行政处罚。

二、判决的类型

根据我国《行政诉讼法》的规定，法院判决的类型基本上是四种，即撤销（或维持）判决、变更判决、确认判决、履行判决。不服地方知识产权局决定提起行政诉讼时，这四种判决类型均可能发生。也不区分是居间裁决专利侵权民事纠纷还是行政处罚，均是这四种判决类型。

（一）撤销（或维持）判决

基于地方知识产权局所作决定分为居间裁决民事纠纷的决定和行政处罚决定，故法院的撤销判决也分为两种撤销判决。一是法院判决撤销或维持地方知识产权局就专利侵权纠纷所作的决定。如认为地方知识产权局所作构成专利侵权的决定是错误的，可以作出撤销该决定的判决。二是指地方知识产权局所作行政处罚决定被法院判决撤销或维持，如地方知识产权局对假冒专利的当事人处以3万元罚款，法院经审理认为是正确的，则判决维持；如果经审理认为当事人的行为不构成假冒专利，则判决撤销。

需要说明的是，我国《行政诉讼法》只规定了在行政处罚显失公正的情况下，法院可以作出变更判决。在其他情况下，不能作出变更判决。如地方知识产权局认定构成专利侵权，作出决定责令侵权人停止侵权，被控侵权人不服起诉到法院。如果法院认为地方知识产权局的决定是错误的，只能撤销该决定，而不能自己直接作出不构成侵权的判决。就像法院认为专利复审委员会的无效宣告决定是错误的，只能撤销该无效宣告决定，但法院不能自己在判决中认定该专利权是否有效。当然，地方知识产权局收到法院撤销决定的判决后，不能以相同的事实和理由再作出相同的决定。司法权通常情况下是不能替代行政权的，只有在行政机关行使行政处罚权时，为了避免行政机关滥用行政处罚的自由裁量权而例外地规定了法院可以直接变更的权力。

（二）变更判决

就是不仅撤销而且直接改变原决定的判决。基于地方知识产权局所作决定有两种类型，即居间裁决专利侵权的决定和行政处罚的决定，故变更判决也要分开来说。对于地方知识产权局所作专利侵权纠纷的决定，法院不能行使变更权。因为，根据我国《行政诉讼法》的规定，变更判决只限于行政处罚明显不公平的情况，其目的是限制行政机关在行政处罚问题上滥用自由裁量权。如行政机关将本应处罚2 000元的，处以了2万元，虽然均在法定的幅度范围内，但属于明显不公正，法院可以在判决撤销原处罚决定的同时，直接判决处罚2 000元。但基于地方知识产权局对侵权纠纷作出的决定，不存在法定的裁量幅度，构成侵权就是构成侵权，停止侵权就是停止侵权。法院认为不构成侵权的，可以撤销原决定，不存在变更的问题。如果地方知识产权局还同时决定停止侵权，法院认为不构成侵权的，也只有撤销原决定；法院认为构成侵权的，就应当维持地方知识产权局的决定，法院不能作出停止一部分侵权的"变更"判决。当然，如果地方知识产权局作出的是行政处罚决定，如对假冒他人专利的当事人处以5万元罚款，法院经审理认为虽然当事人具有假冒他人专利的行为，但情节轻微，处以5万元罚款明显不公正，于是判决撤销该处罚决定的同时，直接判决对当事人处以1万元的罚款，该判决即为变更判决。

（三）履行判决

就是针对行政机关的判决中，具有履行内容的判决。如地方知识产权局作出假冒专利处罚决定，并收取了被处罚人3万元罚款，当事人不服起诉到法院，法院经审理认为当事人的行为不构成假冒他人专利，判决撤销处罚决定的同时，责令地方知识产权局于一定期限内退还当事人罚款。则该判决同时亦是履行判决。又如根据《专利法》的规定，地方知识产权局在处罚假冒专利时，可以采取行政强制措施，即扣押和查封措施。根据我国《行政诉讼法》的规定，对查封或扣押等行政强制措施不服的，可以提起行政诉讼，如果法院经审理认为上述行政强制措施是错误的，法院可以撤销该行政强制措施。同时，责令地方知识产权局返还被扣押的财产，判决返还被扣押财产的内容，就属于履行判决。当然，履行判决还可以反映在程序上，如果地方知识产权局在作出涉及专利侵权的决定时，没有按规定的处理程序听取当事人的意见陈述，剥夺了当事人进行陈述意见的权利。由于其违反最基本的听证原则，法院可以判决撤销地方知识产权局的决定,同时,要求其在重新作出决定时,履行听证的程序,这也是具有履行内容的判决。

(四) 确认判决

即已经不存在撤销被诉行政行为的必要,但需要确认该被诉行政行为是否正确的判决。如地方知识产权局作出责令被控侵权人停止侵权生产的决定,当事人虽然不服,但立即停业,不打算再继续生产,并注销了自己的企业。随后,向法院提起诉讼,认为地方知识产权局的决定是错误的,但不要求撤销该决定,仅要求法院确认该决定是错误的,并要求地方知识产权局进行行政赔偿。此时,如果法院认为地方知识产权局的决定错误,也没有必要撤销原决定,但法院应当作出地方知识产权局决定是否正确的判决,并在此基础上决定地方知识产权局是否要承担行政赔偿责任。

当然,在上述四种判决类型中,使用最多的应当是第一种,即撤销(或维持)类型的判决。但不能排除在特殊的情况下,作出其他类型判决的可能。据了解,在上述地方知识产权局作出的两类决定中,地方知识产权局作出停止专利侵权的决定后,大多被控侵权人要向法院提起诉讼;而涉及对假冒和冒充专利的行政处罚时,相对人起诉到法院的情况较少。

第四节 法院判决的执行

如果法院维持了地方知识产权局的决定,在当事人不自觉履行的情况下,地方知识产权局可以申请法院强制执行。当法院撤销了地方知识产权局的决定时,应当"执行回转"。

基于法院判决的类型不同,判决的执行方式亦不相同。

一、维持原决定判决的执行

如果法院判决维持了地方知识产权局就专利侵权纠纷所作停止侵权的决定,该判决生效后,当事人不自觉停止侵权生产的,地方知识产权局可以向法院申请强制执行,即要求法院出面,以强制手段迫使侵权人停止侵权生产。或者地方知识产权局对假冒专利作出行政罚款,法院维持了该处罚决定后,如果被处罚人不自觉缴纳罚款,地方知识产权局可以向法院申请强制执行,即由法院出面,可以从银行中划拨被处罚人的存款作为罚款。

二、撤销原决定判决的执行

如果地方知识产权局作出的是行政处罚决定,在罚款已经执行的情况下,应当将罚款返还当事人,没有执行的不再执行。责令停止"侵权生产"的,基于当事人在起诉前通常并没有停止生产,所以通常情况下不存在"执行回转"的问题。如果法院是基于程序上的原因撤销处罚决定的,地方知识产权局应当在重新作出处罚决定时，克服原程序上的缺陷，并可以相同的事实和理由作出相同的决定。

第五节 和民事诉讼的衔接

基于专利侵权侵犯的是"私"的权利，故地方知识产权局处理的专利侵权案件，与法院的民事诉讼管辖存在交叉和衔接的问题。基于假冒专利侵犯的是"公""私"两重客体，地方知识产权局对假冒他人专利所作的处罚，与权利人要求假冒人赔偿的民事诉讼不存在管辖上的冲突，但可能发生时间上的先后衔接。基于冒充专利侵犯的是单一的"公"的秩序，故与民事诉讼不存在衔接问题。

由于地方知识产权局的决定分为两种类型，即处理专利侵权民事纠纷的决定和行政处罚决定，而《专利法》规定对专利侵权案件既可以向法院提起民事诉讼，也可以向地方知识产权局提出处理请求，还规定对专利侵权纠纷处理决定和行政处罚决定不服的，均可提起行政诉讼。因此，基于法院对民事纠纷案件有完全的管辖权，地方知识产权局对专利侵权案件的处理，和专利侵权民事诉讼存在管辖上的冲突和衔接问题，且表现得比较复杂。而对于地方知识产权局对假冒和冒充专利的行政处罚，基于法院的民事诉讼不能受理这样的行政处罚案件，故不存在管辖上的冲突或衔接问题。当然，被假冒的专利权人在行政处罚后，仍有独立的要求假冒人承担赔偿责任、提起民事诉讼的权利，但在后续的民事赔偿诉讼中，法院将不审查地方知识产权局所作的处罚决定，故这与地方知识产权局处理的决定不会发生冲突。

一、专利侵权处理决定和民事诉讼的衔接

（一）没有提起行政诉讼、但提起民事诉讼时的衔接

1. 作出处理决定后，权利人提起民事诉讼

如果地方知识产权局确认构成专利侵权，并且依专利权人请求作出停止专利侵权决定后，被控侵权人不服的，根据《专利法》的规定，可以针对地方知识产权局提起行政诉讼。但如果被控侵权人没有提起行政诉讼，专利权人亦有权向法院提起专利侵权赔偿的民事诉讼，在法院受理了该民事诉讼的情况下，对于地方知识产权局的处理决定处于何种法律效力，《专利法》没有规定。但《最高人民法院关于专利审判工作适用法律的若干规定》第25条规定："人民法院受理的侵犯专利权纠纷案件，已经过管理专利工作的部门作出侵权或者不侵权认定的，人民法院仍应当就当事人的诉讼请求进行全面审查。"即法院不受地方知识产权局的处理决定的影响，法院不仅要审理侵权赔偿问题，法院还要重新审查是否构成专利侵权的问题。因此，如果遇到地方知识产权局已经针对专利侵权作出处理决定，或者认定构成侵权并且责令侵权人停止侵权，或者

认定不侵权的情形，专利权人均可以在决定作出后向法院提出民事诉讼，要求法院判决确认构成侵权，并且要求侵权人进行民事赔偿，地方知识产权局已经作出的处理决定将不发生法律效力，要等待民事诉讼的结果。如果民事诉讼的结果是构成侵权，法院会依权利人的要求，判决侵权人停止侵权，甚至还要判决侵权人进行民事赔偿，地方知识产权局的处理决定的内容应当认为已经被法院的民事判决所"吸收"了。如果法院民事判决不构成侵权，则基于法院判决的效力要高于地方知识产权局处理决定的效力，自然处理决定亦不再生效和执行了。

2. 作出处理决定后，被控侵权人提起确认"不侵权"民事诉讼

即当地方知识产权局认为构成专利侵权，并作出责令侵权人停止侵权的处理决定时，被控侵权人当然可以地方知识产权局为被告提起行政诉讼，但如果没有提起行政诉讼，而是向法院提起要求确认"不侵权"的民事诉讼，怎么办？对于此种情况《专利法》没有规定。但在实践中已经多有发生，不仅专利领域发生，亦更多发生在商标领域。"不侵权"诉讼在学术上已经形成共识，即存在"诉讼利益"的情况下，该诉讼应当成立。何为诉讼利益？假设张三是专利权人，张三并没有书面通知李四的行为已经构成专利侵权，也没有口头指称李四专利侵权。此时，李四没有诉讼利益，不能针对张三向法院提起"不侵权"诉讼。但如果张三书面通知李四专利侵权，且要求李四停止生产，但张三并没有起诉到法院。这时李四可以起诉到法院，要求针对张三的书面侵权指控进行"不侵权"的诉讼。这时，李四显然是有诉讼利益的，法院应当受理李四的诉讼请求。根据《最高人民法院关于专利审判工作适用法律的若干规定》第25条的规定，地方知识产权局已经确认李四构成侵权，李四亦应当有权提起"不侵权"的民事诉讼。法院受理后，亦要全面进行审查，而无论作出何种判决，最后结果均以法院判决为准。

还有一种情况，即经地方知识产权局审查，认为被控侵权人的行为不构成专利侵权，但被控侵权人为了最终确认自己"不侵权"，是否仍可以向法院提起"不侵权"的民事诉讼？对此《专利法》没有规定。但参照上述"不侵权"诉讼的理论和实践，不能排除法院受理的可能性。因为专利权人张三已经指控李四行为构成侵权，尽管地方知识产权局认定不侵权，但李四仍然具有诉讼利益。如果法院受理了该诉讼，法院可以最后认定李四的行为是否构成专利侵权，从而结束李四生产行为是否构成专利侵权的不确定性。

3. 作出处理决定后，专利权人提起侵权及赔偿诉讼

如果地方知识产权局所作决定认为不构成专利侵权，专利权人亦有权向法院提起民事诉讼，以确定是否构成侵权。如果法院受理了该民事诉讼，地方知识产权局确认不构成专利侵权的决定，将不再有法律效力。即该决定对法院没有约束力，法院可以根据自己的判断，判决是否构成专利侵权。当然，对地方知识产权局所作不构成专利侵权的决定，专利权人可否向法院提起行政诉讼，《专利法》没有规定。但根据《行政诉讼法》和最高人民法院的司法解释的规

定,与行政机关作出的具体行政行为有利害关系的当事人,可以向法院提起行政诉讼,尽管此种情况很少发生,但在理论上存在起诉的可能性。通常情况下,如果地方知识产权局决定不构成侵权,专利权人不服的,向法院提起专利侵权民事诉讼应当是解决问题的根本途径。否则,行政诉讼只能行使撤销权,撤销了地方知识产权局所作不构成侵权的决定,地方知识产权局还要重新作出,并且不能处理民事赔偿问题,故向法院提起民事诉讼应当是解决问题的根本途径。

(二) 提起行政诉讼、又提起民事诉讼时的衔接

1. 处理决定作出后,双方当事人分别提起两个诉讼

如果地方知识产权局作出构成专利侵权决定,并责令被控侵权人停止生产。被控侵权人不服,针对该决定向法院提起行政诉讼的,法院会受理该行政诉讼。在此种情况下,如果专利权人向法院提起专利侵权赔偿的民事诉讼怎么办?《专利法》规定了专利权人可以就赔偿问题向法院提起民事诉讼,所以,可以肯定的是,此时专利权人有权向法院提起民事赔偿诉讼。问题是根据上述最高人民法院的司法解释,审理民事诉讼的法院要全面进行审查,还要在赔偿诉讼中审查是否构成专利侵权。此时,就发生行政诉讼程序与民事诉讼程序审查的客体重合的情况。在实践中,尤其在商标诉讼中时常发生这种情况。通常情况下是两个法院进行协调,由审理行政案件的法院中止行政诉讼,等民事诉讼的结果出来后再作出行政诉讼判决。原因是民事诉讼是解决问题最为彻底的程序,可以直接认定是否构成侵权,并且对赔偿问题可以一并处理。而行政诉讼只能撤销地方知识产权局的决定,由地方知识产权局重新作出,并不能从根本上解决问题。

2. 处理决定作出后,被控侵权人提起两个诉讼

地方知识产权局决定被控侵权人行为构成侵权,并且决定停止侵权生产,被控侵权人不服,针对该决定提起行政诉讼,同时又提起"不侵权"的民事诉讼。尽管此种情况很少发生,但逻辑上仍存在发生的可能。如真发生这样的情况,两个法院应当进行协商。通常情况下,以中止行政诉讼为妥,因为民事诉讼不仅对专利侵权的认定更有程序上的保障,同时在范围上亦可以处理民事赔偿问题。无论民事诉讼的结果如何,行政诉讼在确认专利侵权问题上,应当与民事判决保持一致。

3. 处理决定作出后,专利权人提起两个诉讼

地方知识产权局决定不构成专利侵权,专利权人通常是不满意的。这时,专利权人可以依据《行政诉讼法》和最高人民法院的司法解释的规定,从第三人的角度对地方知识产权局提起行政诉讼。同时,又可以根据《专利法》和《民事诉讼法》的规定提起民事侵权赔偿诉讼。尽管同时提起两个诉讼的几率很小,但在逻辑上亦不能排除这种情况。如果真发生这样的情况,由于诉讼的客体有相互涵盖的情况,所以,不能认为专利权人是重复起诉,不能适用"一

事不再理"原则。即两个法院均可以立案，如果立案，两个法院应当进行协调。通常情况应当行政诉讼程序先行中止，待民事诉讼判决生效后，再继续行政诉讼。这样既可以避免就相同的问题作出不同的判决，也保证了当事人的诉权。

4. 处理决定作出后，专利权人提起行政诉讼、被控侵权人提起民事诉讼

逻辑上还可能存在这样的情况，即地方知识产权局处理决定不构成侵权，专利权人依《行政诉讼法》的规定提起行政诉讼，而被控侵权人也可以提起上述确认"不侵权"的民事诉讼。如果法院均立案了，亦应当依照前述的以民事诉讼为主、以行政诉讼为辅的方式来解决这样的程序交叉的问题。

（三）提起行政诉讼同时"附带民事诉讼"的衔接

根据最人民高法院对行政诉讼法的司法解释第61条的规定，"被告对平等主体之间民事争议所作的裁决违法，民事争议当事人要求人民法院一并解决相关民事争议的，人民法院可以一并审理"。这是行政诉讼可以附带民事诉讼的唯一情况，行政机关居间裁决民事纠纷，当事人对裁决不服，提起行政诉讼后，如果法院经审理认为行政机关所作裁决违法，可以在撤销违法裁决的同时，应当事人的请求，启动对民事纠纷的审理。即如果当事人不服地方知识产权局所作关于专利侵权的决定，依行政诉讼法起诉到法院，法院经审理认为地方知识产权局的决定违法的，可以在撤销违法决定的同时，应当事人的请求，依民事诉讼法对专利侵权纠纷进行审理。最高人民法院之所为这样规定，亦是为了简化程序。但行政诉讼附带民事诉讼有两个条件：一是地方知识产权局的决定违法，二是当事人主动提出附带民事诉讼请求。故该程序的设置并不能完全取代前述当事人的各种选择。当然，在发生行政诉讼附带民事诉讼的情况下，基于是同一法庭甚至是同一法庭先后作出行政判决和民事判决，不会发生行政诉讼和民事诉讼的冲突。

二、假冒他人专利行政处罚和民事诉讼的衔接

由于假冒他人专利侵犯的客体是双重的，不仅侵犯了"公"的经济管理秩序，还侵犯了"私"的权利，即他人的专利。因此，在地方知识产权局作出是否构成假冒专利的处罚决定后，可能引发后续的与民事诉讼衔接的问题，但不存在上述专利侵权处理决定中地方知识产权局与法院在管辖权上的冲突。

（一）作出假冒他人专利处罚决定后，权利人提起民事赔偿诉讼

1. 权利人提起假冒造成损失的民事赔偿诉讼

如地方知识产权局对假冒他人专利作出3万元罚款的处罚决定，但该笔罚款并不归专利权人，而要上缴国家。权利人为了获得赔偿，认为虽然假冒的产品没有落入其权利要求的保护范围，但假冒行为损害了其商誉或其他利益，要求法院判决假冒人进行民事赔偿。此时，法院处理赔偿问题要以是否构成假冒为前提。应当认为，通常情况下，法院在诉讼中仍然要进行全面审查，即不仅

要审查权利人是否受到损害，还首先要审查假冒行为是否构成，只有在认定假冒行为已经构成的情况下，才可以进一步确认是否应当赔偿。但法院是从民事诉讼的角度来看待是否构成假冒的，并不对行政罚款及其数额进行判断。因此，无论法院的民事程序是否认定构成假冒，对地方知识产权局的行政处罚均没有影响。因为民事诉讼程序无权审查行政处罚决定是否正确。如果被处罚人认为处罚错误，可以提起行政诉讼。民事诉讼解决的"私"主体之间的民事赔偿问题，行政处罚解决的是侵害"公"秩序后的惩罚问题，在管辖上没有冲突。另外，由于对假冒他人专利的行政处罚往往是证据确凿，区别仅在于处罚的轻与重，因此，不太可能发生民事诉讼中法院认为不构成假冒的情况。

2. 权利人提起专利侵权赔偿诉讼

如果专利权人认为假冒产品还落入了其专利权利要求的保护范围，专利权人还可能在上述民事诉讼中同时提出专利侵权赔偿诉讼，即还要求假冒人赔偿其侵权行为造成的损失。此时，法院不仅要审查是否构成假冒，还要审查假冒行为是否同时构成专利侵权，假冒行为是否落入权利要求的保护范围。如果构成，则法院不仅要判决假冒人赔偿对专利权人造成的商誉上的损害，还要判决假冒人承担专利侵权的赔偿责任，即双重赔偿责任。如上所述，由于民事诉讼程序无权对地方知识产权局的行政处罚决定是否正确进行审查，故无论在此程序中法院如何判决，均不影响地方知识产权局的行政处罚。况且，对假冒专利的行政处罚通常不存在认定错误的问题，只存在处罚是轻是重的问题，因此，地方知识产权局与法院民事诉讼在假冒认定的问题不会存在分歧。另外，根据《专利法》的规定，对假冒他人专利严重的，还可以追究刑事责任。显然，在刑事诉讼程序中仍要对假冒行为是否构成进行判断，但基于是追究行为人的刑事责任，刑事诉讼中法院亦无权对地方知识产权局的行政处罚进行审查。且在追究刑事责任的情况下，假冒行为一定十分恶劣，法院在假冒的认定上不可能与地方知识产权局有不同。

（二）作出假冒他人专利处罚决定后，双方当事人分别提起两个诉讼

如果地方知识产权局作出应当处罚的决定，亦可能发生被处罚人不服处罚决定而提起行政诉讼，而权利人提起假冒所引起的损害的民事赔偿诉讼及上述专利侵权赔偿诉讼。如果发生此种情况，处理民事诉讼的法院应当暂停对假冒问题的审查，仅进行是否构成专利侵权的审查，等审查行政处罚的行政诉讼审结后，再根据行政诉讼的审查结论，决定是否需要假冒人赔偿权利人因假冒行为所产生的商誉等损害。但无论如何，民事诉讼不停止对是否构成专利侵权的审查，因为产品是否落入权利要求的保护范围，与假冒行为有可能重合，亦有可能单独构成。为何被处罚人提起不服处罚的行政诉讼后，审理民事诉讼的法院通常情况下要等行政诉讼的结果呢？因为被处罚人不服处罚有两种情况：一种情况是本不构成假冒他人专利，属于地方知识产权局定性错误。在这样的情况下，显然民事诉

讼的法院要等行政诉讼的认定，以防止对相同的事项，两个法院作出不同的认定。另一种情况是，被处罚人提起行政诉讼是基于处罚的数额，在定性上没争议，则民事诉讼的法院不必中止其程序，因为不可能在定性上发生冲突。

（三）作出不构成假冒他人专利决定后，权利人同时提起两个诉讼

当地方知识产权局作出不构成假冒专利的处罚决定后，由于权利人是举报人，在该行政程序中属于有利害关系的第三人，根据《行政诉讼法》和最高人民法院的司法解释的规定，其有对该决定提起行政诉讼的权利。同时，权利人根据《民事诉讼法》的规定，当然可以对假冒行为造成的损失，提出民事赔偿的诉讼，甚至还包括专利侵权的诉讼。如果权利人在地方知识产权局作出不构成假冒行为的决定后，分别提出了这两个诉讼，应当认为，民事诉讼程序中对假冒行为的审查应当中止，但对是否构成专利侵权行为的审查并不停止。等行政诉讼有了结论后，再根据行政诉讼的结论，决定是否应当由假冒人承担基于假冒行为产生的损害。

总之，由于《专利法》规定了可以通过行政程序来处理专利侵权纠纷，而又规定了可以通过民事诉讼程序解决专利侵权纠纷。既规定了对假冒行为的行政处罚手段，又不排除权利人就假冒引起损失要求民事赔偿的权利。因此，出现程序上的交叉和衔接是不可避免的。但前者存在管辖上的冲突，而后者不存在管辖上的冲突。从公权力主体来讲，可能出现地方知识产权局行政程序与法院民事诉讼程序的交叉，也可能出现法院行政诉讼程序与法院民事诉讼程序的交叉。从客体来讲，可能出现民事侵权认定的交叉，也可能出现行政处罚认定的交叉。通常情况下应当认为：如果涉及专利侵权的认定，应当以民事诉讼程序为主，民事诉讼程序更为优先；如果涉及的是假冒行为的确认，应当以行政诉讼程序为主，行政诉讼程序优先。道理在于，民事侵权的认定，由民事诉讼来确认更准确，在程序上更为有保障；而对假冒人的罚款，是基于假冒人侵犯"公"的客体所作的处罚，以行政诉讼来确认更为准确，在程序上更有保障。从另一个角度讲，民事程序偏重于全面和彻底解决是否侵权、是否赔偿的民事纠纷，但其程序相对缓慢和复杂；行政程序偏重于迅速制止侵权，迅速处罚假冒。这两种程序相辅相成，将会更好地保护专利权人的利益和公共秩序，也可以更好地维护被控侵权人的合法权益。由于对冒充专利的处罚没有侵害他人"私"的权益，因此不存在上述程序上的衔接问题。

第六节　地方知识产权局调解协议的法律效力

民事诉讼中法院的调解协议具有与法院判决书相同的法律效力，法院主持下的调解协议不仅体现了当事人的意思，还体现了国家的意志。所以，法院调解协议一经生效，是不能反悔的。但地方知识产权局主持下当事人之间达成的

调解协议，仅体现当事人之间的意思表示，不体现国家的意志。所以，地方知识产权局主持下达成的调解协议，当事人一方反悔的，仍可以再起诉到法院。

根据《专利法》的规定，地方知识产权局除了可以对专利侵权作出处理决定，可以对假冒或冒充专利进行行政处罚以外，对其他专利纠纷还可以进行调解。那么，如果当事人在地方知识产权局的主持下签订了调解协议，但当事人事后又反悔了，当事人能否起诉到法院？起诉到法院以后是由谁来当被告？对第一个问题的回答是肯定的，即如果地方知识产权局主持下达成了调解协议，但事后当事人一方反悔，当事人有权起诉到法院。但起诉到法院以后，地方知识产权局是不当被告的。因为行政机关主持下的调解和司法机关主持下的调解具有不同的法律效力。法院主持下进行的调解，根据我国《民事诉讼法》的规定，与判决书具有同等的法律效力。即对于法院主持下达成的调解，当事人是不能反悔的。即使该调解违反法律，那也要通过审判监督程序来撤销该调解（调解书一经送达生效，即产生"既判力"）。诉讼中的调解已经并非完全是当事人之间的私法上的行为，已经被赋予了国家的意志。而地方知识产权局主持下达成的调解协议，《专利法》和《民事诉讼法》均没有规定与判决书具有相同的法律效力，故应当认为该调解并未被赋予国家意志。该种调解仅体现在自愿基础之上的双方当事人私法上的行为，并不是地方知识产权局行使公权力的行为。因此，该种调解协议应当与合同法上的合同具有相同的法律效力，即如果当事人之一反悔，可以依据合同法的规定，向法院提起以对方当事人为被告的民事诉讼。

以地方知识产权局为被告行政诉讼部分结束语

从1985年我国建立专利制度之日起，《专利法》中就规定设立专利管理机关（后称为管理专利工作的部门），地方专利管理机关或地方知识产权局很重要的一项职能，就是对专利纠纷进行调解或处理。20多年来，地方专利管理局或知识产权局调解和处理了大量的专利纠纷，为我国专利制度的建立和完善作出了历史性的贡献。尤其是在专利制度建立初期，我国的司法机关尚没有能力和经验处理专利侵权纠纷和其他专利纠纷，地方专利管理机关发挥了主力军的作用。实践证明，地方知识产权局参与专利纠纷的处理，是符合我国国情的做法。根据《国家知识产权局最新情况介绍》2010年第1期的统计，2001～2009年，全国地方知识产权局共计受理专利纠纷11 330件，查处假冒和冒充专利案件12 738件。2009年，全国地方知识产权局受理专利纠纷案件963件，查处假冒和冒充专利案件578件，出动执法人员13 240次，检查商业场所6 013次，检查商品1 322 521件，向公安等部门移交案件9件，接受其他部门移交案件9件。第三次修改《专利法》已经进一步加大了地方知识产权局的行政执法力度。在地方知识产权局认定构成专利侵权，并且作出停止专利侵权处理决定后，当事人往往要提起后续的诉讼程序；对地方知识产权局对假冒或冒充专利所作的处罚决定,当事人提起后续的诉讼程序并不多。但专利代理人,无论是否亲自代理客户参加这些以地方知识产权局为被告的诉讼,均应当从法理上系统地了解以地方知识产权局为被告的诉讼特点,以对涉及专利的行政诉讼有一个全面的了解。

 练习思考题

1. 对于地级市的知识产权局对假冒专利作出的处罚决定,当事人不服提起行政诉讼的,是向中级法院提出还是向区县法院提出?

2. 根据《专利法实施细则》的规定,地方知识产权局应当设立在哪一级?

3. 地方知识产权局在查处假冒专利的过程中,对假冒产品进行扣押和财产保全后,当事人不服能否提起行政诉讼?

4. 地方知识产权局对假冒专利处以罚款的,当事人不服起诉到法院,如果法院认为罚款过重,是否有权直接处以较少数额的罚款?

5. 地方知识产权局对假冒专利处以罚款的,该罚款是否应当归被假冒的专利权人所有?

6. 地方知识产权局对专利侵权作出处理决定,认定构成专利侵权,并责令侵权人停止侵权,专利权人是否还可以向法院提起民事诉讼,要求侵权人赔偿损失?

7. 地方知识产权局对专利侵权纠纷作出不构成侵权的决定后,专利权人可否向法院提起民事诉讼,要求法院确认构成专利侵权,并要求法院判决侵权人进行赔偿?

8. 地方知识产权局对假冒专利行为作出罚款的行政处罚决定以后,被假冒的专利权人能不能向法院提起要求追究假冒人刑事责任的刑事诉讼?

9. 对地方知识产权局所作假冒专利的处罚决定不服提起行政诉讼的,如果法院判决撤销了假冒专利的处罚决定,法院是否可以判决地方知识产权局承担诉讼费?

10. 专利权人请求地方知识产权局处理专利侵权纠纷时,是否可以仅要求地方知识产权局进行是否构成专利侵权的确认,而不要求侵权人停止侵权?

附录一 行政复议相关表格

一、复议申请书

行 政 复 议 申 请 书

行政复议决定书第_____号

复议申请人	自然人	姓名		电话	
		通讯地址		邮编	
	法人	名称	联系人	电话	
		通讯地址		邮编	
代理人		姓名	单位	电话	
		通讯地址		邮编	
发明创造名称				申请（专利）号	

根据《中华人民共和国行政复议法》的规定

对国家知识产权局于_____年___月___日作出的_____

_____具体行政行为不服，现申请行政复议。

对国家知识产权局应当作出_____

_____具体行政行为、但未作出而不服，现申请行政复议。

申请行政复议的要求和理由：

复议申请人_____代理人
年　　月　　日

附件清单：

注意事项

1. 复议申请书应填写一式两份；
2. 复议申请书可手工填写；
3. 法人应加盖法人印章、自然人应签名，印章或签名不得复印，法人未委托代理人时应填写联系人；
4. 复议要求和理由一栏如填写不下，可以附页；
5. 国家知识产权局以书面形式作出具体行政行为的，应附具该文件复印件两份；
6. 有其他证据材料需要提交国家知识产权局的，应复印一式两份；
7. 委托专利代理机构和其他代理人的，应当提交授权委托书；
8. 复议申请书应向国家知识产权局专利局审查业务管理部法律事务处邮寄或递交。

可申请行政复议的主要事项

1. 专利申请人对国家知识产权局不予受理其申请不服的；
2. 专利申请人对国家知识产权局确定的申请日有争议的；
3. 专利申请人对国家知识产权局作出的视为未要求优先权决定不服的；
4. 专利申请人对国家知识产权局决定将其专利申请按保密专利申请处理或者不按保密专利申请处理不服的；
5. 专利申请人对国家知识产权局作出的专利申请视为撤回决定不服的；
6. 专利申请人对国家知识产权局作出的视为放弃取得专利权的权利决定不服的；
7. 专利权人对国家知识产权局作出的专利权终止决定不服的；
8. 专利申请人、专利权人因耽误有关期限，造成其申请视为撤回、取得专利权的权利视为放弃或专利权终止，要求恢复权利而国家知识产权局不予恢复的；
9. 专利权人对国家知识产权局作出的给予实施强制许可的决定不服的；
10. 强制许可请求人对国家知识产权局作出的终止强制许可的决定不服的；
11. 国际申请的申请人对国家知识产权局根据专利法实施细则第一百零二条规定终止其国际专利申请不服的；
12. 布图设计登记申请人对不予受理布图设计申请不服的；
13. 布图设计登记申请人对布图设计申请视为撤回不服的；
14. 布图设计登记申请人、布图设计权利人因耽误有关期限造成权利丧失，请求恢复权利而不予恢复的；

15. 布图设计权利人对非自愿许可决定不服的；

16. 布图设计权利人、被控侵权人对侵犯布图设计专有权所作行政处罚不服的；

17. 专利申请人、专利权人及其他利害关系人认为国家知识产权局作出的其他具体行政行为侵犯其合法权益的。

二、复议决定书首页

国家知识产权局行政复议决定书

行政复议决定书第_____号

复议申请人	自然人	姓名			
		通讯地址			邮编
	法人	名称		联系人	
		通讯地址			邮编
代理人		姓名		单位	
		通讯地址			邮编
第三人	自然人	姓名			
		通讯地址			邮编
	法人	名称		联系人	
		通讯地址			邮编
代理人		姓名		单位	
		通讯地址			邮编
发明创造名称				申请（专利）号	

复议申请人对我局于____年____月____日作出的_____具体行政行为不服，于____年____月____日向我局提出复议申请，经审理，我局作出如下决定：

☐维持我局于____年____月____日作出的_____，驳回复议申请人的复议请求。

☐撤销我局于_____年____月____日作出的_____。

本复议决定自收到之日起即发生法律效力。相对人如不服，可在收到复议决定之日起十五日内向北京市第一中级人民法院起诉。

本决定正文_____页附后。

中华人民共和国国家知识产权局

年　　月　　日

附录二 国家知识产权局行政复议规程

国家知识产权局局长令（第 24 号）

《国家知识产权局行政复议规程》经国家知识产权局办公会议审议通过，现予发布，自 2002 年 9 月 1 日起施行。1995 年 1 月 10 日发布的《中华人民共和国专利局行政复议规程》同时废止。

局　长
二〇〇二年七月二十五日

国家知识产权局行政复议规程

第一章　总　则

第一条　为了防止和纠正违法或者不当的具体行政行为，保护公民、法人和其他组织的合法权益，保障和监督中华人民共和国国家知识产权局（以下简称国家知识产权局）依法行使职权，根据《中华人民共和国行政复议法》，制定本规程。

第二条　公民、法人和其他组织，认为国家知识产权局的具体行政行为侵犯其合法权益的，可以依照本规程向国家知识产权局申请复议。

国家知识产权局受理复议申请、审理复议案件、作出复议决定，适用本规程。

第三条　国家知识产权局法律事务处（以下简称法律事务处）负责行政复议的具体工作，履行下列职责：

（一）受理行政复议申请；
（二）向有关部门及人员调查取证，调阅有关文档和资料；
（三）审查具体行政行为是否合法与适当；
（四）拟订、制作和发送复议法律文书；
（五）办理因不服行政复议决定提起行政诉讼的应诉事项。

第四条　国家知识产权局审理行政复议案件不适用调解。

第二章　申请复议的范围

第五条　有下列情形之一的，可以申请复议：

（一）专利申请人对不予受理其申请不服的；

（二）专利申请人对申请日的确定有争议的；

（三）专利申请人对视为未要求优先权不服的；

（四）专利申请人对其专利申请按保密专利申请处理或者不按保密专利申请处理不服的；

（五）专利申请人对专利申请视为撤回不服的；

（六）专利申请人对视为放弃取得专利权的权利不服的；

（七）专利权人对专利权终止不服的；

（八）专利申请人、专利权人因耽误有关期限导致其权利丧失，请求恢复权利而不予恢复的；

（九）专利权人对给予实施强制许可的决定不服的；

（十）强制许可请求人对终止实施强制许可的决定不服的；

（十一）国际申请的申请人对国家知识产权局根据专利法实施细则第一百零二条终止其国际专利申请不服的；

（十二）国际申请的申请人对国家知识产权局根据专利法实施细则第一百一十五条所作复查决定不服的；

（十三）布图设计登记申请人对不予受理布图设计申请不服的；

（十四）布图设计登记申请人对布图设计申请视为撤回不服的；

（十五）布图设计登记申请人、布图设计权利人因耽误有关期限造成权利丧失，请求恢复权利而不予恢复的；

（十六）布图设计权利人对非自愿许可决定不服的；

（十七）布图设计权利人、被控侵权人对侵犯布图设计专有权所作行政处罚不服的；

（十八）专利代理机构对撤销其机构的处罚不服的；

（十九）专利代理人对吊销其《专利代理人资格证书》的处罚不服的；

（二十）公民、法人和其他组织认为国家知识产权局作出的其他具体行政行为侵犯其合法权益的。

第六条 对下列情形之一，不能申请行政复议：

（一）专利申请人对驳回专利申请的决定不服的；

（二）专利申请人对复审决定不服的；

（三）专利权人和无效宣告请求人对专利复审委员会就无效宣告请求所作决定不服的；

（四）专利权人或实施强制许可的被许可人对实施强制许可使用费的裁决不服的；

（五）国际申请的申请人对国家知识产权局作为国际申请的受理单位、国际检索单位和国际初步审查单位所作决定不服的；

（六）布图设计登记申请人对驳回登记申请的决定不服的；

（七）布图设计登记申请人对复审决定不服的；

（八）布图设计权利人对撤销布图设计登记的决定不服的；

（九）布图设计权利人、非自愿许可取得人对非自愿许可报酬的裁决不服的；

（十）布图设计权利人、被控侵权人对布图设计专有权侵权纠纷处理决定不服的。

第三章 复议参加人

第七条 依照本规程申请复议的公民、法人和其他组织是复议申请人。

在具体行政行为作出时，其权利或者利益受到损害的其他利害关系人可以申请复议，也可以作为第三人参加复议。

国家知识产权局是复议程序中的被申请人。

第八条 对涉及共有权利的具体行政行为不服申请复议的，应当由共有人共同提出复议申请。

第九条 复议申请人、第三人可以委托代理人代为参加复议。

第四章 申请与受理

第十条 公民、法人和其他组织认为国家知识产权局的具体行政行为侵犯其合法权益的，可以自知道该具体行政行为之日起60日内提出行政复议申请。

因不可抗力或者其他正当理由耽误前款所述期限的，该期限自障碍消除之日起继续计算。

第十一条 有权申请复议的人向人民法院提起行政诉讼，人民法院已经立案的，不得向国家知识产权局申请复议。

国家知识产权局受理复议申请后，发现当事人在受理复议申请前向人民法院提起行政诉讼并且人民法院已经立案的，驳回复议申请。

向国家知识产权局申请复议，申请已经受理的，在法定复议期限内不得向人民法院提起行政诉讼。

第十二条 申请复议应当符合下列条件：

（一）申请人是认为国家知识产权局的具体行政行为侵犯其合法权益的专利申请人、专利权人、布图设计登记申请人、布图设计权利人及其他利害关系人；

（二）有具体的复议请求和必要的证据；

（三）属于申请复议的范围；

（四）在规定的申请复议期限内。

第十三条 申请复议应提交复议申请书一式两份，并附具必要的证据材料。国家知识产权局以书面形式作出具体行政行为的，应附具该文书或者其复印件。

委托代理人的，应附具授权委托书。

第十四条 复议申请书应当载明下列内容：

（一）申请人的姓名、名称、通信地址；

（二）具体的复议请求和理由；

（三）复议申请人的签名或印章。

第十五条 复议申请书可以使用国家知识产权局制作的标准复议申请表格。

复议申请书可以手写或者打印。

第十六条 复议申请书应当向法律事务处邮寄或者递交，以邮戳日或者递交日为复议申请日。

第十七条 法律事务处收到复议申请书之日起5日内，对复议申请分别作如下处理：

（一）复议申请符合本规程规定的，予以受理，并向复议申请人发送受理通知书；

（二）复议申请不符合本规程规定的，决定不予受理并书面告知理由；

（三）复议申请书不符合本规程第十三条、第十四条规定的，通知申请人在指定期限内补正；逾期不补正的，视为未提出复议申请。

第五章 审理与决定

第十八条 行政复议采取书面方式审理。在审理的过程中，法律事务处可以向有关部门和人员调查情况，也可应请求听取复议申请人或者第三人的口头意见。

第十九条 法律事务处应当自受理复议申请之日起7日内将复议申请书副本转交有关部门。该部门应当在收到复议申请书副本之日起10日内提出维持、撤销或者变更原具体行政行为的书面答复意见，并提交当初作出具体行政行为的证据、依据和他有关材料。逾期不提出答复意见的，不影响复议决定的作出。

复议申请人、第三人可以查阅前款所述书面答复意见以及作出具体行政行为所依据的证据、依据和其他有关材料，但涉及保密的内容除外。

第二十条 复议决定作出之前，复议申请人可以撤回复议申请。撤回复议申请的，复议程序终止。

第二十一条 复议期间具体行政行为原则上不停止执行。法律事务处认为需要停止执行的，应当向有关部门发出停止执行通知书，并通知复议申请人及第三人。

第二十二条 法律事务处审理复议案件，以法律、行政法规、部门规章为依据。

第二十三条 对被申请复议的具体行政行为进行审查后，按照下列规定作出复议决定：

（一）具体行政行为适用法律、法规、规章正确，事实清楚，符合法定权限和程序的，决定维持；

（二）具体行政行为有程序上不足的，决定有关部门进行补正；

（三）有关部门不履行法律、法规、规章规定的职责的，决定其在一定期限内履行；

（四）具体行政行为有下列情形之一的，决定撤销、变更该具体行政行为，并可以决定有关部门重新作出具体行政行为。该具体行政行为不能撤销的，应当确认该具体行政行为违法：

1. 主要事实不清、证据不足的；
2. 适用法律、法规、规章错误的；
3. 违反法定程序的；
4. 超越或者滥用职权的；
5. 具体行政行为明显不当的；
6. 出现相反证据，撤销或者变更原具体行政行为更为合理的。

撤销或者变更原具体行政行为的复议决定作出后，法律事务处在必要时可以向有关部门提出后续程序的书面建议。

第二十四条 复议申请人可以在提出复议申请时一并提出行政赔偿请求，法律事务处应依据国家赔偿法的规定对该赔偿请求进行审理，经规定的审批程序后，在复议决定中一并对赔偿请求作出决定。

第二十五条 行政复议决定应当自受理复议申请之日起 60 日内作出，但情况复杂不能在规定期限内作出的，经规定的审批程序后可以延长期限，并通知复议申请人和第三人。延长的期限最多不得超过 30 日。

第二十六条 行政复议决定以国家知识产权局的名义作出。复议决定书应当加盖国家知识产权局行政复议专用章。

第六章 期间与送达

第二十七条 期间开始之日不计算在期间内。期间届满的最后一日是节假日的，以节假日后的第一日为期间届满的日期。本规程中有关"5 日"、"7 日"、"10 日"的规定是指工作日，不含节假日。

第二十八条 复议决定书直接送达的，复议申请人在送达回证上的签收日期为送达日期。复议决定书邮寄送达的，自交付邮寄之日起满 15 日视为送达。

复议决定书一经送达，即发生法律效力。

第二十九条 复议申请人或者第三人委托代理人的，复议决定书除送交代理人外，还应按国内的通讯地址送交复议申请人和第三人。

第七章 附 则

第三十条 外国人、外国企业或者外国其他组织向国家知识产权局申请行政复议，适用本规程。

第三十一条 行政复议不收取费用。

第三十二条 本规程自 2002 年 9 月 1 日起施行。